난민, 난민화되는 삶

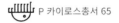 P 카이로스총서 65

난민, 난민화되는 삶

Refugees, Being Subject to Refugeeism

글쓴이 김기남, 김현미, 도미야마 이치로, 미류, 송다금, 신지영
　　　심아정, 이다은, 이용석, 이지은, 전솔비, 쭈야, 추영롱
옮긴이 심정명

펴낸이 조정환
책임운영 신은주
편집 김정연
디자인 조문영
홍보 김하은

펴낸곳 도서출판 갈무리　등록일 1994. 3. 3.　등록번호 제17-0161호
초판 1쇄 2020년 6월 3일
초판 3쇄 2021년 7월 3일

종이 화인페이퍼　인쇄 예원프린팅　라미네이팅 금성산업　제본 정원제책

주소 서울 마포구 동교로18길 9-13 [서교동 464-56] 2층
전화 02-325-1485　팩스 070-4275-0674
website http://galmuri.co.kr　e-mail galmuri94@gmail.com

ISBN 978-89-6195-239-2 03300
도서분류 1. 사회학 2. 문화인류학 3. 사회비평 4. 역사

값 24,000원

이 도서의 국립중앙도서관 출판예정도서목록(CIP)은 서지정보유통지원시스템 홈페이지(http://seoji.nl.go.
kr)와 국가자료공동목록시스템(http://www.nl.go.kr/kolisnet)에서 이용하실 수 있습니다.(CIP제어번
호 : CIP2020019758)

이 저서는 2018년 대한민국 교육부와 한국연구재단의 지원을 받아 수행된 연구임.(NRF-2018S1A6A3A0108
1183)

난민,
난민화되는 삶

Refugees, Being Subject to Refugeeism

김기남 ✕ 김현미 ✕ 도미야마 이치로 ✕ 미 류
송다금 ✕ 신지영 ✕ 심아정 ✕ 이다은 ✕ 이용석
이지은 ✕ 전솔비 ✕ 쑤 야 ✕ 추영롱

갈무리

일러두기

1. 조서, 신문 기사, SNS 등에서 인용해온 글의 맞춤법은 필요한 경우를 제외하고 원문 그대로 실었다.

2. 단행본, 전집, 정기간행물, 보고서, 언론사에는 겹낫표(『』)를, 논문, 논설, 기고문, 기사, 텔레비전이나 유튜브 방송의 제목, SNS 포스팅 제목 등에는 홑낫표(「」)를, 단체, 학회, 협회, 연구소, 유튜브 계정, 텔레비전 프로그램 이름, 전시, 공연물에는 가랑이표(〈 〉)를 사용하였다.

3. 본문 속에 인용된 구절, 문장, 문단의 고딕체 강조는 전부 인용자의 강조이다.

4. 3부의 277, 333, 400쪽에 사용된 티치인 1회~3회의 포스터는 한톨이 디자인하였다. 333쪽의 티치인 포스터에는 조진섭의 사진이 사용되었다.

×××××××××××××××××××××××××××××××
3부 해 보지 않았다면 몰랐을 일들
×××××××××××××××××××××××××××××××

'왜'와 '그래도' 사이에서

이틀 전인 2020년 5월 15일, 방글라데시 콕스 바자르에 위치한 로힝야 난민캠프에서 확진자가 두 명 발생했다는 보도를 접했다. 100만 명이 모여 사는 난민캠프는 수많은 확진자를 낳은 다이아몬드 프린세스호보다 최소 1.6배 정도 인구 밀도가 높으며, 위생 상태는 좋지 않고 의료 시설은 열악하여 대규모 코로나 환자가 발생할 위험이 커졌다.[1] 안타깝고 걱정된다. 그러나 '우리'가 난민캠프에서 '그들'이 겪을 고통을 상상하는 것은 한계가 있다. 더구나 이곳의 코로나만으로도 힘든데 '왜' 그들의 고통을 알아야 하는가, 라는 세간의 물음과 만나게 된다. 그럼에도 마음속 깊은 곳에서 '그래도…'라는 무시할 수 없는 소리가 들린다. 지구상의 무엇인가가 고통을 당하고 있다면 그 어떤 삶도 기쁨으로만 채워지지 않는다는 보편적 윤리로 봉합하기에는, 이 '왜'와 '그래도…' 사이의 간극은 깊고 넓다.

이 책은 2018년 10월에 첫 모임을 하면서 시작된 〈난민×현

---

1. 권혜진, 「100만명 밀집한 세계최대 난민캠프에 코로나19 발병」, 『연합뉴스』, 2020년 5월 15일 입력, 2020년 5월 17일 수정, https://bit.ly/36jUa4v.

장〉이 1년 반 동안 '왜'와 '그래도' 의 간극을 좌충우돌하며 지내온 과정을 담은 것이다. '저곳'의 고통과 죽음을 낳은 원인에 '이곳'의 삶이 어떤 식으로든 관련되어 있다는 생각은 〈난민×현장〉을 드나들었던 대부분이 공유했던 감각이었다. 그러나 이곳의 활동은 '난민'의 삶을 바꾸기에는 너무 무력해 보이기도 했다. '왜'와 '그래도' 사이에서 보낸 1년 반의 시간은, 보편적 윤리에 기댈 때 오히려 커지는 무감각, 그리고 무기력과 마주하게 했다. 그러나 그것만은 아니었다고 생각한다. '저곳'과 연결되어 있다는 근거 없는 실감, 모든 생물이 지닌 고통에 대한 공감, 다른 존재와 연결되고자 하는 욕망과도 만나는 순간들이 있었기 때문이다.

이런 흔들림 속에서 〈난민×현장〉은 두 가지 활동을 해 보았다. 하나는 난민을 둘러싼 사회활동에 관심을 갖고 참여하면서, 이때 대두되는 문제들을 인문학적 사유와 연결하는 것이었다. 이를 위해 세미나와 내부 워크숍을 하면서 난민인권활동 자료집, 심포지엄 자료집, 난민법 등 기본 지식을 알려주는 서적, 한나 아렌트와 같은 고전적인 난민 논의부터 주디스 버틀러 및 교차성 이론에 대한 책들을 읽었다. 각기 다른 입장과 주제를 지닌 연구자들이었던 만큼, 세미나에서는 논의가 축적되기보다 대립하거나 헤매는 경우가 많았다. 또한 연구자이면서 사회활동에 관심을 갖고자 하는 사람들이 많았던 만큼, 늘 시간이 모자랐다. 〈난민×현장〉 모임만의 시좌를 만들기엔 아직 갈 길이 너무 멀다고 느낀다.

다른 하나로, 난민-활동가-연구자-시민 등 다양한 위치와 입장을 지닌 사람들이 난민과 관련된 첨예한 사회 문제에 대해 갖고 있는 다채로운 생각을 교차시켜 볼 수 있는 공통의 장소를 모색하려고 했다. 이는 티치인Teach-in이라는 형식으로 구현되었다. 티치인은 '정치 사회 문제에 대한 토론회'를 의미하는데, 특히 1965년에 베트남 전쟁에 반대하여 미시간 대학에서 교수와 학생들이 밤새워 토론했던 사건을 통해 부각되었다. 그러나 〈난민×현장〉에게 그보다 중요한 모델이 되었던 것은 1960~70년대 일본의 베트남 반전 운동을 배경으로 퍼져 나갔던 티치인 형식이었다. 당시 크고 작은 모임들은 베트남 반전 운동뿐 아니라 여러 사회 문제를 토론하는 모임 공지를 내걸었고 그 공지에는 티치인이라는 말이 무수히 등장했다. 베트남 반전 운동이 아시아 민중에 대한 일본의 가해자성을 보게 하고 여성운동, 재일조선인 운동, 공해 반대를 비롯한 환경운동, 전범기업의 신식민지주의에 대한 비판 등으로 확장되었던 독특한 분위기 속에서, 티치인은 학력·나이·계급·젠더 등의 위계를 벗어나 밤새도록 토론하는 크고 작은 공통장이 되었다. 〈난민×현장〉이 전유했던 것은 이처럼 제국주의의 '외부'로 형성되었던 티치인의 형식이었다. 이는 대학의 자원을 활용하면서도 그럼으로써 생기는 제도적 한계를 넘어서고자 하는 노력이기도 했다.

소박하지만 꾸준했던 활동 속에서, 난민과 '우리'의 간극을 인식하게 하는 '왜 하는가'라는 물음은, '그래도'라는 반작용으로 되돌아오곤 했다. 이 책의 제목 『난민, 난민화되는 삶』은 이러한 멀어짐과 다가감의 반복적인 움직임을 담고 있다. 누군가에게는 동어반복처럼 보일 수도 있는 이 제목이, 〈난민×현장〉에게는 각자가 서 있는 자리에 대한 자각과 난민의 상태 사이에서 갈등했던 결코 안정될 수 없는 장소였다. 그러나, 아니 바로 그렇기 때문에, '왜'라는 질문은 난민들이 있는 자리로부터 〈난민×현장〉을 멀어지게 한 것이 아니라, '그래도'라는 속삭임을 재차 확인하면서, 스스로의 난민화된 삶과 만나고 난민들의 곁에 서도록 촉구하는 힘이었다고 믿는다.

난민화되는 삶과 '몸'이 놓인 자리

〈난민×현장〉을 시작한 2018년 10월 무렵은 '왜'라는 질문 없이도 난민을 둘러싼 상황을 고민하게 되던 때였다. 2018년 6월 제주도에 도착한 예멘 난민 500여 명은 한국 사회가 처음으로 마주한 '집단난민'의 경험이었다. 그리고 예멘 난민 수용 반대 청원에 71만 명이 참여하면서 한국 사회가 원래 지니고 있었던 소수자에 대한 혐오는 난민을 향해 가기 시작했다. 여성에 대한 혐오가 있던 자리를 난민이, 성소수자가 대체해 가는 상황 속에서 '상호교차성'에 대한 논의가 부상했지만, 반면에 소수자와 소수자를 대립시키는 포퓰리즘도 확산되기 시작했다. 〈난민×현장〉이 난민 운동과 다른 소수자 운동(여성, 장애, 동물, 성소수자, 병역거부)과의 관계에 초점을 맞췄던 것은 이러한 상황 때문이었다.

그러나 난민과 여성, 난민과 장애, 난민과 동물, 난민과 성소수자… 와 같은 식으로 난민과 다른 소수자의 '접점'을 모색하려 했던 처음의 기획은, 난민다움, 여성다움, 성소수자다움 등 '~다움'을 그/녀들에게 밀어넣고, 그러한 말로는 결코 표현될 수 없는 내재적 경험의 다채로운 색깔과 깊이를 부정하는 것이 될 수 있었다. 〈난민×현장〉은 소수자 운동이 '정체성'을 투쟁의 기반으로 삼아, 고정된 정체성을 벗어난 관계를 만들어 왔음을 이해하고 있었다. 따라서 '정체성 정치'를 단지 비판하기만 하는 논의와는 거리를 뒀다. 그러나 담론의 층위에서 소수자들 사이의 '접점'을 모색하는 것은 '정체성'을 고정된 것으로 만들거나 소수자들 사이의 피해의 무게를 재거나 대립을 양산하는 포퓰리즘과 연결될 위험이 있었다.

2019년 3월에 개최된 '제1회 티치인 : 신인종주의와 난민'은 이런 고민 속에서 만들어졌다. 준비 모임을 하면서 여러 소수성을 더하기 하여 피해의 경중을 재는 것을 경계하는 데 무게를 실었고, 각 소수자의 상태에 영향을 미치는 권력의 연쇄에 저항할 방법을 모색하기로 했다. 이주민과 난민을 연구해 온 연세대 문화인류학과의 김현미 및 포괄적 차별금지법 제정 활동을 해 온 미류의 발표, 〈난민인권센터〉 허니(김연주)의 난민의 현재상황에 대한 보고, 성소수자 운동 및 장애 운동을 하는 나영과 나영정의 질문에 이어, 120명 남짓한 청중이 참여하여 2~3시간 동안에 걸쳐 이루어진 토론회는 여성과 난민 사이의 갈등이 불거져 있었던 만큼 날카로운 긴장 속에서 진행되었다.

〈난민×현장〉이 고민하고자 한 질문은 쉽게 해답을 낼 수 있는 것이 아니었다. 그러나 난민과 난민화되는 삶의 관계는 분리된 두 항 사이의 접점이 아님은 보다 명확해졌다. 초점을 맞춰야 할 것은 난민과 다른 소수자성의 접점이라기보다, 성소수자 난민, 여성 난민, 장애 난민 등의 사례를 통해 난민화되는 상태의 연쇄라는 점을 알게 되었다

이처럼, 난민과 난민화되는 삶은, 몸을 아프게 하고 마음을 옥죄어 서로 물어뜯게 하는 권력에 대한 비판을 통해서 연결될 수 있었다. 그러나 〈난민×현장〉은 권력에 대한 비판만이 아니라, 그 각각의 상태가 연결될 수 있는 힘을 찾고 싶었다. '제2회 티치인 : 로힝야 난민 이야기'는 멀리 있고 만나본 적도 없는 로힝야 난민과 한국에 거주하는 내가 어떻게 연결될 수 있는가를 생각하게 했다. 〈난민×현장〉은 사단법인 〈아디〉Asian Dignity Initiative, ADI가 2019년 2월 13일부터 15일까지 『경향신문』에 실은 연재기사 「로힝야 학살보고서」를 접하고 충격을 받았다. 2019년 4월, 로힝야 난민 학살에 대한 인권 기록 활동을 하고 있는 김기남 및 유니스 킴을 내부 워크샵에 초청하여 로힝야의 역사와 현재의 고통에 대해 들었다. 그 자리에 있던 사람들은 로힝야 난민이 겪은 문제가, 식민주의 역사 속 인종 및 민족 갈등부터 최근 페이스북을 통한 혐오 발언의 확산에 이르기까지, 한국 사회와 관련된 논점을 풍부하게 담고 있다고 느꼈고, 2019년 5월에 제2회 티치인을 연다.

그러나 이 과정을 통해 깨달은 것은 무국적자인 '난민'과 국

적을 가진 당시의 〈난민×현장〉 멤버 사이의 간극이었다. 〈아디〉
가 전해준 로힝야 학살에 대한 증언기록, 조진섭 사진가의 사진,
이연정의 영상은 참여자들을 동요시켰다. 이 동요는 난민의 고
통을 어떻게 재현·표현할 수 있는가에 대한 질문으로 이어져 제
2회 티치인의 부제는 "그리고 여기 듣는 사람들"이 되었다. 연대
를 찾으려 했으나 선명한 간극과 대면한 경험이었다. 이 실패는
'난민과의 연대'에서 '권력에의 연루'로 〈난민×현장〉의 관점을 이
동시켰다.

난민을 양산하는 권력에 연루된 한국 사회의 상황을 자각
하면서 기획된 것이 '제3회 티치인 : 반군사주의와 난민'이었다.
〈전쟁없는세상〉의 활동가 쭈야는 예멘이나 시리아에 무기를 수
출하는 한국 기업의 사례를 들면서, 그 기업들이 난민을 양산
하는 전쟁에 어떻게 가담하고 있는가를 이야기했다. 이용석은
무기거래 감시활동과 병역거부 운동을 통해 한국 사회의 일상
이 일종의 '참전 행위'가 될 수 있음을 느끼게 했다. 일본 도시샤
대학의 도미야마 이치로는 티치인의 장소성에 의미를 부여해 주
었고, '장소의 운명'을 바꾸는 말을 금기 영역을 넘어 함께 만들
어갈 필요성을 역설했다. 제3회 티치인은 연결이란 피해자와 스
스로를 동일시하는 게 아니라, 스스로 가해자가 될 수 있다는
인식을 통해서 더 심화될 수 있다는 점을 알게 해 주었다. 또한
병역거부는 거창한 슬로건이 아니라 고통과 폭력 앞에서 부서
지는 나약한 몸에서 시작해야 한다는 점을 되새기는 시간이기
도 했다.

이러한 과정을 통해 〈난민×현장〉의 멤버들은 난민과 소수자의 정체성에 대한 탐구에서 권력에 대한 비판으로, 다시금 연루/연결에 대한 고민으로 나아갔다. 이 과정 속에서 넓어지고 심화된 난민과 난민화되는 삶 사이의 간극은, 각각의 '몸'이 놓여 있는 자리를 들여다보도록 했다. 그것은 개인화된 몸이 아니라, 그 몸을 둘러싼 관계 속에서 차이를 느끼고 갈등하며 깨달은 한계가 새겨진 접점, 즉 한계-접점의 장소였다.

티치인, 한계-접점으로서의 공통장

『난민, 난민화되는 삶』에는 다채로운 마주침의 순간이 들어 있다. 새로운 집단이나 존재와 만나는 것은 큰 동력이었지만, 그 접점마다 다가갈 수도 곁에 설 수도 없는 한계들이 새겨졌다. 이는 〈난민×현장〉과 외부와의 관계에서도, 내부의 다채로운 사람들 사이의 관계에서도 그러했다. 이를 〈난민×현장〉이 경험한 한계-접점이라고 불러보자.[2] 어쩌면 〈난민×현장〉의 1년 반은 모임 안팎에서 이 한계-접점들을 확인하는 응축된 반-작용의 시간이었을지도 모르겠다.[3]

---

2. 우카이 사토시, 「'혁명적 전통'을 둘러싸고」, 『연세한국학포럼총서 1 — 동아시아혁명의 역사와 기록의 현재』(가제), 장현아 옮김, 논형, 근간. 이 글에서 우카이 사토시가 칸트의 세계시민법을 전유하면서, 일본으로 귀속되지 않으면서도 식민지 책임에 대해 응답하는 위치로 '한계-시민'이라는 개념을 창안한다. 이 글에서는 '시민'이라는 난민에게 주어질 수 없는 정체성에 대한 비판을 담아 '한계-접점'이라는 말로 재전유하여 사용한다.

티치인은 이러한 응축된 작용과 반작용의 장소였다고 생각한다. 매회 80명에서 120명 사이의 많은 청중들이 참여해 주었고, 각 티치인에서는 예상치 못한 사건이나 변화가 일어나, 또 하나씩 문제를 더해갈 수 있었다.

제1회 티치인에는 장애여성, 성소수자, 재생산의 권리, 그리고 포괄적차별금지법을 위해 애써 온 활동단체와 활동가들이 참여해 주었다. 나영은 〈난민×현장〉의 멤버가 되어 주었고, 이런 관계를 통해 성소수자의 삶이나 재생산의 자기결정권, 장애여성의 상황에 대해 조금이라도 더 구체적으로 생각해 볼 수 있었다. 이주민 및 난민과 오랫동안 접하며 연구해 온 김현미의 사유는 이런 논의를 신인종주의와 관련시켜 생각해 볼 수 있는 힘이 되었다.

제2회 티치인에서 〈아디〉 김기남의 발표 이후, 〈아디〉와의 관계는 더욱 돈독해졌다. 2019년 8월에는 로힝야 피해 생존자 보호와 학살책임자 처벌에 관한 국제 컨퍼런스 '전쟁과 집단학살의 무기로서의 성폭력 : 아시아의 과거와 현재를 중심으로'가 한국에서 최초로 열렸다. 〈난민×현장〉도 발표자로 참여하여

---

3. 모리사키 카즈에, 「모리사키 카즈에를 읽는다 — 민중이 지닌 이질적인 집단과의 접촉 사상 — 오키나와 일본 조선의 만남」, 신지영 옮김, 『부커진 R4호 — 휘말림의 정치학』, 2012년 11월, 260~311쪽 [森崎和江, 「民衆における異集団との接触の思想—沖縄·日本·朝鮮の出逢い」, 『異族の原基』, 大和書房, 1971. 초출은 『沖縄の思想』, 木耳社, 1970.11이다.) '응축된 반-작용'이란 이 글 마지막 부분에 나오는 오키나와 민중이 지닌 응축된 반작용에 대한 설명에서 힌트를 얻은 표현이다.

'지금 여기 로힝야'The Rohingya in Now-Here를 발표했다. 활동가 별빛(공선주)의 소개로 로힝야 여성 심리지원 활동과 친밀한 관계를 맺게 되었고 로힝야 여성 난민의 이야기를 듣고 기록하기 위한 방법을 함께 고민하고 있다.

제3회 티치인은 〈전쟁없는세상〉과의 마주침 속에서 가능했다. 〈전쟁없는세상〉의 활동은 한국 사회의 일상이 난민을 낳는 전쟁과 어떻게 연루되어 있는가를 잊지 않게 하며, 병역거부란 생물학적 남성만의 문제가 아님을 알게 해주는 힘들이다. 또한 도시샤 대학의 도미야마 이치로와, 통번역으로 참여해 준 심정명은 오키나와 및 아시아 민중의 역사 속에서 난민의 문제를 생각할 수 있게 해준 출구였다.

그러나 이 마주침의 접점마다 〈난민×현장〉이 지닌 한계도 새겨져 있다. 난민, 활동가, 연구자, 시민 등의 자리가 고정된 것이 아님은 분명하지만, 그 각각의 몸이 놓인 자리가 야기한 차이가 있었다. 첫 번째로 제도의 안팎이 갖는 한계–접점이다. 〈난민×현장〉은 연세대학교 국학연구원 HK+ 사업의 지원을 통해서 워킹그룹 〈난민×이주〉의 클러스터로 시작했다. 클러스터를 제안한 초기부터 활동가들과 연구자가 함께 하는 공통장을 만들기 위해서 자율적인 모임 환경에 중점을 두었다. 티치인의 내용과 형식이 많은 청중의 호응을 받고 국학 연구원 선생님들이 지지해 주면서, 티치인은 〈난민×이주〉의 클러스터와 〈연세공공인문학센터〉가 공동으로 주최하는 프로그램이 되었다. 이처럼 티치인은 대학 연구소의 자원을 통하여, 안정성, 파급력, 청중

동원력, 연구 인력과의 연결 등을 확보할 수 있었다. 그러나 다른 한편으로 학술 행사를 목적으로 만들어진 대학의 행사 공간은 격 없는 토론장으로는 한계가 있었고, 아카데미의 형식이나 권위에서 완전히 자유롭기 어려운 지점도 있었다. 이러한 점들은 티치인 행사를 거듭해 가면서 조금씩 변화시켜 가고 있지만, 여전히 긴장을 놓지 말아야 할 한계-접점이다.

둘째로, 활동가와 연구자, 혹은 활동가와 예술가 사이의 한계-접점이다. 제2회 티치인을 통해서 〈난민×현장〉 멤버들은 청중과 예상치 못한 공감의 순간을 맞이했지만, 활동가와 연구자 사이의 차이도 느꼈다. 고통의 재현과 난민과의 관계에 대한 연구자의 근본적인 질문은, 로힝야 학살의 순간을 법정 증언의 언어로 기록해야 하는 시급함과 비교할 때, 너무 진지하거나 예민해 보일 수도 있었다. 로힝야 국제 컨퍼런스가 열린 바로 그날, 로힝야 난민캠프에는 방화 사건이 발생하여 난민들이 쫓겨났고 목숨을 잃었다. 〈난민×현장〉이 로힝야 난민의 상황을 한국에 알리는 일에 미력이나마 힘을 보탰다고 해도, 로힝야 난민들이 처해 있는 상황을 바꾸기 위한 직접적 운동과는 간극이 있을 수밖에 없다는 것은, 〈난민×현장〉의 한계를 돌아보게 했다. 〈난민×현장〉의 한 멤버가 "너무나 먼 이야기라는 생각이 들어요. 우리는 로힝야 난민들을 만나면서 성장했고 시야도 넓어졌고 관계도 돈독해졌어요. 그렇지만 우리의 성장이 그들의 고통을 덜어주는 데 직접적인 도움이 되지 못한다는 것이 너무, 너무나…"라고 말했던 눈이 따가울 정도로 햇살이 뜨겁던 아침을 기억한다. 그날 한국에 왔던 로힝야 국제 네트워크 활동가들은 미얀마 대사관 앞에서 시위를 벌였으나, 어쩐지 그곳에 〈난민×현장〉 멤버들과 함께 있을 자신이 없었다. 그러나 어쩌면 그 간극을 느끼는 지점에 〈난민×현장〉의 자리가 있는 것이 아닐까도 어렴풋이 생각해 보았다.

제3회 티치인에서도 평화 운동을 기반으로 한 〈전쟁없는세상〉과 아시아 민중의 저항폭력(＝비합법 투쟁)을 포함하여 '폭력'의 의미를 폭넓게 파악하려는 연구자나 예술가, 이 둘 사이의 차이를 느꼈다. 그러나 이 간극을 확 열어젖히는 것이 티치인의 의미이며 〈난민×현장〉의 자리라고 한다면, 제3회는 가장 티치인다운 한계–접점이었다고 해야 할 것이다.

세 번째로, 난민의 증언을 듣는 자리의 한계–접점이다. 난민과 직접 인터뷰를 시도하여 난민의 목소리를 들리게 하고, '난민'이 단일한 집단도 수동적인 주체도 아님을 보여 주려는 노력은 너무 소중하다. 〈난민×현장〉도 그러한 접근이 필요하지 않을까 하는 망설임과 고민이 있었으나 적극적인 활동으로 연결하진 못했다.

난민 커뮤니티와 직접적인 관계를 맺는 데 초점을 맞췄다면, 〈난민×현장〉의 고민은 어떤 방향으로 나아갔을까 상상해 볼 때마다, 혹시 다음의 생각이 일종의 변명이었던 것은 아닐지 몇 번이고 되짚어 보게 된다. 그러나 '우리가 난민이다'라고 무국적자인 '난민'과 국적을 지닌 '우리' 사이의 차이를 눈감는 '동화주의'도, '난민은 남일이다'라는 무관심과 혐오(심지어 동정도)로 일관하는 '이화주의'도 동시에 경계하면서, 〈난민×현장〉이 초점화하려고 했던 '난민과 난민화되는 삶'은, '난민이란 누구인가'라는 질문을 계속 품게 하는 과정이기도 했다.

　무엇보다 역사, 사상, 문학을 공부하면서 활동에 관심을 가진 연구자가 대부분이었던 〈난민×현장〉의 특성상, 난민 커뮤니티와의 관계를 책임을 갖고 이어가기 위한 준비나 방식에 대한 고민이 필요하다고 생각했다. 난민인권단체의 활동가들로부터 난민과 연구자를 연결해 줄 때 생기는 문제들이나 심리상담사들이 증언을 들을 때 겪는 어려움에 대해서 여러 고민을 들었던 것도 머뭇거림의 이유였다. 여전히 현재형인 이러한 망설임을 책망하기보다 공감해 주고, 난민들과의 연결고리가 되어 주었던 것은 〈난민인권센터〉의 활동가들이었다. 그린(고은지)은 〈난민×현장〉의 멤버로서 난민법의 모순, 현재 난민이 처한 현안, 활동가로서의 고민 등을 나눠주었다. 그가 펼쳐 보여준 활동과 글은 〈난민×현장〉 멤버들이 난민의 상황을 구체적으로 인식하게 하는 연결고리였다. 허니는 제1회 티치인에서 난민들의 상황에 대해 들려주었고 '난민 조서 조작 사건'을 공론화하는 활동을 통해 난민심사의 문제점을 한국 사회에 각인시키고 있다. 박경주는 2019년에 개최한 연속강좌 〈한국 사회와 난민 인권〉에서 〈난민×현장〉의 활동을 사람들과 나눌 기회를 주었다. 그날 이지은과 전솔비는 「해 보지 않았다면 몰랐을 일들」이란 제목으로 〈난민×현장〉을 통해 얻은 고민을 발표했고, 이 발표는 이번 책의 방향을 보다 분명히 인식하게 했다. 최근 〈난민인권센터〉는 코로나19로 난민에게 향하는 혐오 발언을 감시하고, 공공지원 정책에서 난민들이 소외되는 상황을 알리고 있다. 이처럼 〈난민×현장〉 멤버들에게 〈난민인권센터〉는 난민들의 구체적 현실을 만나게 해준 접점이자, 난민 곁에 서는 것이 무엇인지를 늘 돌아 보도록 했던, 한계-접점이었다.

책의 구성, 혹은 한계-접점에 대한 사유

　1부에서 3부로 이어지는 글과 이미지는 이러한 한계-접점의 기록이다. 1부 「매듭과 전염」은 신지영의 「'증언을 듣는 자'에 대한 증언」으로 채워져 있다. 이 글은 〈난민×현장〉과 난민 사이의 매듭이 되어 주었던 활동가들에 대한 고마움을 담아, '난민의 증언을 듣는 활동가'의 증언을 듣고 썼다. '달팽이'가 들려준 '활동-생애사'는 난민-활동가-연구자-시민이 마주 부딪치며 내는 소리들을 담고 있다. 한 명의 필자나 활동가로 귀속되지 않는 이 소리들은, 익숙했던 인천공항-출입국관리소-대림동-가리봉-이태원에서 낯설게 울리며, 일상에 자리한 난민의 장소와, 2018~2020년에 전개된 마주침의 시간(예멘 난민, 효자동 단식농성, 〈성소수자난민네트워크〉)을 드러낸다. 이를 통해 난민과 난민화되는 삶이 얽매인 권력구조에 대한 비판뿐 아니라, 타자에게 자신을 개방하고 연결되려는 욕망의 전염을 상상해 보았다.

　2부인 「난민과 난민화되는 삶」은 〈난민×현장〉이 마주한 한계-접점을 각자의 몸이 놓인 위치에서 깊이 파고들어가 부딪친 지점의 파열음을 담았다. 이지은의 「민족국가 바깥에서 등장한 '위안부', 그녀들의 귀향의 거부 혹은 실패」는 1991년 이전, 위안부의 경험을 '들을 준비'가 되어 있지 않던 한국 사회에서 자신이 위안부임을 증언했던 배봉기, 노수복, 배옥수의 증언에 초점을 맞춘다. 이때 그녀들의 증언이 여성 잡지에서 어떻게 소비되고, 남성화된 국민국가 서사로 어떻게 포섭되었는가를 비판적으로 보여준다. 이 글의 가장 큰 매력은 비판에 머무르지 않는다. 오히려 오키나와의 배봉기, 태국의 노수복, 월남의 배옥수에게서 공통적으로 드러나는 '귀향'에 대한 거부 혹은 실패를 조명하는 데 있다. 필자는 귀향을 '거부'한 것인지 '실패'한 것인지 구별할 수 없는 그녀들의 증언이 서로를 비출 때, 겹쳐지면서 울려퍼지는 '난민의 노래'를 '우리'가 들을 수 있는가, 그리고 덧대어 부를 수 있는가, 라고 묻는다.

심아정의 「'국민화'의 폭력을 거절하는 마음」은 병역거부를 결심한 친구 박상욱 곁에서 그 병역거부 이후의 시간을 함께하면서 '법을 위반한 자들의 정의'가 설 장소를 모색한 글이다. 병역과 시민권이 공모해 온 과정을, 일본 식민주의 전쟁에 참여하기를 '기피'했던 조선인과, 한국 전쟁의 병역대상이 될 수 없는 신분임에도 의용군으로 참전했다가 난민화되어 가는 재일조선인의 사례를 맞서 세움으로써 가시화한다. 이를 통해 병역거부자뿐 아니라 적극적 병역이행자도 난민화된 삶으로 몰아가는 '국민화'의 폭력을 간파하고 비남성 및 성소수자들의 병역거부를 논할 수 있는 사상적 기반을 연다. 이 글에서 가장 돋보이는 분석은 확고한 신념에 따른 병역거부뿐 아니라, 나약함이나 불성실함으로 치부되는 병역기피까지도 '국민화의 폭력을 거절하는 마음'으로 같은 지평에서 의미화함으로써, 병역거부자나 병역기피자에게 향하는 사회적 분노가 향해야 할 곳은 '국가'임을 명확히 지적하는 부분이다.

송다금의 「'동물'의 난민성과 재난민화」는 여성이나 난민이 '나는 동물이 아니다'라고 항변하는 언설을 파고든다. 즉 '불리한 위치, 불리한 질문에 대답함으로써 '재난민화'되어 버리는 '동물'이 놓여 있는 상황을 드러내는 전략이다. 이 글에서 가장 주목해야 할 부분은 동물의 '항구적 재난 상태'를 증명하는 끊임없이 쏟아져나오는 충격적인 사례들인데, 이러한 사례들은 종차별주의와 육식문화의 폭력성을 성찰하도록 촉구한다. 예를 들어 〈세이브더칠드런〉의 "아프리카에 빨간염소 보내기" 캠페인에 등장하는 염소는 '나'라는 일인칭을 쓰면서 인간에게 먹히는 것을 마치 자발적으로 원하는 것처럼 묘사되며, 염소 부모가 이를 자랑스러워하는 것처럼 그려져 있는데, 이때 활용되는 것은 가부장제, 인간중심주의, 젠더차별적 재생산 인식 등의 담론들이다. 이러한 사례들을 알게 된 이후 독자들은 저자가 그러하듯이 '동물'의 위치에서 생각하기 시작할 것이고 또한 멈출 수 없게 될 것이다.

전솔비의 「접힌 이미지의 바깥을 펼치며」는 난민다운 표정이나 옷차림 등 "~다운 이미지"를 부여하는 폭력에서 벗어날 수 있는 표현을 모색하기 위해 〈이주민패션매거진〉 프로젝트에 주목한다. 이 프로젝트를 진행하는 박가인 작가는 길거리에서 멋지게 입은 이주노동자를 만나면 "멋진 모습을 찍고 싶으니 포즈를 취해달라"고 하여 잡지에 담는다. 이 시도는 정형화된 이주노동자의 이미지와 그 위에 놓인 중압감을 단숨에 날려 버린다. 이 글에서 가장 신선한 발상은 이주노동자의 '눈에 띄고 싶은 욕망'에 초점을 맞춰, 생존권으로 수렴되는 권리의 한계를 넘어서 버린다는 점이다. 그럼에도 필자는 〈이주민패션매거진〉에 담길 수 없었던 난민이나 여성 이주노동자에 대한 무거운 질문을 놓치지 않음으로써, 〈네일쌀롱〉 프로젝트와 만난다. 몸 전체를 노출시킬 수 없는 난민 여성의 대화를, '몸의 일부분'인 손톱이 네일아트로 예쁘게 변화하는 과정만을 비추면서 들려주는 〈네일쌀롱〉 프로젝트를 통해 독자들은 난민 여성의 반짝이는 욕망 혹은 용기에 한발 다가설 수 있을 것이다.

이다은과 추영롱의 「이주와 정주」는 2018년 겨울과 2019년 여름에 베를린에서 만났던 난민, 이주민, 비국민, 가정폭력을 피해 온 여성 등 다양한 법적 신분의 사람들이 모여 되살린 장소와 관계를, 활자와 이미지로 아카이빙한 것이다. '맨몸 점거'라고 표현할 수 있는 이 역동성은, 어떤 생산활동이나 문화활동도 금지된 건물을 쉼터와 문화공간과 텃밭으로 만들고, 버려진 쇼핑몰을 신자유주의 경제 논리가 작동할 수 없는 공통의 공간으로 만든다. 그들의 작품은 지역적인 동시에 국제적인 관계로, '망명 중인 여성들'에게로 향해가면서, 맨몸인 채로 존재를 빛내는 만찬으로 독자들을 초대한다. 이 아카이빙의 독특성은 활자와 이미지를 교차 배치하고 외국어를 그대로 노출시키는 등 지면의 구성 자체가 작품의 성격을 띤다는 점이다. 특히 두 작가는 번역 없이 독일어를 노출시킴으로써 타자의 언어를 만났을 때 느끼는 이질감과 타자에 대한 상상을 표현하려고 했다고 말한다. 책에는 흑백으로 실렸지만, 각주에 실린 링크를 따라가면 각 이미지가 내뿜는 총천연색 강렬한 에너지와 만날 수 있다.

3부 「해 보지 않았다면 몰랐을 일들」은 세 번에 걸친 티치인의 포스터와 발표문을 모아, 그 생생한 순간들을 한눈에 볼 수 있도록 했다. 이지은과 전솔비가 공동으로 쓴 「난민×현장 티치인」은 티치인 형식에 대한 설명과 각 회의 분위기와 논점을 구체적으로 쓰고 있어 3부 전체의 길라잡이가 될 것이다. 특히 "고민과 질문들" 부분에서는 〈난민×현장〉이 가장 열심히 논의했던 두 가지 질문 ― '난민을 어떻게 재현할 수 있는가?'와 '난민과 난민화된 삶을 함께 생각할 수 있을까?' ― 이 나오게 된 배경과 잠정적 대답을 쓰고 있다.

이지은과 전솔비의 글이 티치인의 전체적인 흐름과 핵심 논점을 보여준다면, 이 글에 이어서 3회에 걸친 티치인 각각의 포스터와 발표문을 각 회별로 수록했다. 제1회 티치인 '신인종주의와 난민'에서 발표되었던 김현미의 「국민은 어떻게 난민을 인종화하는가?」는 제주도에 예멘 난민이 집단으로 도착하면서 시작된 한국 사회의 난민에 대한 혐오 발언을 '신인종주의'에 대한 깊이 있는 통찰을 통해서 분석한 것이다. 많이 인용되었던 핵심

논문을 심화시켜 새로 쓴 글로 '차별받지 않을 권리'를 주장하며 난민/국민의 경계를 허문다. 미류의 「질문으로서의 차별금지법, 그리고 난민」은 포괄적 차별금지법 제정 활동을 전개해 온 경험을 바탕으로 난민 운동과 소수자 운동의 접점을 모색한 실험적인 글로, 연대의 조건을 사유할 수 있는 단서들을 제시한다.

제2회 티치인 '로힝야 난민이야기'에서 발표되었던 김기남의 「생존하는 것만으로 저항인 사람들의 이야기」는 로힝야 난민의 역사와 현재를 총체적으로 조명하면서도, 로힝야 학살에 대한 인권기록 운동을 진행해 온 김기남의 실감이 전해지도록 했다. 「지금 여기에 로힝야는 어떻게 도착해 있나」는 이지은, 전솔비, 심아정, 신지영이 함께 쓴 글로 2019년 8월에 열린 로힝야 학살에 대한 컨퍼런스에서 발표한 것을 다시 썼다. 이 글은 로힝야 난민에 대한 한국 사회의 반응을 분석하고, 아시아의 식민주의 속 인종차별이 시민권의 부여와 어떻게 연동하고 있는지 또한 향후 난민의 재현이 어떠해야 하는지를 역사와 현재의 경험 속에서 조명했다.

제3회 티치인 '반군사주의와 난민'에서 발표되었던 쭈야의 「전쟁 만드는 나라의 시민으로 살겠습니까?」는 예멘이나 시리아 등 난민을 낳는 전쟁에 한국의 군산복합체 한화 등의 무기가 수출되어 사용되고 있음을 밝혔다. 이용석의 「병역거부 운동」은 한국의 병역거부 운동의 역사를 차분히 되짚으면서 비남성들의 병역거부 운동이 지닌 의미를 교차성에 기반하여 생생하게 전해주는 한편, 향후 병역거부 운동의 방향성을 보여준다. 도미야마 이치로의 「평화를 만드는 말의 모습」은 심정명의 번역으로 실었다. 이 글은 조선인으로 "오인되어 죽임을 당하지 않도록"이라고 했던 오키나와인들의 말을 파고든다. 이를 통해 "~라면 어쩔 수가 없지만, 나는 ~가 아니다"라는 식으로, "미리 배제"된 존재들이 또 다른 "미리 배제"된 존재에게 폭력을 저지르는 무의식을 묻고, 이런 무의식을 벗어날 수 있는 "다초점 확장주의"를 주장한다. 이는 '금지영역'에 모여들어 "장소의 운명을 바꾸는 말의 모습"을 모색하기 위한 제안이다.

마지막으로, 제2회 티치인 포스터에 사진을 제공해 주신 조진섭 사진가와, 티치인의 포스터를 매번 디자인해 준 한톨(김원중)에게 마음 깊이 감사드린다. 특히 매번 〈난민×현장〉의 생각을 멋진 포스터로 표현해 준 한톨과의 긴장섞인 관계는 또 하나의 아름다운 한계-접점이었다.

'모든' 한계와 '어떤' 접점 사이에서

'우리'라고 할 때마다 느껴지는 이물감을 기억하면서, 마지막으로 〈난민×현장〉을 함께했으나, 너무나 아쉽게도 『난민, 난민화되는 삶』에 함께 글을 게재하지 못한 분들을 소개하고 감사의 마음을 전해야 한다. 〈난민×현장〉은 완결된 모임의 구조가 아니었고, 참여한 강도나 입장은 모두 상이했으며 매 시기 구성원도 자주 바뀌었다. 그럼에도 〈난민×현장〉과 어떤 형태로든 관계를 맺었던 한 명 한 명이 소중했던 이유, 그리고 〈난민×현장〉

을 통해 마주친 모든 집단이나 한 분 한 분이 절실했던 이유는, 그 각각이 놓여 있는 몸의 조건들이, 혼자서는 쉽게 잊어버리곤 하는 '어떤 존재들'의 자리를 환기시켜 주는 '사유의 그물'이 되어 주었기 때문이다. 『난민, 난민화되는 삶』은 이 활동과 사유의 그물이 되어 주었던 마주침(이라고 쓰고 한계-접점이라고 읽을 수밖에 없는)의 경험을 통해서 쓰여질 수 있었다.

〈난민×현장〉과 함께 해 주었던 장애학 연구자이자 〈공감〉 멤버인 시라큐스 대학교의 김은정 선생님, 고전문학 및 구술사 연구자인 연세대학교의 김영희 선생님, 〈셰어〉의 나영 활동가님, 〈난민인권센터〉의 고은지 활동가님, 문학평론가 김미정 님은 비록 『난민, 난민화되는 삶』에 함께 글을 싣지는 못했지만, 〈난민×현장〉의 활동과 사유의 그물이 되어 주었던 고마운 분들이다. 〈난민×현장〉은 설익은 상태에서 시작하여 때로는 옆을 보는 데 실패하고 때로는 따라잡을 수 없는 속도로 달려 나가고, 때로는 보다 많은 대화가 필요한 순간을 놓쳐 버리기도 했고, 때로는 물러서지 않고 너무나 장시간 이야기를 나누어 서로를 소진시키기도 했으며, 구성원도 자주 바뀐 느슨한 테두리로 이어졌지만, 이 모든 '한계'들이 언젠가 어떤 '접점'이 되기를 바래본다.

〈수요평화모임〉에는 특별히 감사의 마음을 전해야 한다. 〈수요평화모임〉의 멤버들은 〈난민×현장〉이 티치인을 비롯한 각종 활동을 기획할 때마다 늘 함께해 주었다. 〈수요평화모임〉을 통해서 장한길 님을 알게 되어 로힝야 학살에 대한 컨퍼런스에서 영어 논문을 발표할 수 있었으며, 한톨 님을 알게 되어 유일무이한 티치인 포스터와 만날 수 있었다. 앞으로도 〈수요평화모임〉과 등을 기대고 함께 나아갈 수 있다고 생각하면 든든한 마음이 된다.

무엇보다 〈난민×현장〉의 활동을 지지하고 응원해 주신 국학연구원의 김성보 원장님, 차혜원 부원장님, 전 국학연구원장님이셨던 신형기 선생님, HK+단장인 김항 선생님, 연세공공인문학센터의 이기훈 선생님을 위시한 국학연구원의 여러 선생님들, 그리고 티치인 때마다 온갖 일들을 도와준 국학연구원 연구보조원 선생님들께 마음 깊이 감사드린다. 워킹그룹 〈난민×이주〉의 수용소 연구 모임인 〈난세자활단〉도 늘 변함없는 지지를 보내 주었으며 앞으로 보다 긴밀한 관계를 맺어가고 싶다.

마지막으로 다양한 필자들이 참여하고 있고 글마다 형식도 다종다양한 『난민, 난민화되는 삶』을 신뢰와 애정을 갖고 편집하여 출판해 주신 갈무리 출판사의 모든 분들과 출판 인쇄 관련 노동자분들께 특별한 감사를 드린다.

한 시기를 마무리하는 이때, 한 가지를 기억해 두고 싶다. 아우슈비츠 수용소에서 난민화되었던 존재들의 경험이 증언될 수 있는가라는 물음 앞에서 조르주 디디-위베르만은 "알기 위해서는 스스로 상상해야 한다"라고 말한다.[4] 상상력을 넘어가 버린 너무도 무참한 폭력과 고통은, 그것과 마주하길 피하고 싶은

4. 조르주 디디-위베르만, 『모든 것을 무릅쓴 이미지들 ─ 아우슈비츠에서 온 네 장의 사진』, 오윤성 옮김, 레베카, 2017, 13쪽.

마음 앞에서는 증언되기 어렵다. 그러나 이러한 거대한 무참함을 (설사 그것이 거대한 기쁨일지라도) 받아들일 수 있는 힘과 용기는 과연 "스스로 상상"하는 것을 통해 가능해질까? 그것뿐만은 아닐 것 같다. 짧다면 짧다고 할 수 있는 1년 반 동안, 상상하는 힘은 부딪침 속에서 나온다는 것을 배웠기 때문이다.

『난민, 난민화되는 삶』은 아카데미 안팎, 활동가와 연구자, 난민과 난민화되는 삶 사이의 간극에서 부딪쳤던 한계-접점들을 담고 있다. 이 한계-접점들은, 〈난민×현장〉이 난민 및 난민화되는 삶에 다가갔고 또 다가갈 수 없었던 지점들을 선명하게 표시한다. 만약 이 책이 2018년 이후 여러 고민을 안고 발간된 난민과 관련된 다른 책들과 다른 점이 있다면, 모두가 좁히려고 하는 난민과 난민화되는 삶, 난민과 '우리', 활동가와 연구자, 당사자와 연구자 등이 부딪치면서 생기는 간극을 확 벌려서, 그 지점에 부피와 무게를 부여하려 했다는 점에 있을 것이다.

이 한계-접점을 더 깊이 파고들면서 〈난민×현장〉은 각각의 '몸'이 놓여진 자리를 인식하는 동시에, 바로 그 자리로부터 이탈할 수 있는 용기와 힘을 조금씩 상상할 수 있었다. '왜'라는 질문과 '그래도'라는 속삭임 사이의 간극이, '어쩌면'이라는 관계에 대한 욕망으로 바뀌는, 아직은 오지 않은 순간들을 상상해 본다.

2020년 5월 21일
〈난민×현장〉을 대신해 신지영 씀

1부
전염과 매듭

'증언을 듣는 자'에 대한 증언 | 신지영

'증언을 듣는 자'에 대한 증언

신지영

Intro 1 : 매듭이 끊어진 자리에서

> 달팽이 : 근데 바라 님은 왜 이걸 하세요?
>
> 바라 : 저요?
>
> 달팽이 : 네, 힘들지 않아요? 좋은 이야기는 아니잖아요, 들으면 힘들잖아요.
>
> 바라 : 왜 … 할까? 글쎄 … 글을 써야 하니까? 글은 딴 거 써도 되는데 … 글쎄요 … 어쩌다 보니 … .
>
> 달팽이 : 어쩌다가 아니잖아요. 엄청 고민했잖아요?
>
> 바라 : 하하하하, 그쵸. 음 … 모르겠네 … 모르겠네요 … .[1]

달팽이[2]는 나를 '난민'에게로 한 발짝 더 가까이 갈 수 있도

---

1. 달팽이와의 인터뷰, 2019년 9월 10일 이태원. 이하 '이태원9/10'으로 표시.
2. 인터뷰를 한 활동가는 '달팽이'라는 가명으로 부르려고 한다. 또한 이 글에서 인용된 달팽이의 공적인 글에는 본명을 사용하여, 인터뷰이로서의 '달팽이'와

록 해 준 친구다. 예정된 게 아니었지만 시작되었고, 인터뷰를 하려 했지만 너/나를 구별할 수 없게 되었던 달팽이와의 기록을 다시 들으면서, 마지막까지 해결되지 않는 질문이 이것이다. 힘든 이야기를(달팽이가 말하기 힘들었을 이야기를), 왜 들으려고 하는가(누구에게 말하려고 하는가)?

2018년 제주도에 도착한 예멘 난민을 둘러싼 상황, 효자동 난민 단식농성, 코로나바이러스의 확산 속 난민과 이민자에 대한 차별 등을 통과하면서, 한국 사회는 이미 난민에 대한 고려 없이 말해질 수 없게 되었다. '난민'이라고, 한 존재의 무게가 다를 리 없다. 또한 '난민'이라고 호명되는 한 명 한 명은 제각각 너무나 달라, '난민'이라는 말로는 각각을 표현할 수도 없다. 그럼에도 난민을 생각하면, 여전히 가슴이 꽉 막히는 것처럼 무겁고 멀게 느껴진다. 왜일까? 이 무거움과 거리감은 난민을 추상화하고 '우리'의 삶에서 분리시킨다는 점에서 혐오발언의 프레임과 어딘가 통하는 점이 있어, 두렵다.

파농이 흑인은 백인과의 관계에서만 흑인이라고 했듯이[3],

구별했다. '달팽이'는 활동과 인터뷰와 세미나 등을 통해서 '나'와 공감을 주고받았던 순간을 담고 있는 존재의 이름이다. 또한 그 활동과 인터뷰와 세미나를 하는 순간에 〈난민×현장〉의 멤버들과 수많은 활동가들과 난민분들이 있었다는 점에서 '달팽이'는 집합적인 의미를 띤다.

3. 프란츠 파농, 『검은 피부 하얀 가면』, 이석호 옮김, 인간사랑, 1998, 140쪽. "흑인은 백인과의 관계에서만 흑인이기 때문이다. … 흑인은 백인의 시각에서 볼 때 존재론적 저항의 여지가 없다." 노서경 번역본(『검은피부, 하얀가면』, 문학동네, 1993, 108쪽)에서는 "흑인은 더 이상 검은 존재이어서는 안 되고 백인 맞은편의 존재이어야 하기 때문이다. … 흑인은 백인의 눈에 존재론적 저항력

그 어떤 난민도 다른 관계 속에 들어가면 '난민'이 아니며, '난민'이란 호명이 상기시키는 이미지도 변화될 수 있다. 그러나 난민과 우리라는 추상화된 구분이 불러일으키는 무거움과 거리감 또한 보지 않을 수 없다. 이런 한계와 물음을 안고 〈난민×현장〉을 통해 만난 사람들과 일 년 반을 함께했다. 연구자와 활동가가 함께 모여 대학의 안팎, 연구와 활동을 연결해 보려는 시도였다. 그러나 난민과 직접적인 관계를 형성하진 못했다. 타자와 만나는 '나'의 감각이 실험대에 올려졌고, 증언을 듣는 것이 서로에게 폭력을 다시 경험하게 하거나, 연구자로서 그들의 말을 전유하는 폭력을 행사할 수 있다는 점에서, 조심스럽기만 했다. 이러한 〈난민×현장〉의 멤버와 난민 사이의 매듭이 되어준 것이 〈난민인권센터〉(이하 〈난센〉)의 활동가 달팽이였다. 따라서 나는 활동가 달팽이로부터 이 글을 시작할 수밖에 없다. 단지, 난민, 활동가, 연구자, 시민과 같은 정체성이 고정된 것이 아니었음을 미리 못박아 두고 싶다. 이 호명된 정체성은 싸움과 사유가 시작되기 위한 최소한의 장소라는 점에서 변화무쌍한 정치적 투쟁의 배치를 담고 있다.[4]

───────────

을 갖지 않는다"라고 되어 있다.

4. Silvia Federici, *Beyond the Periphery of the Skin: Rethinking, Remaking, and Reclaiming the Body in Contemporary Capitalism*, Pm Press, 2019, pp. 1~3. 페데리치는 신체와 젠더를 담론적 실천이며 수행의 산물로 보는 이론의 성과를 인정하면서도, 여성을 위한 투쟁의 공통적인 영역(a common terrain of struggle for women)이 여전히 필요함을 역설하고 있다. 예를 들어 '여성'이란 정체성은 생물학적인 근거와 같이 변화하지 않는 특성을 갖고 있는 집단을

인종, 민족, 성적 정체성과 비교해 보면 '난민'의 규정은 존재 귀속적이지 않다. 〈난민법〉 제2조 1호에 따르면 난민이란 "인종, 종교, 국적, 특정 사회집단의 구성원인 신분 또는 정치적 견해를 이유로 박해를 받을 수 있다고 인정할 충분한 근거가 있는 공포로 인하여 국적국의 보호를 받을 수 없거나 보호받기를 원하지 아니하는 외국인 또는 그러한 공포로 인하여 대한민국에 입국하기 전에 거주한 국가로 돌아갈 수 없거나 돌아가기를 원하지 아니하는 무국적자인 외국인"을 일컫는다.[5] 즉 "난민이기 때문에 겪는 문제의 원인은 난민, 그 사람에게 속한 내재적인 것이 아니"다.[6] 고향이나 본국을 떠날 수밖에 없었던 상황과 한국의 법적·정치적·경제적 제도가 중층적으로 얽혀서 야기된 것이므로, 이 상황과 제도와 관계가 바뀌면 난민이 겪는 문제들은 사라지거나 약화될 수 있다. 사실 이러한 난민의 정의는, 난민뿐 아니라 인종, 민족, 성적 정체성 또한 생물학적으로 고정된 것이 아니라 권력의 배치임을 보여준다.

한나 아렌트는 『전체주의의 기원』에서 난민을 "국가없는 민

의미하지 않지만, '여성'이라고 규정되고 착취와 억압을 당해 온 역사적 경험과 현재의 물질적 조건은 여성해방을 위한 투쟁의 토대가 된다.

5. 박주연, 「국내체류중인 '난민여성'들의 실태는? – 다중의 차별을 겪고 있는 여성난민의 인권 보장해야」, 『페미니스트 저널 일다』, 2018년 11월 13일 입력, 2020년 1월 20일 접속, http://www.ildaro.com/8346.

6. 나영정, 「소수자가 난민이 된다는 것 – 소수자난민인권운동의 고민들」, 『2019 한국사회와 난민인권』 자료집, 난민인권센터 주최, 2019년 12월 5일 발표문, 2019년 12월 17일 입력, 2020년 1월 20일 접속, https://nancen. org/1994?category=118718.

족" 혹은 "무국적자" 등 무국적 상태로 정의한다.[7] 시민권과 국적이 박탈되고 '인권'만이 남은 상태가 난민인데, '인권'만이 남았다는 것은 사실상 "권리들을 요구할 권리"조차 주어지지 않은 상태라고 말한다.[8] 이러한 해석은 '권리'와 '인간'에 기댄 논의에 대한 근본적인 부정을 담고 있다는 점에서, '권리' 획득만을 목표로 하는 활동을 넘어서는 동시에 '인간' 이외의 존재에게로 열린다. 난민 운동을 통해 경험하는 것은 난민에 대한 시혜적 태도나 휴머니즘이 아니라, '인간의 권리'라는 규정 자체에 대한 해체적 물음이다.

"권리들을 요구할 권리"라는 말은 두 가지 '권리'를 표현한다. 앞에 나오는 복수형 '권리들'이란 모든 인간에게 주어지는 권리이며, 뒤의 '권리'란 법적·제도적 공동체에 속한 사람에게 주어지는 권리를 의미한다.[9] '난민'은 이 뒷부분의 '권리'를 보장해주는 관계의 모든 매듭이 끊어진 상태로 한국에 도착한다. 〈난센〉에서 오랫동안 난민 상담을 해온 달팽이는 난민신청을 하려는 사람과의 첫 인터뷰를 "그 사람의 뭉텅이가 턱하고 떨어지는 느낌"(이태원9/10)이라고 표현한다. 모든 연결이 끊어진 상태에서, 난민신청자들은 차별의 말인 '난민'으로 지칭되는 것을

---

7. 한나 아렌트, 『전체주의의 기원』, 이진우 옮김, 한길사, 2006. 이 책의 9장 「국민국가의 몰락과 인권의 종말」 참고.
8. 스테파니 데구이어, 「권리들을 가질 '권리'」, 『권리를 가질 권리』, 김승진 옮김, 위즈덤하우스, 2019, 34~37쪽.
9. 같은 책, 23쪽.

받아들임으로써만 '인권'을 얻고, 난민이라는, 권리가 제한된 법적 지위를 신청함으로써만 '생존권'을 주장할 수 있게 된다. 즉 '난민 인정'은 최종 목적지가 될 수 없다. 모든 관계의 매듭이 끊어진 자리에서 난민들은 '난민으로서의 법적 자격'을 요구하는 동시에, '난민화된 삶으로부터의 해방'을 추구해야 하는 모순에 직면하는 것이다.

이와 같은 '난민인권활동'의 아포리아는 난민과의 연결을 꿈꾸지 못하게 하는 구체적 조건과 관련되어 있다. 첫째로 '난민' 자격을 얻기 위해 고군분투해야 하고 언제든 송환될 수 있다는 법적 지위의 불안정성은 난민 스스로 활동의 주체로 설 수 없게 한다. 한국 사회의 혐오발언과 인종주의도 정치적 노출을 불가능하게 하는 요소이다. 둘째로, 문화적·언어적으로 상이한 지역에서 온 난민과 통번역이나 문화적 쇼크 없이 만나기 어렵고, 그만큼 난민의 날것 그대로의 목소리는 전해지기 어렵다. 이처럼 관계와 공감의 매듭이 끊어진 자리에 난민인권활동가들이 있다.

다른 존재와 연결되고자 하는 욕망은, 가난과 고통을 피하려는 욕망만큼이나 근본적이다. 생물이 개체의 목숨만을 '연명' 하기 위해서 하는 행위를, 각각의 이질성을 인정하는 공동체 안에서 '존재'하는 차원으로 심화시킬 때, 하나의 생물이 다른 존재와 연결되려는 욕망은 단지 목숨을 연명하기 위한 어쩔 수 없는 관계가 아니라, 지금의 위계와 배제를 넘어선 또 다른 삶을 상상하는 관계에 대한 요청이 될 수 있지 않을까? 버틀러가 아타나시오우와의 대담에서 프란츠 파농을 인용하면서 "누가 세계를 향해 개방될 수 있는가?"라는 질문을 던졌듯이 말이다.[10] 힘든데 고통스러운데 왜 굳이 보고 듣고 연결되려고 하는가? 다른 존재와 연결될 때 느끼는 기쁨 때문이다. 모든 존재가 빛나는 섬광 같은 순간들 때문이다. 그러나 연결과 개방성은 그것을 가능하게 하는 제도와 관계망 없이는 공허하다. 제도적 조건과 관계의 매듭이 없는 상태의 존재에게, 연결과 개방성이란 곧 목숨을 연명할 수 있느냐, 없느냐는 위험에 직면하는 것이 되기도 한다.[11] 이 지점이 내가 난민과 난민화의 연결을 생각하게 된 막다른 골목 혹은 협곡이다.

난민과 난민화되는 삶을 연결 지을 때, 그 근거로 지배권력의 착취를 모든 존재가 함께 겪고 있다는 점을 들기 쉽다. 전지구적 자본주의와 군사주의가 분업화된 착취, 억압, 차별을 모든 존재에게 가하고 있기 때문에, 한 존재가 겪는 고통은 다른 존재의 고통과 연결되며, 한 존재의 해방은 다른 존재의 해방 없이 불가능하다. 2018년을 통과하면서 킴벌리 클랜쇼의 교차성 이론이 부상한 것은 이런 상황을 배경으로 했다.[12] 이후 킴벌리

---

10. 주디스 버틀러·아테나 아타나시오우, 『박탈(정치적인 것에 있어서의 행성에 관한 대화)』, 김응산 옮김, 자음과모음, 2016, 181~182쪽.

11. 같은 책, 182쪽.

12. Kimberlé Crenshaw, "Mapping the Margins : Intersectionality, Identity Politics, and Violence Against Women of Color", *Stanford Law Review*, Vol. 43, No. 6 (Jul., 1991), pp. 1241~1299. (이 논문의 번역은 다음을 참조했다. 킴벌리 크렌쇼, 「주변부 지도 그리기 : 교차성, 정체성의 정치, 그리고 유색인 여성에 대한 폭력」, 마리옹 옮김, 웹진 『인-무브』, 2018년 7월 11일 입력, 2020년 1월 20일 접속, http://en-movement.net/175.

클렌쇼의 교차성 이론과 힐 콜린스의 '매트릭스' 교차성 이론이 지닌 구조주의적 경향, 정체성을 '더하는' 방식, 일국주의적인 범주 적용 등이 비판되었다. 이에 대한 대안으로서 복잡성과 구성주의를 통해 교차성에 접근하고, 교차성 자체를 다양한 주체와 범주의 상호작용이 극대화되는 장field이라고 보는 경향(조수미, 클렌쇼, 맥콜)도 생겼다.[13]

이러한 논의들을, 소수자와 소수자를 대립시키는 포퓰리즘이 확산되는 상황에서 접했다. 여성과 난민을 대립시키고, 일자리가 없는 청년과 난민을 대립시키는 담론들 말이다. 그러면서 권력의 폭력과 억압을 비판하는 것만큼이나, 소수자들이 서로 연결되고 공감해 가는 순간들을 생각해 보고 싶었다. 이는 다음과 같은 질문이 되었다. 분업화된 착취와 억압이 교차하며 소수자들이 서로를 미워하고 배제하도록 '연루'시키는 상황에서, 어떻게 소수자는 다른 소수자와의 '연결'을 만들어낼 수 있을까? 힘들다는 상태 속에서 오히려 다른 존재와의 연결을 꿈꾸는 감각을, 어떻게 하면 솟아나게 할까?

이 글에서 난민과 난민화되는 삶의 접점을, 권력의 억압적 작동을 통해서가 아니라 다른 존재와의 연결을 욕망하는 생로병사의 반복을 통하여 모색해 보려는 이유가, 여기에 있다. 만나서 매듭을 만들고, 관계를 유지하는 것이 힘들면 잠시 매듭을 느슨

---

13. 홍찬숙, 「교차성 논의의 이론화 및 방법론적 쟁점 : 사회학적 수용 및 유럽에서의 수용을 중심으로」, 『젠더와 문화』 제12권 제1호, 계명대학교 여성학연구소, 2019년 6월, 18, 33쪽.

하게 조였다가, 다시 에너지가 모이면 영차 힘을 내서 연결되는, 소박하지만 지속적인 과정을 보려고 한다. 그래서 모든 관계가 끊어진 채 한국에 도착한 '난민들'과 연결되어 왔던 달팽이의 축축한 매듭을 따라가 보기로 했다. 이는 달팽이가 나를 향해 자신을 전폭적으로 개방해 주었기 때문에 가능한 일이었다.[14]

난민과 난민화되는 삶들 사이의 연결에 대한 욕망을 되살리고자 하는 이 글은 여러 개의 매듭이 서로에게 개방되었던 흔적이며, '난민의 말'을 듣는 자(=활동가)에 대한 '증언'이며, '정부나 국제기구 보고서'가 될 수 없는 '기록'이다. 그렇게 결코 객관화될 수 없지만, 지극히 보편적인 이야기를 시작해 보려고 한다.

Intro 2: 매듭의 시작과 멈춤

또 하나의 인트로. 고백하건대, 나는 건강하기만 한 달팽이, 밝기만 한 달팽이, 역동적으로 활동하는 달팽이를 만난 것이 아니었다. 오히려 아픈 달팽이, 흔들리는 달팽이, 그만하고 싶을 정도가 된 달팽이와 만났다. 2018년에서 2019년을 지나면서 활동

---

14. 〈난민인권센터〉의 달팽이 이외에도 박경주 님과 김연주 님, 그리고 국제난민지원활동을 하고 있는 〈사단법인 아디〉의 공선주 님과도 인터뷰를 했다. 한 분 한 분의 이야기가 너무 소중하여 언젠가 인터뷰 내용을 어떤 형태로든 세상에 내놓을 수 있기를 바란다. 이번 글에서는 달팽이와의 관계에 집중하면서 다른 활동가분들의 이야기와 〈난민×현장〉의 이야기가 베이스음으로 울리게 하려고 한다. 증언을 들어온 달팽이의 증언을 듣고 기록하고 싶었을 뿐 아니라, 달팽이는 듣고-쓰는 것에 뒤따르는 관계의 윤리를 계속 상의하고 조절할 수 있을 정도로 긴 시간을 함께한 친구이기 때문이다.

가들은 난민을 둘러싼 여러 사건에 노출되면서 온갖 관계들의 '매듭'이 되어 끊임없이 움직여 왔다. 활동가들은 시민, 연구자, 법률가, 난민 모두와 연결되어 있었지만 주목받지 못한 채 수많은 경험을 축적해 왔다. 그리고 번아웃 된 활동가들이 많이 등장했다. 익명의 인터뷰들을 참조하면서 박경주는 이 과정을 "활동으로부터 얻는 행복, 뿌듯함, 자부심, 죄책감, 좌절(힘에 부침/지침/포기의 맘)은 하루에도 몇 번씩이나 활동가의 내면을 횡단한다"고 적었다.[15] 난민의 말은 활동가가 들어 주지만 활동가의 말은 누가 들어줄 수 있을까, 라는 생각이 인터뷰 시작의 동기이기도 했다. 함께 이야기하면서 달팽이'들'이 좀 건강해지면 좋겠다는 지금 생각하면 마냥 부끄러워지는 마음도 있었다.

그러나, 이 모든 동기 이전의 동기, 선명한 질문 하나가 있었다. 삶을 뒤흔드는 타자와의 만남에, 달팽이는 어떻게 스스로를 내어놓을 수 있었을까? 단 한 시절, 단 며칠, 단 몇 시간, 아니 단 한 순간일지라도, 활동가로서 열심인 달팽이가 존재했고 어떤 힘으로 남아 있다. 그 순간이 여러 사람들에게 가능할 수 있다면 그것은 거대한 순간이 되지 않을까? 또한 함께 묻고 생각해야 할 점도 있다. 달팽이는 왜 다른 존재를 향해 개방했던 몸과 마음을 접고 싶다고 생각하게 됐을까…?[16]

15. 박경주, 「난민의 '곁'에선 노동 : 난민지원활동가의 노동건강」, 『난민인권에 대한 노트』, 이태원작업실, 2019, 120쪽.
16. 달팽이가 난민인권활동을 하게 되기까지의 경위는, 달팽이와의 인터뷰(2019년 9월 11일, 대림동)에 기반한다. 이하 '대림동, 9/11' 등 달팽이와의 인터뷰는

7살 무렵의 달팽이. 일본에서 돌아온 달팽이는 말을 못 해서 놀이를 몰라서 놀림을 받는다. 그때 자신이 "어떻게든 담길 수 있는 공간"이나 "마음을 놓을 수 있는 단 한 사람과의 관계"가 존재의 장소가 된다는 것을 깨닫는다. 20살 무렵 방글라데시에서 컴퓨터를 가르치는 달팽이. 봉사는 위선적이어서 싫었고 다른 문화를 배우기 위해 찾은 것이 〈코이카〉KOICA(한국국제협력단)였다. 그렇게 간 방글라데시에서 달팽이는 세 번의 계기와 만난다. 첫 번째는 치타콩 지역 소수민족 친구가 들려준 난민 이야기 속 분노다. 친구의 이야기를 일상적으로 듣던 달팽이는 인도 다질링의 티벳 난민 공동체에 머물던 중 우연히 보게 된 전람회에서 중국 공안에게 발길질 당하는 스님의 사진을 보고 "피가 거꾸로 솟는 느낌"을 받는다. 달팽이는 인터넷에서 '난민'을 검색하고, 〈웰컴〉이라는 영화를 만나고, 한국 속 난민들을 알게 되고, 〈난센〉을 발견한다. 2009년이다.

두 번째는 방글라데시의 거리 속 "사람이 사람이 아닌 상황"과의 만남이다. 거리를 걷던 달팽이는 처음에는 쓰레기라고 생각했다고 한다. 누더기를 걸치고 누워서 소변을 보고 있는 여성을 보았을 때, 말이다. 30명의 인부들이 아파트 11층 높이에서 8톤 선박을 안전장치도 없이 맨손으로 해체할 때, 그 밑이 피바다가 되는 상황을 보았을 때, 말이다. 구걸하는 아이와 할머니들에게 코이카에서 배운 대로 "맙꺼룬('저를 용서해 주세요'라는 뜻)"

_____

'지명+날짜'로 표기.

이라고 말하자, 절규하듯 "셧업 셧업 아임 헝글리"라고 욕하고 울부짖는 어린 애와 만났을 때, 말이다. 그곳에서 달팽이는 대중 교통수단인 릭샤(자전거 인력거)를 어쩔 수 없이 탄다. 릭샤를 끄는 사람은 대개 나이 든 사람들로 비가 오거나 아파도 일한다. 16시간 릭샤를 끌고 릭샤 대여비를 낸 남은 돈으로 온 가족이 사는 경우가 대부분이었다. 다른 선택지가 없기 때문이다. "릭샤를 끄는 뒷모습을 보면 정말 말로 설명할 수 없을 정도로 고통스러워요. 몸에 남아 있는 모든 힘을 다 쥐어짜내면서 릭샤를 끌어요"라고 말하는 달팽이는, 릭샤가 덜컹할 때마다 온 힘을 쥐어짜는 몸을 느꼈을 것이고, 마음도 함께 덜컹했을 것이다.

전염된 고통 속에서 달팽이는 난민 관련 활동을 하기로 결심한다. 고통은 다른 존재와의 연결을 막는 결정적인 원인이 아니다. 달팽이는 그 경험을 다음과 같이 말한다.

달팽이 : 삶에 대해서 그때만큼 감사하다고 느낀 적이 없었어요. 그땐 밥만 먹어도 감사한 거예요. 제가 이 일을 하겠다고 생각한 게 방글라데시 … 그곳에서 제 삶이 송두리째 흔들렸거든요. … 저는 생존을 위해 계속 모른 척하고 있었던 것 같아요. … 그게 다 한국과의 관계 속에서 영향을 주고받아 일어난 일이에요. 그곳 한국 공장에서 산업재해가 계속 생기구요. 공장에서 시위하면 그냥 총을 쏴서 죽여요. 진압의 정도가 상상 이상이에요. 그런 일들에 계속 노출되다 보니까 제가 한국인이 맞는 것 같았구요. 제 세계에 이 사람들이 들어온 것이니까 그

게 컸던 것 같아요. (대림동, 9/11)

방글라데시에서 사람들을 착취하는 한국 공장의 본국인 한국 사람. 이처럼 가해자성으로 범벅된 '한국인'이 자신임을 인식하는 순간 달팽이는 그들에게 개방되었다. 자신의 세계에 '그들'이 '들어오도록' 허락한 것이 아니라, '이 사람들'이 주어가 되어 달팽이의 세계에 '들어온' 순간이었다.

세 번째는 인도 티벳망명정부 다람살라의 록빠 공동체에서 '오랫동안 쌓여온 분노'의 다른 방향을 본 순간이다. 난민의 상황에 전염되면서 달팽이를 채운 것은 분노였다. 그런데 달라이 라마의 『용서』를 읽게 되고 그곳 공동체에 머물면서, 가해자를 원망하거나 미워하지 않으면서도 독립을 위해 싸우는 티벳 사람들을 만난다.

달라이 라마를 보러 갔는데 자리를 잘못 잡아서 티벳 사람들만 보였어요. 그런데 그것 때문에 제가 이것에 완전히 올인하게 되었어요. [왜요?][17] 행사 시작하기 전에 국가國歌 같은 것을 불렀는데요, 저는 국가 정말 싫어요. 그런 것 때문에 너무 힘들었으니까요. … 그런데 그날 거기서 제가 펑펑 울고 있었어요. … 저에게서 느껴지는 것은 분노와 원망이었는데, 그 사람들에게는

---

17. 직접 인용된 인터뷰 내용 중에 나오는 [ ] 속 말은 인터뷰어의 말이다. 이하 다른 직접 인용에서도 동일하게 표시한다.

그것이 없는 것처럼 보였어요. 그렇지만 포기하지 않고 싸우고 살아가고 있다는 게 저에게는 큰 울림으로 다가왔어요, 우연하게요. (대림동, 9/11)

한국으로 돌아온 달팽이는 〈난센〉에 올라온 글을 모조리 찾아 읽고, 학교를 서둘러 졸업하고, 〈난센〉 면접에서 이렇게 말했다고 한다. "이번에 저를 뽑아주지 않아도 괜찮아요. 왜냐면 뽑힐 때까지 지원할 거거든요."

그랬던 달팽이가 지금 아프고 움직임을 멈췄다. 그리고 나는 달팽이의 병에 내가 어떤 식으로든 연루되어 있다고 느낀다. 자신을 다른 존재에게 개방하는 순간은 세 가지 상황 속에서 닫혀간다. 이 상황은 2018년~2019년과 관련되지만, 난민과 맺는 관계의 매듭에 무엇이 필요한가를 역설한다. 매듭은 연결을 의미할 수도 단절을 의미할 수도 있지만 완전한 단절을 의미하지는 않는다. 느슨하고 단단하고 여러 겹이고 연결되면서도 단절된 이 모든 난민과의 관계를 여기서는 '매듭'이라고 불러보려고 한다.

하나는 매듭의 고통이다. 난민 상담을 시작하고 2~3년이 지날 무렵부터 달팽이에게는 '생각의 침투'라는 대리 트라우마가 나타나기 시작한다. 악몽을 꾸기 시작하고, 길을 걷다가 시체나 끔찍한 장면이 떠오르기도 한다. 자원이 부족한 상황에서 활동가들은 난민들의 심사를 돕기 위해 난민들이 겪었던 고통을 자세하게 듣게 된다. 따라서 활동가들에 대한 심리지원은 꼭 필요함에도 여전히 그 필요성이 충분히 인식되지 못하고 있다. 심지어 예전에는 심리적 어려움을 말하면 나약하다고 비난을 받는 경우도 있었다고 한다.

두 번째는 매듭의 부재다. 달팽이의 활동 과정은 동료찾기의 시도와 실패로 점철되어 있다. 달팽이는 예멘이슈가 터지면서 2천 개 정도의 파일과 50개의 온라인 그룹을 만들었다고 한다. 기존의 이주단체는 이미 너무 바빴고, 난민 문제를 중심에 두고 활동하는 단체는 많지 않았고 제주와의 연대는 절실했기 때문이다. 〈난센〉도 소규모의 단체다. 상근활동가인 이슬, 변호사이며 활동가인 허니, 연구자이며 활동가인 박경주 그리고 달팽이의 끈끈한 신뢰 관계 속에서 〈난센〉은 이어져 왔다. 이처럼 한 명 한 명의 활동가가 매우 바쁘게 움직여야만 하는 상황에서 동료에 대한 갈증은 여전히 크다고 한다.

세 번째는 매듭의 단절이다. 난민거부 및 난민법 개정 국민청원이 71만 명을 넘어서는 상황에서, 이에 대한 비판 성명을 발표한 〈난센〉은 혐오발언의 표적이 되었다. 난민 반대 사이트에 〈난센〉의 전화번호가 공개되면서 온오프라인의 폭력을 겪게 되었다. 그러나 상황을 알아야 대비할 수 있었기 때문에 달팽이는 신상털기, 전화 협박, 폭력 행사 등의 혐오 행동을 계속 모니터링해야 했다. 센터 문을 잠그고 전화를 받지 않기 시작했다. 난민이 도움을 청하는 메일을 보냈을 수도 있으니 메일은 모두 체크해야 했으나, SNS의 개인정보는 비공개로 바꾸기 시작한다.

권리를 요구할 매듭이 끊어진 난민들과 관계를 형성하려고 했던 활동가들은, 스스로와 난민들을 지키기 위해 다시금 시민들과의 관계를 일부분 차단해야 했다. 달팽이는 그 시간을 "내일이 없는 것처럼 살았"던 시기라고 한다. 혐오발언이 있었지만, 난민 문제를 이슈화할 수 있는 기회이기도 했다. 장기전의 방법을 모른 채 달렸기 때문에 번아웃되어 버린 측면이 컸다. "어디까지 힘을 끌어내서 해야 하고 어디까지 힘을 놔야 하는지" 모르겠고, "욕심을 내면 너무 많이 다치고 욕심을 안 내면 너무 무기력하고 좌절하게 되는" 상황에서, '이 활동을 다시 한번'이라고 말할 수 있을지 질문하게 되었다.

> 이 활동을 다시 한다고 했을 때 그동안의 활동에 대해 전략적으로 부족했던 점을 돌아보고, 다시 세울 수 있는 부분이 있는 것 같아요. 그런데, 그것을 넘어서서 제가 이 활동을 이끌어가는 에너지를 조절할 수 있을지, 활동을 해야 하는 이유가 있음에도 거기에 수반된 고통을, 어떻게 다시금…, 그 고통을 알면서도 시작할 수 있을지가 매우 어렵다고 할까요. 고통에 대한 매듭을 지을 수 있다면 똑같은 고통이 와도 다시 시도할 수 있을 것 같은데, 욕심을 너무 많이 내서요, 동료를 찾기도 어렵구요. … 계속 급한 불끄기를 하는 것 같아요. 2012년부터 계속 불끄기를 하러 다니는 것 같아요. 그러니까… 그게, 정말 앞으로도 그럴텐데, 계속, 내가 그렇게 할 수 있을까…. (홍대입구, 9/11)

불끄기를 하러 이리 뛰고 저리 뛰는 달팽이들, 동료가 사라지는 걸 보는 달팽이들, 혐오발언에 노출되는 달팽이들. 달팽이들의 병은 난민과 관계를 맺을 때 무엇이 요청되는가를 질문하게 하며, 나 또한 그 병의 일부분임을 자각하게 한다. 그럼에도 나는 여전히 달팽이를 개방시켰던 고통과 개방성을 접게 했던 고통, 이 두 가지가 어떤 점에서 다른 특질을 지니는지를 명확하게 분별할 수가 없다. 긍정이건 부정이건 '다시 한번'이라는 질문에 답하기 위해서라도 나와 달팽이는 두 매듭의 자국을 더듬어가 보기로 했다. 하나는 난민의 장소이고 다른 하나는 난민의 말이다.

난민의 장소 : 보고서가 아닌 기록은 가능할까?

인천공항, 출입국관리소, 대림동, 이태원, 가리봉동. 한국에 도착한 난민이 처음으로 경험하는 장소이고, 달팽이에게는 활동의 장소이자 삶의 장소였으며, 한국 사람들에게는 익숙했으나 낯설어진 장소이다. 그곳들에서 나는, '낯설어졌다'고 아무렇지 않게 말하는 한국 국적을 지닌 내게 깃든 '배제와 격리'를 보게 된다.

인천공항에 내린 난민들이 처음으로 난민신청을 위해서 가는 곳, 서울출입국관리사무소 외국인청으로 갔다. 여기저기 사람들이 앉아 있는 복도 벽에는 영어와 아랍어로 "떠들지 말라"고 적혀 있었으나, 난민신청과 관련된 안내는 한국어였다. 경고는 아랍어와 영어로, 생존을 위한 정보는 한국어로 쓰여 있다는 것은 무엇을 말할까? 정보와 제도로부터의 격리가 난민들이 처음 마주한 한국어의 느낌일 터였다. 난민신청 후 신분증이나 취업허가를 위해 가야 하는 출입국관리소로 발걸음을 옮겼다. 외국인청에서 택시로 불과 5분 떨어진 곳이었지만, 난민들은 길을 찾는 데 큰 어려움을 겪는다고 했다. 이곳에는 송환 대상을 구금하는 '보호소', 즉 난민 수용소가 있었다.

달팽이는 이곳에 좋지 않은 기억이 많다고 했다. 여러 난민들이 보호소 구금 상황에 처했을 때, 그 결정을 바꾸기 위해 노력하지만 "바뀌지 않으니까 굴욕적"이었다고 했다. 보호외국인 면회실, 보호실, 신병인계 대기실을 향해 오르는 계단 옆 창문에는 회색 철조망이 있고 옆 벽에 한국의 명소 사진이 알록달록 붙어 있어 선명히 대비되었다. 예전에 달팽이가 한 말이 문득 떠올랐다. "국가는 정말 꿈쩍도 하지 않아요, 절대 안 바뀔 것 같아요. 100년이 지나도 1,000년이 지나도 ⋯."(출입국관리사무소, 9/11) 건물 밖으로 나오자 난민신청자 국가의 국기를 주렁주렁 매단 교회가 눈에 탁 들어왔다. 출입국관리사무소의 무채색 규범들과 교회의 총천연색 인도주의는 닮아 보였다. 출입국관리소의 규범들이 '법의 배제'를 통해 난민들을 한국 사회로부터 분리시킨다면, 국적이나 정형화된 문화를 기반으로 난민들을 인식하는 것도 그들을 한국사회의 '저편'으로 분리시켜 버릴 위험성이 있다고 느꼈다. 다양한 이유로 박해를 피해 온 난민들에게는 국가나 문화적 특성이 고통의 원인이었을 수도 있기 때문이다.

출입국관리사무소에서 이런 질문을 한 적이 있다. "저기, 정치적 이유로 온 난민은 난민인권활동에 훨씬 더 적극적으로 참여할까요?" 그러자 달팽이는 "저는… 경제 난민은 없다고 생각해요. 사유가 다른 분들이 있는 거죠"라고 말했다(출입국관리사무소, 9/11). 얼굴이 확 달아올랐다. 법무부가 가짜 난민과 진짜 난민을 나누고, 난민들이 일자리를 위해 한국에 왔다는 혐오발언을 하는 것과 내 질문은 과연 얼마나 다를까? 자본주의 사회에서는 돈을 벌지 않고 먹고살 수 없고, 난민이라고 다를 리 없다. 난민신청서를 작성하면 G-1 비자를 받는데, G-1 비자 상태로는 6개월간 취업이 금지되므로 살기 위해 불법취업을 할 수밖에 없고, 불안정한 신분은 잔업, 임금미지불, 인종차별을 일상적으로 겪게 한다. 박경주 활동가가 「대림동의 아프리카」에서 '일자리를 찾기 위해 난민신청을 한다'는 논조의 기사를 날카롭게 비판하면서, "'일자리 구하기'만'을 위해서 난민신청을 하는 사람은 없다"고 단언한 것도 같은 맥락이다.[18] 그 대림동으로 갔다. 난민신청자들이 살기 위해 일자리를 찾아 모여드는 곳이었다.

같은 대림동이라고 해도 큰길에는 일자리 소개소가 보이지 않았다. 달팽이를 따라 도로 아래로 내려가자, 일자리 소개 조건을 적은 간판들, 빼곡히 세워진 낡은 자전거들, 시큼한 냄새와 쓰레기가 나타났다. 이곳에는 난민신청자뿐 아니라 이주노동자, 미등록노동자 등이 찾아온다고 했다. 그러면 언어도 제도도 전혀 모르는 난민들에게 수수료 2~30만 원을 내라 하고 갑자기 지방으로 가라고 하는데, 가서 일을 해 보면 도저히 견딜

---

18. 박경주, 「난민의 '곁'에선 노동」, 『난민인권에 대한 노트』, 87쪽.

수 없는 경우가 허다하고, 일을 그만두고 싶지만 이미 지불한 수수료 때문에 발이 묶인다. 그런 일자리도 이슬람 출신이나 난민에게는 주어지지 않는다.

나영정은 경제적 불구화가 국경을 넘은 상황에서 "'합법적인 국가 경계'안에 있지만 노동하다가 불구화/무력화되는 삶" 그리고 "국가 경계를 넘었다는 이유로 노동하고자 하는 필요와 욕구 자체가 범죄시되며 불구화/무력화되는 삶", 이 둘 사이에서 경제활동 여부에 따라 진짜와 가짜 난민을 구별하는 게 무슨 정당성이 있느냐고 반문하고 "모든 불평등은 경제적 불평등과 연결되어 있"다고 한다.[19] 이런 이야기를 하면서 걷는데, 어떤 여성이 펑펑 울면서 중국어로 전화를 하며 (사실상 울부짖으며) 옆을 지나갔다.

서울 한복판의 '격리'는 난민의 주거지가 많은 이태원으로 이어진다. 이태원 거리는 소음으로 귀가 아팠고, 발걸음이 흐트러졌고, 우리 대화도 거칠어졌다. 이 소음과 꾹 눌린 분노는 난민의 고통에 대해 어떤 '낭만'도 허용하지 않았다. 그곳이 노출된 격리공간이며, 뿌리 내리지 못하게 하는 공간임을 자각하게 할 뿐이었다.

난민분들이 많이 (부아아앙) 차가 이렇게 계속 와요. 앞뒤로 와

---

19. 나영정, 「소수자가 난민이 된다는 것 ─ 소수자난민인권운동의 고민들」, 『2019 한국 사회와 난민인권』 자료집.

요. 여기 살다 보면 정말 화가 나요. 걷다가 멈추는 순간이 너무 많은 거예요 (빠앙) 애들이 여기서 못 뛰어놀아요. (부아아앙)···[옮기고 싶지 않았어요?] 그래서 옮겼어요. 2년 살고. 근데 여기 온 이유가 일단은 너무 싼 거예요. 사람들이···[아, 진짜 차 많이 온다.]···살았는데, 그냥 처음 6개월은 그냥 이런 게 신기하고 그러니까 겉멋에 살았는데 여기 살면서 점점 분노가 세지는 거예요.···관광 오는 사람들과 큰 짐을 들고 있는 난민들과··· ···그 사이가, 너무, 막, 격차가 크니까 (부아아앙) 오토바이 조심해요!··· 거리를 걷다 보면 아는 사람들을 많이 만나는데 나중에는 피하게 되더라구요. (이태원, 9/10)

강력범죄가 많아 경찰이 24시간 상주하고, 곳곳에 비상벨이 있고, 끊임없이 오는 자동차와 오토바이로 걸으면 화가 나는 곳, 큰 가방을 들고 헤매는 난민과 인스타그램 사진을 찍는 관광객이 대비되는 곳, 그곳에서 달팽이는 2년을 살았다. 난민들과 가까워지고 싶다는 마음 때문이었다. 그러나 난민들이 그러했듯이 달팽이도 이곳에 뿌리를 내리지 못했다. 에드워드 렐프는 '장소성', 즉 뿌리를 내리는 것에 대해서 이렇게 말한다. 장소의 본질은 위치나 기능이나 공동체나 세속적인 경험에서 오는 것이 아니라, "무의식적인 의도성"에서 온다고. 태어나 자라고 살고 감동받는 장소와의 관계가 "개인의 정체성과 문화적 정체성, 그리고 안정감의 근원"이며, "세계 속에서 우리 자신을 외부로 지향시키는 출발점을 구성"한다고.[20] 벽이 있건 없건 격리

상태는 장소성을 앗아간다. 한 장소에 정체성, 안정감, 개방성을 뿌리내릴 수 없게 한다. 뿌리내릴 수 없도록 모든 관계가 단절된 난민의 거리에 살면서 달팽이는 두 가지 질문을 품게 된다.

난민을 동정과 구호의 대상으로 보는 것뿐 아니라, 난민과 친구가 되어 동등한 관계를 형성할 수 있다는 믿음에도 인도주의적 허구가 있는 게 아닐까? 특히 그러한 믿음이 구조적 변화를 이끌어 내지 못할 때, 이 관계에는 어떤 어려움이 깃들까? 달팽이가 이태원에서 살았던 시기는 〈난센〉 활동 초기와 겹친다. 당시 〈난센〉은 "관계를 통한 회복"을 모토로 했다. 난민을 '고객'이라고 부르고 이중 삼중 문에 비상벨까지 있는 유엔난민기구의 과도한 규범화를 비판하면서, 〈난센〉은 난민을 향해 늘 문을 열어 놓았다. 그러나, 그렇게 하자 쉽지 않고 상담을 해야 했고, 취객이 들어오기도 했고, 힘들었다. 달팽이는 "관계를 통한 회복"이란 말에 의문을 품고 난민과의 관계를 질문하게 되었다고 한다. 달팽이는 이렇게 말한다. "우린 무슨 관계지, 친구? 친구는 아닌데 그럼 뭐지? 지원하고 지원받는 사람인가, 그건 너무 일방적이니 친구 관계로 넘어가 보자 했던 거죠. 그런데 사실 말이 안 되는 게 친구가 되자고 해서 친구가 되는 게 아니잖아요. 난민이라고 모두 친구가 되어야 한다는 것 자체가 위선적이에요 자기 위안을 위한 관계 맺기인 거잖아요."(이태원, 9/10)

---

20. 에드워드 렐프, 『장소와 장소상실』, 김덕현·김현주·심승희 옮김, 논형, 2005, 104쪽.

나는 이러한 달팽이의 고민을, 난민과 맺는 관계의 한계가 아니라, 타자의 취약성과 고통을 도구화하지 않기 위한 예민함이라고 부르고 싶다. 주디스 버틀러와의 대담에서 아타나시오우가 "인도주의적 통치성"을 비판하면서, '저항'이란 상처를 도구화하는 것에 반대하는 것이라고 부를 수 있다고 말하듯이 말이다.[21] 달팽이는 자신과 난민 사이에 있는 근본적인 불평등을 인식할 수밖에 없었고 그럴수록 난민과 '친구'가 되기 힘들었다고 한다.

> [난민들은 – 인용자] 그 커다란 짐을 끌고 매일매일 어디서 잘지를 고민해야 하는 사람들이고, 너무나 서바이벌한 그런 삶과 제 삶이 너무 동떨어져 있구요. … 저에게 의지할 때 너무 무겁게 다가오구요. … 계속 '할 수 있을까'라고 생각하면서 지금까지 온 것 같아요. 계속 갈등하면서요.(이태원, 9/10)

이태원을 한 바퀴 돌았을 무렵, 나는 뭔가 이상한 느낌이 들었다. 2년 동안 살았던 동네라면서, 달팽이는 자기가 살던 집을 알려주지 않았고, 자신이 알고 있는 난민의 이름이나 집을 말해주지 않았다. 만약 내가 '이태원의 난민 거주지' 등의 주제로 연구보고서를 써야 했다면, 이 긴 동행은 '보고할 수 없는 기록'이 될 판이었다. 달팽이에게 왜 사람들의 이름이나 살던 집을 말해주지 않았느냐고 묻자, "이야기하면 그분들에게 실례가 되지 않

---

21. 주디스 버틀러·아테나 아타나시오우, 『박탈』, 185쪽.

을까"라는 느낌이 들었다고 한다. 달팽이는 거리를 돌아보니, 자신에게 "정리되지 않은 경험들이 있는 것 같다"고 했다. (이태원, 9/10)

그리고 〈난센〉 초기에 〈세이브더칠드런〉[22]과 함께 진행했던 가정방문 활동에 대해 이야기하기 시작했다. 가정방문이란 6개월 단위로 평택, 광주, 동두천 등지의 15개 가정을 찾아가, 지원된 금액이나 물품이 목적에 맞게 사용되고 있는가를 조사하고 보고서를 내는 것이다. 달팽이는 그 활동을 할 때마다 그분들의 집에 갑자기 쳐들어간 느낌이 들고, 감시하는 것 같았다고 한다. 자신이 찾아가면 새벽부터 밥을 차려주거나, 인터뷰하러 아기를 급히 안고 나오는 여성 난민에게 미안해서, 이 활동이 정말 싫었다고 한다. 그래서 보고서나 방문 형식을 간소화하려고 애쓴다. 질문을 가능한 한 줄였고, 자신이 말하기보단 난민의 말을 들으려고 했으며, 왜 자신이 이 활동을 싫어함에도 계속할 수밖에 없는가를 납득시키고, 때로는 문앞에서 인사만 하고 나오는 등, 이 구호활동에서 무던히도 도망가려 애쓴다.

자기 나라에서는 사회적 지위도 높고 자원을 많이 갖고 있던 사람이었는데 몇 개월 뒤에 저를 만나자, 양손을 모아서 엄청 공손하게 구십 도로 인사를 하는 거예요. 한국에서 그 몇 개월

---

22. 〈Save the Children〉 : 아동의 권리와 안전을 위해 활동하는 국제아동보호 단체로 한국에는 1953년에 부산에 지부가 설립되어, 전쟁고아 등 한국전쟁 피해자 구호 활동으로 시작되었다. https://bit.ly/360du6B.

간 어떻게 살았길래 나에게까지 이렇게 공손하게 인사를 하는가 싶어서 … [아 … 힘들다.] 가정방문도요, 자기 집이거나 하면 제가 찾아갈 수 있지만, 친구 집에 더부살이를 하거나 하면 눈치도 봐야 하구요. 그럼 집 근처에서 만나요. 애기를 안고 나와 만나는데 … . … 분유 지원이니까 애기가 잘 크고 있는지 그런 가벼운 이야기만 하는 거예요.(이태원, 9/10)

동정과 구호의 대상이 된 자의 몸은 변한다. 그 변화된 몸이 동정과 구호의 주체가 된 자의 몸에 파고든다. 그리고 그 주체에게도 깊은 수치심을 주체의 폭력에 대한 대가로 남긴다. 수치심을 느끼는 달팽이의 몸은, 피해와 자선의 담론이 정치적 저항이나 대립의 담론보다 더 선호되고, "타인에 대한 취약성과 온정을 의무시하는 도덕 경제학이 온정주의적이면서도 감상적인 자유주의적 인도주의의 규제적 규범으로 사용"되는 인도주의적 통치성이 작동하는 현재, 난민과의 '평등한 관계'가 과연 무엇인가를 질문하게 한다.[23] 수치심은 '비가시화된 것'을 드러내는 것조차 저항이 아니라 '고통 포르노'로 향유하게 되어 버린 현재에 대한 비판이 된다.

찬찬히 생각해 보니 달팽이는 나에게 〈세이브더칠드런〉의 가정방문 활동과 완전히 다른 방식으로 이태원을 소개해 주고 있었다. 즉 보고서가 될 수 없는 기록을 하고 있었다. 〈세이브더

---

23. 주디스 버틀러·아테나 아타나시오우, 『박탈』, 187쪽.

칠드런)의 가정방문 보고서와 그 속에 들어찬 수치심을 지우듯이. 삶을 침범하지 않는, 존재의 장소를 엿보고 감시하지 않는, 비가시화된 존재를 드러내는 것이 그 존재에 대한 모독이 되지 않는, 그러한 기록은 가능할까? 어떤 관계 속에서?

마지막으로 방문한 가리봉역 주변의 인력시장은, 가정방문을 할 때의 달팽이의 기분을 조금이나마 상상하게 했다. 마치 축제의 거리라도 되는 듯이 서 있는 둥그런 아치형 푯말 아래로 들어서자, 동양계 남성들이 거리를 가득 채웠다. 군데군데 모여 앉아 있기도 하고, 막걸리나 소주를 들고 취한 채 돌아다녔다. 음식과 술을 파는 사람들은 대개 여성이었고, 음식점에는 비비드한 분홍이나 붉은색 발이 늘어져 있었다. 그곳에서 나와 달팽이는 엉거주춤 서 있는 여성이라는 것만으로도 눈에 뜨이고, '너희는 침입자구나'라는 듯한 눈초리와 만났다. 그 속에서 나는, 보이지 않는 여성 이주자나 여성 난민은 어디 있을지를 질문하게 되었다.

뿌리뽑힌 장소들에서 만약 난민과 맺는 매듭을 상상할 수 있다면, 저 밀고 들어오는 선명하게 가시화된 수동적 몸들이 내 몸에 침투해 들어오는 능동적이고 저항적 순간을 통해서일지도 모른다고 생각했다. 우카이 사토시는 "환대"hospitality라는 말이 손님과 주인이라는 이중적 의미를 갖는 라틴어인 점을 강조하면서 "어떤 집의 '주'란 바로 그 자신이 그 장소와 그 집의 최초의 '객'"이었다고 말한다.[24] 그러나 환대를 받는 것이 환대를 주는 자리로 변환될 수 없다는 점에서 환대란 어디까지나 '주'의 환대다. '객'의 위치에는 가리봉 거리를 채우고 있는 난민과 이주자들의, 분노로 가득 찬 몸들이 있다. 그 몸들이 스스로를 거리의 '주체'라고 착각하고 있는 '한국인'의 몸에 파고든다. 이 선명하게 다가오는 몸들 앞에서, 달팽이들은, 나는, 어떤 물질적 조건을 변화시켜야 스스로의 몸을 뿌리없는 장소에 개방해 갈 수 있을까?

난민의 말: '증언을 듣는 자'에 대한 증언

달팽이와의 대화는 '난민의 증언을 듣는 자'의 증언을 듣는 과정이었다. 난민이 아니라 난민인권활동가의 증언을 듣기로 한 것은, 난민의 말을 듣는 행위가 놓여 있는 구조적 폭력과 관련된다.

난민신청자가 피해 경험을 얘기하기 시작하는 것은 난민 '심사'이다. 이는 난민 자격을 얻기 위해서 고통스럽고 기억하고 싶지 않은 내밀한 경험을 '피해자다움' '난민다움'이란 규범화된 형태에 맞춰 말해야 하는 과정이다. 더구나 법무부는 "매년 1만여 건에 가까운 심사 적체"로 인한 "공무원의 행정부담을 줄이기 위해서라도", 난민을 "'남용적 신청자'로 구분하며 행정 절차를 축소"하고 있다. 왜 난민이 미등록 체류를 하게 되는가를 생

---

24. 우카이 사토시, 「환대의 사고」, 『주권의 너머에서』, 신지영 옮김, 그린비, 2008, 29쪽.

각하는 게 아니라, "난민신청자 중 미등록체류자가 있다는 통계"에 근거하여, "'난민 중 불법체류자 때려잡기'를 강화"하는 것이다. 즉 난민 자격 여부를 판단할 때, "심사관의 개인적 가치 판단이 접합"됨에 따라, 심사관은 의도했건 아니건 난민의 생사여탈권을 쥐게 된다.[25]

난민의 말은 난민 지위가 절실할수록 심사의 규범에 맞춰 재단되고, 심사관의 권한은 커지며, 한국 사회의 혐오발언 속에서 들리지 않게 된다. 그런데 이것이 전부가 아니다. 난민심사에 작용하는 폭력은 한국 정부, 법무부, 한국 사회에 한정되지 않는다. 난민심사는 가족 패키지로 이뤄지고, 가정폭력을 당하는 여성의 고통이나 성소수자의 경험 등은 난민 커뮤니티 안에서도 말하기 어렵다.[26] 설사 난민 인정을 받아 한국에 체류할 수 있게 되었다고 하더라도, 난민들은 한국 사회가 지닌 소수자에 대한 차별에 직면한다. 더구나 한국에 이미 형성되어 있는 같은 민족 공동체로부터 성소수자라는 이유나 종교가 다르다는 이유 등으로 다시금 배제당하고 차별받기도 한다.

난민인정을 받기 위해 난민신청자는 난민심사에서 자신의 고통을 노출시킬 수밖에 없지만, 사회적으로 허용된 틀이나 문

---

25. 고은지, 「가짜/진짜 프레임을 넘어서, 대항적 말하기로 반차별 운동의 힘 찾기 ─ 난민혐오 대응운동을 중심으로」, 『여기, 축제: 성소수자 인권포럼 자료집』, 제11회 성소수자인권포럼 기획단, 2019년 1월 26~27일, 272쪽.
26. 고은지, 「난민과 임신 중지 권리에 관한 메모: 현재의 낙태죄 헌법불합치 결정에 부쳐」, 『난민인권센터』, 2019년 5월 7일 입력, 2020년 2월 29일 접속, https://nancen.org/1932.

법을 어기는 순간, 인정의 기반뿐 아니라 존재의 기반이 흔들려 버린다. 난민의 말은 허용된 규범 안에서만 가능하다. 즉 스스로를 노출함으로써 자신의 내밀한 고통과 경험을 모독하는 '규범'의 폭력을 통하지 않고서는, 좀처럼 '우리'에게 도달하지 못한다. 이 점에서 난민의 증언을 심사보다 먼저 듣고 심사를 함께 준비하고 일상적으로 상담을 해 온 활동가의 경험이 중요해진다. 또한 활동가들은 난민의 말을 들으려는 시민이나 연구자들과 만나 온 경험 또한 갖고 있다. '난민의 말'에 대한 증언이자, '난민의 말을 들으려는 자'에 대한 증언이 가능한 위치에, 활동가가 있다.

난민의 말을 들으려는 시민이나 연구자는 많지만, 난민의 말이 공론장에 알려질 때, 그 난민 당사자는 또 다른 위협에 직면할 수 있다. 오카 마리가 "'서발턴'이란 자신이 겪고 있는 고난이 이 담론적 폭력을 당하지 않고서는 표상될 수 없는 사람들에게 부여된 이름"이라고 했듯이 말이다.[27] 이런 폭력에 대해서 〈난민×현장〉에서도 난민의 말을 듣고 쓸 때 어떤 윤리가 필요한가에 대해 많은 토의를 했다. 난민을 소개해 달라거나 인터뷰를 요청하는 연구자에게 〈난센〉은 어떻게 하느냐고 묻는 나에게, 달팽이는 사실 개방적이기 어렵다고 답했다. 난민 중에는 드물게 자신의 이야기를 하고 싶어 하는 경우도 있지만, 대개는 힘들고 피곤함에도 〈난센〉과의 관계나 경제적 이유로 인터뷰

---

27. 오카마리, 『그녀의 진정한 이름은 무엇인가』, 이재봉·사야키 가쓰히로 옮김, 현암사, 2016, 27~28쪽.

에 응한다는 것이다. 좋은 연구자들도 많이 있지만, 연구자들과의 관계는 일회성으로 끝나는 경우가 많고 연구로 인해 신분이 노출된 대가는 고스란히 난민에게 부가될 수도 있다. 사실 난민들은 같은 국적 출신들과 접점을 찾을 수 없는 종교, 젠더 이슈, 성적 정체성 등의 문제로 고향을 떠나온 경우가 있기 때문에, 난민인정을 받더라도 같은 국적 커뮤니티에서는 그 사실을 숨기고 지내는 경우가 있다고 한다. 그런데 연구가 보도되거나 출판되어, 종교, 성적 정체성, 젠더 이슈 등 숨겨온 것이 드러나 위협을 받고 제3국으로 간 분도 있고, 통역자가 소문을 내는 경우도 있다고 했다. 덧붙여 달팽이는 난민의 말을 듣는 연구자에 대한 걱정도 했다. 난민의 고통을 듣는 것이 대리 트라우마로 전이될 수 있다는 것이었다.

이처럼 활동가는 난민과 시민 사이의 매듭이 담고 있는 곤란들을 말할 수 있는 또 하나의 증언자로서의 위치를 갖는다. 증언을 듣는 행위는 증언자를 낳는다. '증언을 듣는 자=활동가'의 증언을 기록하면서 나는, 무수한 '듣기의 실패'와 만났다. 이 실패는 난민의 말을 모욕적이거나 폭력적으로 전유하지 않기 위한 순간이기도 했고, 난민-활동가-연구자-시민이 맺는 매듭 속 불화不和[28]와 긴장과 갈등이 드러나는 순간이기도 했다.

---

28. 장애여성공감의 20주년 기념 선언문, 「시대와 불화하는 불구의 정치」, 〈공감〉 블로그, 2018년 2월 2일 입력, 2020년 3월 29일 접속, https://bit.ly/2yPdyKo. 이 선언문은 소수자 사이에서도 폭력과 지배가 연쇄되는 현상을 방지하고, '자기 자신의 고통'만을 특권화하지 않으면서, 공감으로 열릴 수

첫 번째 실패는 '도움'을 전제로 한 상담에서 증언하는 난민과 듣는 활동가 사이의 위계와 폭력적 관계를 어떻게 극복할 수 있는가, 라는 문제와 관련된다. 달팽이는 난민과의 상담에서는 열심히 전달하려고 해도 충분히 전달되지 않은 것 같은 느낌이 남는다고 했다.

얘기는 하고 있는데 뭔가 주변이 하얘지는 느낌이 들어요. 어디서부터 어긋났고 어디서부터 다시 말을 시작해야 할지…. 그런데 말했던 여러 일들을 진행해 보면 알게 돼요. 그만큼 구체적으로 설명해요. 서류를 요청할 때도 왜 필요한지 다시 설명하고 어떻게 쓰일 것이며 보관은 어떻게 할 것인지를 다시 설명하면서 진행시키다 보면, 그러면 그분이 여기까지 알았고 몰랐다거나 단추가 처음부터 잘못 꿰어졌다거나 하는 것을 알게 돼요. 그런 게 안 먹히면 계속 폭력적인 상황이 발생하구요, 제가 계속 폭력을 저지르는 것 같구요, 난민분은 그렇게 느낄 수도 있고 아닐 수도 있어요. 그런데 지금 상황이 폭력적인지 아닌지도 확인할 수 없을 때…제가 뭘 하고 있는가 싶은 거예요.(이태원, 9/10)

달팽이는 이런 문제가 일차적으로는 언어와 문화 차이 때

있는 힘으로서 '불화'를 의미화했다. 이러한 사유는 〈공감〉 활동을 통해 얻은 드물고 소중한 경험에서 비롯되었을 것이라고 생각한다. 이 글에서 쓰는 '불화'라는 말은 이 선언문을 통한 깨달음을 배경으로 하고 있음을 감사한 마음을 담아 밝힌다.

문에 생기지만, 이때 깃드는 위계와 폭력은 증언을 말하고 듣는 사람들이 한국 사회에서 놓인 구조적 위계에서 비롯된다고 말한다. 이중 삼중의 통역이 필요할 정도로 언어는 문제이지만, 난민과 언어가 통할 때 오히려 상처가 되는 말을 하게 되기도 한다는 것이다. 난민과의 평등한 대화의 실패는, 난민의 언어접근성이라는 문제가 단지 통역의 제공 등으로 해결될 수 없다는 것을 보여 준다. 설사 언어가 완벽하게 통한다 할지라도, '난민'이라는 지위를 둘러싼 권력의 배치는 작동한다. 즉 난민의 말이 놓여져 있는 구조와 권력의 배치를 봐야 하는 것이다.

나영정은 "소수자의 목소리를 듣기 위해서 반드시 필요한 것이 의사소통을 위한 접근성"이라고 하면서 난민에게 통역을 제공하는 것이 곧 언어장애를 지닌 사람에게 의사소통의 접근성을 제공하는 것과 마찬가지로 이해되어야 한다고 말한다. 의사소통의 접근성을 박탈하는 것은 소수자들을 "통제하고 무력화하는 가장 효과적인 수단"이라고 나영정이 지적했듯이, '의사소통의 접근성'이 의미하는 말은 통역의 기술적 제공에 멈추지 않고 '증언'이 이뤄지는 권력 관계의 변화를 요청한다.[29] 난민의 말을 모독하거나 폭력적으로 전유하는 것에서 벗어나기 위한 모색이 언어 장애를 지닌 사람의 말, 동물의 말, 성폭력 피해자의 말을 어떻게 들을 수 있을까, 라는 문제와 연결되는 것은, 바로

---

29. 나영정, 「소수자가 난민이 된다는 것 ─ 소수자난민인권운동의 고민들」, 『2019 한국 사회와 난민인권』 자료집.

이 지점이다.

두 번째 실패는 고통을 말하는 자와 듣는 자 사이에서 연쇄되는 대리 트라우마를 어떻게 극복할 수 있는가, 라는 문제와 관련된다. 달팽이는 상담이란 잘못하면 듣는 사람을 해칠 수 있는 시스템이라고 말한다. 난민들이 한국에 도착하기까지 겪었던 폭력과 박해는 난민의 증언을 듣는 활동가에게 그대로 전달되어 대리 트라우마가 된다. 여러 억압이 교차하는 지점에 난민들이 놓여 있기 때문에 마음의 병을 앓는 분도 많지만, 병원에 갈 수 없거나 가길 거부하는 분들도 있다. 달팽이가 상담했던 한 분은 우울증 때문에 만날 때마다 우셨다고 한다. 상처를 주지 않기 위해서 계속 이야기를 들었지만, 예고 없이 그분의 전화가 오면 가슴이 덜컹하고 모든 일이 다 정지하는 것 같았다고 한다.

누군가는 활동가들이 더 강해져야 한다고 생각할 수도 있고, 또 누군가는 이러한 마음의 동요를 나약함이라고 생각할 수도 있을 것이다. 어떤 상황에서는 그렇게 보일 수도 있을지도 모른다. 그러나 고통스러운 증언에 공감하는 힘은, 나약함이 아니며 오히려 다른 존재를 향해 자신을 개방할 수 있는 능력이기도 하다. 그런 '나약함'의 능력을 지닌 달팽이는 타인의 말을 듣는다는 것은 삶을 뒤흔드는 사건이 될 수 있다고 말한다. 기쁨만을 동반하지도 고통만을 동반하지도 않는다는 것이다.

상담은 정말 함부로 하면 안 된다고 생각해요. 듣는 사람이 다칠 수 있어요. 듣는 사람과 말하는 사람을 어떻게 보호할지, 몇 달 며칠을 어떻게 훈련할지가 중요하지, 멋으로 하는 건 아닌 것 같아요. 상담 업무를 만드는 사람들을 보면 피가 거꾸로 솟는 느낌이에요. 사람을 총알받이처럼 저렇게⋯.

이러한 경험을 해 오면서 달팽이는 말하는 자와 듣는 자 사이의 몇 가지 윤리와 방법을 발견한다. 그것을 달팽이는 난민과 "같은 방향을 향하는 것", 그리고 자신과 난민 사이에 "사이-공간"을 만드는 것이라고 말한다. 먼저 "같은 방향을 향하는 것"은 이런 것이다. 한국 사회에 대한 불만이 폭발해 활동가인 달팽이를 향해 올 때, 그 화살을 함께 '공분'의 대상에게 돌리는 것이다. "한국 사회가 그렇지요⋯. 그래요, 법무부가 그렇다니까요⋯." 이렇게 하면 "서로 같은 방향을 향하게 되"고, "같이 화를 내"게 된다는 것이다.

다른 하나는 '사이-공간'을 만드는 것이었다. 달팽이는 "난민 분의 자리를 나와 구분해서 어떻게 만들 것인가"를 고민해야 한다고 말한다. 예를 들어 상담은 법률상담을 병행하기 때문에 조서 등에도 관여하게 되지만, 활동가는 사례와 정보를 최대한 많이 제공할 뿐 최종적인 선택이나 결정은 난민 스스로 할 수 있도록 '사이-공간'을 확보해야 한다고 강조한다. 오랫동안 상담을 해 왔기 때문에 한 사람을 만나면 행정적 이슈와 법률지원을 어떻게 할지가 달팽이에게는 명확하게 보인다고 했다. 대개 한 사람이 5~6개의 이슈를 지닌 경우가 많은데, 그중 어떤 것을 소송에 부칠지에 대해서는 난민 스스로 판단하게 해야 한다는 것이다. 상담을 진행할 때에도 상담받는 난민과 자신의 관계를 계속 논의해서 조절하면서 서로가 서로의 자리를 확보해 주는 과정을 통해, '사이-공간'이 형성된다고 했다.

달팽이의 이야기를 들으면서 장애활동보조를 하는 친구의 이야기가 떠올랐다. 활동보조자는 정상인 중심의 사회에서는 신체적인 면에서 장애인보다 우위에 있기 때문에 의도하지 않아도 폭력을 행사할 수 있다. 그런 상황을 방지하기 위해 장애인과 활동보조자 사이에는 제각각 독특한 사이-공간이 형성된다고 한다. 어떤 장애를 가진 분은 양말 한쪽을 끼우면 '고맙습니다'라고 하고 팔 한쪽 끼우면 다시 '고맙습니다'라고 하는 식으로 보조행위를 할 때마다 인사를 했다고 한다. 그것은 활동보조를 받으면서 활동보조자에게 종속적으로 될 수밖에 없는 자신과 활동보조자 사이에 '거리'를 만들기 위한 언어적 행위였다고 했다. 이는 달팽이가 말한 '사이-공간'과 통하는 지점이 있었다.

달팽이는 '사이-공간'에 대해서 일상적으로 의식하려고 노력을 기울이는 것부터 시작하여, 난민의 목소리를 시민사회와 만나게 하고 그 목소리가 자리를 잡도록 하는 활동을 모색하기도 했다. 그중 대표적인 것이 난민들의 에세이를 모은 『안녕 한국!』이다.[30] 이 책에는 활동가의 소리는 최소화되어 있고 난민이라는 전형성에 갇히지 않은 경험들이 표현되어 있다. 여성 난민의

---

30. 고은지 엮음, 『안녕, 한국! — 한국거주 난민 에세이집』, 난민인권센터, 2018년 12월.

특수한 어려움이 있다면 출입국관리사무소에서 사랑에 빠지는 이야기도 있다. 고국에서 시작한 정치 투쟁을 한국에서 이어가는 분이 있다면, 성적 정체성이나 종교 등의 이유로 한국에 왔다는 것이 밝혀지면 한국 내 동족 난민 커뮤니티로부터 공격당할 수 있다고 생각하여 한 달간 고시원 밖으로 나가지도 못하는 분도 있다. 스스로도 인종차별을 당하고 있지만 다른 난민들을 돕기 위해서 저항활동을 전개하는 난민도 있는 것이다. 이처럼 이 책은 정형화된 난민 이미지를 벗어나 증언, 요구, 제안, 요청, 공감을 하는 난민들과, 그리고 여러 가지 상황과 감정이 표현된 난민의 목소리들과 최대한 '직접' 만날 수 있는 사이-공간으로 존재한다.[31]

달팽이는 난민의 이미지와 서사를 정형화하는 것만은 하고 싶지 않았다고 한다. 난민을 비참하고 시혜를 받는 존재로 그리는 것만큼이나, 난민에 대한 대항적 서사들(용감하다, 엘리트다, 등)도, '우리'도 난민일 수 있다는 서사도, 난민을 타자로 설정하고 인권을 도덕화하여 저항의 선을 불분명하게 만드는 측면이 있다고 생각했다.[32] 달팽이는 『안녕, 한국!』 이외에도 자신이 좋아하는 시나 노래를 소개하면서 얽힌 이야기를 들려준다든가 하는 활동을 기획해 보았지만, 결국 자신이 짠 프레임에 난

---

31. 자세한 설명은 졸저, 「목소리의 자리 — 선언, 기록, 고발, 요청, 상상」, 『오늘의 문예비평』 113호, 2019년 6월 여름호, 82~98쪽.
32. 고은지, 「가짜/진짜 프레임을 넘어서, 대항적 말하기로 반차별 운동의 힘 찾기」, 『여기, 축제: 성소수자 인권포럼 자료집』, 271쪽.

민의 경험을 끼워 맞추는 것 같아서 그만두곤 했다. 그러나 난민이 사회에 직접 노출되는 것은 위험한 경우가 많았다. 결론은 '난민들이 스스로를 표현할 수 있는 안전한 장소를 만들자'였다. 달팽이는 "안전한 장소를 위한 구성요소"라는 소제목 아래 요리 레시피나 기계 메뉴얼처럼 이렇게 적는다.

> 익명성(필요할 수도 있고 그렇지 않을 수도 있다), 난민다움 등 ~다움이 없는, 난민과 비난민을 구분하지 않는, 비계획, 비의무, 자발적, 상시적, 경험의 공유, 위로-즐거움 또는 유익함, 존중의 관계, 듣고-말하기, 번역-언어적 제약이 없는(이는 훌륭한 번역 또는 통역으로 국한된 이야기는 아님), 접근의 제약이 없는, 필요할 땐 서로 힘을 합쳐 볼 수도?, 모였다 흩어지는, 흩어졌다 모이는, 서로 의존, 실패와 갈등이 있는 공간.[33]

난민들의 "안전한 장소를 위한 구성요소"에는, 국가의 안전과 안보라는 통치성을, 내밀하고 섬세하게 해체하는 혁명적 관계의 철학이, 절실하게 담겨 있었다. 이때 〈난센〉의 위치에 대해서도 고민이 깊어진다. 난민들이 스스로 표현하는 장소를 만들기 위해서는, 그 장소에서 〈난센〉은 빠져야 했다. 그러나 동시에 스스로를 노출시킬 수 없고 가변적이고 불안정한 삶을 사는 상황에 난민들이 처해 있는 한, 안정적이고 안전한 장소로서 〈난

---

33. 같은 글, 274쪽.

센〉이 필요하기도 했다.

이와 같은 활동가로서의 자신과 〈난센〉의 한계를 자각하면서 시도한 것이 '온라인 커뮤니티'이다. 환경적 이유나 위협 때문에 직접 만나지 못한다면, 온라인에서 익명으로 정동과 정보를 공유하면 어떨까? 늘 반복되는 문제들을 활동가의 상담에 의존하지 않고, 난민들 서로가 서로의 상담사가 되고 해결사가 되는 관계가 만들어질 수 있지 않을까, 라고 꿈꿨다. 이 과정은 무수한 실패를 거듭한다.

처음에는 친한 사람들끼리 그룹을 만들어 시작했는데 모르는 사람들이 참여하기 시작하면서부터 그룹 사이트에 점차 글이 안 올라오게 되었다. 그래서 불특정 다수 3~40명을 모아서 다시 인터넷 커뮤니티를 시작하자 외사과 직원이 들어와서 감시하려 했기 때문에 참여를 위한 최소한의 인증절차를 마련했다. 그러자 난민들보다 한국 활동가들이 많아져 서로 간의 미묘한 알력도 생겼다. 결국 한국 활동가를 빼고 만들기로 하고 관리할 분을 모집할 때까지만 달팽이가 아랍어 가명으로 참여한다. 그러자 놀라운 일이 일어났다. 한국인이 한 명도 없다고 생각하자, 난민들이 가감없이 한국 사회에 대한 불평을 털어놓기 시작했다. 달팽이는 예멘상황에서 "한국 사람들은 아무런 도움이 되지 못했다"고 한 어떤 분의 말을 잊을 수 없다고 한다. 달팽이는 이러한 마음이 어쩌면 사실이거나 본심일 수 있겠다고 생각했고, 한편 그래서 다행이라고도 생각했다고 한다.

달팽이는 이렇게 쓴다. "난민을 굳이 친구나 이웃으로 호명하지 않아도, 난민을 굳이 환대하지 않아도, 난민을 굳이 직접 만나지 않아도, 난민에 굳이 관심을 가지지 않아도, 난민의 권리는 권리라고 이야기할 수 있도록 설득하는 과정이 필요하다."[34] 이 말을 내 식으로 해석하여 쓰자면 이러하다. 난민의 말을 듣고자 하는 것은 성소수자의 말을 듣고자 하는 것이며 언어장애를 가진 사람에게 의사소통의 접근성을 제공하는 것이며, 동물의 목소리를 어떻게 듣고 들려줄 수 있을까를 고민하는 것이자, 소수자의 안전한 표현의 장소를 모색하는 것이다. 목소리의 자리가 없는 존재들의 증언을 듣는 자의 증언을 듣는 것, 그것은, 스스로 또 한 명의 증언자가 되고 누군가를 또 한 명의 증언자가 되도록 함으로써, 증언을 특정 당사자의 것이나 법적 증명을 위한 것으로 축소시키는 것에서 벗어나, 증언을 듣고 전달하는 '증언의 공통장'을 만드는 활동이 될 것이라고 생각한다.

2018~2019: 매듭의 복잡성과 전염의 확장성

최근에 난민과 관련된 문제를 다루는 많은 글들이 '2018년 6월 제주도에 예멘 난민이'라고 시작하거나 이 사건을 초점화하고 있다는 점에서도 확인되듯이, 2018년 6월부터 1년 반 동안의 경험은 난민인권활동의 전환점이었다. 이 가파른 변곡점 속에서 난민과 시민, 난민과 활동가 등 다양한 관계들이 조명되었

---

34. 같은 글, 277쪽.

고, 아직 적절하게 풀려갈 방향을 찾지 못한 채 복잡하고 뒤엉킨 매듭으로 남겨져 있다.

김현미는 예멘 난민은 한국인들이 최초로 인지하게 된 '대량난민'이었으며, "한국 사회의 축적된 불안의 대리자로 혹은 보수 개신교도의 이슬람에 대한 적대감을 증폭시키는 출구로 사용"되었다고 말한다.[35] 박경주는 예멘 난민의 '비호권주장'은 한국이 난민 문제의 예외 지역이 아님을 드러냈고, "난민의 존재와 그들이 놓인 지위/상황에 대한 인식수준이 이전보다 높아졌다"고 평가한다.[36] 난민에 대한 일부 여성들의 혐오 발화에 대해 비판했던 페이스북 페이지 〈경계 없는 페미니즘〉은 "2018년 여름 제주도에 도착한 예멘 출신의 난민신청자들을 둘러싼 혼란과 혐오의 도가니", 즉 "난민(혐오)와 여성(인권)이 겹치고 충돌하고 교차하는 그곳에서 태어났"다.[37]

혐오발언의 확산과 난민 인식의 확장이 공존했던 이 시기 동안 활동가들은 그 누구보다 바빴다. 혐오발언도 거셌지만, 난민 이슈가 전국적인 관심을 받았기 때문에 이 상황을 역이용하면 가장 빠르게 난민에 대한 인식을 바꿀 수 있으리라 생각해서였다. 하나의 계기는 다른 사건을 불러왔다. 어떤 예고도 없이, 2018년 8월부터 4명의 난민이 효자동 거리에서 단식투쟁을 시

35. 김현미, 「난민포비아와 한국 정치적 정동의 시간성」, 『황해문화』, 새얼문화재단, 2018년 12월, 212쪽.
36. 박경주, 「난민의 '곁'에선 노동」, 『난민인권에 대한 노트』, 174쪽.
37. 김선혜 외 36명, 『경계없는 페미니즘』, 와온, 2019, 5~6쪽.

작했다. 거리에서 단식농성을 하는 난민 4명의 '갑작스런 출현'은, 그 누구도 예상하지 못한 것이었다. 난민신청자는 정치적 행위를 할 경우 법무부나 본국 대사관 혹은 본국 커뮤니티로부터 박해나 보복을 당하고 송환되거나, 혐오세력의 표적이 될 수도 있었다. 그러나 이들은 29일간 단식농성을 하면서 자신들의 목소리를 한국 사회에 발신했다. 신분이 노출되면 위험하다고 여겨지던 난민 당사자가 거리에 '출현'하여 한국의 공간을 '점유'했을 때, 이 사건은 아렌트가 말한 "출현의 공간"space of appearance이자 "출현을 공간화하는 것"이 되어, "폴리스의 폭력에 대한 노출뿐만 아니라 타자, 다른 장소, 그리고 다른 처지에 대한 노출"을 가능하게 했다.[38]

예멘 난민의 '도래'가 난민과 시민과의 관계를 생각할 계기였다면, 단식 투쟁을 하는 난민의 '출현'은 난민 당사자와 활동가 사이의 관계를 사유하게 했다. 버틀러가 말했듯이 발화와 행위가 분리될 수 없는 육체의 출현을 통해, 난민인권운동은 새로운 목적성을 갖고 재구축될 수 있었다.[39] 고은지는 이들이 난민인정과 공정한 심사, 출입국의 모욕적 태도에 대한 사과 등을 요구했고, 단식농성을 통해 10여 회의 기자회견과 집회를 기획하여 폭넓은 연대를 만들어 냈으며, "국가인권위원장 면담 등을 성사시키며 국가인권위원회가 난민의제를 적극적으로 모색해나

---

38. 고은지, 「가짜/진짜 프레임을 넘어서, 대항적 말하기로 반차별 운동의 힘 찾기」, 『여기, 축제 : 성소수자 인권포럼 자료집』, 273쪽.
39. 주디스 버틀러·아테나 아타나시오우, 『박탈』, 312~313쪽.

갈 수 있도록 하"였다고 평가한다.[40]

이 출현의 내재적 상황은 당사자와 활동가 사이의 복잡한 매듭 속에서 난민인권활동의 방향을 사유하게 한다. 먼저 난민이 출현했을 때, 그 공간의 점유가 '무엇을 하기 위한 것인가'라는 문제다. 점유(점거)가 '사적 소유'가 아닌 '공통의 장'이 되기 위한 노력은 점유 이후에 시작되기 때문이다.

당사자가 먼저 거리로 나와서 '같이하려면 와'라고 제안한 최초의 사건이었어요. … 어떤 요구를 하는가에 따라서 같이하거나 같이 할 수 없다고 생각했어요. … 만약 농성을 한 개인에게만 심사의 기회를 더 준다면 심사의 공정성을 더 저해하는 것이 되니까, 그분들의 요구가 무엇인지를 확인하려는 것이 중요했어요. 정책을 시정하고 모욕을 준 것을 사과하라는 것이어서 함께할 수 있었어요.(홍대입구, 9/11)

달팽이는 단식농성이 일부 농성자의 난민심사 기회를 늘려주는 데에만 초점이 맞춰져서는 안 되며, 난민심사 전체에 대한 문제제기가 되어야 한다고 역설한다. 법무부가 농성자에게 "예외적인 심사기회를 부여"하여 "심사의 공정성을 위배하고 전체 정책의 문제 해결과 대안 모색을 해내지 못"했던 한계는 있었지

---

40. 고은지, 「가짜/진짜 프레임을 넘어서, 대항적 말하기로 반차별 운동의 힘 찾기」, 『여기, 축제 : 성소수자 인권포럼 자료집』, 273쪽.

만,[41] 단식농성 난민 당사자 활동의 방향이 논의될 수 있는 소중한 기회였다.

두 번째는 당사자가 활동한 뒤에 겪는 문제에 어떻게 대처할 수 있는가 하는 물음이다. 난민의 정치적 자유는커녕 생존권조차 인정되지 않는 상황에서, 난민의 정치적 출현 이후의 위험은 오롯이 난민 개인에게 돌아온다. 단식농성에 참여한 난민들은 이후 혐오범죄, 출입국의 신원불명의 사람들에 의한 신원조사, 법무부의 보복성 심사 등에 노출되었다. 이에 고은지는 "대항적 말하기가 불가능한 요인과 대항적 말하기 이후의 위험요인"을 동시에 벗어날 수 있는 대안을 모색해야 하며, 이는 "어떤 장소를 점유할 것인가? 어떻게 장소를 점유할 것인가? 또 안전한 장소의 점유 목적은 무엇인가?" 등의 질문을 필요로 한다고 말한다.[42]

세 번째는 어떤 활동이건 반복되는 문제들이다. 여성 활동가나 여성 난민에게 얼마나 공평한 활동 기회가 주어졌는가, 활동가들 사이의 위계를 포함한 내재적 문제들이 정치적 논의대상이 될 수 있었는가, 활동이 얼마나 외부성을 가질 수 있었는가 등이 그것이다. 이런 문제는 더 큰 적(법무부, 국가 등)과의 싸움에 비해 부차적이라고 여겨져 '나중'으로 미뤄지거나 비밀에 부쳐진다. 그러나 효자동 단식농성이 활동가, 당사자, 시민과

---

41. 같은 곳.
42. 같은 곳.

의 관계를 깊이 사유할 계기였다는 점에서, 내밀하고 예민한 문제를 안심하고 이야기할 장이 마련될 수 있었다면 이번 활동의 의미는 보다 긴 생명력을 가질 수 있을 것이었다. 이러한 점에서 달팽이의 다음과 같은 말은 단식농성을 '난민 당사자의 출현'에 고착시키지 않을 뿐 아니라, 활동가 자신이 변화하는 순간을 보여주기 때문에 의미 깊다.

> 저에게는 그 단식농성이요, 단식농성자와 활동가만이 만든 게 아니라고 생각하거든요. … 혐오 세력 등이 온다고 해서. … 밤 11시에 글을 올리고, 다음 날 아침 10시에 가장 많이 모였어요. 그때 계속해서 시민들의 발언이 이어졌어요. … 발언을 할 수 있도록 하는 게 너무나 중요하다고 생각했어요. … 너무 많은 변수를 고려해서 활동가들이 폐쇄적이 되었던 부분들이 난민분들이 나서 주셔서 상쇄되었어요. 그게 저에게는 큰 전환점이 되었어요. (홍대입구, 9/11)

난민 당사자의 출현을 둘러싼 논의는, 난민 내부의 다양한 차이를 생각하게 한다. 이처럼 만남이란 '우리' 속의 단단한 사고방식을 깨는 힘이기도 하다. 이때 〈성소수자난민인권네트워크〉(이하 〈소수난민넷〉으로 표기)의 활동은 주목을 요한다. 〈소수난민넷〉은 "성소수자, HIV 감염인, 난민 인권활동을 하던 활동가들이" 각 활동 사이의 이해와 정보 부족을 극복하고, 소수자 난민이 겪는 다양한 차별에 함께 대응하기 위해 만들

어진다.[43]

　달팽이는 〈난센〉에서 레즈비언 난민에 대한 법률 자문을 했던 경험이 〈소수난민넷〉을 만들게 된 계기라고 말한다. 〈난센〉 초창기에 레즈비언인 난민이 법률상담을 하러 온 적이 있었는데, 당시에는 아직 활동가들의 인권의식이 충분히 성장하지 못했던 때라서 레즈비언 난민에게 상처를 준다.

　법률상담을 맡은 활동가가, 그분이 레즈비언이란 증거를 얻기 위해 은평병원에서 진단서를 받은 거예요. 레즈비언 난민분은 너무 충격을 받고 자살하겠다고 했어요. 즉 난민분을 성소수자가 아니라 정신질환을 가진 사람으로 여긴 것인데요, 활동가는 그게 왜 문제인지도 모르는 거예요. … 지금도 그 이슈를 생각하면 너무 고통스러워요. 참고 참다가 관심 있는 활동가들에게 같이 공부하자고 했어요.(홍대입구, 9/11)

　〈소수난민넷〉이 태어난 계기가 된 사례는 최근까지도 소송이 진행되었다. 그분은 자신이 성소수자임을 증명해야 했을 뿐 아니라 본국으로 돌아갈 경우 박해받을 수 있다는 점을 증명해야 했다고 한다. 이를 명확히 증명할 수 있는가를 둘러싸고 논란이 생겨 대법원 패소 판결을 받았으나 파기 환송심에서 다

---

43. 소수자난민인권네트워크 엮음, 『무지개는 국경을 넘는다』, 한울타리, 2017, 10쪽.

시 난민으로 인정을 받았다.[44] 이 사건에 대한 반성 속에서 달팽이와 〈행동하는성소수자인권연대〉(이하 〈행성인〉) 활동가 1명, 〈인권재단 사람〉의 HIV 활동가 1명이 2015년 말에 모인다. 이들은 논의 끝에 "우리가 너무 모른다"라고 결론 내리고 비공개 세미나를 시작한다. 류민희 변호사는 성소수자 난민 관련 해외 자료를 가져와서 발표했고, 이나라 대표는 성소수자 이해에 대해서 말했고, 달팽이는 성소수자 난민 사례들을 이야기했고, 이야기는 봇물처럼 터져 나왔다고 한다. 당시 〈행성인〉의 문제의식은 2017년 6월 20일, 난민의 날을 맞이하여 쓴 이나라 대표의 다음 글에서 보다 구체적으로 확인해 볼 수 있다.

한국 내 난민신청이 급증하는 상황에서 성소수자와 HIV/AIDS 감염인 난민들도 증가하는 것은 당연합니다. 우리는 거부당하고 밀려난다는 것이 어떤 의미인지 잘 알고 있습니다. … 난민에 대한 편견과 차별이 만연한 한국 사회에서 소수자로서 이중고를 겪을 소수자 난민들에 대한 관심과 연대가 필요한 시점이라는 생각이 들었습니다. … 6월 27일 첫 프로그램으로 HIV/AIDS인권과 난민에 대한 주제로 이야기를 나누는 수다회가 열립니다. 소수자 난민 관련 활동에 관심 있는 회원이 계시면 언제든 저에게 연락주시면 좋겠습니다.[45]

---

44. 장혜원, 「동성애자에게 종신刑 선고한 우간다…우리 법원, 레즈비언 우간다女 난민 인정」, 『세계일보』, 2019년 10월 18일 입력, 2020년 2월 27일 접속, https://bit.ly/3dQlpGq.

삼 개월간 세 차례에 걸친 수다회와 '무지개는 국경을 넘는다 : 소수자 난민 더하기 교육'[46]의 경험은 2017년 『무지개는 국경을 넘는다』(한울타리)로 출판된다. 전국의 난민심사관에게 보내진 이 가이드북에는 난민, 성소수자, HIV 감염인에 대한 설명을 시작으로, 성소수자 난민, HIV 감염 난민에 대한 기본적인 이해, 만남에서 지켜야 할 인권 교육, 심사관이 지켜야 할 것, 도움을 받을 수 있는 자조모임 소개까지 소수자 난민의 상황을 개선할 수 있는 생생한 정보가 담겨 있다.

이 과정에서 달팽이는 〈차별금지법제정연대〉[47]와 인연을 맺게 되고 난민들과 2018년 평등행진이나 퀴어퍼레이드에도 참여

45. 나라, 「[활동가 편지] 어디로 떠밀리든 존엄한 삶의 권리를 누릴 수 있는 세상을 꿈꾸며」, 『너 나 우리 '랑' ― 행동하는성소수자인권연대(구 동성애자인권연대) 웹진』, 2017년 6월 23일 입력, 2020년 2월 27일 접속, https://lgbt-pride.tistory.com/1454.

46. 주최 : 소수자난민네트워크, 장소 : 인권재단사람 2층 다목적홀. 당시의 강의 일정은 다음과 같았다. 10.17(화) 16시 '난민, 미등록이주노동자 감염인 의료지원 경험과 에이즈에 대한 이해' (최재필, 서울의료원 감염내과 교수), 19시 '한국에서 HIV 감염인/에이즈환자로 산다는 것은' (윤가브리엘, HIV ·AIDS 인권연대 나누리+대표). 10.31(화) 16시 '섹슈얼리티에 대한 이해 및 성소수자 인권 감수성 틔우기' (나영정, 장애여성공감 정책연구원, HIV/AIDS 인권연대 나누리+ 활동가), 19시 '드러내기와 숨기기를 통해 본 한국 성소수자들의 삶' (이종걸, 한국게이인권운동단체 친구사이 사무국장, HIV/AIDS인권연대 나누리+ 활동가). 11.7(화) 16시 '난민의 권리와 난민제도의 이해, 그리고 소수자 난민의 특수성'(김세진, 공익법센터 어필 변호사), 19시 '국내 거주 난민의 삶 더 다가가기'(고은지, 난민인권센터 활동가). 출처 : 공익재단법인 〈공감〉, 2017년 9월 26일 입력, 2020년 2월 28일 접속, https://withgonggam.tistory.com/2031.

47. https://equalityact.kr/

하면서 교류가 깊어진다. 현재는 공익인권법재단 〈공감〉, 〈난민인권센터〉, 〈행동하는성소수자인권연대〉, 〈HIV/AIDS인권연대 나누리+〉가 함께 "성소수자 난민에 대한 인권 침해 실태를 조사하고, 국제적 기준에 부합하는 난민심사 기준을 연구"하고 있다.[48]

　　〈소수난민넷〉의 활동이 중요한 것은 소수자 운동과 난민 운동이 겹쳐지는 지점에서 형성된 "존재론적 차원에서의 반란"이라는 점이다.[49] 이 활동은 소수자와 난민의 공통적인 저항의 장소를 만들어냈다는 점에서 소수자들 사이의 대립을 조장하는 포퓰리즘적 담론에 대한 비판이 될 수 있다. 난민에 대한 혐오발언을 비판할 때, 난민과 여성의 대립, 난민과 하층노동자의 대립, 난민과 청년 일자리의 대립 등을 유독 강조하는 담론 말이다. 또한 난민, 성소수자, HIV 감염인 등의 정체성을 고정시키는 것이 아니라 정치화함으로써, 이 관계 속에서 저항의 지점을 찾아낸다. 실비아 페데리치가 신체와 젠더를 담론적 실천이며 수행의 산물로 보는 이론의 성과를 인정하면서도 여성을 위한 투쟁의 공통적인 영역이 여전히 필요함을 역설하고 있듯이,[50] 저항의 접점들은 정체성 정치를 고착화하는 것이 아니라 변화무쌍한 싸움의 공통장을 드러나게 한다. 이처럼 난민과 난민화되는 삶은 권력의 작용이나 억압의 교차가 아니라, 저항의 공통

---

48. 나영정, 「소수자가 난민이 된다는 것 − 소수자난민인권운동의 고민들」, 『2019 한국 사회와 난민인권』 자료집.
49. 주디스 버틀러·아테나 아타나시오우, 『박탈』, 195쪽.
50. Silvia Federici, *Beyond the Periphery of the Skin*, pp. 1~3.

장을 발견하는 것을 통해서도 연결될 수 있다. 이러한 활동이 증폭될 때, '난민'이란 말은 '난민'이라는 호칭을 바꾸지 않고서도, 즉 '난민'이란 호칭 그대로 부정적이거나 결여된 존재라는 이미지를 벗어나, 어떤 해방의 요청이 될 수 있지 않을까?

〈소수난민넷〉은 이러한 방향을 구체적으로 보여준다. 첫째로 정체성이란 삶을 살아가면서 변화될 수 있음을 드러냄으로써, '난민다움, 피해자다움 성소수자다움'을 비판하는 저항적 매듭을 만들 수 있다. 이나라는 양성애자 우간다 여성의 난민신청이 대법원에서 파기 환송되었을 때 쓴 글에서, 성소수자 난민들이 난민심사 과정에서 마주하는 가장 큰 벽이 "존재를 입증하라는 요구"이며, "진술의 일관성"이나 "신빙성"이 없다는 이유로 난민신청을 거절당한다며, 난민불인정 사유들을 보면 "성소수자에 대한 무지와 편견의 종합판 같다"고 울분을 토한다.[51]

난민 인터뷰에서 수십 가지 질문을 하고는 지엽말단적인 사실 관계들의 불일치를 꼬투리 잡아 한 사람의 정체성을 믿을 수 없다고 결론 내리는 것이다. 이 과정에서 성소수자 난민들은 연애이력부터 성경험, 때로는 세부적인 성행위처럼 사적이고 내밀한 내용까지 진술을 강요받는다. 이런 질문들에 답해야만 성소수자라고 인정받을 수 있다는 사실 자체가 차별이고 모욕이

---

51. 이나라, 「성소수자 난민, 한 톨의 의심없이 존재를 증명하라고?」, 『한겨레』, 2019년 1월 16일 입력, 2020년 2월 27일 접속, https://bit.ly/3dLjMtq.

다. … 성소수자들은 복잡다단한 현실을 살아가는 존재들이고, 다양한 삶의 경험을 갖고 있기 마련이다. … 성적 지향이나 레즈비언, 게이, 바이, 트랜스젠더라는 개념은 최근에 서구에서 만들어진 것일 뿐이다. 이런 개념은 지구촌 다양한 성소수자의 삶을 포괄하기 힘들다.[52]

나영정도 성소수자 운동과 난민 운동의 저항적 접점을 "심사라는 구조적 차별"에서 찾는다. 난민심사라는 것은 자신이 현재 "사회적 조건 속에서 차별을 받고 있다고 호소를 해도, 호소하는 자의 존재 자체가 심사받게 되는 것"이며, "차별의 원인을 그 속성을 가진 개인"의 책임으로 돌리는 제도라고 비판한다. 유엔인권규범에서 채택하고 있는 성적지향, 성별정체성, 성별표현이라는 개념과 레즈비언, 게이, 바이섹슈얼, 트랜스젠더, 인터섹스라는 분류는, '독립'적이고 '확고'한 정체성이라는 개념에 근거하며 "서구중심적, 전문가중심적, 동화주의적" 기준으로 삶의 방식을 전제하기 때문에, 살아 움직이고 변화하는 성소수자의 구체적 삶을 담지 못한다는 비판이다.[53]

그럼에도 한국의 대법원은 최근까지도 출신국에서의 성적 지향 공개와 박해를 받았다는 증거, 본국으로 돌아갈 경우 박해를 받을 것이란 근거와 증명을 요구하여 성소수자의 난민신

---

52. 같은 글.
53. 나영정, 「소수자가 난민이 된다는 것 ─ 소수자난민인권운동의 고민들」, 『2019 한국 사회와 난민인권』 자료집.

청을 기각하고 있다."[54] 이러한 대법원 판결은 유엔난민기구에 의해서도 난민협약에 위배된다는 비판을 받았다. "'성적지향을 드러내고 살지 못하는 것' 자체를 박해로 보아야 한다는 것"이며, "원고의 혼인 경험 등 과거 이성애적 경험 및 성적지향 인지 시점, 증거의 부족 등을 이유로 원고가 동성애자라고 보기 어렵다고 판단"하는 것이 성소수자에 대한 편견이나 정형화에 기반한 해석이란 비판이었다.[55]

이러한 문제제기는 성소수자, HIV 감염인, 난민 등을 특정 속성이나 정체성으로 규정하고 인종차별의 근거로 만드는 경향에 대한 비판이 된다. 예를 들어 2000년대 중반 이전부터 난민들의 동의 없이 HIV 감염 검사를 실시하면서, 난민심사과정에서 HIV 감염사실이 밝혀진 난민이 난민지원단체에서 쫓겨나는 경우도 생긴다.[56] 이처럼 소수자 난민의 정체성을 정형화된 틀에 고착시키고, 범죄화하고, 배제나 혐오의 근거로 삼는 현상에 대하여 나영정은 "차별의 속성이 인종화되는 것"이라고 말한다. 이와 같이 〈소수난민넷〉의 활동은 차이 나는 속성을 인종화하여 차별의 법적·제도적 근거로 삼고, 소수자들 사이의 갈등을 조장하는 경향에 대한 강한 비판이 될 수 있다.

54. 대법원 2017.7.11. 선고 2016두56080 판결. 김지림, 「법원 판례를 통해 '성소수자 난민' 이해하기」, 『여기, 축제 : 성소수자 인권포럼 자료집』, 제11회 성소수자인권포럼 기획단, 2019년 1월 26~27일, 467쪽에서 재인용.

55. 같은 글, 467~468쪽.

56. 권미란, 「HIV감염인/난민을 만나면서」, 『여기, 축제 : 성소수자 인권포럼 자료집』, 제11회 성소수자인권포럼 기획단, 2019년 1월 26~27일, 471쪽.

둘째로, 난민 운동과 소수자 운동의 접점에서 소수자운동이 기반해 온 '인권-인간과 권리'라는 굳건한 개념에 대해 질문하게 된다. 이는 난민 운동과 소수자 운동, 다시 말해 난민과 난민화되는 삶의 매듭을 통해 획득된 빛나는 좌표이다.

성소수자, HIV 감염인인 난민이 처한 상황을 직면하면서 기존에 해 왔던 성소수자, HIV 감염인 인권운동은 피할 수 없는 질문과 도전을 받게 된다. 인권은 어디에 뿌리가 있는지, 권리의 언어는 어떻게 만들어지고 파괴되는지, 운동이 가진 책임과 밀어붙여야 하는 질문의 끝은 어디인지. 알게 되어서 너무 다행이고, 고민을 나누고 해결을 모색하는 활동을 지속하는 것으로 계속해 보겠습니다.[57]

'인간'의 권리로서 난민 인권을 주장하는 활동을 넘어서, 비인간 존재들이 그저 존재하는 자체로, '결여나 부정적인 것'이 아닌 다른 가치를 품을 수 있는 지평이 열릴 수 있을 것 같아 가슴이 두근거린다. 예를 들면 언어장애를 지닌 사람의 언어 접근성에 대한 주장이 난민의 통역이나 대화의 권력관계를 깊이 비판하는 것이 되고 다시금 동물의 말을 어떻게 듣고 어떤 언어로 전할 것인가를 고민하게 하는 그러한 지점들 말이다.

---

57. 나영정, 「소수자가 난민이 된다는 것 – 소수자난민인권운동의 고민들」, 『2019 한국 사회와 난민인권』 자료집.

마지막으로, 〈소수난민넷〉 활동을 통한 달팽이의 빛나는 순간은 이렇게 온다. 〈소수난민넷〉 수다모임에서 "법률지원을 하게 되면 소수의 난민에게만 지원이 가니까 모든 난민에게 도움이 되도록 해야 하지 않냐"는 문제제기를 받았을 때 달팽이는 충격을 받았다고 한다. "아…이렇게 활동할 수 있구나"라는 생각이 들었다고 한다. 성소수자 운동이나 HIV 감염인의 권리를 위한 활동 등을 해온 활동가들이 지나가는 말로 하는 "운동은 입장이다"라고 하는 말을 듣고, 자신의 입장을 질문해 보았다고 한다. 이 경험을 달팽이는 자신의 첫 동료를 만난 순간이라고 표현한다. 전혀 다른 활동을 하는 줄 알았는데 "같은 말을 할 수 있는 사람들을 만난 것이 좋았"고, "문제화되지 못했던 것"을 문제화할 수 있었다고 말한다.

전혀 다른 활동인 줄 알았는데 같은 말을 하는 사람들을 만나는 지점에서 난민과 난민화된 삶의 저항, 난민 운동과 소수자 운동은 매듭을 맺는다. 그리고 바로 정확히 이런 의미에서 한번 더 질문해야 한다. '소수자 난민'과 '난민'은 다른가? '소수자 난민'이라는 규정은 난민 안에서 다시금 위계를 형성할 수도 있다는 점에서 비판적으로 접근해야 할 명명이다. 그러나 난민과 난민화되는 삶이 함께 저항의 장소를 찾기 위해서는, 적어도 현재로서는 '소수자 난민'이라는 말이 필요하다. 그렇지만 궁극적으로 달팽이가, 〈난민×현장〉이, 내가, 또 무명의 누군가가 〈소수난민넷〉을 통해 배우고 도약하게 되는 지점은, '인권=인간의 권리'에 대한 근본적인 문제제기가 이뤄지는 순간이나 동료에 대한 애틋한 욕망에 있을 것 같다. 이러한 도약의 순간에는 소수자와 난민 사이의 법적, 제도적 기준이 사라진다. 난민, 소수자, 그리고 무수한 비인간 존재들이, '인권'에 기댈 필요 없이, 또 그 호칭 그대로 의미로워질 매듭을 꿈꾼다.

활동가의 병이란 계기

마음을 먼저 어떻게 해야 할지, 몸을 먼저 어떻게 해야 할지 … 몸이 안 낫는 게 큰 거 같아요. 어제도 또 배가 아프고 배가 계속 아팠거든요. … 그게 대개 마음이 힘들어요. 뭔가를 계획하면서 살 수 있는 삶이 어렵겠구나 하는 생각이 들어요. … 활동 자체도 큰 파도에 몸을 맡겨야 하는 것인데. … 잘 다듬으면 고통이 아닌 다른 경험으로 재구성되고 다른 다채로운 감각으로 내 삶에 남아 있을 거라고 생각해서 그것을 붙잡고 있는 거예요. 그런데 고통스러운 것 같아요. … 고통은 고통만 있는 건 아니지만 예상치 못하게 노출된 삶과 면들이 저를 너무 무겁게 하고 내 삶의 매듭을 지을 수가 없다 … 다음 단계로 넘어가기 위해서 뭔가 의미화하는 작업이 필요하지 않을까 싶은 생각도 드는데요, 이 자체를 마주해야 하는 것이 힘든 거예요.(이태원, 9/10)

자신의 의사가 아님에도 어떤 곳으로 이동당해 차별당하고, 갈 수 없는 어떤 곳 어쩌면 현실에는 없을 곳을 끊임없이 동경

하는 사람들, 즉 난민의 모습을 보면서 달팽이는, "다른 상황일 수 있겠지만 자신의 일"이라고 생각했고 어린 시절의 서러움이 건드려졌다고 말한다. 난민이 아니어도 모든 존재가 담고 있는 근원적인 '객으로서의 속성', 그 누구도 어떤 장소에 대해 늘 첫 순간에는 손님일 수밖에 없다는 '속성' 말이다. 따라서 난민인권 활동은 달팽이가 "다른 사람들을 도울 수 있다고 생각"한 게 아니라, "이것을 해결해야 살아갈 수 있겠다"고 여긴 일이었다.

그런데 이처럼 달팽이를 마구 뒤흔들었던 힘들은 왜 소진되어 버린 것일까? 달팽이는 어느 순간 난민의 말을 듣기만 하는 감정의 쓰레기통이 된 것처럼 느껴졌고, 자신의 실존적인 욕망에서 서서히 분리되어 버렸다고 한다. 타인에게 자신을 개방할 때의 쾌락과 기쁨이 차오르는 것이 아니라, 박탈감과 단절감이 차올랐다고 한다. 그 상태에서 2018년 6월부터 1년 반을 지나면서 달팽이는 몸이 아프기 시작했다. 이 박탈감과 단절감은 모든 매듭이 끊어진 상태로 한국에 도착한 난민들로부터, 아니 그들의 매듭을 모조리 끊어 놓는 권력과 제도로부터 달팽이에게로 전염되어 온 것일 수도 있다. 매듭이 끊어진 자리에는 부정적인 감정이 전염될 수 있는 공간이 생긴다. 그것은 한 존재에게만 머물지 않고 전염되고 반복되고 증폭된다.

그러나 활동가의 병은 또 다른 방식의 매듭을 맺고 다른 존재에게 자신을 개방할 준비를 하는 또 하나의 계기가 될 수도 있다는 것을, (달팽이의 동의 없이) 달팽이를 통해서 느낀다.

첫째로 난민인권활동에서 가장 핵심이 되어야 하는 것은,

끊어진 매듭을 연결하고 지지해 줄 동료를 구하는 것이라고 달팽이는 말한다. 달팽이는 "〈난센〉은 무조건 활동가가 살아야" 하며 "서로 돌봐줄 수 있는 동료가 되어야 하"며, "동료가 서로의 고통에 반응할 수 있는 조직이 되"어야 한다고 생각한다.(홍대입구, 9/11) 여기에 자신의 생존이 달려 있다고 생각했기 때문에 〈난센〉 활동가들과 워크샵을 하고 활동가가 소진되거나 폭력에 노출되는 상황을 개선하기 위한 가이드라인을 만든다. 달팽이는 이런 노력이 사실상 실패한 것 같다고 웃는다. 한 명씩 돌아가면서 휴식기간을 갖기로 하면서 남아 있는 활동가에게 부담이 가중되었기 때문이다. 그러나 결과와는 상관없이 이러한 모색과 노력은 깊은 의미를 갖는다. 난민인권활동을 하는 동료가 서로에게 좋은 매듭이 되는 것이, 난민들과의 매듭을 만들고 심화하고 확장하기 위한 기반임을 보여주기 때문이다.

둘째로 달팽이는 아픔 때문에 또 하나의 세계가 열릴 수 있는 계기들과 만나기도 한다. 탈시설 활동을 하면서 장애활동에 관심을 갖고 있었지만, 만성질환을 앓게 되면서 장애인권이슈에 더욱 관심을 갖게 되었다는 것이다. "삶에서 아픈 것이 주는 상실도 있지만 아픈 것이 주는 장점들도 있다고 생각했어요. 일단 [스스로의 집착이나 욕망]을 내려놓는 법을 배우게 되구요, [만약 아프지 않았다면] 곁에 있는 사람들을 더욱 이해하기 어려웠을지도 몰라요"라고 말한다."라고 말한다.(홍대입구, 9/11) 인터뷰를 끝내던 날, 달팽이는 인도에 갔다가 방글라데시에 다시 한번 가볼 생각이라고 했다. 나는 인도의 뜨거운 햇빛 속에서

요가를 하며 건강해진 달팽이가, 방글라데시에 가는 모습을 상상해 보았다. 그리고 어쩌면 달팽이가 난민 운동을 처음 시작하기로 결심했던 방글라데시로의 여행이 난민 활동을 활발히 할 수 있는 동력을 달팽이에게 주지 않을까 하는 기대를 품게 되었다.

이 글을 쓰기 시작하기 직전, 방글라데시에 있는 달팽이와 카톡으로 이야기를 나눴다.[58] 전기 때문에 툭툭 끊어지는 카톡을 어렵게 이어붙여 가면서였다. 내 기대와는 달리, 방글라데시에서 달팽이를 맞이한 것은 "은폐"를 통한 심화된 격리와 차별이었다고 했다. 10년 전에는 길거리에서 인력거를 끄는 가난한 사람들이 많이 있었는데 그들이 싹 사라져 버렸다는 것이다. 그들이 어디로 갔을까 생각하며 소름이 끼친다고 했다. 하루에 3천만 원 상당의 마약이 발각되는데 그 운반책을 로힝야 난민들이 맡고 있고, 범죄가 너무 많이 일어나서 아침 간이식당도 보이지 않는다고 했다.

그럼에도 어리석게도 나는, 여전히 희망을 걸고 달팽이의 마음에 뭔가 변화가 있었는지를, 그러니까 다시 힘을 내서 활동을 시작할 수 있을 것 같은지를, 물었다. 달팽이는 "똑같으니까…달라진 것은 없는 것 같다"고 답했다. 예전보다 많은 부분이 자신과 연결되어 있다는 느낌은 든다고 했다. 이곳 봉제공장 노동자들이 탄압을 받아 총에 맞아 죽은 일과 자신이 옷을 사

---

58. 이하 한 단락의 인터뷰는 카톡 대화, 2019년 12월 2일.

입는 일이 연결되어 있어서, 가능하면 옷을 사 입지 않으려고 한다고 했다. 그곳이 방글라데시이건 난민캠프촌이건 한국이건, 이 연결된 착취와 폭력, 난민화된 삶 속에서 그 누구도 자유롭지 못하다. 그런 점에서 달팽이의 병은 나의 병이기도 했다. 난민의 병은 활동가의 병이며 〈난민×현장〉의 병이며 우리의 병이다. 병이 그러하듯 저항도 그러하다.

이 글 서두의 질문으로 돌아가 보자. "보고 들으면 고통스러운데 왜 하세요?" 나는 이 물음에 대한 답을 여전히 알지 못한다. 달팽이가 그러했듯이 나 또한 〈난민×현장〉에서 함께 부대낄 동료를 찾길 원한다. 보잘것없다 여겨지던 것이 반짝이는 순간, 그 순간들이 여러 번 겹쳐져 매듭으로 이어지면, 조금 긴 시간이 되지 않을까 생각한다. 난민의 증언을 듣는 활동가의 증언을 들으면서, 난민–활동가–시민–연구자의 관계를 깊이 들여다볼수록 확실해지는 한 가지는 왜 하느냐가 아니라 누구 옆에 서서 어느 위치에서 말해야 하는가이다. 전폭적으로, 그 어떤 판단도 없이!59

그래서 미련하게도 나는 다시금, '아픈' 달팽이에게 '희망'을 담아 물어보았다. "〈난센〉의 미래랄까 꿈꾸는 게 있어요?" 병을 앓고 그 경험을 이야기하는 것은, 타인의 고통을 보는 계기이자 자신의 아픈 몸이 확장되는 계기이기 때문이다.60 달팽이는 "실

---

59. 우카이 사토시, 「유토피아로서의 팔레스타인」, 『저항에의 초대』, 박성관 옮김, 그린비, 2019, 16쪽.

60. 조한진희(반다), 「질병과 함께 춤을7 ─ 아픈 몸들의 낭독극을 준비하며 : 아

제로 할 수 없으니까…"라고 단서를 달면서도 세 가지를 말해 주었다.

첫째, 난민 안에 포함되지 않는 사람들이 있으니 난민의 인권에 대한 담론, 법적 기준 등을 확장해야 한다. 이는 난민을 확장하는 것이기도 하다. 둘째, 난민의 권리를 확장해야 하는데 이때 '권리를 어떻게 이야기해야 하는가'라는 고민도 포함된다. 이때 나는 장애인활동이나 성소수자활동을 늘 참조한다. 구체적이라기보다 추상적이고 현실적이기보다 상징적인데, 성명서는 중요하다. 자국을 남기고 좌표를 찍는 것, '우리'가 있어야 할 곳의 좌표를 찍어야 한다. 셋째, 실질적으로 정책과 법을 바꾸고 당사자들의 삶의 테두리가 바뀌어지지 않으면 아무런 쓸모도 없다. 좌표를 뿌리내리는 것이 필요하고 이를 위해서는 정말 많은 자원이 필요하므로 〈난센〉은 '자원'이 되기보다는 수많은 자원을 연결하고 정보를 공유하고 사람을 잇는 '허브'가 되어야 한다. "이것을 꼭 〈난센〉이 해야 한다." 마지막으로 지속가능한 구조를 만들어 내는 것이 모든 것의 전제라고 생각한다. 〈난센〉이 어떤 역할을 해야 하는지에 대해서는 몇 날 며칠이라도 이야기할 수 있는데, 실질적으로 가능한가를 물으면 어려운 점이 많다. 이러한 이상적인 가치들을 계속해서 추구할 수 있는 구

픈 몸들이 많아도 '질병서사'가 적은 이유」, 『일다』, 2020년 3월 5일 입력, 2020년 3월 29일 접속, http://www.ildaro.com/8663.

조가 만들어져야 한다고 생각한다.(홍대입구, 9/11)

달팽이가 없는 곳에서, 글을 쓰며 달팽이가 오키나와에서
만들었다는 작은 접시를 보곤 했다. 오키나와에서는 깨어진 도
자기를 버리는 것이 아니라 옻칠을 해서 붙이고 그 상처가 난
부위에 금칠을 하는데, 이를 '긴츠키'라고 한다. "금이 간 곳에서
비로소 빛이 나온다." 이것이 긴츠키 철학이라고 했다. 달팽이가
있었고, 〈난센〉이 있어야 한다고 달팽이가 바라고, 그렇지만 그
누구라도 오래 못 있을 것 같은 난민인권활동가의 장소, 그곳에
달팽이가, 달팽이'들'이 돌아오길 바란다고는 말할 수가 없다. 그
자리는 여러 겹의 매듭을 통해 나눠 짊어짐으로써 난민에 대한
차별과 배제와 함께 사라져버려려 할 장소이기 때문이다.

그러므로 나는 달팽이가 없는 곳이 아니라, '그 어떤 달팽이
도 없어야 하는 곳'이란 물음을 통해서, 다시 한번 난민과 난민
화되는 삶을 생각하게 된다. 이 억압의 중층지대이자 저항의 공
통적 장소를, 난민을 둘러싼 여러 매듭이 시작되어야 할 실패와
병의 좌표로서 부피와 무게를 주어 활짝 개방해 놓고 싶다. '우
리'에게 애쓰고, 실패하고, 아프고, 기쁜, 난민의 증언을 듣는 활
동가의 장소와 표현을 활짝 개방해 준 달팽이'들'에 대한 고마움
과 믿음을 담아서.

2부
난민과
난민화되는 삶

민족국가 바깥에서 등장한 조선인 '위안부', 그녀들의 귀향의 거부 혹은 실패[1]

이지은

1991년 이전 일본군 '위안부' 증언(자)의 자리

　일본군 '위안부' 문제에 있어 한국 사회가 기억하는 첫 번째 장면은 1991년 김학순의 증언일 것이다.[2] 김학순의 증언은 학계와 시민사회의 즉각적인 행동을 이끌어낼 만큼 큰 파장을 불러일으켰다. 그런데 이 장면에서 많은 사람이 기억하지 못하는 것이 있다. 그것은 김학순보다 먼저 '들을 준비'에 나섰던 사람이 있었다는 사실이다. 1988년 윤정옥은 '위안부' 문제를 조사하기 위해 후쿠오카, 오키나와 등을 답사하였고, 이곳에서 저널리스

---

1. 이 글은 『사이間 SAI』 28호(2020.5)에 실린 「민족국가 바깥에서 등장한 조선인 '위안부'와 귀향의 거부/실패」를 다소 수정하여 재수록한 것이다.
2. 일본군 '위안부' 문제 해결 운동사에 관해서는 윤미향의 『25년간의 수요일』 (사이행성, 2016) 및 정의기억연대 홈페이지 참조. http://womenandwar.net/kr/history-of-movement/.

트이자 여성운동가인 마쓰이 야요리[3]를 만나 일본군 '위안부'에 대한 문제의식을 공유했다.[4] 이 답사는 1990년 『한겨레신문』에 「'정신대' 원혼 서린 발자취 취재기」(1990.1.4.~1.24.)라는 제목으로 연재되었고, 이 기사는 '위안부' 문제를 국내외에 공론화했다.[5] 같은 해 11월, 37개 여성단체가 모여 〈한국정신대문제대책협의회〉(이하 〈정대협〉)를 결성하였고, 이듬해 김학순이 기자회견을 통해 일본군 '위안부' 피해자임을 증언하였다. 초기 운동사를 살펴보면 '위안부' 피해생존자의 증언이 역사적 '사건'이 되기 위해서는 증언자는 물론이고 증언을 할 수 있는 장場, 그리고 들을 준비가 된 사람들이 갖추어져야 한다는 것을 새삼 깨닫게 된다.

초기 운동사의 교훈은 1991년 이전의 '위안부' 증언(자)의 자리를 되돌아보게 한다. 1975년 오키나와에서 배봉기는 최초로 자신이 일본군 '위안부' 피해자임을 밝혔고, 1984년 태국

---

3. 마쓰이 야요리(松井やより)는 일본의 여성운동가이자 저널리스트다. 1977년 〈아시아 여성들의 모임〉을 발족하여 기생관광 반대운동 등 아시아 여성 문제에 적극적으로 목소리를 냈다. 1980년대 노수복과 배봉기를 취재하면서 '위안부' 문제와 관련을 맺기 시작하여, 1998년 〈전쟁과 여성에 대한 폭력-일본 네트워크〉(VAWW-NET Japan)를 발족, 〈정대협〉과 함께 2000년 '여성국제전범법정'을 기획했다.(자세한 내용은 김선미, 「'여성국제전범법정'에 있어서 마츠이 야요리(松井やより)가 지니는 의미에 관한 연구」, 『日本思想』 30, 2016 참조.)

4. 「尹貞玉さん 朝鮮人從軍慰安婦の記事を調べる」, 『朝日新聞』, 1988.8.18, 31쪽에서 재인용.

5. 스즈키 유코, 『일본군 위안부 문제와 젠더』, 이성준·한예린 옮김, 나남, 2010, 6쪽.

에 살던 노수복은 한국 대사관을 찾아가 '위안부' 피해 사실을 말했다. 노수복의 가족 상봉을 계기로 '위안부' 문제가 국민적 관심사가 되자 여성 대중 잡지는 '특종 경쟁'을 벌이며 베트남 난민으로 서울에 살고 있는 배옥수를 "발굴"하여 취재했다.[6] 그런데 김학순의 증언보다 길게는 15년, 짧게는 7년 정도 앞선 이들의 증언은 왜 일본군 '위안부' 문제를 공론화하지 못했던 것일까. 김학순의 증언에 힘입어 문옥주, 강덕경 등 증언자들이 등장했던 것과 비교하여, 왜 이들의 증언은 다른 피해 생존자들에게 힘이 되지 못했던 것일까. 물론 여기에는 한국 사회의 정치적·역사적 사정이 있고, 무엇보다 김학순의 증언이 일본 정부를 대상으로 전쟁범죄의 책임을 물었다는 점에서 이전의 증언과 성격이 다르다고 할 수 있다. 그럼에도 불구하고 1991년 이전의 증언이 '들리지' 않았던 것은 한국 사회가 '들을 준비'가 되어 있지 않았기 때문이었다. '일본군의 야만성을 폭로하는' 증언의 일부만이 선택적으로 '들렸고', 이외의 중요한 이야기들은 저널리즘의 상업성과 민족주의가 합류하는 지점에서 뿌리 깊은 여성혐오의 서사로 미끄러지면서 '들리지 않게 되었다.'

---

6. "4월 8일 자 레이디경향이 나왔다. 노수복 할머니로 해서 다시 화제가 된 우리의 아픈 상처 정신대. 레이디경향이 현재 서울에 살고 있는 배옥수 할머니를 발굴, 최초로 취재한 기사가 이번호 「정신대 할머니 서울에 살고 있다」로 나갔다."(「「서울의 挺身隊 할머니」 레이디京郷 4月 8日號」, 『경향신문』, 1984년 3월 27일.)

다른 한편, 1991년 이전의 증언자들이 민족국가 바깥에서 등장했다는 점은 일본군 '위안부' 문제에 있어 매우 중요한 지점을 시사한다. 일본군 '위안부' 문제는 식민 지배에 의한 민족 수난사의 상징으로 소환되곤 하지만, 식민지와 전쟁 문제 자체가 초국가적일 뿐 아니라 당사자들이 전쟁 이후에도 동아시아에 뿔뿔이 흩어져 살았다는 점에서 일본과 피해국 양자 관계로 수렴되지 않는다.[7] 실제로 배봉기는 오키나와가 일본에 반환된 후 불법재류자가 됨으로써 사회에 알려지게 되었고, 배옥수는 베트남 난민 신분으로 한국에 거류하고 있었다. 또, 노수복은 중국인 남편과 태국에서 자식을 키우며 살고 있었다. 이들의 삶은 민족국가나 고향에 붙들린 서사로 회수되지 않는다.[8] 1991년 이전 일본군 '위안부'가 등장했을 때, 사회의 관심은 오직 피해 당시에만 집중되었고 전후 그들이 어디서 어떻게 살아왔는지에 대해서는 무심했다. 대중매체는 피해생존자에게서 끊임없이 '조선인'임을 확인하려 했지만, 이들의 현재 삶에 대해서는 민족국가로 귀환하지 못한 '바깥'으로만 인식하였다.

이 글은 1991년 이전 일본군 '위안부' 증언자인 배봉기, 노수복, 배옥수의 삶을 살펴보고, 대중매체가 증언(자)을 어떻게 재현하였는지 분석할 것이다. 특히 1984년 노수복의 가족 상봉

7. 신기영, 「커뮤니케이션, 초국가적 공론장, 그리고 초국가적 연대 – 일본군위안부 문제해결을 위한 아시아연대를 중심으로」, 『세계정치』 18, 2013, 291쪽.
8. 윤영실, 「동아시아의 '장소들'과 한국근대문학의 탈영토화 – 조선인 '위안부' 재현 서사들을 중심으로」, 『현대소설연구』 67, 2017.

을 계기로 여성 대중 잡지들은 '위안부' 기사를 쏟아냈고, 증언은 가필·윤색·짜깁기되면서 왜곡되었다. 흔히 1991년 이전에는 일본군 '위안부' 문제가 논의되지 않았다고 생각하지만, 전쟁 직후부터 군인들의 전쟁회고록에는 성애화된 '위안부' 재현이 수없이 등장했으며, 간혹 익명의 '위안부' '수기'가 출간되기도 했다. 이는 병사의 시선에 의해 대상화된 '위안부' 재현이거나 출판상업주의에 의해 각색된 목소리임에도 불구하고, 김일면·임종국 등 민족 남성에 의해 번역 및 재생산되었다.[9] 이렇게 생산된 '위안부' 담론은 소설이나 영화의 메타텍스트가 되었고, 각 텍스트는 상당한 참조성referenciality과 간텍스트성intertextuality을 가지고 만들어졌다.[10] 실체가 없는 가운데 상호 참조를 통해 만들어진 거대한 '위안부' 표상은 한국에서 탈식민적 민족주의와 여성 섹슈얼리티의 성애화가 교차하는 지점에서 소비되었다.[11]

---

9. 이지은, 「조선인 '위안부', 유동하는 표상 — 91년 이전 김일면, 임종국의 '위안부' 텍스트를 중심으로」, 『만주연구』 25, 2018.

10. 김청강, 「'위안부'는 어떻게 잊혀 졌나? 1990년대 이전 대중영화 속 '위안부' 재현」, 『동아시아문화연구』 71, 2017, 155쪽.

11. 허윤의 적절한 지적처럼 "박유하의 문제 제기는 '위안부' 운동 혹은 '위안부' 표상을 민족주의 vs 페미니즘이라는 손쉬운 구도로 치환"하였고, 이에 탈식민적 민족주의에 대한 비판은 식민 지배의 문제를 누락하는 것으로 읽힐 수 있는 복잡한 국면이 만들어졌다. 이러한 문제의식에 공감하며 이 글은 위안소가 일본군에 의해 체계적으로 이루어진 성 착취 전쟁범죄라는 연구에 기대어, 식민지 여성이 놓였던 민족 내부와 외부의 중층적인 취약성을 함께 다루고자 한다. (허윤, 「일본군 '위안부' 재현과 진정성의 곤경 — 소녀와 할머니 표상을 중심으로」, 『여성과 역사』 29, 2018, 144쪽.) 덧붙여, 일본군 위안소 시스템의 역사적 연구에 관해서는 윤명숙, 『조선인 위안부와 일본군 위안소 제도』, 최민순 옮김, 이학사, 2015 참조.

	저자	기사명	서지사항	비고
1	전종구	나는 지옥의 조센삐였다	여성중앙 1984.4.	노수복 취재기사
2	-	아, 그 치욕! 숨어살려 했건만	여성중앙 1984.4.	배옥수 취재기사
3	최태석	정신대 할머니가 서울에 살고 있다	레이디경향 1984.4.	배옥수 취재기사
4	유재순	월남난민 계속 가난한 사람들	여성동아 1984.5.	월남난민 취재기사[12]
5	문순태 (인터뷰어)	나는 정신대 귀신이였다	여성동아 1984.6.	요시다 세이치 인터뷰
6	신상현	발굴다큐멘트 400만의 인간사냥(1~5)	여성동아 1984.5.~9.	제4부 위안부
7	-	일본군 정신대로 끌려갔다 42년만에 돌아온 노수복 할머니	여원 1984.6.	노수복 취재기사

〈표 1〉 1984년 4~6월 여성 대중 잡지에 실린 일본군 '위안부' 관련 기사

대중매체가 일본군 '위안부' 문제를 외설적으로 소비하도록 부추기는 동안 피해생존자들의 '귀향'은 어떻게 귀결되었을까. 민족국가 바깥에서 등장한 '위안부' 피해생존자들의 '귀향'이 어떻게 거부되었는지(혹은 실패하였는지) 살펴보는 일은 일본군 '위안부' 문제의 인식 방식을 반성적으로 살펴보는 일이자, '위안

---

12. 인터뷰이 중 한 명이 배옥수.

부' 문제가 민족국가로 수렴될 수 없음을 드러내는 작업이다. 이들의 '귀향'의 거부/실패 장면에서 초국적 여성연대의 발아를 포착하고, 1991년 이전 피해생존자의 증언의 의미를 되새기고자 한다.

오키나와의 배봉기, 태국의 노수복, 월남의 배옥수

1991년 이후 일본군 '위안부'의 증언은 『강제로 끌려간 조선인 군위안부들』 시리즈를 비롯하여 여러 형태의 '증언집'이나 생존자의 전기 형식으로 간행되었다.[13] 그러나 91년 이전의 증언들은 신문이나 잡지의 단발성 기사나 2차 자료 형태로 남아 있다. 다만, 배봉기의 경우 가와타 후미코川田文子가 오랜 인터뷰와 조사로 완성한 『빨간 기와집』을 통해 구체적인 삶을 추적해 볼 수 있다. 거칠게나마 시간순으로 살펴보자면, 배봉기는 1914년 충남 예산 출생으로 일곱 살 때부터 민며느리로 보내질 만큼 가난한 유년을 보냈다. 열일곱 살에 첫 번째 결혼을 하였으나 돈

---

13. 대표적으로 정대협이 엮은 『강제로 끌려간 조선인 위안부』 1~5(1993~2002)와 『중국으로 끌려간 조선인 군위안부』(한울, 1995), 『역사를 만드는 이야기』(여성과인권, 2004) 등이 있다. 이외에 전기 형식으로는 배봉기의 삶을 다룬 가와타 후미코의 『빨간 기와집』(꿈교출판사, 2014), 문옥주의 삶을 다룬 모리카와 마치코의 『버마전선 일본군 '위안부' 문옥주』(아름다운사람들, 2005) 등이 있다. 또, 최근 문학계에서는 소설가 김숨이 '위안부' 생존자의 취재를 토대로 쓴 '증언소설'로 『숭고함은 나를 들여다보는 거야』(현대문학, 2018), 『군인이 천사가 되기를 바란 적 있는가』(현대문학, 2018) 등이 출간 되었다.

벌러 나간 남편은 돌아오지 않았고, 두 번째 남편은 게으르고 한심하여 의지할 수 없었다. 여기저기 전전하다가 1943년 스물 아홉 살의 배봉기는 '여자 소개꾼'에 속아 오키나와 도카시키섬에 일본군 '위안부'로 보내진다. 배봉기는 '아키코'라 불리며 다른 여섯 명의 여성들과 '위안부' 생활을 하게 된다. 1944년 3월 미군이 오키나와를 공습하자 위안소 여자들은 군인과 함께 산속으로 들어갔고, 일본군이 항복할 때까지 피난 생활을 지속하였다. 일본의 패전 이후 배봉기는 미군의 포로수용소에 잠시 머물렀지만, 수용소를 이탈하여 여생을 오키나와에서 살게 된다.[14]

외국인등록 등 법적 절차를 밟지 않았던 배봉기는 자신도 모르는 사이에 '불법재류자'가 되었다. 나하 출입국관리사무소는 일단 강제 퇴거 수속을 진행했으나, 고향의 친척과 연락이 닿지 않고 본인이 오키나와에서 여생을 보내고 싶다고 간청하여 당국에 '특별 배려'를 신청하게 된다. 1975년 배봉기의 사연이 일본 사회에 알려지자, 그녀에게 관심을 가지는 일본인들이 나타난다.[15] 『빨간 기와집』의 저자 가와타 후미코는 『고치신문』 高知新聞 1975년 10월 22일 자에 "전쟁 때 군 위안부로 오키나와

---

14. 이상의 내용은 가와타 후미코, 『빨간 기와집』, 오근영 옮김, 꿈교출판사, 2014 참조. (이하 서명과 쪽수만 표기)

15. 오세종, 『오키나와와 조선의 틈새에서』, 손지연 옮김, 소명출판, 2019, 264~265쪽. 더불어 오세종은 배봉기가 "오키나와의 시정권 반환 전에 있었던 조사에서도 또 조선총련과 일본에 의한 합동조사에서도 누락된 존재"였으며, '발견'된 후에도 한국 정부와 오키나와에 있어 여전히 불가시적 존재였음을 지적한다.(271~272쪽)

로 끌려온 한국 여자가 특별 체류 허가를 받았다는 내용"의 기사를 보고 배봉기를 찾아갔다.[16] 또, 야마타니 데쓰오山谷哲夫는 1977년부터 배봉기를 인터뷰하고 촬영을 시작해, 1979년 5월에 다큐멘터리 영화 〈오키나와의 할머니 — 증언·종군위안부〉沖繩の ハルモニ—證言·從軍慰安婦를 완성했다.[17]

한편, 태국에 살고 있던 노수복은 1984년 3월 9일 한국 대사관에 찾아가 가족을 찾아달라고 요청했고, 같은 달 12일 위성중계방송으로 가족과 상봉하게 된다. 이 방송이 나간 뒤 〈광복회〉와 대한항공 측은 노수복의 고국 방문 비용을 지원하겠다고 나섰으며, 이는 같은 해 5월 성사된다. 당대 기사를 바탕으로 노수복의 일대기를 정리하면 다음과 같다. 노수복은 1921년 경북 안동에서 가난한 집의 맏딸로 태어났다. '딸자식 입 하나 덜 생각'에 부모는 열네 살 된 노수복을 출가시키는데, 이때 만난 남편은 한센병 환자였다고 한다. 노수복은 일 년 정도 시댁에서 지내다 도망쳐 친정으로 가지만 아버지는 시집간 딸을 받아주지 않았다. 이후 대구, 부산 등지를 헤매며 식모살이를 하다가 다섯 살 연상의 두 번째 남편을 만나 살림을 차렸다. 두 번째 남편과 친정에 인사하러 갔지만, 아버지는 또다시 딸을 맞아주지 않았다. 두 번째 결혼 이후 부산 근교에 살던 노수복은 1942년 순사들에게 붙잡혀 강제로 끌려가게 된다. 그녀가 도착한 곳은

---

16. 『빨간 기와집』, 16쪽.
17. 오세종, 『오키나와와 조선의 틈새에서』, 270쪽.

싱가포르의 어느 부대였는데, 이곳에서 아침에는 세탁, 오후에는 탄약통 운반 등 중노동에 시달리면서 밤에는 일본군을 상대했다. 노수복은 일본군의 동남아 전선을 따라 떠돌다가 1945년 5, 6월경 칸차나부리 포로수용소로 옮겨진다. 노수복은 이곳에서 해방을 맞았으나 고향으로 돌아가는 것이 두려워 수용소에서 도망쳤다고 한다. 말레이시아에서 식모살이하다가 태국 핫야이Hatyai에서 중국인 첸을 만나 결혼하여 정착하게 된다.[18]

마지막으로 같은 시기 노수복과 함께 보도되었던 배옥수의 삶을 살펴보자. 배옥수는 1927년 대구 출생으로 가난한 집의 셋째로 태어났다. 열세 살 때부터 여관의 종업원으로 일했는데, 어느 날 돈을 많이 벌 수 있게 해준다는 업자의 꼬임에 넘어가고 만다. 배옥수는 대구역에서 17~22세의 여성 열여덟 명과 부산으로 이동했고, 부산에서 예순여 명의 한국 여자들과 합류했다. 부산에서 시모노세키로 간 후 그곳에서 다시 배를 갈아탔는데, 동경으로 간다던 배가 망망대해를 끝도 없이 항해하자 그녀는 그제야 배의 행선지가 동경이 아니라는 것을 어렴풋이 깨달았다고 한다. 배옥수는 싱가포르를 거쳐 버마에 도착했고, 이곳에서 '아이꼬'라는 이름의 '위안부'가 되었다. 그녀는 성폭력과

---

18. 이상의 내용은 「나는 지옥의 조센삐였다」, 「일본군 정신대로 끌려갔다 42년만에 돌아온 노수복 할머니」와 「노수복 할머니 원한의 일대기」(1~11회)(『중앙일보』, 1984.3.17~3.31)를 토대로 요약함. 이외에 노수복에 관해서는 「1984년 이산가족 찾기에 나선 태국의 피해자 노수복」(서울대 인권센터 정신성 연구팀, 『끌려가다, 버려지다, 우리 앞에 서다』 2, 푸른역사, 2018, 18~45쪽) 참조.

구타에 시달렸으며, 군인이 지불했다는 돈은 한 푼도 받지 못했다고 증언한다. 위안소에서 지내던 중 일본의 패전 소식이 전해졌고, 배옥수는 방콕, 사이공을 거쳐 포로수용소로 가게 된다. 그녀는 수용소에서 한국인 남자를 만나 캄보디아에 정착하게 되었으나, 남편은 술만 마시면 "더러운 년"이라 욕하고 때리기 일쑤였다고 한다. 배옥수는 첫 번째 남편과 이혼한 후 곧바로 재혼하였으나 두 번째 결혼생활도 오래 지속하지는 못했다. 그녀는 사이공으로 옮겨와 월남 패망을 맞았고, 이에 네 아들과 함께 수송선을 타고 꿈에 그리던 고국 땅에 도착했다.[19]

그런데 배옥수의 귀국은 노수복과 확연히 다르다. 노수복의 방문이 〈광복회〉와 대한항공의 후원, 그리고 국민적 환영 속에서 이루어졌다면, 난민 신분인 배옥수는 부산에 도착하자마자 다시 수용소에 살게 되었다. 그녀는 수용소에서 수소문 끝에 둘째 언니와 남동생을 재회하지만, 그들 역시 어려운 생활을 하고 있었기에 연락을 끊고 만다. 당국은 아들의 일자

19. 월남 패망 직전 한국 교민들 틈에 끼어 수송선을 타고 왔다는 진술로 보아 배옥수는 1975년 5월 LST를 타고 한국에 온 듯하다. 한국 정부는 사이공 함락 직전인 1975년 4월 26일 LST810, 815에 베트남 난민 1,364명을 태우고 5월 13일 부산항에 들어왔다. 이들은 한국 국적자 541명, 한국인의 베트남인 처와 자식 460명, 순수 베트남인 363명으로, 1975년 LST를 통한 난민 구조가 재베트남 교포의 해상철수와 유연고 베트남 난민 구조의 성격을 띠었음을 알 수 있다. LST를 타고 입항한 베트남 난민 중 1976년 5월 국내 정착인구는 485명으로 집계된다. (노영순, 「부산입항 1975년 베트남난민과 한국 사회」, 『사총』 81, 2014, 332~333, 338쪽 〈표4〉, 341쪽 ; 노영순, 「동아시아 베트남난민 수용과 각국의 난민 정책」, 『해항도시문화교섭학』 16, 2017, 75~77쪽.)

리와 전세방을 주선해 주었으나 생활은 여전히 어려웠고, 결국 1983년 9월 서울로 옮겨간다. 1984년 4월 배옥수는 용산구 한 강로의 여관방에서 다른 베트남 난민들과 모여 살고 있었으며, 둘째 아들은 부산 공장에서, 첫째와 셋째 아들은 이태원 클럽 에서 일하고 있었다.[20]

일본군 '위안부' 생존자의 일대기를 간략하게나마 정리해 보면, 이들의 삶에는 공통으로 발견되는 요소가 있다. 첫째는 '딸'들에게 더욱 가혹했던 가난이다. 배봉기는 일곱 살 때부터 '민며느리'라는 이름으로 남의 집 식모살이를 시작했고, 노수복도 가난한 집안 형편 때문에 열네 살에 시집가게 된다. 한편, 배옥수의 경우는 열세 살부터 생계에 보탬이 되고자 여관 종업원을 하다 소개꾼에게 걸려들게 된다. 둘째는 불행한 결혼생활이다. 이는 가난과 뗄 수 없는 문제로, 남의 집에 떠맡기듯 딸들을 내보냈기 때문에 책임감 있고 성실한 남편을 만나기가 어려웠다. 이런 사례는 1991년 이후 등장한 많은 '위안부' 생존자들의 공통적인 증언이기도 하다. 식민지의 가난은 가부장제 관습과 만나 민며느리, 식모, 애보개 등의 이름으로 딸들을 가족 울타리 바깥으로 내몰았으며, 시집살이를 견디지 못하고 도망쳐 온 딸들은 아버지에 의해 내쳐졌다. 당시 여성의 자립은 매우 어려웠으므로 시댁이나 친정에서 도망친/쫓겨난 여성들은 또다시 가부장제의

---

20. 이상의 내용은 「아, 그 치욕! 숨어살려 했건만」, 「'정신대 할머니'가 서울에 살고 있다」를 토대로 요약함. 다만, 「'정신대 할머니'가 서울에 살고 있다」에 는 첫 번째 결혼에 대한 언급이 없다.

여성차별 구조로 편입되었다. 가난한 여성들이 돈을 벌게 해 준다는 직업소개꾼에 더 쉽게 넘어갈 수밖에 없었던 이유도 여기에 있다. 요컨대 조선 여성의 취약성은 식민 지배의 폭력과 조선 내부 가부장제에 중층적으로 노출됨으로써 형성되었다.

그런데 민족국가 바깥에서 등장한 일본군 '위안부' 생존자의 일대기 중에는 오직 귀국하지 못한 이들에게서만 나타나는 또 다른 공통점이 있다. 그것은 바로 귀국 직전 포로수용소로부터의 이탈이다.

(가)

'속아서 일본군에 끌려서 낯선 나라에 버려졌다'는 생각에 진저리를 친 것은 10·10 공습 직후 나하항에 도착했을 때도 아니고, 도카시키 공습이 시작되었을 때도 아니고, 일본의 패전으로 계곡 진지에서 내려왔을 때도 아니다. 아시카와 수용소를 나와 비로소 혼자 오키나와 땅을 밟은 바로 그 순간이었다.

"맨 처음에는 어딜 가도 마음이 편치 않았어요. 여기저기 다니며 하룻밤, 이틀 밤, 잘해야 일주일···. 그리고 그냥 걷기만 했어요. ···"21

(나)

모두들 고향에 돌아간다고 기뻐 날뛰고 있었다. 그러나, 나는

21.『빨간 기와집』, 125쪽.

마음이 착잡하기만 했다. 이런 초라하고 만신창이가 된 몰골로 어떻게 고향에 돌아간단 말인가. 차라리 이 한목숨 죽은 셈 치고 사라지는 것이 부모님과 동생들을 위해 나은 일이 아닐까? 이런 생각 끝에 나는 포로수용소에서 멀리 도망치기로 결심했다.

…

몸은 지쳐서 가누지 못할 정도였지만 마음은 기뻤다. 마침내 구속의 사슬에서 벗어나 진정한 자유를 찾은 것이다.

고향을 떠난 지 3년째, 1945년 10월경으로 내 나이 24살 때였다. 나는 말레이반도 해안선을 따라 무작정 걸어 나갔다. 아무 데서나 노숙을 했으며, 배가 고프면 길가에 즐비한 망고·파파야·바나나를 따 먹었다. 떠나올 때는 아침저녁으로 쌀쌀했는데, 날씨가 꽤 더운 것으로 보아 남쪽 지방으로 내려온 듯했다.[22]

(다)

나는 고향에 돌아가 부모님을 뵐 면목이 없었기 때문에 귀국을 포기하고 그의 청혼을 받아들였다. 우리는 사이공에서 결혼을 한 뒤에 캄보디아로 가서 살았다.

남편은 술을 좋아했다. 그는 술만 먹으면 나의 정신대 생활을 들추면서 더러운 년이라고 욕을 하고 때리기가 일쑤였다. 나는 도저히 견딜 수가 없어 이혼을 하고 말았다.[23]

---

22. 「나는 지옥의 조센삐였다」, 145쪽.

위의 인용문은 각각 배봉기(가), 노수복(나), 배옥수(다)가 포로수용소에서 머물다가 그곳을 이탈하는 장면이다. 배봉기는 오키나와 수용소의 큰 막사에서 천막주택으로 옮겼는데, 정확히 언제인지 모르지만 천막주택에서도 나와 오키나와 일대를 걷고 또 걷는다. 배봉기는 1년가량 노숙, 식모살이, 장사, 작부 등을 하면서 방랑했다고 한다. 배봉기는 수용소에서 이탈한 이유를 정확히 밝히지는 않는다. 다만, 방랑 생활을 할 수밖에 없었던 이유는 "불안"했기 때문이라고 말한다. 가와타 후미코는 이러한 방랑 생활이 "30여 년 동안 겪은 자신의 처지에 대한 그야말로 몸이 부서질 만큼 격렬한 거부반응이 아니었을까"라고 추측한다.[24] 곧, 배봉기의 방랑에는 위안소에서의 끔찍한 생활뿐 아니라, 가난한 유년 시절과 남의 집에 식모로 떠돌았던 기억, 불행한 결혼 생활 등 평생 겪은 모든 고통이 원인으로 작용했으리라는 것이다. 한편, 노수복과 배옥수의 경우는 귀국하지 못했던 이유가 명시적으로 드러나 있다. 이미 "만신창이가 된 몸"이기 때문에 부모와 가족을 "뵐 면목이 없"어서, 혹은 "죽은 셈치고 사라지는 것"이 가족에게 나을 것이라 여겼기 때문이다. '귀향한 여자還鄕女'가 '환향년'으로 등치되어 버리는 한국 사회의 오랜 여성혐오를 생각한다면 어렵지 않게 이해할 수 있는 대목이다.

---

23. 「아, 그 치욕! 숨어살려 했건만」, 150쪽.
24. 『빨간 기와집』, 130쪽.

그런데 위의 인용문을 독해하는 데 있어서 주의해야 할 점이 있다. 그것은 (가)~(다) 모두 '위안부' 생존자 본인이 쓴 것이 아니라는 점이다. (가)의 저자는 자신의 말과 배봉기의 말을 의식적으로 구별하고 있다. 그러나 (나)와 (다)의 경우 '나'라는 일인칭으로 서술되고 있으나 실은 취재를 바탕으로 기자가 가필한 것이다.[25] 취재 당시 '위안부' 문제에 대한 본격적인 연구가 부재했고, 대중잡지들은 독자의 관심을 끌기 위해 선정적인 문구나 이미지를 전면에 내세웠다. 노수복과 배옥수가 어떤 불안과 두려움으로 인해 귀국하지 않기로 했다는 점은 사실일 것이나, 그 이유를 인용문이 제시하듯 '몸을 망친 탓' 하나로 단정하는 것 또한 진실이라 할 수 없다. 사회적 낙인에 대한 두려움이 귀국을 포기/거부한 주요한 이유일 수는 있겠으나, (가)의 배봉기의 증언과 가와타 후미코의 해석이 보여주듯 귀국을 거부한 데에는 과거가 밝혀지는 것에 대한 두려움 외에도 가난한 유년 시절, 딸이라는 이유로 가족 울타리 밖으로 내쳐진 기억, 불행한 결혼생활 등 식민지 여성들이 처해 있던 중층적인 조건에 대한 거부가 담겨 있었을 것이다. 그런데 (나), (다)는 '위안부' 증언자를 '나'라는 화자로 설정하고 그들이 귀국하지 '못한' 이유를 '순결을 잃은

---

25. (나)의 기사는 특파원 전종구의 글이라 표기되어 있는데, 그는 1984년 3월 17일~31일까지 총 11회에 걸쳐 『중앙일보』에 노수복 특별 취재 기사를 연재하기도 했다. 이외에 노수복에 관한 기사는 「일본군 정신대로 끌려갔다 42년 만에 돌아온 노수복 할머니」(『여원』, 1984년 6월호)도 있는데, 이 글의 기자는 명시되지 않았으나 세 글 모두 내용 및 표현이 매우 유사하다. (다)는 기자를 따로 밝히고 있지 않다.

탓' 하나로 규정한다. 이러한 서술은 '위안부'의 삶을 순결 이데올로기에 근거한 익숙한 여성혐오의 서사와 등치시킨다.

'위안부'는 증언할 수 있는가, 혹은 '위안부'의 증언은 들릴 수 있는가

이처럼 오키나와의 배봉기, 태국의 노수복, 월남의 배옥수, 세 명의 이야기는 '위안부'에 대한 성숙한 인식이 없는 상황에서 대중매체를 통해 재현되었다. 배봉기의 경우 영화 〈오키나와의 할머니〉(1979)를 통해 간접적으로 한국 사회에 알려졌는데, 당시 기사들은 그녀의 삶을 집접적으로 다룬 것은 아니었고 영화 감상기를 전하는 형태였다. 대체로 일본군의 "수성"獸性을 드러내는 '데이신따이(정신대)' 제도의 야만성을 고발하는 데 집중하고 있었으나,[26] 이 영화가 일본 군국주의에 대한 비판으로만 수용되지는 않은 듯하다. 경향신문사 일본 특파원의 영화 감상기에는 '위안부' 재현이 수용·소비되던 현장의 한 단면이 묘사되어 있다. 스크린에 배봉기가 등장하자 "젊은 일본인" 관객들이 "저 조선 할멈 젊었을 땐 꽤 예뻤겠는데" 하며 낄낄거렸고, 특파원은 "불쾌한 감정"을 진정시키며 영화를 관람했다고 한다. 기사는 일본 군국주의를 비판하는 영화마저 현지에서 '위안부' 여성의 섹슈얼리티를 성애화하는 방식으로 소비되고 있음을 전해

---

26. 「日事會에 「挺身隊」 충격」, 『동아일보』, 1979년 9월 21일.

준다. 특파원은 "이제는 기생이라는 이름의 젊은 한국 여인들이 운운"하는 내레이션에 가슴이 멎는 듯했다고 토로하며, 어느 재일교포는 보아서는 안 될 영화를 보았다며 얼굴을 붉히고 떠났다고 한다.[27] 그런데 기자의 개탄에 여성 섹슈얼리티의 도구화/상품화에 대한 문제의식이 얼마나 포함되어 있는지는 의문스럽다. 기자는 영화의 불편함을 "한·일 국민 간에 헐리지 않고 있는 감정의 응어리"라고 정리하는데, 여기에서 '위안부', '현지처', '기생관광'은 '제국–식민지'의 국가관계로 인식됨으로써 여성 섹슈얼리티 착취의 문제는 축소 혹은 누락된다.

한편, 노수복과 배옥수는 1984년 '위안부'에 대한 관심의 고조와 여성 대중 잡지의 특종 경쟁의 열기 아래에서 재현되었다. 노수복(라)과 배옥수(마) 취재 기사의 맨 앞에 실려 있는 '편집자의 말'을 보면 당시 잡지가 '위안부' 문제를 어떻게 인식하였는지 드러난다.

(라)

21세의 꽃다운 나이로 일본군 정신대에 끌려가 파란만장한 삶을 살았던 노수복할머니(63세) – . 그녀는 슬픈 과거로 인해 조국을 찾지 못한 채 이국만리 먼 태국의 핫차이에서 과거를 깊숙이 묻은채 중국인의 아내로서 살고 있다. 일제의 한반도 강

---

27. 「아끼꼬로 變身한 주인공 "나는 大東亞전쟁희생자" "보아서는 안될영화" 在日僑胞 얼굴붉히며 떠나」, 『경향신문』, 1979년 9월 28일.

점시 저지른 만행가운데 대를 넘기며 아픔의 도를 더했던 일본군 정신대 — 황국사절단이란 미명하에 한국의 여인들을 마구잡이로 포획해 색욕의 정글로 밀어넣은 이들의 만행은 진실로 뼈아픈 우리의 슬픈 역사다. 지난 3일 태국주재 한국대사관을 찾아와 '잃어버린 내 조국을 찾아달라'며 절규했던 노수복할머니의 한 맺힌 일대기를 긴급 게재한다.[28]

(마)

꽃다운 나이에 멀리 이국땅에 끌려가 일본군의 성의 노예가 되었던 우리 슬픈 언니의 이름 여자정신대. 이들은 40년이 지난 지금도 역사의 뒷골목에서 죄인처럼 살고 있다. 오끼나와 할머니와 태국의 노수복할머니의 이야기가 우리의 가슴을 미어지게 하는 것도 이들에게서 '속죄양'의 모습을 보았기 때문이다. 이들이 어찌 일본, 태국에만 있으랴. '레이디경향'은 지난해 3월부터 1년간 조국땅에도 이들 '속죄양'들이 숨죽여 살고 있음을 확신하고 꾸준히 발굴취재를 펼쳐왔다. 그리고 마침내 한분을 찾아내는 개가를 올렸다. 멀리 버마 밀림지대에까지 정신대로 끌려갔던 배옥수(56, 裵玉水) 할머니가 40년간의 침묵을 깨고 털어놓는 이야기는 다시 한번 우리의 가슴을 뒤흔들어 놓을 만했다.[29]

---

28. 「나는 지옥의 조센삐였다」, 139쪽.
29. 「'정신대 할머니'가 서울에 살고 있다」, 42쪽.

(라), (마) 모두 "꽃다운 나이"에 "색욕의 정글" 혹은 "성의 노예"로 떨어진 피해자가 "할머니"가 되어 "우리의 슬픈 역사"를 증언한다는 서사를 만들어내고 있다. "우리의 슬픈 역사"를 "이들[일본군]의 만행"과 단순 대립시킴으로써 민족 내부의 여성 차별적 구조를 누락하고, '위안부' 피해생존자의 현재를 "과거를 깊숙이 묻은 채" "뒷골목에서 죄인처럼" "숨죽여" 사는 삶으로 묘사함으로써 순결 이데올로기를 무비판적으로 재생산한다. 여성 섹슈얼리티를 정조나 순결에 강하게 부착시키는 이러한 수사적 맥락에서 "꽃다운 나이"나 "할머니" 같은 표현은 단순히 연령을 지칭하는 말로 읽히지 않는다. '꽃'이 여성의 성적 매력을 대상화하는 상투적인 비유라는 점이나 '할머니'로 지칭되는 노년 여성이 흔히 무성적 혹은 탈성적으로 여겨진다는 점에서 '꽃다운 나이에 끌려가 할머니가 되어 돌아왔다'는 서사는 '위안부' 피해자의 여성성을 삭제하는 동시에 그러한 한에서 커밍아웃이 가능하다는 인식을 만들어낸다.[30] '환향녀'라는 기존의 서사와 여성 섹슈얼리티에 대한 억압이 강하게 작동하는 재현 체계 속에서 '위안부'의 삶은 돌아오지 '못한' 것이자 돌아올 수 '없는' 것으로 재현

---

30. 양현아 또한 '위안부'에 대한 '할머니' 호칭에 가부장적 정조 이데올로기가 함축되어 있다고 비판한 바 있다. 그뿐만 아니라 '할머니'라는 호칭은 생존자의 일생 전반에 대한 관심을 약화시키고 복합적 주체성을 드러낼 가능성을 사전에 봉합해 버릴 수 있다고 지적한다. 또 다양한 경험을 지닌 피해생존자를 단일한 호칭으로 고정함으로써 "생존자들을 집단화하고 평준화하는 효과가 있어 생존자 각각의 개별 주체성을 부차적인 것으로 만"들 우려가 있다고 경고한다.(양현아, 「증언과 역사쓰기 : 한국인 '군 위안부'의 주체성 재현」, 『사회와 역사』 60, 2001, 65~66쪽.)

된다.

　기사의 본문은 기존 '위안부' 텍스트와의 상호텍스트적 관계 위에서 다양한 서술 전략을 통해 증언자의 삶을 재현한다. 먼저, 노수복의 취재 기사 「나는 지옥의 조센삐였다」는 윤정모의 소설 『에미 이름은 조센삐였다』와 제목, 발표지면, 삽화, 화소話素 등을 공유한다. 윤정모의 『에미 이름은 조센삐였다』는 단행본으로 널리 알려졌으나, 사실은 『여성중앙』 1982년 9월호 '위안부' 특집 기사의 일부로 최초 게재되었다.[31] 두 기사에는 동일한 삽화가 실려 있는데, 하나는 조선 여성들이 일본 순사에 의해 잡혀가는 장면으로 화면 우측에 눈물을 흘리고 있는 조선 처녀가 강조되어 있다(〈그림 1, 2〉). 다른 하나는 여성이 가슴을 내놓고 누워있고 이를 두 명의 군인이 지켜보고 있는 장면이다(〈그림3, 4〉). 후자는 여성 신체를 노출하며 성폭력 범죄를 외설적으로 묘사하고 있어 불순한 의도가 엿보인다.[32] 기사에서

---

31. "긴급기획"이라는 수식을 달고 있는 특집 기사 「眞相, 조선여자 정신대」는 일본 역사 교과서 왜곡의 대응으로 마련된 것이었다. 1부에는 임종국과 윤정모의 대담이 「色지옥에 떨어진 섹스소모품」이라는 제목으로 실렸고, 2부에는 윤정모의 중편소설 『에미 이름은 조센삐였다』(당시 제목은 「아들아, 에미 이름은 조센삐였다」)의 일부가 최초로 게재되었다. 일본의 역사 교과서 왜곡에 대한 대응으로 '위안부'를 호출하고 있다는 데에서 민족주의적 시각이 강하게 드러나는데, 이보다 더 문제는 표지, 삽화, 부제 등이 여성 섹슈얼리티를 노골적으로 성애화하고 있다는 점이다. 덧붙여 윤정모는 『에미 이름은 조센삐였다』를 집필하기 위해 임종국의 『정신대실록』(일월서각, 1981)을 참조했다고 밝힌 바 있다. (이지은, 「민족주의적 '위안부' 담론의 구성과 작동 방식 ─ 윤정모, 『에미 이름은 조센삐였다』의 최초 판본과 개작 양상을 중심으로」, 『여성문학연구』 47, 2019.)

〈그림 1〉「아들아, 에미 이름은 조센삐였다」

〈그림 2〉「나는 지옥의 조센삐였다」

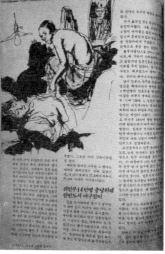

〈그림 3〉「아들아, 에미 이름은 조센삐였다」   〈그림 4〉「나는 지옥의 조센삐였다」

소개한 노수복의 일대기에는 아버지에게 두 번이나 쫓겨난 일, 위안소에서 겪은 강제노역 등 여러 수난이 드러난다. 그러나 기사는 유독 일제에 의한 강제 징집과 위안소에서의 성폭력만을 시각적으로 강조한다. 두 기사는 세부 내용이 크게 다름에도 불구하고, '끌려가는 조선 처녀-위안소의 성폭력'이라는 전형적 요소만을 부각하면서 "조센삐"의 서사를 만들어내고 있다. '위안부' 서사가 이렇게 요약될 때, 가해자는 일본 제국으로만 한정되고, '위안부' 생존자의 주체성이나 강인함은 삭제되며, 여성의 고통은 폭력적인 재현으로 지속된다.

더욱 문제적인 지점은 해방 후 '위안부'의 귀환을 그리는 장면이다. 1982년 『여성중앙』에 발표된 윤정모의 소설에는 '위안부' 생존자인 '나'(순이)가 피난 가는 과정에서 조선인 학병 배광수를 구해주는 장면이 나온다. 필리핀에서 둘은 부부처럼 지냈는데, 조선으로 돌아오자 배광수는 '나'의 '위안부'였던 이력을 기피한다. 배광수는 '과거'가 있는 여성을 "데리고 고향에 갈 수도, 그렇다고 안 갈 수도 없"어서 부산에 주저앉고 만다.[33] 같은

---

32. '위안부'의 성애화는 시각 매체인 영화에서 더욱 노골적으로 나타난다. 특히 윤정모의 『에미이름은 조센삐였다』는 〈여자정신대〉(1985), 〈에미 이름은 조센삐였다〉(1991)로 두 차례에 걸쳐 영화화되었다. 이들 영화는 조선 여성을 순수한 피해자로 설정하면서 동시에 "강간을 전시"하여 '위안부'의 고통을 성적 대상으로 소비한다. 특히 〈여자정신대〉(1985)의 포스터에서는 이전(〈여자정신대〉, 1974)과 달리 "여배우는 벗은 몸이 아니라 한복을 입은⋯조선인 여성의 모습으로 이미지화"되어 있다. (김청강, 「'위안부'는 어떻게 잊혀졌나?」, 『동아시아문화연구』, 175~180쪽.)

33. 윤정모, 「아들아, 에미 이름은 조센삐였다」, 『여성중앙』, 중앙일보사, 1982.

해 인문당에서 출간된 단행본 『에미 이름은 조센삐였다』에는 귀국 전 불안과 망설임이 첨가된다.

> "순이, 당신과 함께 여기 남아 코코야자를 재배하며 그렇게 살고 싶군."
> "왜 여기 남아요? 고향으로 돌아가야지요."
> …
>
> "순이, 내가 왜 자꾸 화가 나는지 그 문제를 깊이 한번 생각해 봤는데 말야, 그건 우리 고향 처녀들이 갖고 있는 그 순후한 맛이 당신에겐 없기 때문에…."
> 내 자신이 얼마나 변했는지 나도 알고 있었다. 따라서 그의 머릿 속에 박혀 있는 고향 처녀 같은 내음이 내겐 이미 오래 전에 사라졌다는 것도… 그렇지만 나의 변한 모습을 왜 꼭 위안부 노릇을 했기 때문이라고만 생각할까. 나는 그것이 안타까왔다. 내가 변한 것이 살아남기 위해 내 스스로 변모한 것이라고는 왜 생각지 못했을까.[34]

필리핀 마을에서 일손을 도우며 기식하던 배광수는 순이에게 고향으로 돌아가지 말자고 한다. 이유는 '위안부' 노릇을 한 순이에겐 "고향 처녀들이 갖고 있는 그 순후한 맛"이 없기 때

9, 233쪽.

34. 윤정모, 「네 에미 이름은 조센삐였다」, 『에미 이름은 조센삐였다』, 인문당, 1982, 96~97쪽.

문이라 한다. 이는 앞서 인용한 기사에서 노수복(나)과 배옥수(다)가 고국으로 돌아가지 못한 이유와 유사하다. 소설과 두 기사를 비교했을 때 발견되는 흥미로운 점은, 소설 속에서 '망친 몸이라 돌아갈 수 없다'는 서사가 민족의 남성인 배광수에 의해 만들어지고 있다는 점이다. 언급했듯, (나)와 (다)는 '위안부' 생존자 당사자에 의해 쓰인 것이 아니라 기자에 의해 가필·윤색된 것이다. 이들은 가부장제 사회가 여성 섹슈얼리티에 가하는 익숙한 폭력의 방식으로 '망친 몸으로 돌아올 수 없는 위안부 여성'이라는 서사를 생산했고, 나아가 피해생존자를 1인칭 화자로 설정함으로써 가부장제 이데올로기를 여성의 입으로 '말하게' 했다. 그러나 배봉기의 수용소 이탈 장면(가)이 보여주는바, 귀국의 거부는 매우 모호하고 복잡한 불안에 기인한다. 노수복과 배옥수의 기사는 거부의 이유를 순결 이데올로기로 환원해 버림으로써 그것을 비판하는 것이 아니라 인정하고 수긍하게 만드는 효과를 거둔다. 더불어 이는 해방 후 국가 바깥에서 살아 온 '위안부'의 삶을 매우 단순하게 규정해 버린다. 윤정모의 소설이 의도치 않게 폭로하듯, 이러한 단선적인 서사야말로 지극히 남성의 시각이다.

배옥수를 취재한 「'정신대 할머니'가 서울에 살고있다」 또한 당대 '위안부' 담론을 짜깁기하고 다양한 서술 전략을 사용하여 소설과 르포의 성격 모두를 지니고 있다. 먼저, 이 글은 취재 기사임에도, 격정적 문체, 잦은 비유와 은유, 대화의 재구성, 남방의 묘사 등 문학적 형식을 차용할 뿐 아니라, 여성 섹슈얼리티를 성애화할 때 자주 반복되는 화소를 도입해 극적 구성을 마련하고 있다. 가령, '여자정신대'를 "우리나라 역사가 속옷을 벗어보이는 부끄러움과 통한이 서린 이름", "우리의 언니, 누나들의 발가벗은 이름"이라 비유하면서 관음증적 상상을 유도하기도 하고,[35] '처녀'를 대상으로 자행된 장교들의 성폭력을 "처녀특훈"이라 지칭하면서 길게 묘사하기도 한다. '처녀성'에 대한 남성 판타지가 그대로 투영된 이러한 장면은 1980년대 '위안부'의 '증언', '수기'라는 이름이 붙은 서사에서 반복되던 화소이다.[36] 또, 인터뷰이의 내면마저도 직접 인용의 방식이 아니라 기자 임의의 묘사로 제시한다.

> 야자수 나무 사이로 언뜻언뜻 비치는 달이 어머니의 아버지의 얼굴을 하고 있었다. '더러운 년. 너는 이제 내 딸이 아니다.' 아버지 달은 성난 음성으로 말했다. '아니란다. 내 딸아. 이건 너의 죄가 아니란다. 우리 조선 사람 모두의 슬픔이란다.' 어머니 달

---

35. 「'정신대 할머니'가 서울에 살고있다」, 42쪽.
36. 대표적으로 〈근대전사연구회〉(近代戰史硏究會)에서 펴낸 '여인의 전기'(女の戰記) 시리즈 1권 『여자의 병기 ─ 어느 조선인위안부의 수기(女の兵器 ─ ある朝鮮人慰安婦の手記)』(浪速書房, 1965)를 들 수 있다. 이는 전쟁·남성·파시즘에 대한 '고발'이라는 점을 강조하며 한국에 번역·소개되었다. 그러나 당시 전쟁기록물 출판 시장과 텍스트에 노골적으로 드러나는 여성의 몸에 대한 외설적 판타지를 고려했을 때 각색된 '위안부' 서사라 보는 것이 합당하다. 문제는 이 수기가 조선인 '위안부'의 증언으로 한국에서 네 차례 다른 이름으로 번역되었고, 임종국의 『정신대실록』, 한백흥의 『실록 여자정신대 그 진상』(예술문화사, 1982) 등에 사료처럼 인용되고 있다는 점이다. 자세한 내용은 이지은, 「조선인 '위안부', 유동하는 표상」, 192~197쪽 참조.

은 따사로운 목소리로 말을 건네왔다.

'어머니!'[37]

인용문은 "순결의 날개" "그 꽃송이가, 그 날개가 와지끈 꺾어"진 그날 밤 배옥수의 내면을 묘사한 것이다.[38] 기사는 '야자수 나무 아래의 달밤'이라는 다소 서정적인 배경을 만들어내고, 연출된 무대 위에서 '위안부' 소녀의 내면을 묘사함으로써 비극성을 심화한다. 흥미롭게도 기사는 '위안부' 소녀가 자신의 존재를 인식하는 두 가지 방식을 아버지와 어머니의 입을 빌려서 말한다. 아버지는 순결을 잃었다는 이유로 딸을 가족·민족으로부터 추방하고 있는데, 이를 통해 돌아오지 '못하는' '위안부' 서사가 민족 남성의 시각이라는 것이 다시 한번 확인된다. 반면, 어머니는 그것이 딸의 "죄"가 아니라 "조선 사람 모두의 슬픔"이라고 말함으로써 딸의 비극을 민족 전체의 슬픔으로 확장한다. 그러나 딸의 비극이 개인의 잘못이 아니라 민족 전체의 수난이라고 하더라도 그녀의 '순결'이 회복되지는 않는다. 순결 이데올로기 자체를 공박하지 않는 한 '위안부'는 민족수난사의 상징적 존재가 될 수는 있어도 아버지의 명을 거부할 수는 없는 것이다. 배옥수는 죽고 싶을 때마다 어머니를 생각하며 마음을 다잡았다고 하지만 '가부장'이 있는 고향으로 돌아오지는 못했다.

---

37. 「'정신대 할머니'가 서울에 살고있다」, 44쪽.
38. 같은 곳.

그런데 기사는 이처럼 허구적인 서술 전략을 취하고 있으면서도 출처 미상의 자료에서 발췌한 구체적인 수치, 위안소 규정, 목격담 등과 당시 위안소의 사진을 삽입함으로써 르포나 사실 기사처럼 '읽히게' 한다. 그러나 짜깁기된 위안소 관련 사실은 위안소의 성착취 시스템을 밝히기보다 외설적 관심을 유도한다. 가령, "정신대에 관한 기록을 살펴보면"[39]이라고 시작하는 서술도 결국 '하루에 일본군 ○○명 상대'라는 식의 엽기적인 일화 소개로 끝난다. '밥 먹을 시간이 없어 누워서 주먹밥을 먹었다더라' 같은 목격담은 한백흥의 『실록 여자정신대 그 진상』에 나왔던 내용을 거의 비슷하게 반복한 것이다.[40] 어느 것이 원본이라 할 것도 없이 일본군의 회고나 소문을 통해 전해진 '위안부' 재현은 상호 참조를 통해 복제·증식되고 있었다.

또, 기사에는 당시 위안소 규정과 사진이 첨부되어 있다. 출처가 밝혀져 있지는 않으나 이는 일본의 저널리스트 센다 가코의 『종군위안부·게이코』[41]에서 가져온 것으로 보인다.[42] 그런데 당대 위안소 사진에도 과장된 설명을 덧붙이고 있다. 〈그

---

39. 같은 글, 45쪽.

40. 한백흥, 『실록 여자정신대 그 진상』, 91쪽.

41. 千田夏光, 『從軍慰安婦·慶子』, 光文社, 1981.

42. 센다 가코의 『종군위안부』는 일본인 위안부 '게이코'(慶子)를 취재하여 기록한 책이다. 1980년대까지 '위안부' 관련 텍스트에 자주 인용되었다. 「'정신대 할머니'가 서울에 살고 있다」에도 사진 외에 '위안소규정'을 직접 인용하고 있다. 참고로 『여성동아』가 연재한 「발굴다큐멘트 400만의 인간사냥(1~5)」(1984.5.~9.) 중 '제4부 위안부'에도 『종군위안부』의 사진과 서술이 삽입되어 있다.

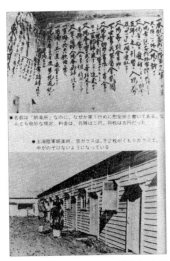

<그림 5> 센다 가코의 『종군위안부』의 위안소 사진. (위) "이름은 「오락소」인데, 왜인지 제1행에 위안소라고 써 있는, 정말 기묘한 규정. 요금은 병사는 2엔, 장교는 5엔." (아래) "상해육군오락소. 창유리는 아래의 두 장이 불투명 유리로, 안을 볼 수 없게 되어 있다."

림 5)는 센다 가코의 책에 실린 '위안소규정'(위)과 '위안소 건물'(아래)의 사진이다. '위안소 규정'에 관한 설명은 잡지 기사로 옮겨지면서 "정신대 한 사람이 하루에 수십 명의 남자를 상대하는 수요와 공급의 불균형" 탓에 위안소 질서 유지가 어려워 이와 같은 "별난 규정"을 만들었다고 각색된다. '위안소 건물' 사진에 관해서도 객관 진술에 가까웠던 설명이 "시간이 되면 각 방문 앞에서 여자에 굶주린 군인들이 줄을 이뤘다"라는 식으로 과장된다. 이는 소위 "색지옥"을 자극적으로 전달하기 위해 첨가된 표현이다. 객관적 자료인 듯 제시되는 진술과 사진은 가필된 허구적 서사와 외설적인 표현을 마치 사실처럼 읽히도록 독자를 유도하고 있어 문제적이다. 요컨대 여성 잡지는 '위안부'의 증언을 순결 이데올로기에 영합한 서사로 재생산했으며, 다양한 글쓰기 전략과 텍스트 짜깁기를 통해 상업적으로 활용하고 외설적으로 소비했다. 더욱이 이는 '고발', '증언'이라는 윤리적 의장 뒤에 숨어서 이루어졌으며, 독자 또한 동정과 연민이라

는 표면적인 감정 뒤에서 '위안부' 서사를 외설적으로 소비했다.[43]

그녀들의 귀향의 거부 혹은 실패

그렇다면 대중매체를 통해 고국에 알려진 조선인 '위안부'의 귀향은 어떻게 귀결되었을까. 배옥수는 인터뷰 당시 베트남 난민이라 소개되었는데, 그녀의 법적 지위에 대해서는 정확히 알기 어렵다.[44] 다만 확실한 것은

〈그림 6〉「정신대 할머니가 서울에 살고있다」, 45쪽. (위) "정신대 한 사람이 하루에 수십명의 남자를 상대하는 수요와 공급의 불균형은 위안소 질서유지에 큰 두통거리였다. 위안소에서는 차질없는 위안 업무를 이루기 위해 끝내는 위안소 규정이란 별난 규정을 만들기에 이르렀다." (아래) "전선의 위안소 막사전경. 위안부 1인에게 방 한 칸씩 제공되었는데 문 위에 위안부의 명패를 걸게 되어 있었다. 시간이 되면 각 방문 앞에서 여자에 굶주린 군인들이 줄을 이뤘다."

---

43. 한편, 이와 같은 대중 잡지의 독자가 '여성'이었다는 점을 지적할 필요가 있다. 이는 여성 대중 잡지에 대한 연구에서 본격적으로 다루어져야겠지만, 잡지는 정상가정의 '아내/어머니'가 된 여성과 가부장제 바깥의 여성을 구별하여, 후자를 타자화한다. 여성 대중 잡지가 상정하는 독자는 가족제도 안에서 '아내/어머니'의 역할을 담당하는 여성이며, 이를 벗어난 여성은 '가십거리'로서 노골적으로 대상화되고 있다.

44. 어느 기사에는 "본인은 물론 아이들까지 한국 국적으로 바꾸"(「'정신대 할머니'가 서울에 살고있다」, 47쪽)었다고 하고, 다른 기사에서는 "체류기한은 여느 월남인과 마찬가지로 1986년까지"(「월남난민 계속 가난한 사람들」, 443쪽)로 한국에 거류하고 있다고 전한다.

1984년 당시 배옥수가 베트남 난민 커뮤니티와 밀접한 관계를 맺고 이들과 함께 살고 있었다는 점이다. 「월남난민 계속 가난한 사람들」이라는 제목의 『여성동아』 1984년 5월호 기사에는 배옥수가 베트남 난민 커뮤니티의 일원으로 등장한다. 그녀가 거주하고 있던 용산구의 '유진여관'에는 베트남 난민 이십여 명이 살고 있었는데, 이들은 대체로 남편이 없는 여성 가장 세대를 구성하고 있었다.[45] 기자는 "수십 명의 월남인 여인들은 한결같이 가난한 생활에 허덕이고 있"으며, "파출부 아니면 가정부, 여기서 좀 더 나은 직업이라면 공장 종업원"이라고 말한다.[46] 배옥수의 사정도 이들과 그리 다르지 않은데, 그녀는 부산에서 식당일을 하다 건강 문제로 그만두었고 서울에서는 별다른 직업이 없이 "용산시장에 나가 버려진 마늘과 대추 따위를 주워 팔아 생계에"[47] 보탠다고 한다. 또, 베트남 여성들이 고향에 두고 온 가족을 그리워할 때 그녀 역시 베트남에 있는 시어머니와 시동생을 떠올린다.

지금 사이공에는 시어머니하고 시동생들이 살아 있어. 남편은 그냥 캄보디아에 남아 있구. 그때 얘기를 해서 무엇해. 마음만

---

45. "이 중에는 백만 원에 방 한 칸을 전세낸 사람도 있고 월 5만 원씩 삭월세로 내는 여인도 있었다. 한결같은 것은 거의 대부분이 남편은 없다는 것. 월남에서 사망했거나 미처 빠져나오지 못했다고."(「월남난민 계속 가난한 사람들」, 445쪽.)
46. 「월남난민 계속 가난한 사람들」, 446쪽.
47. 「아, 그 치욕! 숨어살려 했건만」, 151쪽.

심란하지. 그래도 전쟁 전에는 캄보디아와 사이공을 왔다 갔다 했는데, 지금 주소를 잃어버려 남편한테 편지도 못 해. 한국에 나와도 나이가 많아 아무 도움을 주지 못한다고 주저앉을 때 억지로라도 같이 오는 건데. 사이공에 지금도 한국인 많이 남 아 있어. 일제시대 때 건너간 사람들 말이야. 그때 수용소에서 같이 있다 한꺼번에 사이공에 건너가 월남남자와 결혼하여 정 착한 여자들이 많아. 글쎄, 우리 자식들이 뭐라는 줄 알아? 그 냥 사이공에서 아버지하고 눌러앉을 걸 괜히 한국에 왔다는 거야. 할머니, 아버지, 삼촌 다 버리고 한국으로 왔는데 온갖 고 생은 다 하면서도 형편이 나아지지 않는다는 거지. 직장? 말이 통해야 뭘 하더라도 하지. 걱정이야 걱정.[48]

인용문은 배옥수가 처한 삶의 조건을 총체적으로 드러낸 다. 그녀는 베트남 난민 여성들과 마찬가지로 현재의 곤궁한 생 활을 한탄하면서 베트남에 두고 온 가족들을 그리워한다. 그 러나 이와 동시에 그녀는 한국 사람으로서 조국의 냉대에 서 운함을 내비치기도 한다. 배옥수는 다른 인터뷰에서 "월남난민 수용소에 수용되었을 때만 해도 월남인의 처니까 그러려니 했 다. … 한국인의 처로 되어 있는 월남여자에겐 아파트를 제공해 주면서도 한국 여자인 자기에겐 그런 혜택이 없었다."[49]라고 한

---

48. 「월남난민 계속 가난한 사람들」, 445쪽.
49. 「'정신대 할머니'가 서울에 살고있다」, 47쪽.

탄한 바 있다. 베트남 난민 수용 직후의 자료를 보면 수송선을 타고 입국한 사람들은 '순수 한국인', '한국인의 처·자녀 및 가족', '순수 월남인', '중국인', '필리핀'으로 분류되어 있다.[50] 당시 신문을 살펴 보아도 한국인 남편 없이 입국한 베트남인 부인이나 베트남에 귀화했던 한국인 남성의 사연은 쉽게 찾아볼 수 있다. 그러나 배옥수의 경우처럼 조선 여성이 베트남인 남성과 결혼한 뒤 입국한 사정에 대해서는 찾아보기 어렵다. 배옥수는 한국인이지만 "월남인의 처"의 대우를 받았다고 한다. 가장을 기준으로 여성의 국적을 사유함으로써 배옥수는 비가시화되었던 것으로 보인다. 결국 한국에서 배옥수는 "정신대 할머니"이거나 "월남인의 처"인 셈인데, 전자로서 배옥수는 "조선 사람 모두의 슬픔"을 증언하지만, 후자로서 배옥수는 베트남 난민, 곧 비국민으로서 배제된다. 위의 인용문에서 배옥수는 베트남에 남아 있는 조선여자들의 처지를 이야기한다. 그것은 베트남에서 무국적자 혹은 "월남인의 처"로 살았던 배옥수의 과거이자 '유진여관'에 사는 베트남 난민 여성들의 현재이다. 실제 배옥수의 삶은 '베트남의 조선 여자' 혹은 '한국의 베트남 난민 여성'과 겹쳐지면서도 그들과는 또 다른 장소에 놓여 있었다.

여기에 젠더와 국적에 따라 사람들을 분류하고 차별하는 혐오 기제는 "정신대 할머니"가 아닌 베트남 난민 여성으로 살

---

50. 김기태, 「체한월남 난민들의 대한국관 조사연구」, 한국외국어대학, 1978, 17쪽.

아가는 배옥수의 삶을 더욱 고립시켰다. 같은 기사에서 '한국인의 처'로 입국했다가 생계부양자가 된 베트남 여성들은 동정의 대상이지만, 동시에 '게으른 월남인 국민성'으로 인해 가난에서 벗어나지 못하는 사람들로 그려진다. 반면, "남자로 태어난 이상 사회에 이름 남을 업적을 쌓는다고" 생계 활동을 하지 않는 '한국인 남편'에 대해서는 '민족성'을 언급하지 않는다.[51] 또, 월남 남성 청년에게서는 망국의 한을 간직한 "고뇌하는 표정"을 읽어내지만, "무척이나 깜찍하고 예쁜 "월남 아가씨"에게서는 '질투심, 돈에 대한 애착, 이기적, 신경질적, 고집' 등과 같은 특징을 찾아낸다.[52] 국가, 민족/국민(성)에 입각한 내셔널리즘과 여성혐오가 교차하면서 '한국인 남성, 베트남 남성, 베트남 여성'의 재현이 달라진다. 이러한 체계 속에서 '고국에서 살아가는 이민족 남성의 처', 혹은 '고국에서 살아가는 비국민 여성'으로서 배옥수의 삶은 누락되고, 민족수난사를 증언하는 "정신대 할머니" 혹은 타국에서 살아가는 "월남 난민"처럼 재현 체계에 합당한 특정 국면만이 부분적으로 전해졌다. 배옥수의 삶이 놓인 복합적인 조건은 소외되었고, 1984년 이후 더는 그녀의 삶을 추적할 수 없다.

배봉기와 노수복은 1990년 『한겨레』 신문에 연재한 윤정옥의 「'정신대' 원혼 서린 발자취 취재기」에 다시 등장한다. 배봉

---

51. 「월남난민 계속 가난한 사람들」, 444쪽.
52. 같은 글, 446쪽.

기는 이 시리즈의 두 번째 인터뷰이였으나, 1988년 2월 윤정옥이 오키나와에 찾아갔을 때 그녀는 "아무리 "할머니!"하고 불러도" 문을 열어주지 않았다고 한다.[53] 윤정옥의 방문은 1980년에 이어 두 번째인데, 『한겨레』 기사에는 어쩔 수 없이 1980년 당시 만났던 배봉기의 모습이 실렸다. 사실 배봉기는 가와타 후미코가 찾아갔을 때도 "그토록 더운 오키나와의 여름에도 덧문까지 꼭 닫고서 사람을 피해 살고 있었다"[54]고 한다. 그만큼 배봉기의 대인 기피는 오래된 것이었는데, 윤정옥이 찾아갔을 땐 "몸도 성치 않고 여전히 인간 기피증에 걸려 있어 조총련계의 김이라는 여성의 요청에만 응해"[55]주는 형편이었다고 한다. 배봉기는 '최초'의 '위안부' 증언자로서 한국 사회에 알려졌으나, 그 자신은 다시 고향 땅을 밟지 못하고/않고 1991년 10월 자택에서 영면했다.

다만, 가와타 후미코의 『빨간 기와집』에는 저자가 배봉기의 고향인 신례원을 방문한 일화가 소개되어 있다. 처음에 배봉기는 가와타 후미코와 함께 고향 신례원에 가고 싶어 했으나, 막상 여권을 받으려 하자 거절했다고 한다. 가와타는 어쩔 수 없이 혼자 배봉기의 고향에 찾아갔고, 그곳에서 그녀의 가족을 추적했다. 아버지는 이미 사망하였고, 남동생은 행방불명이었

---

53. 윤정옥, 「'정신대' 원혼 서린 발자취 취재기2 오키나와」, 『한겨레』, 1990년 1월 12일.
54. 『빨간 기와집』, 8쪽.
55. 윤정옥, 「'정신대' 원혼 서린 발자취 취재기2 오키나와」, 『한겨레』.

다. 우여곡절 끝에 언니 배봉선과 연락이 닿았는데, 그녀는 먹고 자는 것을 해결해 주는 조건으로 어느 농장에서 일하고 있었다. 배봉선은 가와타 후미코를 따뜻하게 맞아 주었으나, 동생을 만나러 일본까지 갈 여력은 없었다. 가와타와 헤어지면서 배봉선은 이렇게 말했다고 한다. "동생 소식은 모르는 게 나을 뻔했어요."[56] 그리고 가와타가 일본으로 돌아와 배봉기에게 가족의 소식을 전했을 때, 배봉기 역시 같은 답을 했다고 한다. "신례원까지 갔어도 언니는 만나지 않는 게 좋을 걸 그랬어요."[57]

배봉기는 언니의 현재 형편을 전해 들었을 때, 자매의 삶을 '가련한 태생'이라는 말로 정리했다. 가와타는 배봉기의 말이 "아무리 세월이 흐르고 세상이 바뀌어도 자신들의 계급은 변하지 않는다고, 빈곤이라는 저주에 묶인 자신의 반생을 돌아보기라도 하"는 것 같았다고 부연했다.[58] 가와타의 말처럼 배봉기의 가족은 나라를 잃거나 되찾거나 혹은 전쟁 중이거나 전쟁이 끝났거나 줄곧 가난에 시달렸다. 언니 배봉선은 "여덟 살에 남의 집살이를 하러 가서 20대 중반이 지나 결혼했지만, 자식도 갖지 못한 채 남편이 불의의 사고로 죽어 30세에 과부가 되었다."[59] 그녀는 '위안부'는 피했지만, 어릴 땐 여느 가난한 집 딸들처럼 남의집살이를 해야 했고, 나이가 들어서는 자신이 낳은 '아들'이

---

56. 『빨간 기와집』, 303쪽.
57. 같은 책, 305쪽.
58. 같은 책, 304쪽.
59. 같은 책, 282쪽.

없어서 또다시 같은 생활을 하게 되었다. 가와타가 방문했을 때 배봉선은 "50여 년 전에 소녀 봉기가 민며느리로 남의 집에 들어가 잔심부름이나 하며 살던 고용 관계와 조금도 다르지 않"은 조건에서 살고 있었다.[60] 현재 고향 땅에서 살아가는 배봉선과 이국에서 살아가는 배봉기의 삶의 조건이 그리 다르지 않다면 배봉기에게 귀향은 어떤 의미를 지닐 수 있을까. 배봉기의 현재 삶과 두 살 터울 언니의 고향에서의 삶이 그리 다르지 않을 때 배봉기의 '귀향'은 거부될 수밖에/실패할 수밖에 없다.

마지막으로 태국의 노수복은 1984년 커밍아웃 이후, 1990년 KBS 다큐멘터리 출현, 1991년 4월 두 번째로 한국에 방문했다. 한국 정부가 일본군 '위안부' 피해생존자 등록과 생활지원을 시작한 1993년 피해등록을 하였고, 2011년 8월 다시 한국을 방문하여 '제10차 일본군 '위안부' 문제 해결을 위한 아시아 연대회의'에 참석하기도 했다. 2011년 11월 4일 태국 핫야이에서 작고하기까지 한국의 활동가·시민단체들과 지속적인 관계를 유지했고, 11월 30일 노수복의 유해는 한국으로 돌아와 경북 예천 선산의 부모님 묘소 곁에 안장됐다.[61] 노수복은 1991년 이전 민족국가 바깥에서 등장한 '위안부' 증언자 중 비교적 가족과 고향, 고국의 환영을 받았던 인물이라 하겠다. 그러나 여기에도 누락된 장면이 있다. 앞서 언급했듯, 윤정옥의 「'정신대' 원혼의 발

---

60. 같은 책, 298쪽.

61. 서울대 인권센터 정신성 연구팀, 『끌려가다, 버려지다, 우리 앞에 서다』, 44쪽.

자취 취재기」의 세 번째 연재는 태국 핫야이었다. 그런데 놓치지 말아야 할 장면은 이 기사에서 노수복이 "유유타(70) 할머니"로 소개되고 있다는 점이다.

신분 감추려 중국이름 써

필자가 아는 한 지금까지 살아남은 사람 중 자신이 위안부였다는 사실을 세상에 말한 사람은 오키나와 나하의 배봉기 할머니와 타이 핫차이에 있는 유유타(70) 할머니뿐이다. 유유타 할머니는 신분이 밝혀지는 것을 원치 않기 때문에 중국 이름을 쓰고있다.[62]

유유타가 남편 '챈차오'와 함께 '대중다실'이라는 식당을 운영하는 점, 둘째 부인과 그 부인의 소생인 아들과 함께 가족을 꾸리고 있는 점, 생일이 1921년 8월 15일인 점 등으로 미루어 보아 유유타는 1984년 한국을 방문했던 노수복과 동일 인물임을 알 수 있다.[63] 윤정옥은 노수복이 한국의 대중매체에 화가

62. 윤정옥, 「'정신대' 원혼의 발자취 취재기 (3) 타이 핫차이」, 『한겨레』, 1990년 1월 19일.

63. 대표적으로 1984년 4월 2일 오정희가 쓴 노수복에 관한 기사에서 다음과 같은 정보가 확인된다. "1921년생, 63세의 노수복할머니. 태어난 나라에서 21년을 살았고 해방 이후 40년을 남의 나라에서 살았다. 그래서 노할머니는 지금 〈현주소 : 태국 송클라주 핫차이시 니파트 우티트3, 출생지 중국 복건성 포전, 이름 : 유유타 (여옥타), 생년월일 : 1921년 8월 15일〉의 태국 국민이다."(오정희, 「"「쿤타·킨테」얘기가 남의 일 아니다" ― 노수복 할머니의 「나는 여자정신대」를 읽고」, 『중앙일보』, 1984년 4월 2일).

나 있고, 어쩌면 한국에서 온 사람을 만나지 않을 수도 있다는 것을 알고 찾아갔다. 그런데도 윤정옥이 찾아갔을 때, 노수복은 윤정옥을 "고향 사람"으로 환영해 주었다고 한다. 그러나 동시에 윤정옥은 자신이 고향 사람이기에 노수복이 "사생활의 어떤 부분에 대해서는 얘기하지 않기로 작정"했음을 느낄 수 있었다고 말한다. 이에 윤정옥은 자신보다 먼저 유유타를 취재했던 마쓰이 야요리의 말을 빌려 노수복의 일대기를 전한다. 그리고 노수복이 한국 매스컴을 멀리하는 것에 대해서도 다음과 같이 언급한다.

한국 매스컴에 대한 거부감도 아들에게 고통을 주지 않기 위한 배려에서 비롯된 것이라고 한다.

그는 마쓰이에게 "군인은 나쁘지만 한국 사람, 일본 사람, 타이 사람, 중국 사람 모두 친구"라고 했다는 것이다. 과연 할머니는 시동생 가족과 또 다른 친척들과도 한핏줄을 나눈 가족같이 살고 있었다.

필자는 지옥을 이기고 나와 본래 쓰고 있던 껍질을 깨고 생명을 사랑하고 인간관계를 소중히 여기는 강한 여성을 만난 느낌이었다.

이렇게 긍정적이고 개방적으로 사는 유유타 할머니를 보면서 한편으론 오키나와에서 인간 기피증에 걸려 폐쇄적으로 살고 있는 배봉기 할머니를 생각하지 않을 수 없었다.[64]

윤정옥은 "긍정적이고 개방적"으로 살고 있는 노수복의 모습을 보면서 "오키나와에서 인간 기피증에 걸려 폐쇄적으로 살고 있는 배봉기"를 떠올린다. "오는 사람마다 꿈에도 생각하고 싶지 않은 과거를 캐묻곤 하니 배봉기 할머니가 심신이 병든 것도, 우리를 그토록 피하는 것도 당연하다는 생각"이 들었다고 한다. 그래서 그녀는 태국의 노수복을 찾아갈 때 위안소에 대한 증언은 기대하지 않았고, "다만 그를 만나 그가 어떻게 살고 있는지 보고 싶었"다고 한다. 사실 한창 화제가 되던 1984년 3월 당시에도 노수복은 "이 핫차이로 멀리 고국에서 기자가 찾아왔을 때 이처럼 평화로운 마을에서 40년 가까이 살아온 내가 정말로 나의 과거를 속속들이 털어놓아야 하느냐며 고심"했다고 한다.[65] 노수복의 우려대로 대중매체의 관심은 노수복이 겪은 끔찍한 위안소 생활에만 집중되었고, 현재의 삶은 오직 민족이라는 울타리를 중심으로 가늠되었다. 이를테면, 노수복의 가족 상봉을 다룬 거의 모든 기사에서 '한국말을 잊은 할머니', '되살려 부른 아리랑'과 같은 구절이 등장하였는데, 이들은 42년 동안 타지에 살면서 한국말마저 잊은 '정신대 할머니'가 아리랑 가락만큼은 잊지 않았다는 서사를 만들어냈다.

그러나 오키나와, 태국, 베트남 등 아시아 각지에서 등장한 조선인 '위안부'의 삶은 민족국가의 서사로 말끔하게 회수될 수

---

64. 윤정옥, 「'정신대' 원혼의 발자취 취재기 (3) 타이 핫차이」, 『한겨레신문』.
65. 전종구, 「노수복 할머니의 원한의 일대기(5) 지옥의 문턱」, 『중앙일보』, 1984년 3월 22일.

없는 것이었다. 앞서 살펴본 바와 같이 배옥수는 베트남에 남편과 시가 식구가 있고, 그녀와 아들들은 한국에서 베트남 난민 커뮤니티에서 함께 살고 있었다. 또, 노수복은 중국인 남편과 태국에 살고 있었으며, 그녀의 아들들은 태국 사람으로 자랐을 것이다. 가와타 후미코는 배봉기의 삶을 취재하면서 "봉기 씨가 '나라'라고 할 때 그것은 늘 고향을 의미했을 뿐 국가를 상기시키는 경우는 없었다"[66]고 지적한 바 있다. 배봉기가 태어났을 때(1914년) 조선은 이미 일본의 식민 지배를 받고 있었으며, 1943년 조선을 떠나 오키나와에 살게 되면서 배봉기는 줄곧 이방의 국가에 살았다. 이는 배옥수와 노수복의 경우에도 다르지 않다. 그런 점에서 노수복이 윤정옥을 "고향 사람"이라고 반가워하면서도 한국말이나 과거에 대해 말하지 않으려 한 것은 되새겨 볼 만하다. 노수복은 "역사를 바르게 알린다는 각오"[67]로 증언에 나섰다고 하는데, 그녀가 바로잡고자 한 역사는 민족국가의 역사에 국한되는 것이 아니라 '나쁜 군인'에 대해 "한국 사람, 일본 사람, 타이 사람, 중국 사람, 모두 친구"가 함께 만들어야 하는 역사였을 것이다. 이는 노수복에게 특별한 역사의식이 있어서라기보다 그녀의 삶의 조건 속에서 만들어진 감각이었을 것이다.

　배봉기, 배옥수, 노수복의 '귀향'은 저마다 다른 이유로 달성

---

66. 『빨간 기와집』, 147~148쪽.
67. 전종구, 「노수복 할머니의 원한의 일대기(5) 지옥의 문턱」, 『중앙일보』.

되지 못했다. 배봉기의 귀향의 거부/실패에는 오십여 년이 지나도 바뀌지 않는 여성에게 특별히 더 가혹한 가난이 있었다. 배옥수는 난민이라는 비국민의 신분과 젠더와 국적에 따른 차별에 의해 그리던 고국에서 잊혔다. 노수복은 소중한 가족과 일상을 저널리즘으로부터 지키기 위해 자신을 '중국인 유유타'라 소개했으며, 소박한 언어였으나 전쟁과 군국주의에 대항한 초국가적 연대에 대해 말했다. 순결 이데올로기로 쉽게 미끄러지는 '위안부' 재현은 국민국가 바깥에서 등장한 조선인 '위안부'를 민족수난사의 증인으로 세우면서도 그들의 삶의 자리를 민족국가 바깥으로 배제하도록 작동했다. 그러나 이와 같은 안과 바깥은 전적으로 민족국가의 서사일 뿐, 아시아 각지에서 살았던 '위안부' 피해생존자들에게 국가는 고정된 하나를 가리키지 않는다. 그들에게 국가는 때로는 고향이고, 때로는 삶의 현장이었으며, 때로는 자신을 배제하는 폭력적인 기제였을 것이다. 그런 점에서 이들은 지리적 의미에서 민족국가의 바깥은 물론, 민족국가라는 그 개념의 바깥 혹은 경계에서 살았던 것이기도 하다.

겹쳐지는 노래 : 마비키와 아리랑, 그리고…

일본군 '위안부' 생존자의 삶을 살펴보고 있으면 두 곡의 노래가 겹쳐 들리는 듯하다. 하나는 가와타 후미코가 배봉기에게 끌리게 된 첫 번째 계기라는 '마비키間引き 자장가'다. 마비키는 본래 '솎아내기'라는 뜻으로, 갓 태어난 아이를 생활고 때문에

죽이던 일을 가리킨다. 역설적이게도 일본에는 아이를 죽이는 이야기인 마비키를 소재로 한 자장가가 있다. 한 연구자에 따르면, "마비키 노래가 존재하는 풍토는 딸을 내다 파는 풍토"와 연결되어 있다고 한다. 마비키를 간신히 면한 아이는 조금 더 크면 애보개로, 식모로, 작부나 기생으로까지 '팔린다.'[68] 다른 하나는 '한국말을 잊은 할머니' 노수복이 42년 만에 가족과 상봉하여 부른 '아리랑'이다. 당시 기사는 노수복이 통역을 통하여 가족과 대화하면서도 '아리랑'만큼은 기억하고 있었다고 전한다. 그런데 기사는 '되살려' 부른 것을 강조하느라 노수복의 아리랑에 섞여 있었을 이질성은 누락했다. 노수복의 아리랑은 분명한 발음의 조선어도 아니었을 것이며, 매끄러운 곡조도 아니었을 것이다. 노수복의 한에 피식민지배 민족의 설움과 가난한 여성으로서의 슬픔이 함께 있듯, 그녀의 '아리랑'에도 '마비키'의 음률이 겹쳐져 있었을 것이다.

　이 노래는 내셔널리즘이나 저널리즘의 상업주의, 혹은 순결 이데올로기가 내장된 여성혐오의 서사로 끊임없이 왜곡되거나 누락되어 왔다. 때로는 전혀 들리지 않았으며, 때로는 특정 부분만이 선택적으로 증폭되기도 했다. 그러나 이 노래는 '들으려는' 사람들에 의해서 '들리기' 시작했고, '들으려는' 노력은 노래를 '들리게' 한다는 점에서 '함께 부르기'라고 해도 좋겠다. 또, 이 노래에 담긴 이질적인 언어만큼이나 함께 부르는 이는 국가와 시

---

68. 『빨간 기와집』, 15~16쪽.

대를 넘어서 있다. 그런 점에서 일본군 '위안부' 증언을 노래로 비유하자면 이는 '함께 부르기'이자 '이어 부르기'가 될 것이다. 여기에 하나의 목소리로 모이지 않는 노래는 일본군 '위안부' 문제에 우리가 사유해야 하는 다양한 측면들을 시사한다. 특히 증언의 '최초'의 장면을 좀 더 거슬러 올라가면, 국민과 국가로 말끔하게 환원할 수 없는 사람과 장소가 발견된다. 반복하는 말이지만, 이 노래를 부르는 더 다양한 목소리를 '들리게' 하는 것은 이 노래에 목소리를 덧대는 일, 함께 그리고 이어서 부르는 일이 될 것이다.

'국민화'의 폭력을 거절하는 마음

'난민화'의 메커니즘을 비추는 병역거부와 이행을 다시 생각하며

심아정

병사가 되지 않기로 한 친구

박상욱. 상욱은 여러 활동과 공부를 함께해 온 좋은 친구다. 한동안 소식이 뜸했던 그가 느닷없이 '병역거부'라는 낯선 단어와 함께 다시 나타난 건 2017년의 어느 늦은 봄날이었다. 처음엔 당혹스러웠다. 그는 아주 태연한 얼굴로 "군대에 안 가면 감옥에 가야 할지도 모른다"고 했다. "조금만 더 생각해 보면 좋겠다"는 말로 판단을 미루고 집에 돌아와, 나는 밤새 뒤척였다. '병역거부'보다는 '감옥'이라는 말에 덜컥 겁이 났고, 영화에서 본 적 있는 폭력적인 장면들이 연이어 떠올랐다.

어느 날 갑자기 결심한 것은 아니라고 했다. 〈전쟁없는세상〉이라는 병역거부 운동단체에서 책을 읽으며 세미나도 했고, 이미 감옥에 다녀온 경험자들의 조언을 들어봤다고도 했다. 고개

를 끄덕이면서도 마음 깊은 곳에서는 '이렇게까지 안 하면 안 되나?'라는 의구심이 일었다. 말리고 싶었다. 그렇지만 친구의 결심을 되돌릴 수 있는 납득할 만한 이유가 내겐 없었다. 입영 날짜에 그는 소집 장소에 가지 않았고, 그 이튿날이 되어서야 연락이 왔다.

그리고 순식간에 거부 '이후'의 시간들이 시작되었다. 법정을 오가며 재판 과정에 동행하면서 병역거부에 대해 겨우 알아가기 시작한 어느 여름날, 그는 위법자가 되어 감옥에 들어갔다. 그가 친구들에게 병역거부의 결심을 전했던 순간들, 몇 번이나 소견서를 고쳐 쓰며 분투했을 밤들, 그리고 재판과 송치, 접견에 이르기까지 일련의 과정을 나는 그와 '함께' 그러나 '다른 자리에서' 겪었다. 어느새 병역거부는 나와 동료들에게도 중요한 의미를 지닌 활동이자 공부로 성큼 다가와 있었다.

병역거부를 지지하고 함께하는 과정은 몸이 기억하는 감각들로 가득하다. 5월 15일이 '세계병역거부자의 날'이라는 것도 처음 알게 되었다. 상욱과 그를 지지하는 동료들과 함께 세계병역거부자의 날을 기념하는 자전거 행진에서 페달을 밟으며 미세먼지 가득한 도심을 누볐던 매캐한 기억, 의기양양하다가도 법정에만 들어가면 왠지 주눅이 들었던 우리의 어깨, 1년 6개월 동안 의정부 교도소를 오가며 처음으로 유심히 보았던 1호선 창밖의 풍경들, 감옥에서 보내온 편지 뒷면의 오돌토돌한 볼펜 자국, 함께 접견을 갔던 동료들과 돌아오는 길에 나누었던 또 다른 고민들, 그리고 그날그날 공기의 감촉과 냄새까지. 그때의 경험은 그의 출소 후에도 여전히 선명하고 생생한, '완료되지 않은 기억'으로 남아 있다.

세 차례 진행된 재판에 동행하면서 법정은 정의가 실현되는 장소가 아님을 절실히 느꼈다. 방청석에 나란히 앉아 있다가도, 호명과 함께 옆자리를 떠나 피고석에 홀로 선 그의 옆얼굴을 보며 '아, 함께한다는 건 여기까지구나'라는 실감 때문에 왈칵 눈물을 쏟기도 수차례. 그러나 두 번째 심리 재판에서 법정은 부당한 판결을 전복하려는 어떤 힘이 찰나적으로나마 드러나는 장소이기도 하다는 생각이 들었다. 담당 판사는 상욱에게 뜬금없이 "하고 싶은 말"을 해 보라고 했고, 그는 병역거부를 결심하고 재판에 이르기까지 겪었던 심경의 변화를 담담하게 이야기했다. 자신이 재판을 받고 있는 이 상황 자체가 부당하다는 것, "시혜 혹은 징벌적 의미의 대체복무제마저도" 거부하겠다는 것, 그리고 앞으로는 "그 어떤 이유로도" 병역거부로 재판을 받는 사람들이 생기지 않았으면 좋겠다고 했다. 병역거부 운동의 전략적인 차원에서 보자면, 당시는 대체복무제 도입이 주장되던 시기이기도 해서 "그마저도" 거부하겠다는 말을 공개적으로 하는 것이 그리 쉽지만은 않은 분위기였다. 그러나 상욱이 법정에서 마지막으로 했던 그 말은 '국민'이라는 이름으로 동원되는 일체의 폭력, 즉 '국민화'의 폭력을 거부하겠다는 선언으로 들렸고, 그것은 확신에 찬 선언이 아니라, 법정에 던진 물음이었다.

1년 6개월의 징역이 구형되었다. 그러나 억울한 마음의 한켠에서는, 재판에서의 패소가 반드시 운동의 실패와 직결되는 것은 아니라는 생각이 들었다. 법정에서는 오히려 법을 위반한 상욱의 상상력과 무고함이 빛났고, 판사의 언어와 법이 가지는 한계가 여실히 드러났기 때문이다. 새로운 고민이 생겨났다. 법정에서 충분히 말해질 수 없었던 '피고의 정의', 즉 '법을 위반한 자들의 정의'는 법정 밖에서 어떻게 말해질 수 있을까? 당사자가 아닌 이들은 상욱의 선언과 마음을 어떻게 각자의 자리에서 자신의 문제로 다시 전유할 수 있을까?

이 글은 병사가 되지 않겠다는 이유만으로 감옥에 가야 했던 나의 친구 상욱이 아니었다면 쓸 수 없었을 것이다. 병역거부와 관련하여 나의 사유와 활동의 시초석이 되어준 상욱에게 지면을 빌려 감사의 말을 전하고 싶다. 그가 내게 건넨 문제의식은 알려지지 않은 역사 속의 병역거부와 적극적 병역이행 모두 '국민화'의 폭력과 연관된 것임을 알아차리게 해 주었고, 2019년 대체복무제 도입을 둘러싸고 과도기로 접어든 병역거부 운동의 새로운 고민들이 무엇인지 볼 수 있게 해 주었다.

이 글에서는 역사적인 경험과 정세적인 현황이라는 두 가지 층위를 오가며 병역거부를 '문제화'하고, 병역을 거부하는 이들이 마주하는 '사태' 혹은 '상태'가 '난민화'를 작동시키는 권력의 방식과 어떻게 닿아 있는지 사례들을 통해 구체적으로 살펴보려고 한다.

병역거부 혹은 적극적 병역이행으로 양산되는 '비국민' 혹은 '난민화'의 사례들

시민권과 병역, 그 공모의 역사

'난민의 지위에 관한 1951년 유엔 협약'(이하, '난민협약')에 따르면, "난민이란 인종, 종교, 국적, 특정사회집단의 구성원 신분 또는 정치적 의견을 이유로 박해를 받을 수 있다는 근거 있는 우려로 인해, 자신의 국적국 밖에 있는 자로서, **국적국의 보호를 받을 수 없거나**, 또는 그러한 우려로 인하여 **국적국의 보호를 받는 것을 원하지 아니하는 자**"를 뜻한다.

이 글에서 함께 고민해 보았으면 하는 문제는 '이러저러한 자가 난민이다'라는 난민의 '규정'에 대한 논의가 아니다. 난민은 어떤 '존재'를 의미하는 것이 아니라 어떤 '자리'를 가리키는 말이다. 획득해야 할 '자격'인 동시에 사회적 '낙인'을 짊어지게 되는 이중성을 지닌 자리이자, 그 자리를 확보하려는 사람들의 절박하고 불안한 마음으로 강화되고 지탱되는 자리이다. 이러한 자리에서 겪게 되는 '국가-없음'의 '상태' 혹은 '사태'를 '난민화'라고 부를 수 있다면, 이 글에서는 '누가' 난민인지의 문제가 아니라, '어떻게' 난민이 되는지의 문제에 주목하고 싶다. 난민의 자리를 만들어내는 권력의 메커니즘, 즉, 비국민과 국민, 난민과 시민을 구분 짓는 힘들을 파악하기 위함이다. 그렇다면 병역을 거부한 이들은 어떤 '난민화'의 과정을 거치는 것일까? '난민화'된 이들의 궁극적인 바람이 국민으로 수렴되는 것이라고 단언할 수 있을까? '난민화'와 '국민화'의 과정은 어떻게 맞물려 있을까? 우선, 이런 물음들에서 시작해 보자.

병역은 '국민의 의무'이기에 병역을 거부하는 행위는 '국민이 될 자격'을 묻는 물음으로 곧잘 직결된다. 병역거부와 동시에 '비국민'의 자리에 놓이게 되는 셈이다. 이렇듯 국민이나 시민이라는 자격은 '비국민' 혹은 '난민화'되는 존재들을 양산함으로써 성립되고 유지된다. 어떤 사건이 발생하면 국가권력뿐 아니라 국민/시민들 또한 한 치의 주저함도 없이, 모종의 구분선으로 누군가를 내치거나 밀어내며 자신들의 자리를 견고히 하기 때문이다.

18세기 유럽에서 국민국가 체제가 공고해지면서 국가가 특정 나이의 남성에게 병역의무를 부과하는 관행이 생겨났고, 병역거부도 그와 함께 등장했다. 개인 남성과 국가 사이의 관계에서 책임이 권리와 결부되기 시작한 것이다. 시민권의 반대급부로 국가가 부여하는 의무가 바로 병역이다.[1] 징병제는 18, 19세기에 국민국가의 등장과 그 정체성을 형성하는 데 있어서 매우 중요한 역할을 했고, 병역이 '국민의 자격'으로 인식되어 온 배경이 되었다.

병역거부자의 존재 그 자체는 시민을 병사로 만드는 군사주의의 실패가 적나라하게 드러나는 장소이기도 하다. 병역을 거부한다고 하면 '나라는 누가 지키냐?'는 물음이 종종 뒤따르곤 하는데, 이 질문에는 전쟁과 불가분의 관계를 맺고 탄생한 근대국가의 본질이 그 배경으로 드리워져 있다. '사는 곳'이 아니라

---

1. 전쟁저항자인터내셔널, 『병역거부 — 변화를 위한 안내서』, 여지우·최정민 옮김, 경계, 2018, 32쪽.

'지켜야 할 곳'으로서의 국가, 그리고 적으로부터 지켜내야 할 국가는 적극적으로 적을 창출함으로써 유지된다.

시민권과 병역의 의무, 즉 근대국가와 군대의 공모는 식민지 조선의 역사에서도 그 사례를 찾아볼 수 있다. 식민지 조선인에게는 선거권이 없었는데, 선거법을 개정해서 조선인에게도 의석을 주자는 의견이 등장한 것은 다름 아닌 1938년의 지원병제도 실시 이후였다. 조선인의 '참정권' 문제가 '병역' 문제와 더불어 언급되기 시작한 것이다.[2]

'의무병역제의 초입'으로서 지원병제도가 의무교육제, 참정권 문제와 함께 거론된 것은 우연의 일치가 아니다. 이 세 가지는 식민지 조선인이 일본 제국의 신민臣民으로 거듭나기 위해 함께 오는 것이다. 그때 국민에게는 의무와 함께 권리가 부여된다, 아니, 요청된다. 병사가 됨으로써 참정권을 요구할 수 있다는 선후관계가 아니라, 병사가 된다는 것 자체가 의무이자 또한 권리였다는 것을 상기해야 한다. 병사가 될 수 있다는 자격의 부여는 제국의 피식민자를 '국민'으로 재탄생시키는 '기회의 언설'과 연동한다.[3]

---

2. "1938년 시작된 육군특별지원병제도와 1944년부터 실시된 징병제는 모두 조선인들을 병력으로 전쟁에 동원하기 위한 제도라는 점에서는 공통점을 갖지만, 구체적인 실시 목적과 의도에서 차이를 보였다. 일제의 침략전쟁 확대와 장기화에 따라 병력 부족의 해소를 위해 도입되었던 징병제와는 달리, 지원병제도의 경우는 병력 부족을 해소하는 목적과 동시에 조선인들에게 황국의식을 주입하기 위한 의도에서 실시되었다."(「징병제와 참정권」, 〈우리역사넷〉, 2020년 5월 23일 접속, https://bit.ly/3ecHtLn.)

일본제국은 조선인 의원을 일본의회의 중의원으로 참여시
킴으로써 참정권 문제를 해결하려 했다. 그러나 국세 15원 이상
납세자를 선거권자로 하는 제한선거였기 때문에, 전 조선인의
2.3%라는 극히 일부의 친일적인 조선인들에게만 선거권이 부여
되었다. 몇몇 조선인들을 일본의회에 참여시켜 제국의 지배구
조 속에 편입시킴으로써 민족 분할 통치를 구현하려는 것이 일
본의 의도였다. 그러나 조선인들에게는 이러한 의도가 은폐되고
징병제의 실시로 내선일체화가 완성되어 그 결과 일본의회에 참
여할 수 있게 되었다는 논리로 선전되었다.[4]

재일조선인들의 사례 – 집단적 병역거부와 재일학도의용군

재일조선인들이 병역의 의무를 의식하게 된 것은 1965년 한
일회담으로 한일 간의 국교가 정상화되었을 때의 일이다. 일본
에서 살고 있는 조선인도 한국 징병제의 대상이 될지 모른다는
논란이 일었고, 이에 재일조선인들이 '우리는 병역하고 싶지 않
다'며 한국 국적 취득에 있어서 눈치를 보며 버티는 분위기가 있
었는데, 서경식은 이를 두고 (재일조선인들의) "집단적 병역거부"
라고 표현한다.[5]

이와는 대조적으로 재일조선인들의 적극적인 병역이행의 사

---

3. 이영재, 『제국 일본의 조선영화』, 현실문화연구, 2008, 51쪽.
4. 「징병제와 참정권」, 〈우리역사넷〉, 2020년 5월 23일 접속, https://bit.
ly/3ecHtLn.
5. 서경식 외, 『저항하는 평화』, 전쟁없는세상 엮음, 오월의 봄, 2015, 221쪽.

례 또한 존재한다. 한국전쟁 발발과 동시에 한 번도 가본 적 없는 '아버지의 나라'에 가서 참전하려는 사람들이 있었다. 인민군으로 자원해서 일본을 떠난 이들 또한 있었지만, 관련 자료를 확보하지 못하여 이 글에서는 미처 다룰 수 없게 된 아쉬움을 밝혀 둔다.

『민단오사카 30년사』에는 다음과 같은 기록이 있다.

> 1950년 8월 8일, 민단중앙은 '자원군 지도본부'를 설치했다. 오사카에서는 동란발발 3개월 후인 1950년 9월, 애국심에 불탄 김규봉과 55명의 결사자원병이 민단 오사카부 본부강당에 집합하여, 눈물을 머금은 가족들의 배웅 속에, 도쿄, 아사카^{朝霞}의 미군 캠프에 입대했다. 1950년 9월 15일, 인천상륙작전 전투에 제1진 546명이 용감하게 뛰어들어 싸웠다.[6]

〈민단중앙〉[7]이 정리한 내용을 보면, "자원군은 총력 644명에 달했다. 전사자 59명, 행방불명 97명, 귀국자 266명, 미귀국자 222명"이라고 되어 있다.[8]

---

6. 西村秀樹, 『朝鮮戦争に「参戦」した日本』(三一書房, 2019年), pp. 124~125. 니시무라 히데키, 『'일본'에서 싸운 한국전쟁의 날들 ― 재일조선인과 스이타 사건』, 김정은·김수지·강민아·심아정 옮김, 논형, 근간.
7. 1945년 종전 직후 도쿄에서 설립된 〈재일본조선인연맹〉(在日本朝鮮人連盟)으로부터 자립을 도모해 1946년 10월 3일, 〈재일본조선거류민단〉(在日本朝鮮居留民団)으로 분리 출범하였다. 1948년 9월에는 한국 정부로부터 재일동포 공인단체로 인정받았다.

이들은 1950년 한국전쟁 참전 당시 일본 국적이었고, 당시 일본은 일본국헌법(평화헌법) 제9조에 따라 전쟁을 포기한 상태였기 때문에 유엔군으로는 파병될 수 없었다. 그들은 일본의 미군기지에서 군번도 계급도

〈그림 1〉 재일학도의용군(1진)으로 한국전쟁에 참전한 학도병들이 참전 의사를 혈서로 적은 태극기를 들고 찍은 출정식 기념사진.(출처 : 홍선표,「잊혀진 그 이름, 재일학도의용군 642명」,『한국경제』, 2013년 6월 21일).

없이 단 사흘간의 훈련을 받은 뒤, 현해탄을 건넜다. 부대명 대신 'From Japan'이라고 새겨진 군복을 입고 참전한 사람들 중 가까스로 살아남아 1953년의 휴전을 맞이한 이들에게 예상치 못한 상황이 벌어진다. 1952년에 발효된 샌프란시스코 강화조약으로 주권을 회복한 일본이, 허가 없이 떠난 재일조선인 청년들의 재입국을 거부한 것이다. 결국 242명은 일본으로 돌아가지 못하고 한국에 남아 일본에 있는 가족과 생이별하게 되었다.[9]

훗날 이들은 '재일학도의용군'이라 불렸다. 재일조선인들은 병역의 의무를 다함으로써 '완전한' 한국 국민이 되고자 했지만, 한국전쟁 휴전과 동시에 '무국적자'가 되어 어느 쪽의 국민도 아닌 자리에 놓이게 된다. 당시의 언론은 이들을 가리켜 '국제 미

---

8. 미귀국자의 인원수는 222명 혹은 224명으로 자료마다 조금씩 차이가 있다.
9. KBS 파노라마 〈아버지의 나라 재일동포 청년들의 선택〉, 2013년 6월 6일 방영.

〈그림 2〉 국방부 장관이 일본으로 돌아가지 못한 재일 학도의용군에게 발급한 신분증. (출처 : 문관현, 「6.25전쟁 '유령부대' 재일학도의용군을 아시나요」, 『신동아』, 2008년 8월 2일.)

아라는 표현을 사용했다.

이들이 국가유공자로 지정된 것은 1968년이고, 인천 수봉공원에 참전기념비가 세워진 것은 1979년이며, 지금도 해마다 그들의 참전을 기리는 기념식이 열린다. 2019년의 기념식에서 문재인 대통령은 "세계최초의 재외국민 참전이라는 위대한 애국의 역사를 미래 세대들이 삶의 지표로 삼을 수 있도록 하겠다"는 축사를 보냈다.[10]

문제는 '무엇을' 기릴 것인가에 있다. '애국'이란 국가의 필요에 의한 통치술의 하나로, 국민을 동원하기 위해 '자발적'이라는 수사를 구사하며 작동하는 '심정적인 메커니즘'이기도 하다. 대통령의 축사나 기념식에서 쏟아지는 무수한 '국민의 말' 속에서 은폐되는 건, 바로 한국과 일본의 두 국가로부터 '비국민'으로 밀려나며 '난민화'되어 가는 과정, 즉 '재일학도의용군'이라는 말로는 결코 평균화될 수 없는, 한 사람 한 사람의 경험이다.

위의 〈그림 2〉의 증명서는 한국에 남을 수밖에 없었던 이들에게 당시 국방부 장관이 발급한 것으로, "재일본한국의용군으로 조국 전선에 출정하여 언젠가 일본의 현주소로 귀환할 것을 대기하는 자"라는 내용이 적혀 있다. 한국전쟁 참전 기간 중 일

---

10. 「재일학도의용군 6.25참전 69주년 기념식 보도자료」, 2019년 9월 25일.

본국적을 박탈당하고 조국이라 여겼던 남한에서도 국민으로 등록될 수 없던 이들에게, 언젠가 일본으로 돌아가기를 '기다리고 있다'는 것을 말해줄 뿐인 '유사신분증'은 어떤 의미를 갖는 것이었을까? 그 어떤 '지위'나 '자격'도 기입되지 않은 채 막연한 '기다림'만이 증명된다는 점에서, 즉 국민의 문턱에서 늘 '대기 중'인 '비국민'의 상태라는 점에서, 이들의 '난민화'는 끝을 알 수 없는 지구전持久戰의 성격을 지닌다.

위의 두 가지 사례들은 '기피'라 불렸던 병역거부와, 의무가 아님에도 굳이 적극적인 병역을 '이행'하려 했던 상반된 행위들이 결과적으로는 행위자들로 하여금 '난민화'의 과정을 겪게 한다는 점에서 기묘한 공통점을 갖는다. '난민화'된다는 것은 다름 아닌 '비국민'으로서의 삶에 노출된다는 것을 의미한다. 이런 맥락에서, 위의 역사적 사례들은 현행의 병역거부 운동의 한 단면이 '국민화'의 폭력에 저항하는 것임을, 그리고 더 나아가 기존의 군사주의적 사회나 국가와는 '다른' 사회, '다른' 국가에 대한 비전을 제시하는 행위이어야 한다는 점을 촉구하고 있다고 말할 수 있지 않을까?

시민이 된 난민, 이방의 난민화를 구동驅動하다 — 미 해군제독이 된 '보트피플' 소년의 사례

미 해군 244년 역사상 처음으로 베트남계 제독이 탄생했다. 이른바 '보트피플'[11] 출신인 후안 응우엔(60)이 미 해군의 각종 함정과 함포 등의 무기를 개발하는 〈해군무기체계사령부〉NAV-

SEA 부사령관이 되었다는 소식은, '보트피플' 출신 청소년이 미국 사회에 성공적으로 정착하여 아메리칸 드림을 이룬 사례로 소개되었다.

누군가에겐 항미구국항전으로, 다른 누군가에겐 베트남전쟁으로 불렸던 전쟁[12]이 끝난 1975년, 베트남에서 탈출하려는 남베트남 출신의 '보트피플'이 바다로 쏟아져 나왔고, 이들은 세계 각국으로 흩어졌다. 미국은 '보트피플' 일부를 자국령 괌에 수용했는데, 당시 열일곱 살이던 응우옌은 미 공군 장교 부부의 후원으로 '정치적 난민'으로 인정받아 미국인이 되었고, 오클라호마주로 건너가 고등학교와 대학을 졸업한 후 미 해군 기술 장교로 임관했다. 이후 26년간 함정 정비 등 군수 분야의 전문 기술자로 활약해 온 그는 미군에서 최고 영예로 치는 훈장들을

---

11. boat people. 망명 혹은 생존을 위해 소형 선박을 타고 국외로 탈출하는 사람들을 말한다. 특히 1975년 베트남전쟁이 끝난 후 인도차이나의 여러 나라에서 온 난민을 가리키는 말로 사용되었다.

12. '베트남전쟁'이나 '항미구국항전'이라는 호명 방식은 베트남과 미국 이외의 나라들이 '이 전쟁'에 참여했다는 사실과, 베트남인들 사이에서 벌어진 '동족 간 학살과 폭력'을 드러내지 못한다는 점에서 모두 문제적이다. 특히 미국과 베트남 양쪽의 기억에서 동시에 배제되어온 남베트남의 경험은 미국에서는 제한적으로나마 '이민사'의 형태로 확보되었지만, 베트남에서는 전후 재교육과 강제 거주 등으로 공식 서사에서 말소되어왔다. '항미구국항전'에 기록된 사망자 수 310만 명에는, 북베트남인들이 캄보디아와 라오스를 경유하여 군대와 군수품을 보내는 과정에서, 이를 저지하는 미국의 폭격으로 죽거나 다친 자들은 셈해지지 않았다. 이런 맥락에서 '보트피플로 미국에 이주한 비엣 타인 응우옌은 특정한 전쟁의 이름을 모두 거부하고 '그 전쟁', '이 전쟁', 궁극적으로는 '나의 전쟁'이라는 호명 방식을 택한다. 비엣 타인 응우옌, 『아무것도 사라지지 않는다』, 부희령 옮김, 더봄, 2019, 15~20쪽.

수상하며 충성심과 능력을 인정받아, 베트남계 미국인으로서는 처음 해군 제독에 오르는 '영예'까지 안게 됐다.[13] 그는 취임사에서 다음과 같이 말했다.

> 해군에서 제독이 된다는 것은 크나큰 영예이며 미 해군 역사상 제독 계급장을 단 첫 번째 베트남계 미국인이란 점에서 무한한 기쁨을 느낀다. … 미국이야말로 우리(난민) 모두에게 희망의 신호등이다. 미 해군에 복무하는 것, 우리의 조국을 위해 군복무를 하는 것, 그리고 미국의 헌법을 지지하고 수호하는 것이야말로 크나큰 영광이자 특권이다.[14]

자신만을 기억하려는 역사의 궁극적인 목적은 타자를 '시민' 속으로 편입시킴으로써 비로소 완성된다. 난민에게 시민권을 부여하고 국가적 의례와 다양성의 서사시에 그들을 끼워 넣어, 결국 타자와 자신 사이의 유의미한 차이를 없애려는 것이다. 미국이 일으킨 전쟁 때문에 미국으로 이주해 온 베트남의 난민들과 그들의 후손들은 미국이 새로운 이방인들과 전쟁을 벌일 때 미국의 군대와 사회로 편입되면서 진정한 미국의 구성원임을 인정받는다.

이처럼 '난민'이었던 자들이 경합하는 '시민'의 자리는 피해

---

13. 김태훈, 「베트남 탈출한 '보트피플' 소년, 米해군 제독됐다」, 『세계일보』, 2019년 10월 13일.
14. 같은 글.

와 가해의 역사를 뒤집으면서 또 다른 이방의 '난민화'를 구동하며 국가 폭력에 가담하는 형태로 보장받는 자리이기도 하다. '난민'들이 국가에 대한 충성심을 증명하며 가까스로 확보한 '시민'의 자리가 또 다른 이들의 '난민화'를 전제함으로써만 가능한 것이라면, 여기에 또 다른 고민이 생겨날 수밖에 없다.

현행 국제법에 해당하는 '제국민법'諸國民法과는 달리, 칸트는 '세계시민법'이라는 차원을 설정했다. '시민'이라고 하면, 법률로 규정되는 국가구성원 혹은 국가와 무관한 코스모폴리탄이라는 존재를 생각하기 마련인데, 우카이 사토시鵜飼哲는 그 어느 쪽도 아닌 개념으로 '한계 시민'이라는 가설을 세운다. 어떤 구체적인 역사적 현실 속에 있다는 것은 자신이 누리고 있는 권리를 가지지 않는 타자가 있다는 것을 의미하며, 그 타자와의 '한계'에 항상 직면하고 있는 존재가 바로 '세계시민법'이 규정하는 의미에서의 '시민'이라는 것이다. 따라서 지금 국경을 넘어 물어져야 할 것은 그때그때의 상황 속에서 새로운 행동의 방향성 혹은 도식을 발명할 필요이다.[15] 후안 응우엔의 적극적인 병역이행은 그 자신의 '시민'의 자리를 확보함과 동시에 이방의 누군가를 '난민화'의 상태로 밀어내는 동력이 된다는 점에서 타자와의 '한계'에 직면하고 있다고 말할 수 있다. 그렇다면 시민적인

---

15. 2019년 8월 9일 연세대학교에서 열린 제5회 〈연세한국학포럼〉 우카이 사토시×백영서 대담 내용 중에서. 관련된 서지사항은 다음의 책을 참고할 것. 우카이 사토시, 「법의 사막 – 칸트와 국제법의 '토포스'」, 『저항에의 초대』, 박성관 옮김, 그린비, 2019, 345~355쪽.

귀속과는 다른 방향성과 도식을 발명한다는 건 무엇일까.

"그게 너희랑 무슨 상관인데?"— 비남성들의 병역거부선언이 시작되었다![16]

신시아 코번에 따르면, 경제적 계급 관계와 '인종적인' 차이에 대한 분석 없이는 어떠한 사회적 문제도 온전히 인식하고 이해할 수 없는 것과 마찬가지로, 사회적인 것의 모든 측면들은 속속들이 젠더화되어 있기 때문에 병역거부 운동과 연구에 있어서 젠더 분석은 반드시 필요하다. 군사적인 것에 대한 젠더 분석을 통해 우리는 '여성성과 남성성의 상호관계'에 대해, 특히 자칫 가볍게 지나쳤을지도 모를 남성과 남성화의 특성들을 알게 되고, 이러한 앎은 "군대가 강제적인 물리력인 동시에 남성적인 국가적 욕망과 생산이 일어나는 장소"라는 사실을 알아차리게 만든다.[17]

그렇다면 젠더화된 사회에서 비남성들이 '지지자' 혹은 '조력자'가 아닌 '당사자'로서 병역거부선언을 한다는 것은 무엇을 의미할까? 페미니스트이자 반군사주의 활동가이며 2004년에 터

---

16. 젠더의 가부장적 구조가 군사주의를 떠받치는 유일한 기둥은 아니다. 계급과 인종주의, 장애 차별주의도 함께 논의할 수 있는 교차성의 프리즘을 통해 병역거부의 문제를 바라보아야 하는 이유가 바로 여기에 있다. 이에 관련해서는 전쟁저항자인터내셔널, 『병역거부 변화를 위한 안내서』(여지우·최정민 옮김, 경계, 2018년)의 제1부를 참조하기 바란다.

17. 전쟁저항자인터내셔널, 『병역거부 변화를 위한 안내서』, 32쪽.

키 최초로 병역거부선언을 한 여성들 중 한 명인 페르다 울체시는 "지금까지의 병역거부는 의무 당사자인 남성들과 직결된 문제였으며, 그 문제를 정의 내리고 틀을 만든 것도 그들이었다. 그에 비해 우리 여성은 스스로를 투쟁의 주체가 아닌 지지자로 여겨왔다"는 것을 문제 삼고, 군대와 병역 의무를 넘어서는 확장된 의미의 병역 거부를 주장했다. 또한 여성들의 병역거부선언은 "이러한 투쟁에 참여하는 이유를 우리 자신의 언어로 설명하는 게 핵심"이라고 강조하고, 생활과 관계의 모든 영역을 관통하는 군사주의를 가시적으로 드러냄으로써 그에 대항하고자 했다.[18]

"군대의 담장 안에만 머물지 않고 일상을 지배하는 군사적 세계"를 거부했던 페르다 울체시의 목소리는 2018년 어느 여름 밤, 서울의 작은 서점에서 시작된 숲이아의 병역거부선언으로 이어졌다.

한국에서 군대는⋯ 비틀린 남성성을 재생산하는 시스템으로 작동하는 것 같아요. 상명하복이라는 위계적 체제에 순응하도록 훈련을 하고 위계질서에 정상성을 부여하지요. 여성, 장애인, 이주민⋯ 비남성은 비정상으로 취급받고요. 또 주민등록번호 앞자리가 1인 사람만 징병대상자로 삼는다는 점에서 성별이분법을 강화하는 시스템으로 작동을 해요. 애초에 주민등록번호를 1과 2로 나누

18. 같은 책, 37~38쪽.

어 간성이나 다양한 성별정체성 스펙트럼 위에 있는 사람들을 싸그리 무시하고 없는 존재로 취급하는 것이 주민등록체제의 문제점이라고 할 수 있죠. 성별이분법적 주민등록 시스템에 기반해서 군대가 돌아가지만, 한편으로 성별이분법 구조를 유지하고 강화하는 작용을 하고 있다고 봐요. … 네팔에 갔을 때 안나푸르나 트래킹 신청서의 성별표기란에 "Third"라는 제3의 성이 적혀 있어서 놀란 적이 있어요. 몇몇 나라는 법적으로 제3의 성을 인정하기도 하죠. 하지만 한국 사회는 군대국가를 유지하기 위해서 쉽게 제3의 성을 인정해 주지 못할 것 같다는 생각이 들어요.[19]

숲이아는 선언문을 통해서 성별이분법과 군대가 서로를 강화하고 유지하는 관계라는 것, 따라서 군사적인 세계에 맞서기 위해 일상에서 강요되는 지정 성별을 거절하겠다는 의지를 밝혔다. 그뿐 아니라, 징병제가 '정상'과 '비정상'의 경계 긋기를 통해 끊임없이 1등 시민과 2등 시민 혹은 '국민'과 '비국민'을 양산하는 방식으로 이분법적 사회적 위계를 견고히 해 온 것까지 문제 삼았다. 병역거부가 왜 자신에게 고유한 싸움이 될 수 있는지, 자기가 겪고 있는 사회적 부조리가 군사주의의 어떤 측면들에 얽혀 있는지에 대해 '자신의 언어'로 설명하려는 분투가 숲이아의 문장 속에 녹아 있다.

---

19. 2018년 8월 30일 숲이아의 병역거부선언문 중에서. 전문(全文)은 〈전쟁없는 세상〉 홈페이지에 게재되어 있다. http://www.withoutwar.org/?p=14675.

작년 이후로 오픈리 퀴어로 살기로 결심하고 커밍아웃을 했어요. 저는 몇 년 동안 벽장퀴어로, 퀘스처너리로 살아왔습니다. 고민을 하면서 남성이고 싶지도, 여성이고 싶지도 않다고 생각한 적도 있었어요. … 제가 어떤 존재이든 저 자신을 사랑하고 제가 표현할 수 있는 언어를 포착해 가고 있어요. … 젠더가 흐르듯 변한다는 의미의 젠더플럭스이거나 역시 젠더가 유동적인 젠더플루이드 일수도 있다고 생각해요. 저는 여성의 몸으로 태어났지만, 저의 신체와 제 성별이 일치하지 않는다는 점에서 큰 범주에서 트랜스젠더인 거죠. 너무 쉽게 우리는 타인을 여성으로, 혹은 남성으로 규정해요. 그게 당연하다고 여겨지는 사회에서 살아가고 있고 편하고 쉽기 때문이죠.[20]

이분법적 세계와 남성화된 사회에 익숙해진 말들을 거절하기. 편하고 쉬운 말들을 버리고 '다른' 말들을 모색하겠다는 숲이아의 선언은, "어떤 존재든 자신을 사랑하고 표현할 수 있는 언어를 포착"하려는 흐름 속에서만 가능한 것인지도 모른다. 숲이아가 제기한 물음들은 이듬해 2019년, 세계병역거부자의 날을 하루 앞둔 제주에서 왕유쉔, 최성희, 엄문희의 병역거부 선언으로 이어졌다. 여기에서는 왕유쉔의 선언문의 일부를 인용하기로 한다.

---

20. 숲이아의 병역거부선언문 중에서.

평화시민은 사회적으로 만들어진, (예를 들어 '어느 나라 사람이다' 라는) 틀에 갇히지 않고 살며, 감수성과 상상력 그리고 창조력으로 흔들리는 정체성을 가꾸며 폭력을 변혁시키려는 노력을 실천하는 사람입니다. 이 정체성의 이름과 정의는 누군가 만들어 놓은 것이 아니고, 제가 병역거부선언문을 쓰면서 지금까지 살아온 보석같은 깨달음들을 정리해서 만든 것입니다. 병역거부를 하는 데 이렇게 애를 써서 정체성을 이야기하는 이유는, 권력자들에게 정체성을 만드는 권력을 양도하는 것은 군사주의를 키워가는 양분이 될 거라고 생각하기 때문입니다.

권력자들이 만든 정체성의 틀에 산다는 것은 군사주의와 함께하는 승리자의 역사에서 살게 된다는 것이라고 봅니다. 승리자의 역사에서는 한 사람 한 사람의 아픔이 지워지고 영웅과 적을 세우게 됩니다. 승리자의 역사로 국가공동체를 세우게 되는 것이지요. 그리고 그에 맞는 흔들리지 않은 정체성의 틀을 만들어 놓습니다. 그러기 위한 과정에서 우리는 다른 사람의 아픔만 막아버리는 것이 아니라, 자신의 아픔도 말하지 못하게 하거나 인식하지 못하게 막아버리게 됩니다. 혹은 그 정체성의 틀에 딱 맞는 선택적인 아픔을 공유하게 만드는 것이지요. 아픔이 나눠지지 않게 되면 정체성도 흔들리지 않게 됩니다.[21]

---

21. 2019년 5월 14일 왕유쉔의 병역거부선언문 중에서. 오형석, 「여성들, 왜 병역을 거부하는가?」, 『뉴스N제주』, 2019년 5월 14일. 왕유쉔, 최성희, 엄문희의 병역거부선언문 전문(全文)은 다음의 링크를 참고할 것. http://www.news-njeju.com /news/articleView.html?idxno=12520.

대만 출신으로 제주에 정착해서 사는 왕유쉔은 '여성'으로서
가 아니라 '평화시민'으로서 병역거부선언을 했다. 국가주의적 사
고의 틀에 갇힐 수밖에 없는 '국민'이나 '시민'이라는 소여所與된
'정체성'을 거절하고, '평화시민'으로의 부단한 '정체화'의 과정을
시도했다는 점에 주목하고 싶다. 왕유쉔은 군사주의적 국가가
'흔들리지 않는' 정체성의 틀에 의해 유지되며, 군사주의가 스며
든 일상 속에서는 다른 사람뿐 아니라 자신의 아픔조차 제대로
인식하지도, 말하지도 못하게 된다는 점을 강조하면서, 아픔을
나누려는 서로의 마음에 빗장을 거는 권력의 작동 방식을 문제
삼았다. 따라서 왕유쉔에게는 '흔들리는' 정체성을 가꾸어 나가
는 것이 곧 병역거부의 선언이자 그러한 선언의 실천이 된다.

이렇듯 비남성들의 병역거부선언은 당연시되어온 성별이분
법에 이의를 제기하고, 그것이 다양한 존재들의 삶에 미치는 '영
향'만을 말하고 있을 뿐 아니라, 기존의 군사주의적 국가와 사
회를 유지해 온 '원인'이 되었다는 사실까지도 조목조목 지적하
고 있다. 무엇이 무엇을 일으키는가를 발견하는 여정에 함께 있
는 비남성들은 "영향을 넘어 원인으로 나아가라"는 신시아 인로
의 요청에 뒤늦게 그러나 충실히 응답하고 있다. 신시아 인로는
" '페미니스트 호기심'을 작동하면, 특정한 방법을 믿고 행동하
도록 비남성들을 압박하는 것이 어떻게 전쟁의 발생과 지속, 그
리고 환경착취의 문제와 같은 현상들의 원인이 되는지 파악할
수 있게 된다"고 말한 바 있다.[22]

박상욱, 숲이아, 왕유쉔은 각자의 자리에서 길어 올린 자신

의 언어로 지지자들과 함께 공적인 발화의 장에서 병역거부선언을 했다. 선언에 이르기까지 이들의 마음을 되짚어 보는 과정은, 사유와 현장 사이에 존재하기 마련인 불편한 간극이 구체적인 이야기와 사례들로 조금씩 메꿔질 수 있다는 것을 알아차리게 할 뿐 아니라, 그 이야기를 전해 들은 자들 사이에서 국민/시민 혹은 지정 성별 등의 주어진 정체성을 넘어서는 유대감이 만들어지는 토대가 된다. 그렇다면, 연대나 지지 혹은 선언으로 이어지지 않고 끊어져버린 말들, 아직 병역거부의 언어를 갖지 못한 사람들의 이른바 '기피의 마음'은 어떻게 다뤄져야 할까?

'기피'의 마음도 '진정한' 양심이 될 수 있을까? — 양심의 심사와 입증의 문제

2018년 6월 28일, 대체복무제를 적시하지 않은 병역법 제5조는 헌법에 어긋난다는 헌법재판소 결정이 나왔다. 임재성은 이러한 결정에 대하여 병역거부 운동의 성과와 함께 그동안 양심적 병역거부자를 인정하지 않았던 최고 재판소들의 판단이 있어왔음에도 불구하고 2015년부터 하급심에서 무죄가 나왔던 것에도 주목했다. 그는 "법관은 양심과 법률에 따라 판단을 해야 하는데, 비록 법률 해석에 따라 대법원이 유죄라고 하더라도

---

22. 신시아 인로, 『군사주의는 어떻게 패션이 되었을까 — 지구화 군사주의 젠더』, 김엘리·오미영 옮김, 바다출판사, 2015, 38쪽.

하급심의 법관이 양심상 이것을 받아들일 수 없다고 해서 무죄가 계속 쌓여온 것이다. 하급심 법원들의 무죄가 쌓이는 현상은 대법원과 헌법재판소의 입장에선 국민 여론만큼이나 부담이 된다"고 말한다.[23]

헌법재판소 판결에 의해 국회는 2019년 12월 31일까지 대체복무제를 도입하는 방향으로 이 조항을 개정해야 했다. 다만, 헌법재판소는 줄곧 병역거부자들의 처벌 근거가 되어 온 병역법 제88조 1항은 헌법에 위배되지는 않는다고 판단했다. 정당한 사유가 없는 입영거부, 이른바 '병역기피자'를 처벌하는 조항은 합헌이라는 결정을 내린 것이다.[24] 병역거부자 앞에 놓이는 '양심적'이라는 수사는 병역기피자의 수식어로서는 사용되지 않는다. 양심적 '병역거부'에 대한 공론장의 한 켠에서, '병역기피'의 문제는 아예 논쟁의 대상으로도 여겨지지 않았다.

여기서 다시, 식민 통치 시기에 일본에 살던 조선인들의 이야기로 되돌아 가보자. 서경식은 그들 또한 일본 제국에 의한 징병과 징용을 '기피'했던 역사가 있었다고 말한다. 그의 아버지는 전쟁 말기에 교토의 시골에 가서 농사를 지었다. 당시에는 조선인의 대부분이 노동자로서 일본에 가 있었기 때문에 조선인이

---

23. 〈양심적 병역거부와 대체복무제〉 연합뉴스 TV스페셜 55회, 2018년 9월 30일.
24. 병역법 제5조에 대해서는 재판관 6명의 의견으로 '헌법불합치' 결정이 내려졌다. '헌법불합치'는 위헌 결정으로 해당 법률을 바로 무효화할 경우에 법의 공백이 생기거나 사회적 혼란이 우려될 때 국회에 시한을 주고 법 개정을 유도하는 것을 발한다. 이혜리, 「헌재, 양심적 병역거부 "대체복무제 없는 병역법 헌법불합치, 병역기피자 처벌조항은 합헌"」, 『경향신문』, 2018년 6월 28일.

일본 땅에서 농사를 짓는 것은 매우 드문 일이었다. 농사를 지으려면 농업위원회에서 허가를 받아야 하고, 일본인 지주 아래 소작인으로 들어가게 된다. 수확량의 절반 이상을 내놓아야 하는 소작농을 서경식의 아버지가 군이 고집했던 이유는, 식량 생산에 종사하면 징용을 안 가도 된다는 '소문' 때문이었다. 그러나 소작농이 된 조선인들까지 징용되는 지경에 이르자, 아버지는 결국 '도망'을 쳤다. 서경식은 아버지가 확고한 민족주의 이념으로 저항한 것이 아니라, '그저' 자신의 소박한 삶을 지켜 내기 위해 할 수 있는 노력을 했을 뿐이었고, 이런 점에서 아버지의 '도망'은 현행의 병역거부 문제에서 이른바 '기피'와 공통점이 있다고 말한다.[25]

병역거부 운동과 관련된 과거의 소견서들은 선언적이고 공식적이며 이념적인 내용들이 주를 이룬다. 사회적으로 취약한 계층, 대학생이 아닌 청년들, 병역거부의 절차나 방법을 잘 모르는 이들, 그리고 군대에 가고 싶지 않은 자신의 마음을 입증할 수 없는 이들은 '거부자'가 아닌 '기피자'라는 낙인과 함께 유죄선고를 받는다.

'그저' 자신의 소박한 삶을 지켜 내기 위해 도망쳤던 서경식의 아버지와, '그저' 군대에 가고 싶지 않다는 마음을 이해받지 못해 '병역기피자'로 유죄판결을 받는 지금-여기의 청년들의 사례를 단순하게 같은 층위에서 비교하는 것에는 무리가 있을지

25. 전쟁없는세상 엮음, 『저항하는 평화』, 226~227쪽.

모른다. 그러나, 대단한 대의명분이 없어도, 신념을 표출하는 어떤 운동이나 활동을 꾸준히 해오지 않았다고 해도, 이들이 지켜내고 싶었던 것은 '그저' 소박한 자신들의 일상이었다는 점을 눈여겨 볼 필요가 있다. 전쟁과 군사주의의 가장 최전선에 노출되어 침식당하는 것 또한 다름 아닌 우리의 소소한 일상이기 때문이다.

우선, 2018년 11월 1일에 대법원 전원합의체가 '종교적 신념 등 양심적 병역거부'[26]가 정당한 사유에 해당한다고 판결했을 때, '양심적 병역거부'와 '양심'에 대해 어떤 규정을 했는지 살펴보자.

양심에 따른 병역거부, 이른바 양심적 병역거부는 종교적·윤리적·도덕적·철학적 또는 이와 유사한 동기에서 형성된 양심상 결정을 이유로 집총이나 군사훈련을 수반하는 병역의무의 이행을 거부하는 행위를 말하고, 진정한 양심에 따른 병역거부라면,

---

26. 국방부가 '양심적 병역거부'라는 용어 대신 '종교적 신앙 등에 따른 병역거부자'라는 용어를 사용하겠다고 하여 논란이 되었다. 국방부는 "대체복무제 용어를 둘러싼 불필요한 논란을 최소화하고 국민적 우려를 해소하기 위해 앞으로 '양심', '신념', '양심적' 등 같은 용어는 사용하지 않을 것"이라고 밝혔다. 박성진, 「국방부 '양심적 병역거부자'→'종교적 신앙 등에 따른 병역거부자' 용어 변경」, 『경향신문』, 2019년 1월 4일 자. 하지만 헌법재판소와 대법원은 병역거부를 헌법상 기본권인 '양심의 자유'의 실현으로 명확하게 규정하고 있다. 따라서 종교적 신앙 '등'에 따른 병역거부자라는 용어를 사용하겠다는 것은 병역거부를 '양심의 자유'라는 권리의 실현이 아닌 '종교'에 따른 행위로 축소시킬 우려가 있다.

이는 병역법 제88조 제1항의 '정당한 사유'에 해당한다.

양심적 병역거부에서 말하는 양심은 그 신념이 깊고, 확고하며, 진실해야 한다. 신념이 깊다는 것은 그것이 사람의 내면 깊이 자리 잡은 것으로서 그의 모든 생각과 행동에 영향을 미친다는 것을 뜻한다. 삶의 일부가 아닌 전부가 그 신념의 영향력 아래 있어야 한다. 신념이 확고하다는 것은 그것이 유동적이거나 가변적이지 않다는 것을 뜻하고, 반드시 고정불변이어야 하는 것은 아니지만, 그 신념은 분명한 실체를 가지는 것으로서 좀처럼 바뀌지 않는 것이어야 한다. 신념이 진실하다는 것은 거짓이 없고, 상황에 따라 타협적이거나 전략적이지 않다는 것을 뜻한다. 설령 병역 거부자가 깊고 확고한 신념을 가지고 있다고 하더라도 그 신념과 관련한 문제에서 상황에 따라 다른 행동을 한다면 그러한 신념은 진실하다고 보기 어렵다. … 인간의 내면에 있는 양심을 직접 객관적으로 증명할 수는 없으므로 사물의 성질상 양심과 관련성이 있는 간접사실 또는 정황사실을 증명하는 방법으로 판단하여야 한다.[27]

위와 같은 기준이 제시된 상황에서 신념을 외부로 표출하지 않는 사람들의 병역거부는 어떻게 받아들여질 수 있을까? 입영 통지서가 나오자 갑자기 '양심적 병역거부'를 주장하며 입대하지 않은 20대 남성(정 씨, 28세)에 대해 2019년 11월, 대법원이

---

27. 대법원 2018년 11월 1일 선고 2016도10912 전원합의체 판결 참조.

징역형을 확정했다. 재판에서 정 씨는 "비폭력주의자로서 양심에 따라 입영하지 않겠다는 신념"을 주장하면서, "총기소지가 양심에 반하기 때문에 입영할 수 없었다"는 사유를 밝혔다. 하지만 1심 재판부는 "정 씨가 지금까지 병역거부에 대한 신념을 외부로 표출하는 활동을 한 사실이 전혀 없다"며 징역 1년을 선고했다. 2심도 역시 1심 판단을 유지했고, 대법원도 원심 판결을 확정했다.[28]

위와 유사한 몇몇 사례들이 기사화되었을 무렵, 감옥행을 앞둔 재판에서 상욱이 했던 말, "시혜 혹은 징벌적 의미의 대체복무제마저도 거부하겠다"던 문구가 문득 떠올랐다. 그리고 병사가 되지 않기로 한 사람들에게 대체복무는 '시혜'나 '징벌'이 아닌 '선택'이어야 한다는 생각을 하게 되었다. 군대를 가지 않는 대신 선택한 것이라면, 그 업무는 당연히 군사주의적 활동과는 관련이 없는 내용으로 공동체에 기여할 수 있는 것이어야 한다. 예를 들면 2011년에 징병제가 폐지된 독일의 경우, 대체복무제의 도입으로 젊은 남성들의 돌봄노동이 활성화되었다고 한다. 대체복무를 수행하는 사람들이 돌봄노동의 사회적 가치를 깨달았을 뿐 아니라, 사회 전체적으로도 돌봄노동을 여성의 일로 구분하지 않게 되어 돌봄노동에 대한 사회적 인식이 바뀌었다고 한다.[29] '선택'으로서의 대체복무제가 도입된다면 (애당초 증

---

28. 유환구, 「갑자기 '양심적 병역거부' 주장한 20대 실형확정」, 『한국일보』, 2019년 11월 24일.

29. 이용석, 「'불행 경쟁' 관점으로 대체복무제를 보지말라」, 『오마이뉴스』,

명될 리 없는) '진정한' 양심의 여부를 입증 받아야 할 필요도 없는 것 아닐까?

한편, 한국에서는 앞으로 시행될 대체복무제를 앞두고 정부가 제출한 안을 국방부가 개정한 바 있다. "36개월 동안 교정시설에서 합숙 복무"를 골자로 하는 이른바 '국방부 개정안'이 시행될 것이 유력하다. 36개월이라는 복무기간은 전 세계에서 가장 긴 대체복무 기간이며, 현역병의 두 배라는 점에서 다분히 징벌적인 의미를 지닌다. 〈전쟁없는세상〉의 활동가 이용석은 "대체복무제가 아예 없던 한국 사회에 관련 법안이 도입되는 것 자체는 큰 의미가 있지만, 행정편의적인 고민보다는 헌법상의 양심의 자유를 어떻게 구현할지, 평화적 안보와 같은 가치를 어떻게 대체복무제로 잘 구현할지를 고민해야 한다"고 강조했다. 그리고 "한국 사회에서는 비전향장기수의 사상검증이나 병역거부자 문제로 '양심의 자유'가 논의되었기 때문에 '양심'이 감옥까지도 불사하는 강한 신념으로 이해되는 경향이 크지만, 사실 국민의 보편적 권리는 우리가 살아가면서 공기를 마시듯 행사할 수 있어야 하므로, 감옥이 무서워서 가기 싫은 사람조차도 누릴 수 있는 권리로 이해되고 대체복무도 그렇게 나아가야 할 것"이라 말했다.[30]

'감옥이 무서워서 가기 싫은 사람조차도 누릴 수 있는 권리'

2018년 8월 25일.

30. 이영서·윤정인, 「양심적 병역거부를 넘어 저항적 평화운동으로」, 『고려대 대학원신문』, 제241호 3면, 2019년 12월 2일.

로서 '양심의 자유'가 인정된다면 '기피'와 '거부'를 구분할 필요 또한 없어진다. "앞으로는 '그 어떤 이유로도' 병역거부로 재판을 받는 사람들이 생겨나지 않았으면 좋겠다"는 상욱의 선언이 다시금 중요해지는 이유다. 그는 감옥에서 나와 지금까지도 '거부'와 '기피'를 구분짓는 논리에 이의를 제기하며, '다른' 전제의 필요성을 피력해 왔다. 감옥에 가는 당일 새벽까지 소견서를 고쳐 쓰며 고민했던 '기피의 마음'은 2019년 12월 21일, 난민현장의 세 번째 티치인 '반군사주의와 난민 ― 활동과 사유의 연대를 모색하며'라는 공론장에서 '(병역기피자로) 오인될지 모른다는 두려움'을 언급하며 더 나아간 물음으로 제기되었다.

병역거부선언 이후부터 수감되기 전까지 친구들을 만날 때면, 내가 왜 거부를 했는지 설명해야 하는 자리가 많았다. 설득에 실패해서 추궁을 당하기도 했는데, 그때 내 옆에 있던 누군가가 "상욱이는 유승준이나 MC몽이랑은 달라. 상욱이는 사회운동의 차원에서 거부했거든"이라며 나를 옹호해 주었다. 그러나 나는 사실 그렇게 대단한 대의를 앞세우는 사람도 아니고, 오히려 나의 마음은 기피자들에게 더 가깝다고 느껴왔다. 하지만 '정작 기피자에 가깝게 느끼는 내 마음을 털어놓아도 나를 변호해주는 사람들이 계속 나를 변호해 줄까?' 라는 두려움 때문에 그 자리에서는 말을 꺼내지 못했다. 병역거부 운동을 해 온 〈전쟁없는세상〉 네트워크를 통하지 않고 '그냥 군대가 싫어서' 병역을 거부하는 사람들도 있다. 거부와 기피의 문제를 고민하다 보니, 도미야마 이치로 선생님이 언급하신 "○○이라면 어쩔 수 없지만, 나는 ○○가 아니다"[31] 라는 말이 와닿았다. 나의 두려움은 '오인될지도 모른다' 는 두려움이었던 것이다.[32]

(병역기피자로) '오인될지도 모른다'는 상욱의 두려움의 근저에는 '(병역기피자에 대해서는) ~해도 된다'는 사회적 전제가 버티고 있다. "나는 페미니스트가 아니지만 (페미니즘에 어느 정도 동의하는)", "나는 비건이 아니지만 (채식이 의미있다고 생각하는)"으로 시작하는 말들이 난무하는 현상을 그저 소극적인 자기 표명으로만 볼 수 없는 이유는, 이러한 선긋기의 말들이 페미니스트로, 비건으로 '오인될지도 모른다'는 두려움의 발로이며, 괄호 속 자신의 입지를 안전하게 만드는 토대로 작용하기 때문이다.

마찬가지로 "나는 병역기피자는 아니지만 (병역을 거부하는)"이라는 말은 '기피의 마음'을 가진 자들을 '미리 배제'함으로써 '거부의 마음'을 보장받는, 다시 말해 '병역기피'에 대한 압도적인 사회적 거절 속에서만 성립되는 '병역거부'인 것이다. 상욱

---

31. '미리 배제'의 말들이 난무하는 자리에서, '오인될지도 모른다'는 두려움의 말문은 막히고 만다. 도미야마 이치로는 이렇게 말이 정지된 상황에서 어떻게 말을 다시 시작할 것인지를 고민해야 한다고 말한다. 그리고 말을 재개한다는 것은 마땅한 올바름을 설명하는 것과는 다르다고 강조했다. 富山一郎, 『始まりの知』, 法政大学出版局, 2018, pp. 9~10.

32. 〈난민×현장〉 세 번째 티치인 '반군사주의와 난민 ― 활동과 사유의 연대를 모색하며'(2019년 12월 21일)의 비공개 녹취록에서 박상욱의 동의하에 인용.

은 이렇듯 '기피'를 사전에 배제함으로써만 인정되는 '거부'를 문제 삼고 있다는 생각이 들었다. "○○이라면 어쩔 수 없다"는 그 '어쩔 수 없음'의 전제를 문제 삼는 것. 상욱은 마지막으로 고쳐 쓴 소견서에서 이러한 전제를 되묻고 있었다.

누군가 나의 병역거부가 유승준, MC몽 같은 기피하고 다르다고 할 때마다 불편함이 느껴졌다. 나를 변호하기 위해 해준 말이지만, 강제된 복무를 피하고 싶은 마음은 똑같다고 생각했기 때문이다. 나는 그들보다 '대단한 사람'이 되고 싶지 않았다. 이제는 거부와 기피를 나누는 게 아닌, 모두가 군대에 가야 한다는 전제된 틀에 물음이 던져져야 한다.

대체복무제 도입이 결정되고 시행을 앞둔 시기의 여러 재판 사례 속에서 '기피'가 아닌 '거부'를 증명해야 하는 상황에 놓인 이들이 겪는 부조리함에 대해서도 상욱은 다음과 같이 지적했다.

대의명분을 갖거나 사회운동의 차원에서 하는 거부 이외에도 병역을 거부하는 사유의 폭은 넓어져 왔다. 다양한 언어를 가진 사람들의 등장으로 거부와 기피의 경계가 조금씩 허물어진 것이다. 한편 헌법재판소나 대법원판결 이후, 병역거부의 층위가 또다시 달라진 것이 눈에 들어왔다. 예컨대 대학 시절부터 십여 년 가까이 사회운동을 했던 한 병역거부자는 대학 은사가 법정에 나와 '양심'에 대한 증언을 해주었다. 그럼에도 유죄 판결을 받았고, '기피자'가 아닌 '거부자'임을 증명하는 항소심을 이어나갔다. 과거에는 주변의 지인들에게 설명하거나 선언을 하는 방식에 그쳤던 병역거부 사유가 이제는 대체복무라는 시민권을 얻기 위해 법정의 언어로 첨예하게 증명해야 되는 상황이 되었다.[33]

대체복무제의 도입이라는 제도적 변화는 병역거부 운동을 해 왔던 이들이 오랫동안 바라고 노력했던 결과이기도 하지만, '기피'가 아닌 '거부'임을 입증해야 한다는 점에서 여전히 문제적이다. 이러한 상욱의 문제제기는 10년이 넘게 〈전쟁없는세상〉의 병역거부팀에서 활동해 온 여옥의 고민과 만났다. 여옥은 대체복무제 시행을 앞둔 과도기적 시점에서 비종교적인 사유로 병역거부를 하는 사람들이 '진정한' 양심을 증명해 보여야 한다는 것, 그리고 그것의 심사과정을 문제 삼았다.

제도가 변하고 있는 상황에서 운동 내부에서도 많은 고민을 하게 된다. 오랫동안 병역거부 운동을 하면서 제도를 바꿔왔고 앞으로도 더 많은 사람들이 병역거부를 '선택'할 수 있게 만들고 싶다. 그런데, 실제로 제도가 변하는 과정은 역설적이다. 여호와의 증인이 아닌 병역거부자들의 양심은 '진정한' 양심이 아니게 되고, 그들은 병역거부자가 아니라며 제도 밖으로 내쳐지고 있는 상황이기 때문이다.

---

33. 위의 녹취록.

물론 꾸준히 제도의 틀을 넓혀 나가려는 노력도 중요하겠지만, 병역을 거부하는 사람들은 지금도 여전히 감옥에 가고 있다. 어찌 보면 이런 상황은 '말을 해도 들리지 않는' 상황이라고 할 수 있다. 심사위원회의 대부분이 판사, 검사, 변호사, 교수다. 그들 앞에서 법의 언어가 아닌 자신의 언어로 양심의 진정성을 입증하는 것이 과연 가능할까? 심사위원들이 제출하라고 요청하는 자료들도 문제적인데, 병역거부선언을 한 이후의 활동은 활동으로 인정할 수 없다는 식이다. 심사위원회의 자격을 둘러싼 문제도 있다.[34]

여옥이 지적한 '심사'의 문제에는 대체복무제심사위원회의 구성에 대한 문제도 있다. 원래 대체복무심사위원회의 구성에 있어서 정부가 제시한 안案에서는 여성심사위원회의 비율을 30퍼센트 이상으로 명시하기로 되어 있었는데, 국방부의 개정안에서 이러한 내용이 삭제되었다. 이는 주요한 사회적 결정에 있어서 여성의 숫자를 늘려 가려고 하는 현시대의 흐름에 역행하는 결정이라고밖에 볼 수 없는 한계이다. 또한 심사위원회의 위원장을 원래는 대통령이 임명하게 되어 있었는데, 개정안에서는 국방부 장관의 추천을 거쳐 대통령이 임명하는 걸로 바뀌었다. 국방부의 이해관계와 대체복무제의 취지는 상충할 수밖에 없고 근본적으로 대체복무는 군대와 관련되지 않는 업무여야 하

---

34. 〈난민×현장〉 세 번째 티치인 '반군사주의와 난민 ─ 활동과 사유의 연대를 모색하며' 2019년 12월 21일 녹취록에서 여옥의 동의하에 인용.

는데, 이 부분 또한 우려되는 지점이다.[35]

　'진정한' 양심을 심사한다는 건, 가짜 양심을 가려내려는 의도가 있다는 점에서 난민신청자의 심사를 상기하게 한다. 2019년 3월, 박상기 법무부 장관이 "난민법 악용을 막기 위해" 난민법을 개정하겠다고 발표했을 때, 바로 그 순간의 공적 발화發話가 난민법과 출입국관리법의 개정안이 개악改惡일 수밖에 없는 이유가 되었다. 입법 예고를 앞둔 난민 관련 법안들이 난민의 권리를 보장하기 위한 법이 아니기 때문이기도 하지만, '(가짜) 난민들이 법을 악용할 것'이라는 한국 법무부의 전제는 난민에 대한 국가의 상상력과 법적 언어가 얼마나 궁핍하고 왜곡된 것인지를 스스로 드러내는 것이기 때문이다.[36]

　같은 맥락에서 국방부는 '(가짜) 병역거부자들이 대체복무제도를 악용할 것'이라는 전제 위에서 개정안을 마련한 것처럼 보인다. 그러나 이제는 '병역거부'라는 용어를 기각할 구실을 찾는 데에 주력할 것이 아니라, 병역을 거부한 사람들이 선택하는 대체복무가 열어주는 가능성이 무엇인지를 물어야 할 때가 아닐까?

성소수자 난민을 양산하는 국가를 거절하며

---

35. 이영서·윤정인, 「양심적 병역거부를 넘어 저항적 평화운동으로」, 『고려대 대학원신문』.

36. 심아정, 「28번째 편지」, 『시민드림: 난민법 개악에 반대하는 시민들의 편지』, 난민인권센터, 2019, 93쪽.

한국에서 병역거부 운동은 국가를 상대로 '폭력'이란 무엇인지를 계속해서 되물었던 운동이다. 그리고 그러한 '폭력'의 구조에 놓이거나 가담하기를 모두 거절하려는 이들의 운동이기도 했다. 이제 '폭력'은 군대 안에서만 일어나는 것으로 해석되지 않고 일상에 대한 문제로까지 확장되었다. 따라서 병역거부선언의 당사자들은 남성들에 국한되지 않고 다채로운 존재들로 확장되었고, 거부의 사유 또한 다양해지게 되었다. 대항하든 도망치든, 거부하든 기피하든, 징집 대상이든 아니든, 대의명분이 있든 없든 관계없이 군대와 군사주의를 거절할 수 있는 세계로 몇 걸음 가까워진 것이다.

그러나 여전히 입대를 앞둔 성소수자들에게 '국민화'의 폭력은 극대화된다. 병역을 거부하고 해외로 난민신청을 한 성소수자들의 사례들은 '난민화'의 메커니즘이 과거와는 다른 층위에서 작동하고 있음을 말해준다. 따라서 총을 들지 않겠다는 과거의 병역거부선언과는 또 다른 이해와 분석, 그리고 새로운 운동의 지평이 요청된다.

2009년 7월, 〈캐나다 인민/난민심사위원회〉IRB가 평화주의 신념과 동성애 지향을 이유로 병역을 거부한 김경환(30)의 망명을 받아들여 난민 지위를 부여했다. 한국 최초의 병역거부로 인한 망명자로, 성소수자로서 군대에서 겪게 될지도 모를 폭력에 대한 우려가 망명 사유로 인정되었다. 2013년 4월, 오스트레일리아 난민재심재판소RRT 또한 김인수를 난민으로 인정했다. 한국 사회에서 동성애자들이 차별과 박해를 당하고 있으며, 양심

과 신념에 따라 병역거부를 하는 과정에서 고초를 겪었다는 그의 주장을 받아들인 것이다.[37]

2016년 11월, 프랑스 난민·무국적자보호사무국OFPRA에서 난민으로 인정받은 서민영(가명)은 다음과 같이 병역거부 사유를 밝혔다.

> 성소수자 군인이 동성과 성관계를 가졌다는 이유로 유죄 판결을 받았다. 성소수자 친구들이 엄청난 슬픔을 표현했다. '나도 잡아가라' '이제부터 범죄자가 됐다'는 글들을 접하면서 굉장히 착잡하고 슬펐다. 한국에서 성소수자는 왜 이렇게 비참한 대접을 받아야 하는지, 말을 하지 않으면 안 되겠더라. … 군인이 동성 간 성행위를 했다는 사실이 밝혀지면 처벌을 받는데, 군대에서 특별히 이성 간 성행위를 처벌하는 규정이 없기 때문에 이는 명백한 동성애자 처벌법이다. … 군대에서 겪게 될 동성애자 차별 역시 병역거부 동기 중 하나였다.[38]

외국에서 한국의 성소수자들이 난민으로 인정된다는 사실은 한국의 성소수자 인권문제가 얼마나 열악한지를 반증하는

---

37. 이주원, 「[성소수자 난민 정보 시리즈] II. 한국국적 성소수자 난민」, 〈공익법센터 어필 홈페이지〉, 2017년 7월 13일 수정, 2020년 5월 23일 접속, http://apil.or.kr/?p=550.
38. 박현정, 「"한국은 내게 스트레스" '헬조선' 청년은 또다시 난민이 됐다」, 『한겨레』, 2017년 7월 8일.

것이기도 하다. 한국의 성소수자가 해외에서 난민으로 인정받은 경우, 병역문제가 가장 직접적인 사유가 되는데, 대한민국 법체계 내에서 성소수자를 '존재 그 자체로' 처벌하는 군형법 제92조의 6항 때문이다. 이에 대한 위헌성이 20년 가까이 논의되어 왔고, 지속적인 국제사회의 법률 폐지 권고와 2002년, 2011년, 2016년의 세 차례의 위헌 소송에도 불구하고 지금까지도 이 법조항은 합헌으로 판결이 나 있다. 이 법조항의 존재가 한국 성소수자 난민 인정의 근거 중 하나인데도 말이다. 실제로 2017년 5월에는 동성애자인 육군 A대위가 이 법 조항을 근거로 형사 처벌을 받았다.[39] 이러한 형사 처벌의 위험은 국가가 주체가 된 박해로 볼 수 있는 근거가 된다.[40] 서민영도 이 사건에 큰 충격을 받고 병역거부와 난민신청을 결심했다고 한다.

이쯤 되면 한국은 특히 성소수자 문제에 있어서 난민/비국민을 양산하는 국가라고도 말할 수 있지 않을까? 그리고 위의 사례들은 그러한 국가의 국민으로는 살아갈 수 없다고 판단한

---

39. 2017년 5월, 육군본부 보통군사법원은 군형법 제92조 6항 위반 혐의로 기소된 ㄱ 대위에 대해 징역 6개월에 집행유예 1년 형을 선고했다. 군형법 제92조 6항은 '군인이나 군무원, 사관생도 중에서 항문성교나 그 밖의 추행을 한 사람은 2년 이하의 징역에 처한다'고 규정하고 있다. 서로 합의했다 하더라도 동성 간 성행위를 했다면 모두 처벌할 수 있다는 의미다. 지난 10년간 국가인권위원회와 국제사회는 이 조항이 '동성애에 대한 편견을 근거로 만들어졌다'며 수차례 폐지 권고를 했지만, 논의는 제자리걸음이다. 박현정, 「"한국은 내게 스트레스" '헬조선' 청년은 또다시 난민이 됐다」, 『한겨레』.
40. 이주원, 「[성소수자 난민 정보 시리즈] II. 한국국적 성소수자 난민」, 〈공익법센터 어필 홈페이지〉.

이들이 절박한 심정으로 국적을 버리고 '비국민'이 되지 않고서는 온전히 자신의 삶을 살아낼 수 없게 되었다는 충격적인 사태를 드러낸다.

병역을 거부하는 이유가 확장될수록 얼마나 많은 삶의 조건들이 군대와 얽혀 있는지에 대해서도 알아차리게 된다. 예를 들어, 공장제 축산과 동물 착취·학살을 반대하며 채식주의자로 살아가는 사람에게 매 끼니의 밥상은 육식을 거절하는 전쟁터와 다름 없다. 그렇다면 고기를 먹든 안 먹든 배급량이 정해져 있는 군대의 식단은 채식주의자로서의 일상을 지켜낼 수 없게 만들 것이고, 이 또한 병역거부의 이유가 될 수 있지 않을까? '두려움'도 병역거부의 언어가 될 수 있다면, 이제 더 많은 '두려움'들이 말해져야 하고, 아직 말을 찾지 못한 '기피의 마음'과 그 밖의 '별별' 이유들 또한 모조리 병역거부의 사유로 이해되어야 할 것이다. '난민화'의 메커니즘을 주춤거리게 만드는 힘, 난민을 양산하는 '국민화'의 폭력을 멈출 수 있는 힘은 어쩌면 온갖 '두려움'들이 만나는 곳에서 가까스로 발견할 수 있는 것 아닐까.

'동물'¹의 난민성과 재난민화

사하라로 보낸 그 많은 염소는 모두 안녕할까?

송다금

불리한 위치, 불리한 질문

1980년대 부산에서 태어나 경상도의 가부장적 자장 안에서 십 대를 보냈다. 여자는 결혼해서 애 낳고 살면 된다, 여자가 무슨 외지 생활이냐, 학교도 부산에서 진학하라는 제한과 금지의 언어는, 학교에서 "여자는 아이 낳을 몸이니 배를 맞으면 안 된다"라는 '여성' 국어 선생님의 조언으로 변주되었다. '누구든 너를 때리면 이다음에 아이를 낳을 몸이라고 항변하라'는 말은, 여성과 남성의 영역을 나누고 여성에게 한정된 역할을 수행하게 하려는 생각과 맞닿는다. 국어 선생님의 발언은, 자기 자신을 이야기하는 대신 다른 이를 방패막이로 삼아야만 자기 스스로를

---

1. 이 글의 동물은 맥락에 따라 인간을 포함한 동물을 말하거나 비인간동물 즉 인간이 아닌 다른 동물을 말한다.

보호할 수 있는 자들을 '주조하는' 집단으로서의 가정, 학교, 사회, 국가가 무엇인지 생각하게 한다. '부수적' 존재로 위치 지어지는 자들에게 가정, 학교, 사회, 국가란 무엇일까? 선생님 말을 간명하게 바꾸어보면, "아이 낳을 여자의 보호 가치가 높다", "아이 낳지 않을 여자는 보호할 가치가 낮다"가 된다. 국어 선생님의 말 이전에 다음과 같은 사회적 질문들이 있었다. 여자가 결혼을 하지 않고 혼자 자취한다고? 아기는 왜 안 낳아? 여자가 아이만 잘 기르는 되는 거 아니야?

'체제 순응성'을 '정상성'으로 간주하는 사회적 질문들은 저마다의 자리에서 '불리한 위치'에 있는 이들에게 지속적으로 던져진다. 국어선생님의 발언은 '현모양처'와 같이 사회가 기대하는 기준을 충족하지 못하는 여성에 대한 폭력이 재생산되는 방식을 보여준다. 결국, 선행된 사회적 질문들뿐 아니라, 질문들이 새겨진 반응들reactions 또한 일정 정도의 폭력을 품게 된다.

2016년, 행정자치부가 '대한민국 출산지도'를 발표했다. 지역별 '가임기 여성 수'가 분홍색 채도 차이로 구분되었고, 이를 바탕으로 지역별 순위까지 매겨져 있었다. 누리꾼들의 거센 반발로, 하루 만에 홈페이지는 폐쇄되었다. 여성을 지정성별만으로 규정하고, 생물학적으로 임신이 '가능'한 나이만을 가지고 출산을 당위관계로 도출한 점은, "여성의 자궁을 공공재"로 보는 남성 중심적 관점을 드러내면서 온·오프라인을 통틀어 공분을 일으켰다.[2] '출산지도' 사건은 여성을 '재생산 도구화'하는 시각이 공고함을 보여주면서도, 수면 위로 드러나는 여성들의 목소리가 많아지고 거세졌음을 보여주었지만, 한편으로는 여성을 '가축과 같이' 취급한다는 배타적이고 공격적인 관점을 드러내기도 했다. "우량 암소 통계 내냐 출산지도 웬 말이냐" "정부가 사람을 양계장 닭으로 보는 거 아니냐" "여자가 가축이냐 애××맡겨놨냐" "생물학적 여성이고 자궁이 달렸다는 이유로 공식적으로 가축화된 기분이었다"와 같이 '여성은 가축이 아니다'라는 취지의 말들을 온라인 댓글, 오프라인 시위를 막론하고 어디에서나 찾아볼 수 있었다.[3]

'여성'은 '여성동물'이 아니라 '여성인간'이라는 말은 종적 위계가 젠더 공통성을 압도하고, '여성 비인간동물'을 공동체 구성원 바깥으로 밀어내는 주체가 '여성 인간동물'일 수도 있음을 보여준다. '나는 ○○이 아니다'에서 ○○을 비구성원으로 만드는 방식은, 사회적 위계 언어에 익숙해진 주체가 ○○과의 차이를 강조하는 발화發話를 함으로써, ○○에게 찍힌 사회적 낙인을 강화하는 '재낙인화' 과정을 거친다. 이때 나와 ○○은 사회적 차별의 대상이라는 공통점이 있지만, 차별 발화를 통해서 나는 우위를 점하는 위치에 선다. ○○을 언급한 의도와 관계없이, 사회지배 체계가 정하는 기준이 적용되기 때문이다. '나는 ○○이 아니다'라고 말하는 삶도 불리한 위치에 있지만, ○○의 삶은 말해지

2. 배덕훈, 「여성을 가축취급 하는 정부?…'출산 지도' 논란」, 『노컷뉴스』, 2016년 12월 29일 입력, 2020년 3월 19일 접속, https://bit.ly/2T7rZAp.

3. 강푸름, 「'가임기 여성지도' 항의 시위 "여성은 아기공장이 아니다!"」, 『여성신문』, 2017년 1월 6일 입력, 2020년 3월 19일 접속, https://bit.ly/3fRTwPW.

지 않고, ○○의 목소리는 묻힌다. 그리하여 '제삼자의 시각'으로 '나는 ○○이 아니다'라는 언명을 자세히 살펴볼 필요가 있다.[4]

2018년 예멘 난민 입국 이후, 난민에 대한 배제와 혐오가 커져 가는 가운데 자신은 '동물이 아니'고 하소연하는 '난민'의 목소리가 들려왔다. 비인간동물을 부정하는 난민의 말을 듣는 것은 인간동물로서의 난민이 처한 상황을 듣는 일일 뿐 아니라, 난민이 부정하는 비인간 '동물난민'의 말을 듣는 일이기도 하다.

동물의 비非국민화[5]

2019년 6월 18일 열린 〈법무부 난민면접 조작사건 피해자 증언대회〉의 증언자로 나온 사브리는 난민면접조사에서 만난 통역인에게서 "자기 자신을 동물로 생각하느냐?"라는 질문을 받았다고 말한다.[6] 심사관과 통역인에게 "언어폭력"을 당했다는

---

4. 구조로부터 뚝 떨어진 제삼자가 될 수 있다는 이야기가 아니다. 필자를 예로 들자면, 여성인간이지만, 여성동물이기도 하고, 젠더와 상관없이, 아프고 약한 몸을 가진 동물이기도 하다. 뒷부분에서 다시 나오지만, '제삼자'는 어떤 사안의 당사자가 될 수도 있고, 되지 않을 수도 있지만, 제삼자가 되기를 강요당하기도 하는 위치에 놓인다.

5. 필자는 2019년 6월 18일 〈법무부 난민면접 조작사건 피해자 증언대회〉에 참석한 뒤, 현장상황 및 난민들의 증언을 동물권의 시각에서 바라본 「구조되지 못한 동물, 도착하지 못한 난민」을 『문학3』(2019.9.12. 3호, 창비)에 게재하였다. 이 글에서 증언대회와 관련된 부분은 위 글의 일부를 수정한 것이다. 증언대회 현장 분위기 및 자세한 내용은 『문학3』의 글을 참조할 것.

6. 증언 1, 『법무부 난민면접 조작사건 피해자 증언대회』, 11쪽. 증언 내용과 조작된 난민면접조서 일부는 이날 배부된 『법무부 난민면접 조작사건 피해자 증언대회』 자료집에 실려 있다. 〈난민인권센터〉 홈페이지에서 자료집을 다운로드받을 수 있다. https://nancen.org/

맥락으로 보아, 사브리의 진술은 자신을 동물에 빗댄 통역관의 악의를 폭로하고, '동물과 같은' 선상에 놓인 억울함을 호소하려는 것이었다. 동물로 생각하느냐는 단순하고 사실적인 질문을 받았음을 밝히는 것이 폭로가 될 수 있는 이유는, '동물과 같다'는 표현이 동물과의 관계에서 우위를 점한 인간이 다른 인간에게 줄 수 있는 모욕의 언사이기 때문이다.

뒤이어 그는 2018년에 자기가 '한국인'에게 당한 인종차별적 모욕과 폭행사건이 미디어를 통해서 보도되었다는 사실을 알린다. 이것은 자신이 한국에서 겪은 또 다른 부당한 사건을 알리려는 의도였지만, 귀가 후 이 뉴스를 찾아본 나는, 그가 동물과 자신을 동격으로 놓은 그 질문에 대해 어떻게 생각하는지를 확인할 수 있었다. 그는 "다른 사람들도 한국인처럼 인간이에요. 우리는 동물이 아니에요. 우리는 인종차별이 한국에 퍼지는 걸 원하지 않아요. 왜 인종차별금지법은 한국에 없죠?"라며 울먹였다.[7]

사브리의 언어에서 한국인은 인간에, 비한국인은 동물에 대응되는 관계가 있다. 난민은 비한국인과 동물로 상상된다. 즉 난민 문제는 '국민'과 '난민'의 관계 구도를 형성하고, '인간'과 '동물'을 구분하는 종에 대한 경계 인식과 맞닿는다. 이것으로써 두 가지를 알 수 있다.

---

7. 이호진, 「"너희 나라 돌아가" 혐오가 죄가 되지 않는 나라?」, 〈JTBC 뉴스〉, 2018년 8월 19일 입력, 2020년 3월 19일 접속, https://bit.ly/2Z5ZXsw.

첫째, 한 국가에 자신을 귀속하게 하는 '국민됨'의 정체성이, 국가에 소속되지 못하는 자들에게 배타적으로 작동한다. 국가에 소속된다는 이유만으로 자신을 '국민'으로 정체화하는 것은, 살 길을 찾아 소속국을 떠나 난민이라는 이름으로 입국하는 이들을 '난민화'하는 메커니즘이다. 김현미는 2018년 예멘 난민 제주 입국 당시 국민 청원이라는 형식으로 제안된 난민수용반대 운동이 국민특권주의에 의한 난민화 현상임을 지적한 바 있다.[8] 이미 난민으로서 한국에 입국하였지만, 난민심사를 통과하여야만 난민의 지위를 인정받을 수 있다는 것은 그 자체로 아이러니하다. 국민과 비국민을 가르는 사회적 분위기 및 정책 속에서 이루어지는 심사 과정에는 배제의 메커니즘이 작동할 수밖에 없다. 이러한 일련의 과정에서 작동하는 배제의 메커니즘이야말로, 위험을 피해 도착한 그들을 어디에도 안착하지 못하도록 한다.

둘째, "우리는 동물이 아니다"라는 말은, 피를 나눈 공동체로 상상되는 민족을 기반으로 하는 국가주의와 결합한 인종주의를 비판하고 자신의 처지를 호소하려는 말이지만, 그와 동시에 비교항목으로서의 동물을 부각하는 '종차별주의'speciesism를 보여준다. 여기서 동물은 현재와 같이 취급받아도 된다는 점이 전제된다. '동물과 같이' 취급받는다고 호소할 때, '비참한 삶'의 대명사로 쓰이는 동물의 삶에 대한 문제의식은 일어나지 않는다.

---

8. 김현미, 「난민 포비아와 한국 정치적 정동의 시간성」, 『황해문화』, 2018년 12월호, 211쪽.

인종차별은 악으로 여겨지지만, 종차별은 인지되지 않고 동물에 대한 열등한 처우는 당연하게 여겨진다. 결국 '레토릭'은 일상적 행동의 구조를 드러내지만, 그간의 세계를 변화하게 하겠다는 의지를 담지는 않는다. 그리하여 '동물이 인지 바깥에 있다'는 것은, 동물이 처한 삶의 곤경을 모르는 것이 아니라, 오히려 동물이 처한 삶의 곤경을 알기에 자신과 동물을 차별화하려는 적극적인 인식이 가동되는 것이다. '인간중심적 세계'에서 동물을 바라보고 처우하는 방식으로 대우받고 싶지 않음, 동물이 처한 위치에 처해지고 싶지 않다는 의사 표현이다. 이러하듯이 동물은 잊힌 존재가 아니라, 늘 새롭게 인지되며 이용된다. 동물의 고통과 피해에 대한 생각은 극한의 상태를 묘사하는 수사로 쓰이며, '동물과 다른' 주체로서 나를 정립하는 사유로 전환된다. 자신을 동물과 떼어놓음으로써 '인간의 영역'으로 은유되는 '국가'에 속하려 하기 때문이다. 결국 비한국인 난민을 비인간동물에 빗대는 것은 동물이 '인간의 영역'인 국가에 소속될 수 없음을 말함으로써 동물을 비국민화하고 난민화하는 것이다.

'인간중심주의' 속 동물의 난민성과 재再난민화

교전 속에 국경을 넘는 동물들

동물은 전쟁 발발이나 재난 발생 여부와 관계없이, 인간에 의해 서식지를 빼앗기고, 개체수를 조절당하며, 일상적으로 생존을 위협받는다는 점에서 태생부터 '난민성'이 있다.[9] 애초부터 그들의 신변을 보호해줄 국가가 없기 때문이다. 전쟁이나 재난과 같은 사건은, '난민'으로 태어난 동물이 처하는 '재난의 일상성'을 선명하게 비추며, 동물이 끝없이 국경을 넘으며 '재난민화'되는 양상을 드러낸다.

시리아 내전이 한창인 알레포의 '매직월드'라는 동물원 소유주가 동물들을 두고 피신하였다. 그 뒤 폭격과 기아에 노출된 동물원 동물들이 터키로, 터키에서 요르단의 동물보호구역으로 이송된 사건이 있었다.[10] 출산이 임박했던 '다나'라는 이름을 가진 '암사자'는 요르단의 알마와 동물보호구역에 도착한 지 몇 시간 만에 새끼를 낳아 '난민 사자'로 이슈화되기도 했다.[11] 내전 속에서 국경을 통과한 동물들이 죽음을 무릅쓰고 새로운 땅에 도착한 '난민과 같다'는 시선은 기사에서도 여러 번 표현되었다.

하지만 전쟁 발발 당시 삼백여 마리였던 동물들이 '다나'가 무사히 국경을 넘어 이송된 시점에 열세 마리밖에 남지 않은 점은 크게 부각되지 않았다. 동물원에 있었던 90%의 동물들이

---

9. 2019년 5월 10일부터 8월 10일까지 국회의사당 지하철역 5번 출구 앞 교통섬에는 경상남도 양산의 '식용견' 사육농장에서 구조된 갈 곳 없는 개들이 머물렀다. 교통섬 입구에는 "구조 동물에게 난민의 지위를 부여하라"는 현수막이 나붙었다. 이 글이 동물을 난민, 난민성, 재난민화라는 개념에 빗대어 바라보는 이유는, 난민과 동물이 동일선상에 놓여 자주 이야기되면서도 '동물난민' 자체는 주목되지 않음을 이야기하기 위함인 동시에, 오늘날 사회에 깊숙이 연결된 동물의 삶이 '인간화'되어 이해되는 방식 자체를 비추기 위함이다.

10. 연합뉴스, 「시리아 '동물 난민' 요르단 보호구역에 새 보금자리」, 『연합뉴스』, 2017년 8월 12일 수정, 2020년 1월 28일 접속, https://bit.ly/2WzEgzF.

11. 박민우, 「시리아서 구출된 '난민 사자' 새끼 낳아」, 『동아일보』, 2017년 8월 16일 수정, 2020년 3월 21일 접속, https://bit.ly/3bzH97M.

죽거나 사라졌음에도 말이다. 『한겨레』에 따르면, 재규어나 백호와 같은 '희귀동물'들은, 동물원 소유주가 사육사에게 15년간 동물들을 먹일 수 있는 돈을 주고 떠난 뒤, 사육사에 의해 다른 나라에 팔렸다.[12] 동물원에 감금된 동물들이 폭격이나 부상으로 죽음을 맞이할 때, 나머지는 총탄이 오가는 국경을 넘어 어디론가 몰래 팔려 간 것이다. 2007년에 방문한 라스베이거스 미라지 호텔 로비의, '유리 동물원' 안에 갇혀 있던 백호 두 마리가 떠올랐다. 시리아의 맹수들은 24시간 휘황찬란한 조명의 도시 라스베이거스 한복판에서, 구경거리로서 생존을 이어가던 백호의 뒤를 이었을까.

동물들이 도착한 알마와 동물보호구역이 어떤 장소이며, 그곳에서 동물들은 어떤 삶을 이어가는지는 조명되지 않았다. 전쟁터에서 전쟁터가 아닌 곳으로, 동물원에서 동물보호구역으로 이동했다는 문구는 그 자체로, 전쟁에서 구조된 동물이 더 나은 삶을 살게 된 것처럼 들린다. 하지만 동물보호구역은 야생동물에 대한 착취를 보여주는 또 다른 체제로, 동물을 감금하는 동물원 체제와 쌍벽을 이룬다. 일례로, 짐바브웨 국립공원에서 '야생의 삶을 보호'받던 사자로 유명했던 세실이, 돈을 내면 사냥을 허락해주는 시스템하에 국립공원 바깥으로 유인되어 트로피 헌터에게 죽고 만 충격적인 사건이 있었다. 세실은 보호구

---

12. 마용운, 「내전의 포화 속에서 동물을 구출하라」, 『한겨레』, 2017년 10월 12일, 2020년 3월 22일 접속, https://bit.ly/2y7JclS.

역과 그 바깥을 가르는 '경계'를 넘는 순간 사냥되었다. 2016년에도 국제동물보호단체 〈포포즈〉FOUR PAWS International는, 팔레스타인과 이스라엘의 전쟁으로 '세계 최악의 동물원'이라 이름 붙은 가자 지구 〈칸유니스 동물원〉에서, 죽어가던 동물들을 요르단으로, 그리고 유일한 생존 맹수인 호랑이 라지즈를 남아프리카공화국 국립공원으로 이동시킨 적이 있다.[13] 라지즈도 세실과 다름없이, '야생의 삶을 보호받는' 역설적 상황에 놓인 것이다. 인간 체제에서 야생동물이 전쟁을 맞닥뜨리는 국면을 살펴보면, 인간이 고안한 동물원과 동물보호구역이라는 동물 착취 체계가 드러나며, 전쟁이라는 재난이 아니더라도 동물의 일상이 '항구적' 재난 상태에 처해 있음을 알게 된다.

도살되기 위해 국경을 넘는 동물들 : 이송 중의 죽음들

알레포 동물원의 열세 마리 동물들에게 국경을 넘는 것이 더 나은 삶이라 말하기는 어렵지만, 그것은 여러 사람과 동물들이 목숨을 건 '피난' 과정이었음은 틀림없다. 각주 7에서 언급한 '양산 개 농장 육십 네 마리 개들'도 대부분 한국 국경을 넘어 새 삶을 찾았다. 하지만 '죽임당하기 위해' 국경을 넘도록 강제되는 동물이 있다. '식용'으로 인지되는 동물들이다.

태국에서 개 도살과 개 식용은 금지되어 있지만, 연간 오십

---

13. 고미혜, 「'세계 최악의 동물원' … 팔레스타인 동물원의 굶주린 동물 구하기」, 『연합뉴스』, 2016년 8월 28일 입력, 2020년 3월 22일 접속, https://bit.ly/2y97axa.

만 마리의 개가 중국과 베트남으로 살아있는 채 팔려 간다. 이 트럭은 태국의 국경을 넘어 라오스를 거쳐 북부 베트남으로 향하는데, 열 마리에서 열다섯 마리의 개들이 하나의 철창 안에 밀어 넣어진다. 이러한 철창이 1백 개이니, 트럭당 1천 마리가 빼곡히 실려 간다. 개들은 차량 이동 중에 깔려 죽거나 다리가 부서지거나 철창 바깥으로 삐져나온 목이 잘려 죽는다. 라오스 국경 부근 현지에서 지역 내 소비를 위해 도살되기도 한다. 가장 마지막 행선지인 중국이나 북부 베트남까지 살아 도착하는 개들은, '고통과 맛'의 비례관계를 믿는 속설에 따라 잔인하게 도살된다.[14] 무언가를 맛있게 먹는다는 것은 중요하게 여겨지면서도, 그 음식이 되는 동물의 고통은 중요하게 생각되지 않고, 맛있음을 느끼는 미각 자체에 대한 분석도 이루어지지 않는다는 것은 육식주의 이데올로기를 생각하게 한다.[15]

---

14. 김연수, 「지옥행 트럭에 갇힌 태국 거리의 개들」, 『뉴스 1』, 2018년 3월 9일 입력, 2020년 5월 15일 접속, http://news1.kr/articles/?3251914.

15. 인간을 잘 따르는 개라는 동물에 대해 고통과 맛이 비례한다고 강조하는 것을 볼 때, 육식문화에 숨겨진 인간–동물 관계를 '비정한' 자본주의의 구조 속에서 생각해볼 만하다. '식용동물'은 죽은 이후에는 '상품'으로 포장되고 추앙받지만, 살아 숨 쉬는 생물이 경멸을 받으며 상품이 되어가는 과정은 은폐된다. 고기를 더 많이 먹도록 과열화되어온 '동물의 고기' 산업은 육류 혹은 육류 맛이 나는 요리를 추구하도록 입맛을 길들이면서 인간 감각에 개입하기에 문제를 더욱 어렵게 만든다. 동물의 고통과 상품화 과정은 추상적인 데 반해 내 입의 감각은 동물의 고기가 맛이 있다고 느끼는 가깝고 생생한 감각이기 때문이다. 채소로 고기 맛을 똑같이 재현하는 트렌드로 보건대, 고기의 맛이라는 것은 이미 익숙해진 양념 맛이거나 쫀득함을 느낄 수 있는 씹는 식감일 수 있다. 콩, 밀, 쌀로 동물 살갗의 결까지 구현하여 시각적으로 유사하게 만드는 것을 어떻게 보아야 할까? 요리 이름도 육류요리를 따라 짓는 이

돼지 도살장에서부터 동물들이 살고 죽는 장소를 여과 없이 보여주는 다큐멘터리 〈도미니언〉Dominion(2018)에는 소 도살이 금지된 인도네시아에서 국외로 강제 이동되는 소들이 나온다. 이 소들은 걸어서 '사선'死線인 국경을 넘는데, 이 과정에서 쓰러져 죽기도 한다. 지쳐 쓰러진 소들을 일으켜 세워 걷게 하려고 사람들은 막대기로 소를 찌르거나 고춧가루로 소의 눈을 비빈다. 이렇게 죽음의 길을 억지로 걷는 소들은 국경을 넘어 고기나 가죽이 되는데, 고기를 얻으려면 가죽이 상하는 경우가 많기 때문에 '가죽만을 위한 도살'도 빈번하게 이루어진다. 동물들이 산 채로 털이나 가죽을 빼앗기며 목숨을 잃는다는 것은 동물이 인간을 위한 '보급품'으로만 인지됨을 뜻한다. 단지 거죽 때문에 목숨을 잃는 삶이란 어떤 것이며, 그러한 고통스러운 죽음을 방관하는 '우리'는 무엇이 되어가고 있는가?

2019년 5월, 제주축협이 운영하는 도살장에서 퇴역 경주마들이 학대를 당하며 도살장 안으로 집어넣어지고, 다른 말들이 지켜보는 가운데 도살되는 장면이 국제동물권리단체 〈페타〉PETA의 잠입 취재로 공개되었다. 우승마나 '혈통이 우수한' 말들도 예외는 없었으며, 다리에 경기용 보호 장비를 감은 채 끌려온 퇴역 경주마인 '케이프 매직'은 경기를 마친 지 72시간이 채 지나지 않아 도살된 것으로 알려졌다. 말 도살장이 없

러한 현상은 육식문화 의존성을 보여준다. 채식문화로 넘어가는 과도기적 현상이기도 하다. 새로운 시도들이 누적되고 사회적 관습으로 굳어지면 '사회적 미각'이 차츰 바뀔 것이다.

〈그림 1〉 〈퀸 힌드〉호에 탄 양들
(출처 : 포포즈 페이스북 페이지)

는 미국에서 말들은 국외로 옮겨져 도살된다. 경주마의 경우, 식용으로 쓰이지만 식용이 도살의 목적은 아니다. 단지 약간의 부상을 입었다는 이유로 사료 값 한 푼이라도 아끼기 위해 '처리'되는 것이다. 그들의 고통스럽고 격렬했던 삶은 고깃값으로 교환된다. 마유馬油크림과 같은 화장품이 되기도 한다. 경주마들의 생生을 통하여, 동물을 먹거나 이용하는 '평범한' 일상의 정체를 '낯설게' 되짚어볼 수 있다.

2019년 11월, 일만 사천육백 마리의 양을 싣고 루마니아를 출항하여 사우디아라비아로 향하던 〈퀸 힌드〉Queen Hind라는 '가축수송선'이 루마니아 앞바다에서 옆으로 넘어지는 사고가 있었다. 전복 직후 선원 전원과 헤엄치고 있던 서른두 마리의 양을 구조한 이후 구조는 중단되었다. 대부분의 양들이 뒤집힌 배 안에 갇혀 배에 물이 들어차 익사한 것으로 추정되는 가운데, 〈포포즈〉 활동가들이 승선하여 맨손으로 양 한 마리 한 마리의 생사 여부를 확인하는 구조 활동을 벌였다. 과정은 순탄치 않았다. 루마니아 정부로부터 '구조 허가'를 받기까지는 이틀이 걸렸다. 배의 측면에 구멍을 뚫어 3일 동안 254마리의 양을 구조했지만, 60마리는 의료 처치를 받은 후 죽었고, 11마리는 다른 병이 있어 안락사했다고 한다. 〈포포즈〉는 루마니아 당국과 한 달이 넘는 협상을 벌인 끝에 2020년 1월 10일, 살아남은 180여 마리의 양들을 돌볼 수 있는 '양육 권한'을 얻어내었다. 양들은 현재 〈포포즈〉가 마련한 피난처에서 살고 있다.[16] 이렇게 양을 가득 싣고 흑해를 건너 루마니아에서 중동으로 가는 배만 한 해 1백 척, 유럽연합에서만 한해 10억 마리의 '가금류'와 3,700만 마리의 소, 돼지, 양, 염소, 말들이 '산 채로' 국경을 넘어 수송된다. 2017년에는 호주에서 중동으로 가던 수송선 안에서 스트레스와 산소 부족 등으로 양 2,400마리가 죽은 채 도착지에서 발견된 일도 있었다.[17]

묻에 산다고만 생각했던 동물들이 도살장을 찾아 몇 날 며칠을 항해하고 있으리라는 상상을 해 본 적이 있는가? 식탁에 오르는 것을 당연하게 여겼던 동물들이 도살장이라는 목적지에 도착하기 전에 사고를 당해 떼로 세상을 등지는 일을 생각해 본 적이 있는가? '동물의 재난민화'는 상상조차 할 수 없는 장소에서 상상할 수조차 없는 방식으로 동물들이 불구가 되거나 죽임당하고 있는 현실을 통해 그러한 현실에 '우리'가 어떻게 '연루'되는지를 묻는다. 태국 바깥으로 실려 나간 개들, 인도네시아

---

16. "ANIMAL DISASTER RELIEF IN ROMANIA", 〈FOUR PAWS International〉, 2020년 4월 30일 수정, 2020년 5월 24일 접속, https://bit.ly/2zJkkRC. 양들이 구조되는 동영상 및 구조기록일지는 〈포포즈〉 공식 홈페이지에서 볼 수 있으며, 모든 관련 동영상은 유튜브에서도 볼 수 있다.

17. "Animal Transport Issues", 〈FOUR PAWS International〉, 2018년 5월 6일 수정, https://bit.ly/3bw8KXn.

국경을 제 발로 걸어 넘어야 하는 소들은 도착지에 도착하지 못한 채 죽거나 긴긴 여로 끝에 결국 죽었을 터이다. 〈퀸 힌드〉호의 많은 양들은 배 안에 갇힌 채 물에 빠져 생을 마감했다. 이동 중에 숨을 거둔 동물들의 죽음을 어떻게 보아야 할까? 도중에 맞은 죽음이 목적지에 도착해서 결국 당해야 했을 죽음보다 덜 고통스럽거나 덜 공포스러웠을 거라 말할 수는 없다. 어떤 죽음이 어떤 죽음보다 낫다는 이야기를 하려는 게 아니다. 양쪽 다 인간의 동물 학대에서 초래된 죽음이거니와 죽음 앞에 선 공포의 경중을 쉽사리 비교할 수 없기 때문이다. 하지만 사고로 죽은 양들과 구조 후에 죽은 양들은 도살당하지 않았고, 생존한 양들은 다시 도살장으로 보내지지 않았음을 기억할 필요는 있다. 도살장으로 가는 길 위에서 죽은 양들은 긴 학대의 과정을 거쳐 어떤 인간에게 먹히는 '쓸모'에서 벗어났고, 구조된 양들은 어떤 다른 인간들에 의해 피난처로 보내졌다.

난민구호 활동의 동물 난민화 : 난민이 되기 위해 태어나는 염소들

전쟁, 테러와 같은 재난으로, 법망을 피한 밀거래로, 그리고 산 채로 운송 수단에 태워지거나 제 발로 걸어 국경을 넘도록 강제되고 있지만, 강인한 생명력을 가지고 주어진 삶을 사는 동물들은, 무력하고 수동적인 피해자와, 적극적으로 삶을 주재하는 행위자 사이 어디쯤에 위치한다고 표현해야 할까. 동물을 피해자로만 보는 시각은, 인간우위, 동물열위의 지배-피지배 구도를 너무나 명확하게 구분 지으며 동물이 처한 불리한 위치를 고정한다. 반면 동물에게 지나치게 인간화된 의미의 행위주체성을 부여하는 것은 결국 의인화와 맞닿으며 또 다른 인간중심주의를 구성한다.

하지만 동물에게 어떤 종류와 질의 행위주체성을 부여하든 하지 않든 동물이 삶에 대한 강력한 의지를 가지고 있음은 사실이며, 그 의지가 인간보다 못하다거나 중요하지 않다고 말할 수는 없다. 인간이 '선의'를 가지고 인간난민을 돕는 일이 동물 일가의 이산과 난민화, 죽음을 초래하는 활동이라면, 난민을 구호한다고 말할 수 있을까?

〈세이브더칠드런〉은 2010년 9월부터 아프리카 니제르에 빨간 염소를 '전파'하는 '아프리카 염소보내기 희망릴레이 캠페인'을 전개하고 있다. 서아프리카 사하라 사막에 위치한 니제르는 심각한 가뭄과 같은 이상기후현상으로 '기후난민'이 급증하는 곳이다. 여섯 명에 한 명 꼴로 아이들은 다섯 살이 채 못 되어 죽고, 도심을 몇 킬로미터 벗어난 길거리마다 여정을 마치지 못한 소, 양, 염소들이 쓰러져 죽어 있는 일은 흔하다고 한다.[18]

니제르에서도 가뭄이 심한 디파 지역에서는 가축의 사체가 끝도 없이 이어진 행렬을 볼 수 있다는데, 사막 기후에 강한 낙

---

18. 레이첼 파머(세이브더칠드런 영국홍보담당자), 「니제르 식량위기 : 레이첼 파머의 현장의 소리」, 2010년 5월 12일 입력, 2020년 1월 31일 접속, https://bit.ly/3fN7Rxb. 서동일, 「삶의 터전 잃은 기후난민들 … 테러보다 무서운 환경 변화」, 『동아일보』, 2018년 9월 12일 입력, 2020년 2월 1일 접속, https://bit.ly/2WXcrQF.

타와 당나귀까지 죽고 있다는 것은 상황이 얼마나 심각한지를 보여준다. 현지 유목민인 하지 아다무 하룬Haji Adamou Haroun은 수백 마리의 다양한 가축을 키우던 부유한 유목인이었는데, 이백 마리의 소가 다 죽고, 여윈 암소 한 마리와 사십 마리의 염소만 남았지만, 이 동물들도 곧 죽을 것 같다고 진술한다. 현지 주민들의 말에 따르면, 염소들을 삼일 동안 걷게 하여 마을 시장에 데려가 곡식과 교환하는데, 시장으로 가는 길에 염소가 죽기도 한다고 한다.[19]

니제르에 '보급'되는 빨간 염소는 니제르 내 마라디에서 쉽게 구할 수 있는 종으로서 국경을 넘지 않아도 되고, 선박이나 항공이 아닌, 차량 수송을 한다는 점이 강조된다.[20] 국경을 넘지 않는다 해도, 지역 내 분배를 위한 차량 이동을 하면서 험하게

---

19. 디파 지역 상황 및 현지 활동가 및 유목민의 진술은 「니제르 극심한 가뭄으로 인해 고통 받고 있는 유목민들」, 〈유엔세계식량계획〉, 2010년 8월 10일 수정, 2020년 5월 24일 접속, https://bit.ly/363dG51을 참조하였음.

20. 김원녕, 「원녕이의 니제르이야기 ⑬ ― 염소 지원 사업」, 2013년 3월 18일 입력, 2020년 5월 15일 접속, https://bit.ly/35ZXZeI. 니제르 현지 사진을 보면 빨간 염소가 아닌 하얀 염소, 점박이 무늬 염소도 있다. 종의 구분은 인간이 만들어낸 체계일 뿐, 실제로 종 구분은 명확하지 않다. 캠페인은 사막 기후에 강하고 현지에서 구하기 쉬운 빨간 염소만 현지에 보급하는 것처럼 홍보하지만, 실제 현장에는 다른 동물들도 함께 있다. 2011년 3월부터 2013년 1월까지 현지에 파견되어 근무한 김원녕이 연재한 「원녕이의 니제르이야기」 및 「내가 보낸 아프리카 니제르 빨간염소 근황, 궁금하셨죠?」(https://bit.ly/2ztrSZd)를 남긴 김은원의 기록 및 사진에서 빨간 염소가 아닌 염소들과 닭들은 어디서 어떻게 오며, 더위를 어떻게 견디는지, 습성은 어떤지 알 수 없다. 빨간 염소는 캠페인을 활성화하기 위한 방안으로, 강인한 생명력의 상징으로 동원된다.

다루어져 염소들은 부상을 입는다. 지역 내 보급을 위해 염소 번식과 분배가 이루어진다는 것은, 염소들이 '난민이 되기 위해' 태어나고 길러지고 서식지를 이동한다는 이야기이기도 하다. 염소가 사막의 더위에 강하다는 것은 강조되면서도, 극한의 가뭄 상황이나 현지 여건 속에서 태어난 어린 염소는 얼마나 살 수 있는지, 죽는 염소는 얼마나 되는지는 알려지지 않는다. 중요한 점은, 재앙과 같은 기후로부터 인간들이 '도망쳐 나오는' 데 반해, 염소들은 재난 지역에 '밀어 넣어'진다는 점이다. 그럼에도 〈세이브더칠드런〉의 캠페인은 염소가 사막기후에도 잘 견딘다고 홍보하며, 염소를 밝고 명랑한 캐릭터로만 묘사한다.

염소에게 투영되는 충효 이데올로기 : 삭제되는 피해자성, 이용되는 주체성

캠페인 포스터는 '나'라는 일인칭을 쓰는 염소가 자신의 쓰임을 긍정적으로 설명하는 내용이고, 형식은 누구나 재미있고 알기 쉬운 만화로 되어 있다. 염소의 의지에 반하는 폭력은 일어나지 않는 것처럼 보인다.

하지만 코믹한 만화에는 인간 필요에 의해 임신한 엄마 염소가 출산하고, 아기 염소와 생이별한 뒤, 젖을 빼앗기는 전 과정과, 다른 삶의 가능성을 박탈당하는 아기 염소 착취가 숨어 있다. 먼저, 염소가 젖을 매일 4리터씩 아이들에게 나누어줄 수 있다고 말한다. 출산 이후 자기 새끼를 먹이기 위해 몸에서 나오는 염소의 젖을 '우유'라는 이름으로 짜서 인간 아이에게 주는 것이다. 다음으로, 태어난 아기 염소는 엄마 염소와 떨어져서 그

〈그림 2〉 〈아프리카에 빨간 염소 보내기〉 캠페인 홍보 포스터
(출처 : 세이브더칠드런 공식홈페이지 https://www.sc.or.kr/)

림에서처럼 장에 팔리거나 이웃 마을로 분배된다. 번식된 염소
새끼는 엄마와 떨어져 옆 마을로 보내져 윗대와 똑같은 운명의
삶을 산다. 아기염소들은 "엄마, 낳아주셔서 고마워요. 꼭 훌륭

한 염소가 될게요"라는 감사 인사와 다짐을 하면서 자신의 도움이 필요한 이웃 마을로 '자발적으로' 달려간다. 아기염소가 태어나자마자 생이별하는 장면에서 그려질 법한 엄마염소의 슬픔, 모성애, 그리움의 정서는 아기염소의 목소리를 통해 어머니에 대한 감사와 대의에 대한 다짐으로 치환된다. 이웃을 위해 자기몸을 바칠 수 있어서 감사한다는 말은 곧 대의를 위한 자발적이고 실천적인 정신을 나타낸다. 동시에 대의에 충성하는 길을, 낳아준 모에 대한 보답의 길로 표현한다는 점은 '충효일치'를 드러낸다. '충효 이데올로기' 아래, 소속된 국가가 없는 동물의 충성은 자신의 생존권조차 보장해주지 않는 인간 공동체를 향하는 것으로 나타난다. 그러한 '효용'이 있을 때에만 인간 공동체의 구성원으로 인정받는다. 희생될 때만 성스러운 존재로 격상되는 '희생양'이다. 끓는 솥 그림 옆에는 "가족이 너무 아플 때는 단백질 공급원으로 … "라는 문구가 적혀있어 김이 펄펄 나는 솥 안에는 염소가 들어갈 것을 암시한다. 솥 아래편 마켓 그림 옆에는 "생계 수단이 되는 염소, 시장에 팔면 곡식과 생필품을 살 수 있어"라고 적혀있다. 다른 부분에서는 아기염소나 엄마염소의 의지가 적극적으로 서술되는 반면, 시장에서 거래되거나 솥에 삶기는 부분은 1인칭이 불가능한 서사이기 때문에 염소를 바라보는 3인칭 서술로 시점의 변화가 일어난다.

'빨간 염소보내기' 캠페인의 특성은 캐릭터화된 염소에게 강한 행위성을 부여한 것으로, 동물이 가진 의지와는 정반대인 '극단적인 의인화'를 통해 동물의 이용을 합리화한다. 실상은 포스터의 다른 쪽에 그려진 '인간 관리자'가 설명해준다. 여기서 염소들은 보낼 곳이 탐색되고, 키워지고, 차로 운송되며, 주사를 맞고, 주민들에게 선택되는 일련의 과정을 거친다. 결국 포스터는 인간의 필요에 의해 염소를 '동원'하는 일을 염소가 자기 의지대로 자기 새끼와 고기와 젖을 '제공'하는 것으로 왜곡한다.

동물의 피해자성을 삭제하고, 주체성만을 부각한다. 이때 주체성은 동물이 자기 자신을 죽일 것을 승인하는 허위이자, 인간의 동물착취를 은폐하기 위한 포장이라는 점에서 기만적이다. 인간에게 하면 지탄받거나 범죄가 되는 행위도 동물에게 하면 선행이라 칭송받는 것인데, 이를 동물의 의지로 포장하기까지 하니, 이러한 행위를 어느 정도까지 용인할 수 있을까?

'아프리카 염소 보내기 캠페인'이 던지는 질문 파고들기

'제삼자'의 도덕적 딜레마라는 함정

'동물을 인간이 어느 정도까지 도덕적으로 대해야 하는가?'에 대해서는 피터 싱어의 '가장자리인간'[21] 논증과 톰 리건이 주장하는 '삶의 주체로서의 동물'[22] 논의가 인권에 비견하는 동

---

21. marginal human. 도덕적 책임에 필요한 전제조건으로 여겨지는 인간의 특질을 '결여'하고 있는 '가장자리인간'과 마찬가지로, 그러한 특질을 갖지 않은 동물들도 도덕적 대우를 받을 권리가 있다는 논증.
22. subject of a life. 삶의 주체인 동물들에게도 도덕적 권리가 인정되어야 한다는 논의.

물권을 주장한 것으로 잘 알려져 있고, 여전히 논쟁적이다. 여기서는 동물권 개념 또한 인간중심주의적임을 지적하며, '개방적' 인간중심주의를 주장하는 소병철의 논의를 살펴보자. 소병철은 인간은 결국 인간에게 공명하는 방식으로 동물을 볼 수밖에 없다는 O. 회페의 관점을 받아들여, '전지적' 시점이 아닌 '인간적' 시점으로밖에 볼 수 없다는 점에서 관점의 한계를 인정해야 한다는 인지적 '종 관점주의'specific perspectivism를 주장한다.[23] 그는 '가장자리인간'과 유사한 정도의 인지 수준과 도덕성을 가진 동물을 똑같이 대우해주어야 한다는 피터싱어나 '내재된 가치'inherent value가 있는 존재로서 동물이 그 자체로 존중받을 도덕적 기본권을 갖는다고 주장한 톰 리건의 관점도 인간과의 유사성에 기대어 동물을 바라본다는 점에서 인간중심주의라고 말한다.[24] 또한 그는 '개방적 인간중심주의'가 쇼비니즘적 인간중심주의의 편협성을 보완하면서도, 탈인간중심주의post-anthropocentrism 혹은 반인간중심주의anti-anthropocentrism 가 주장하는 '공허한' 종평등주의보다 인간에게 바람직하고 자연스러운 개념임을 주장한다. 개방적 인간중심주의는 동물들도 이성능력, 도덕성, 감각능력을 가지고 있음을 인정해야 하지만, 인간과 동물 사이의 '종차'를 인정해야 함을 주장한다. 즉 인간이 공감을 느끼는 진화적 거리를 기준으로, 동물종에 따라 도덕적

---

23. 소병철, 「인간중심주의적 동물윤리」, 『철학논집』, 130쪽.
24. 같은 글, 129쪽.

으로 의미 있는 차별 대우를 할 수 있다는 것으로 귀결한다.[25] 결국 그는 '재난 상황에서 유아와 성견 가운데 누구를 구할 것인지'에 대한 딜레마를 언급하며, 개가 아닌 유아를 구하는 것이 인간적 선택이자 도덕이라고 말한다.[26]

그에 따르면, 인간의 도덕성은 맹목적 진화와 인간이 지닌 자율이성이 결합한 결과로서 이성능력을 가진 인간은 스스로에게 인간 존엄을 부여하면서 진화해 왔다. 이러한 연유로, 그는 동물과 인간 사이의 이성능력 면에서 보이는 명백한 차이를 도덕과 무관한 것으로 보거나 동물과 인간에게 동일한 수준의 도덕적 대우를 할 수는 없음을 주장한다. 그러니까 동물에 비해 우월한 이성능력을 가진 인간은 인류 스스로에게 부여한 존엄에 따라 더욱 존엄하게 대우받아 마땅하다는 주장이다.

하지만 이러한 관점은 무엇의 존재를 '당연한 것이니까 당연하다'고 말하는 것일 뿐이다. 소병철은 인간과 동물 존엄의 차이에 따른 도덕적 대우의 차이를 무화하는 도덕철학자들은 도덕 자체를 부정하는 것이며, 이러한 점에서 그들은 '대안적 도덕'이 아니라 '도덕의 대안'을 주장하는 것이라고 말한다.[27] 이 말은 종

---

25. 같은 글, 131쪽.
26. 같은 글, 132쪽. 이러한 딜레마는 서구의 동물권 논쟁에서 지속적으로 언급되어왔다. 대상이 인간 쪽은 '유아'인 반면, 동물 쪽은 강아지가 아닌 '성견'이라는 점에도 주목할 필요가 있다. 그간의 논쟁에 비추어볼 때, 이것은 유아와 성견의 지능이 비슷하다는 점과 유아가 가진 미래의 질이 성견이 가진 것보다 더 높다고 비교하는 인식에서 비롯된 것으로 보인다.
27. 같은 글, 122~124쪽.

평등주의를 비꼬고 있지만, 정곡을 찌른다. 인간의 도덕성이 인간의 맹목적 진화와 자율이성에 의해 조절되는 것이라면, 인류를 포함한 동물이 함께 공멸하고 있는 지금 시점은 인간이 도덕이라고 불러온 것들을 상찬할 때가 아니라, '폐기'해야 할 때인 것이다.

그가 주장하는 인지적 종관점'주의'와 개방적 인간중심'주의'는 인간이 '자기 관점의 포로'가 될 뿐이기에 비인간동물의 사고방식을 배울 수 없다며, 관점의 한계를 일찌감치 인정한다. 그런데 관점의 한계를 인정하는 것은 인간종 너머 존재를 알아보려는 시도를 멈추게 하는 것으로까지 이어질 가능성이 높다. 이렇게 되면 타자 혹은 외부가 없는 상태가 지속된다. 이러한 상황에서 자기 동일성을 유지하는 것에 집착하면, 결국 다른 목소리를 들을 수 없게 된다. 동일자에 의한 동어반복이 이루어지는 것이다.[28] 한계가 있음에도, 지속적으로 노력하는 것이 '레토릭 이상의 결단'으로서 탈인간중심'주의'일 것이다. 그런데 그는 탈인간중심주의가 '인간의 정직한 편견'인 종차별주의를 싸잡아 낙인찍는 "형이상학적 독단주의"라며 논지와 의도 자체를 왜곡해 버린다.[29] 그러면서 인간이 갖는 한계와, 앞을 향한 '의지의 방향'인 '지향'을 담은 인간중심'주의'와의 차이를 무화한다. 또, 그는 도덕 자체를 칸트적 의미의 인간 존엄과 연결시키고,

---

28. 같은 글, 113쪽.
29. 같은 글, 129쪽.

존엄을 인간이 인간에게만 부여한 것으로 국한하면서 도덕이라는 의미 자체를 폐쇄적으로 규정한다. 인간 존엄에 집중된 도덕을 다른 생명체로 확장해 나가자고 하면서도, 싱어나 리건의 종평등주의를, 도달할 수 없는 형이상학 혹은 독단주의라고 규정한다. 애초부터 인간과 동물 사이에 선을 긋고 논의를 시작하기에, 논의가 끝나는 지점도 종 경계에 머무르고 만다.

생각해 보면, 인간이 동물과 교감하거나 소통하지 못하는 것은 비인간이어서가 아니라, 다른 누군가의 마음과 사고방식을 배우고 읽어내는 것 자체가 어렵기 때문이다. 어떤 인간은 다른 인간보다 개와 더 잘 소통하거나 가깝게 느끼기도 한다. 또한 "재난 상황에 유아와 성견 가운데 누구를 구할 것인가?"라는 질문 자체가 종차별적이라는 점도 짚고 넘어가야 한다. 인간이냐 동물이냐 등 종에 따라 구해야 하는 대상이 결정되는 게 아니라, 다양한 변수에 따라 구조 가능한 대상이 달라질 것이다. 그런데 이 질문은 재난과 구조 상황에서 오로지 '종차'만을 염두에 두고 어느 한쪽을 선택하도록 강요한다. "당신이 모르는 인간과, 함께 사는 동물 가운데 누구를 구할 것인가?"라고 질문을 수정해 보자. 생판 남보다는 애착관계를 형성해 온 동물을 구하겠다는 답을 할 사람이 많지 않겠는가. 단지 인간이라는 이유로 모르는 아이를 구하기보다 종적 거리가 먼 반려동물을 구하는 것이 더 인간적 선택일 수 있다. 내가 인간종에 속하는지 아닌지 종을 따질 여력도 없이 관계의 정의에 따라 '몸이 정직하게' 반응할 것이다. '개방적 인간중심주의'는 '정직한 몸의 반응'을 '지양해야 할 것'으로 싸잡아 낙인찍음으로써 특정 행위를 인간도덕의 규준으로 삼으려 한다. 인간은 인간만을 구해야 할까? 혹은 동물은 꼭 인간을 도와야 할까? 이 장에서는 '아프리카에 빨간염소 보내기' 캠페인을 주최하는 '제삼자'의 입장에 서서 이 질문을 계속 생각해 보기로 한다.

마크 롤랜즈에 따르면, 동물권을 주장하는 사람들에게 유아 아니면 개를 구하는 딜레마 상황에 대한 질문을 자주 던지는 이유는 개를 구하는 것이 인간을 구하는 것과 똑같이 옳다는 대답을 이끌어내어 동물권이 불합리한 생각임을 지적하고 조롱하기 위함이다.[30] 그는 인간과 동물이 똑같은 위험에 처하는 극단적 상황은 가정적 현실일 뿐이라고 말한다.[31] 물론 많은 경우에서 인간은 작은 결정만으로도 동물을 위험에 빠뜨리지 않을 수 있다. 하지만 행위의 발신자와 행위로 인한 치명적 결과의 수신자가 별개로 존재할 때, 도덕적 극단은 이미 발생한다. 동물의 털과 가죽을 두르는 일상이 동물에게는 지속적으로 털을 빼앗기며 추위를 견뎌내는 일, 생명이 단축되는 시스템에 속박되는 일이다. 어떤 인간이 한 끼 식사로 새끼 양의 다리나 갈비를 먹는 일은 소소한 일상적 만족이지만, 그 동물에게는 목숨을 잃을 수밖에 없는 폐쇄된 시스템 안에서 대기하는 일이다.

또한 사유재산을 기반으로 한 지속적인 부의 축적으로 부

---

30. 마크 롤랜즈, 『동물도 우리처럼』, 윤영삼 옮김, 달팽이출판, 2004, 133~4쪽.
31. 같은 책, 178쪽.

익부빈익빈을 가속화하는 자본주의에서 제국주의의 오랜 착취 대상이 되었던 역사를 지닌 아프리카에서처럼 인간과 동물이 생존을 겨루어야 하는 상황은 가정적 현실이 아니라 실제로 존재한다. 〈세이브더칠드런〉 캠페인에서처럼 이면의 희생은 아름다운 것으로 포장되고 은폐된다. 일상적으로 고기를 먹는 행위와, 기아에 시달리는 아프리카로 살아있는 동물을 보내는 행위 가운데 전자보다 후자가 더 낫다고 말할 수 있을까? 이에 대해 〈세이브더칠드런〉은 명확한 답을 제시한다. 문명사회를 위해 가축화되는 염소는 쳐다만 봐도 죽을 만큼 '약하지만', 생계를 위해 사람들이 바라보는 염소는 '강하다'는 것이다. 이러한 관점에서 자본주의 사회의 공장식 축산에서 자라는 염소나 서구에서 '애완용'으로 길러지는 염소 혹은 경주마의 '스트레스 해소용'으로 쓰이는 염소는 아프리카에서 굶주림을 해소할 수 있는 '동력'이 되는 염소와는 차별화된다.[32] 전자보다 후자가 인간들을 위한 '쓰임' 측면에서 우월하다는 의미이다. 먼저 여기에는 공장식 축산은 탐욕의 산물일 뿐 기아를 해결하는 데는 도움이 되지 않는다는 관점이 드러난다. 또한 인간이 염소를 잡아먹지 않고 염소의 반려자가 되는 일이나 염소로 하여금 좁은 마구간에서 불안장애 증상을 보이는 경주마를 돌보게 하는 일은 모두 서구인의 사치라는 부정적 관점이 깃들어있다.

---

32. 세이브더칠드런, 「염소를 노려보면 어떤 일이 생길까?」, 『염소백과사전』, 2020년 5월 15일 접속, http://php.sc.or.kr/goat/goatDic/pcEbook.html.

이러한 관점은 두 종류의 질문을 던진다. 먼저, 니제르에서 멀찍이 떨어져 있는 '우리'를 제삼자로 특정하면서, 동물의 산업화된 죽음보다 아프리카 마을 사람들의 자가소비행위에 의한 죽음이 낫지 않느냐고 묻는다. 동물복지[33]의 측면에서 일견 논해봄직한 문제로 보이는 이러한 물음의 함정은 이것이 양자택일의 문제가 아니라는 점이다. 〈세이브더칠드런〉은 2015년 '교촌먹고 기부한 닭 이벤트'를 진행했다. '닭 한 마리가 한국에서 먹혀야만 닭 한 마리가 니제르에 보내지는 이벤트'는 공장식 축산 시스템을 가동하게 하는 기부 캠페인이다.[34] 결국 이 문제의식의 함의는 '공장식 축산 시스템 내에서 난민을 지원하는 것을 어떻게 생각하느냐'이다. 〈세이브더칠드런〉은 공장식 축산을 서구의 탐욕이라 비판하면서도 이 시스템을 이용하여 난민을 도우려고 시도한다. 이러한 시도는 동물복지라는 관점이 갖는 허구를 드러낸다. 두 번째 생겨나는 물음들은 '염소의 입장에서 보았을 때, 서구인의 반려염소로서 신선한 채소를 제공받으면서 잡아먹힐 위험을 느낄 필요 없이 사는 편이 나을까, 극

---

33. '동물복지'라는 단어는 공장식 축산의 산업화된 시스템에서 감금되어 살아가는 동물의 삶과 대비하여, 동물에게 이동의 자유, 습성에 맞게 살 자유를 조금 보장하는 농장동물의 삶을 일컬을 때 주로 쓰인다. 여기서 나는 '동물을 공장식 축산업에 종속시키는 것보다 아프리카로 보내는 게 낫지 않느냐'는 물음의 저변에는 '동물복지'라는 관점에 깔려있지만, 실제로 동물의 안위에 대한 걱정은 결여돼 있음을 지적하고자 한다.

34. 세이브더칠드런, 「'기부닭 프로젝트' — 아프리카에 기부닭! 염소만 키우던 우리집에 닭이 생긴다구요?」, 2015년 6월 5일 입력, 2020년 5월 15일 접속, https://php.sc.or.kr/goat/story_view.php?idx=103156.

심한 가뭄에 시달리는 기후재난 지역으로 보내지는 편이 나을까?' 또, '염소의 입장에서 본다면, 경주마의 스트레스를 풀어주는 역할을 하는 것과 난민 아이를 도우러 아프리카에 가는 것 중, 어떤 삶을 사는 것이 더 좋을까?' 하는 것이다.

유아나 성견 가운데 하나를 구해야 하는 딜레마를 가정하는 질문에서 중요한 것은 생존을 경쟁하는 양자가 존재한다는 것이 아니다. 인간종과 동물종, 동물과 동물종 간 상대적 중요성의 정도를 톺아보게 하는 것만도 아니다. 딜레마를 가정하는 질문의 핵심은, 동물과 아이 가운데 어느 한쪽만을 '구하는 입장'에 놓이는 '제삼자'를 가정한다는 점이다. 제삼자는 양자택일을 할 수 있는 위치에 있는 자, '심판'할 수 있는 자로, 자신은 누군가에 의해 양자택일되는 대상이 되지 않는다는 점에서 특권을 가진다. 대신 제삼자로 가정되는 자들에게는 양자택일을 해야 하는 책임이 주어진다. 제삼자는 딜레마적 질문에 답하기 위하여 누군가는 꼭 다른 누군가 때문에 희생하는 가정을 수락한다. 이때 어떤 이의 죽음은 '죽을 수밖에 없는 이의 죽음'으로 정당화되는 '인지적 메커니즘'이 구성된다. 누군가의 죽음이 누군가의 삶으로 치환되는 것은 착취되고 희생되는 계급을 전제하는 자본주의적 발상이기도 하다.

장바구니에 담겨 결제되는 목숨들

염소에게 가해지는 폭력은 각종 블로그나 홈페이지, 기사에서 볼 수 있는 '이웃 나눔 실천', '착한 소비', '아이 살리기', '하느님의 사랑' 그리고 '밀알심기'와 같은 종교적 실천과 결합해있다.[35] 비인간동물의 착취와 희생은 가려진다. 아프리카에 염소를 지원하도록 운용하는 결제 시스템도 문제가 있다. 과정은 이렇다. 〈세이브더칠드런〉 홈페이지에 들어가서 '아동을 살리는 선물가게'에서 '가축지원' 탭을 클릭한다. '한 가정의 소중한 재산이 되는 새끼 염소'라는 문구와 염소 사진과 4만 원이라는 가격표가 뜬다. '장바구니에 담기'와 '바로 구매하기' 버튼이 나란히 나온다. 염소 마리 수는 '선물개수'로 표시되며, '염소의 개수'는 위, 아래 화살표를 통해 조절할 수 있다. 위쪽으로 향한 화살표를 누르면 염소는 끝도 없이 늘어난다.[36] 염소를 장바구니에 담으면 결제 화면이 나온다. 염소 수량은 변경가능하고, 바로 구매할수도, 삭제할 수도 있다.

기시감이 일었다. 대형마트 주문 시스템에서 '풀밭을 뛰어노는' 사진으로 광고되는 돼지는 반 근 혹은 한 근이라는 무게 단위로 '바뀌어' 장바구니에 담길 수 있으며, 소비자 주문 즉시 잡는다는 것이 강조된다. 즉 구매 버튼은 살아있는 동물을 고기

---

35. 많은 기독교 단체가 해외 빈민들에게 염소를 지원하고 있다. 이명희, 「[밀알의 기적] "내가 내 떼에서 염소 새끼를 주리라" … 밀알의 은혜 펴다 – 잠비아 뭄브와·총궤사우스 지역을 가다」, 『국민일보』, 2019년 5월 8일 입력, 2020년 5월 15일 접속, https://bit.ly/3bwMxZq.

36. 해당 창 아래에는 후원한 '물품'이 '낱개'의 형태가 아니라 프로그램 형태로 지원된다는 말이 조그맣게 적혀있다. 이 또한 철저한 동물의 사물화를 보여준다. 동물의 사물화는 '동물'을 '무정물' 및 '물량'으로 파악하는 것으로, 거리낌 없이 동물을 학대하거나 죽이기 이전에 일어난다.

로 바꾸는 버튼이다. 아프리카로 보내는 염소와 네팔로 보내는 닭과 돼지를 수량화해서 지원하고 배분하는 것에는 살아있는 동물들을 계량화하여 각 가정에 배송하는 대형마트의 상업주의 시스템이 도입되어 있다. 이때 구매하기 버튼은 동물의 번식을 관장하고, 살고 죽는 환경을 결정하는 버튼이다. '풀밭 돼지' 사진은 더럽고 좁은 돼지 축사를 은폐하는 허구이다. 빨간 염소의 희망찬 홍보는 염소가 아프리카 현지 현실에서 처하게 되는 어려운 처지와 괴리된다. 공통적으로, '이 동물을 언제든지 죽일 수 있다'고 여기는 시스템에서는 버튼 누르는 단순한 행위 하나만으로도 동물들의 이송과 번식, 생사가 결정된다.

〈염소 4만 원〉을 듣고 자라는 초등학생들

〈아프리카에 빨간 염소 보내기〉 캠페인은 십 년째 지속적인 동력으로 이어지고 있다. 염소와 아이의 유대감과 친밀성이 강조되고, 염소 아기와 인간 아기가 함께 잘 살 수 있는 것으로 위장된다. 〈옥상달빛〉이라는 그룹은 〈염소 4만 원〉(2012)이라는 노래를 만들었다. 이 노래는 일부 초등학교에서 이웃돕기의 일환으로 염소 보내기 운동에 참여할 수 있는 활동을 장려하는 데 쓰인다. 유튜브에는 초등학생들이 '해외빈곤아동' 돕기 활동으로 이 노래를 들으며 그림 그리는 영상이 올라와 있다.[37] 아이

---

37. 「춘천삼육초 5학년 소망반 염소4만원(2014)」, 〈김복균 유튜브〉, 2014년 4월 28일 수정, 2020년 5월 24일 접속, https://youtu.be/G8kvbYE-39k.

들이 그린 그림에서 염소는 노래 가사에 따라 4만 원이라는 가격표를 몸에 부착하고 있다. 그림에는 염소의 몸값이 이웃을 돕기에 부담 없다는 의미의 '싸다'라는 노래 후렴구도 적혀 있다. 염소가 "나는 4만 원이야"라고 말하고, 아프리카 아이가 "학교 갈 수 있어! 행복해"라고 말한다. 가사는 다음과 같다.

> 너희들은 염소가 얼만지 아니 / 몰라 몰라 / 아프리카에선 염소 한 마리 4만 원이래 / 싸다! // 하루에 커피 한잔 줄이면 / 한 달에 염소가 네 마리 / 한 달에 옷 한 벌 안 사면 / 여기선 염소가 댓 마리 // 지구의 반대편 친구들에게 / 선물하자 / 아프리카에선 염소 덕분에 / 학교 간단다 // 지구의 반대편 친구들에게 / 선물하자 / 아프리카에선 염소 덕분에 / 학교 간단다 // 학교 보내자

노래에서 염소는 '경제적 교환 가치'로만 환산된다. 염소는 커피한 잔 값을 모아 바꿀 수 있는 '싼값의 목숨'으로 각인되고, 이는 곧 '손쉽게 이웃을 돕는 방법'으로 치환된다. 염소와 함께 학교에서 노는 그림을 그린 아이들도 있다. 염소는 웃으며 음악을 연주하거나 춤을 춘다. 초등학생들은 아프리카에서 염소와 아이들이 함께 놀고 함께 학교도 간다고 생각했을 것이다. 학교는 '누군가'에 대한 어떤 태도를 교육하는가? 예쁜 그림체의 전국 단위 캠페인에는 인간은 ○○을 임신시키고, 출산시키고, 젖을 짜서 빼앗아온다는 내용, 필요할 때에는 친구이자 가족이었던 ○○을 팔거나 잡아먹을 권리가 있음이 우회적으로 드러난다.

극단적으로 인간중심적일 뿐 아니라, 여성이라는 젠더를 착취하는 관점이다. 출산가능한 몸이라는 생물학적 사실로부터 언제든지 젖을 짜고 새끼를 뺄 수 있다는 주장이 도출되는 점은 '출산지도' 사건과 맞닿는다. 어떤 신체를 '착취 가능한가'로 바라보는 시선, 착취가능하다면 착취해도 된다는 시선 속에서 신체를 영위하는 여성/동물의 행위자성은 무시될 수밖에 없다.

'제삼자'의 선택

〈세이브더칠드런〉은 니제르 현지에 보낸 지 한두 해 되어 새끼를 낳은 염소들의 새끼가 잘 분배되는지를 보고하는 출장일지를 홈페이지에 연재하였다. 염소라는 종이 사막기후에서도 잘 버티고 번성할 수 있다는 생물학적 특성을 강조하며 염소의 '이득'이라는 측면에서 보아도 해될 것이 없음을 설파했다.

'염소는 사막에 보내도 멸종되지 않는다'는 입장은 여성의 유방암 발현 유전자oncogene를 이식받은 쥐 앙코마우스TM의 존재를 긍정하는 다나 해러웨이의 관점과도 맞닿는다. '영원히 죽지 않는다'는 수식어를 부여하는 것은 앙코마우스TM의 희생을 개체적 사건으로 보지 않고, 종단위로 파악하는 시각을 드러낸다.[38] 앙코마우스를 여성이자 자매로 명명하면서 '겸손한 목격

---

38. 해러웨이의 의도를 글자 그대로 말하자면, '발명품'으로서 앙코마우스가 영원히 살아있는 동물의 지위를 갖게 된다는 의미이다.(전민정, 「해러웨이의 테크노리얼리즘과 신세계질서에 관한 연구 : '온건한 증인'(Modest Witness)의

자'modest witness의 위치를 부여하는 것은, 과학실험실에서 실험을 주관하는 주체 혹은 믿음직한 증인이 될 수 없었던 여성의 지위에 대한 보상 심리를 투영한다.[39] 여기에 해러웨이는 실험실에서 탄생시키는 인위적 '이종의 탄생'을 통한 종차별주의 해소까지 꿈꾼다.[40] 하지만 실험실 내부를 보는 것으로 의인화되는 쥐는, 인간의 이익에 부합하는 일을 수행해내는 일을 할 때에만 '자매'가 되는 희생양이 되어 낙인의 굴레에서 빠져나오지 못한다.[41] 그러한 관점이 재난민화 시스템을 영속하게 한다.

그는 앙코마우스TM를, 자매인 동시에 인간과 다르기에 이용할 수 있는 대상의 탄생으로 본다.[42] 그들이 백인 여성과 흑인

의미를 중심으로」, 경희대대학원, 석사학위논문, 2004, 35쪽.)

39. 중세 과학의 역사에서, 보일의 실험실에서 남성·백인·자산가들로 범주화되며 구성된 남성 젠더는 공평하고 객관적인 관찰자로서 '온건한 목격자'라는 특성을 부여받는다. 숱한 실험동물들과 실험에 참여했던 상류층 여성들은 말해지지 못하고 사라질 뿐이었다. 해러웨이는 남성과 여성 간, 여성과 동물 간의 관계들을 드러내거나 감추는 과학의 역사를 '기술과학담론권력'으로 보며, 이에 대한 대안 서사를 제공한다고 말한다. (Donna J. Haraway & Thyrza Goodeve, *Modest_Witness@Second_Millennium. FemaleMan_Meets_OncoMouse: Feminism and technoscience* (second edition), Routledge, 2018 ; 김애령, 「사이보그와 그 자매들 : 해러웨이의 포스트휴먼 수사 전략」, 『한국여성철학』, 2014.) 하지만 여성을 치유하는 앙코마우스의 서사에서 이것이 얼마나 종 평등적인 대안 서사인지는 의문으로 남는다.

40. 해러웨이는 다른 종끼리의 유전자 조합을 금지하고 우려하는 시각들에 대해 순수성에 대한 강박, 종차별주의적 관점이라고 말한다. 다나 J. 해러웨이, 『겸손한_목격자@제2의_천년. 여성인간ⓒ_앙코마우스TM를 만나다』, 민경숙 옮김, 갈무리, 2007, 139~143쪽.

41. 같은 책, 175쪽.

42. 같은 책, 179~180쪽.

여성의 유방암 치료에 인종 평등적으로 기여할 수만 있다면 그들의 고통은 감내 가능한 것이 된다.[43] 해러웨이의 논의에서 그들은 인간 여성과 같이 유선을 가진 유전자를 공유하기에 여성이라는 젠더로 명명되고, 유기체이기에 주체성을 부여받는다. 하지만 그들은 특허로 등록된 상품으로서 그 자신이 벌어들이는 이익을 가질 수 없고, 실험실 연구에서 자유로울 어떤 권리도 가질 수 없는 '이등시민'이다.

해러웨이의 논의를 현실 추수적인 논의로 볼 수밖에 없는 이유는, 자신이 앙코마우스TM의 존재와 용도에 대해 찬성하든 하지 않든, 그 쥐가 유방암 세포를 생산하도록 설계되어 있고, 자신을 포함한 여성들의 유방암 치료를 위해 고통받는 현실은 변하지 않는다고 말하며, 기득권에 편승하는 태도 때문이다.[44] 실험실에서 탄생시킨 '잡종'에 '돌아갈 서식지가 없는 비자연적' 존재와 같은 수식어를 붙이며 해러웨이가 그 매력에 빠져있을 때, '자매이자 친족'인 그/녀들은, 공공사업이라는 이름으로 그/녀들을 탄생하게 하는 특정 국적을 가진 기업의 배를 불리면서 지속적인 젠더 착취를 당하는 현실 때문이기도 하다. "더 나은 삶을 위해 더 나은 사물이 태어나는" 뒤퐁DuPont사에서만 구입할 수 있는 세계 최초로 특허받은 동물 앙코마우스의 존재는 단지 인간의 나은 삶을 위해 사물로 태어나는 동물들에 대

43. 같은 책, 237쪽.
44. 같은 책, 175쪽.

한 묵직한 질문을 던진다.[45] 효용과 이득을 기반으로 이러한 종의 지속적인 개량에 탄복하고 그 탄생에 찬성하는 것은, 책임지지 못할 생명을 잉태하게 하고 낳을 것을 종용하는 것과 같다. 단지 '인간'이 아니라는 이유로.[46] '동물이 아니다'와 '인간이 아니다'는 이렇게 부당한 질문에 대하여 촘촘하게 문제 제기되지 않는 물음들로 연결되어 있다.

2019년 2월 '원본견'의 체세포 복제로 '식용견' 사육농장 개의 배를 빌려 태어나 검역 탐지에 투입되었던 메이라는 개가 죽었다. 태생적 기형에 시달리던 메이는 은퇴한 뒤 동물실험의 대상으로까지 이용되었다. 메이의 '실험실 탄생'에는 한국의 '식용견' 사육농장 개들이 '대리모'로서 백 마리 이상 동원되었다.

재난 상황에서 유아를 구할 것인가, 성견을 구할 것인가 하는 질문은 제삼자의 위치가 누군가를 구할 수 있는 위치에 고정

---

45. 같은 책, 181쪽.

46. 해러웨이는 2014년 캐리울프와의 대담에서 '낙태'가 때로는 책임감 있는 행동, 좋은 행동일 수 있다면서 생태계 균형을 깨뜨린다고 "침략종"(invasive species)이라 불리는 다른 종을 죽이는 일을 정당화한 바 있다(「반려자들의 대화」, 『해러웨이 선언문』, 황희선 옮김, 책세상, 2019). 산모를 위해 태아를 죽일 수 있으니, 생태계 전체를 위해 다른 종도 죽일 수 있다고 말하는 것이다. 이 주장은 "침략종"을 죽일 수 있으니, 태아도 죽일 수 있다는 주장과 다르다. 이 점을 생각해 보면, 해러웨이의 논의가 인간이 다른 종을 컨트롤할 수 있다는 '수직적' 체계를 전제한다는 점에서 인간중심적임을 알 수 있다. 위의 논의가 인간중심적인 이유는 첫째, 과학기술에 기반한 이종생명체들이 살아가는 삶과 관계 없이, 인간의 효용과 이득만을 고려하기 때문이다. 둘째, 이렇게 실험실에서 탄생되는 생명체가 (아무리 다른 인간을 위한다 할지라도) 인간의 유전자를 똑같이 가지고 있고 외양도 인간과 다름없고, 인간의 언어를 사용하는 '인간'이라면 논의 자체가 성립하지 않기 때문이다.

된 것처럼 보이게끔 한다. 누구나 '선의의' 제삼자가 되어 딜레마적 상황에 들어갈 것이 요청되기 때문이다. 난민을 돕는다며 아프리카에 염소를 보내는 행위도 마찬가지다. '아프리카에 빨간염소 보내기' 캠페인의 저변에는 '난민 아이를 구할까 아니면 염소를 구할까?'라는 질문이 깔려 있고, 이 질문은 '유아 아니면 성견 딜레마'를 연상시키면서 어떤 상황이든 인간을 구하는 것을 선한 행위로 전제하고 있다.

하지만 누군가를 구하거나 위한다는 것은 규명하기 어려운 범주와 의미 체계에 속한다. 누군가를 위한다는 이유로 다른 누군가를 배제하고 있음을 보지 못할 수도 있다. '선의의' 제삼자란 성립하지 않을지도 모른다. 아프리카의 기후난민을 구하거나 도움을 준다는 명목하에 동물을 보낸다는 것의 '시혜적' 관점도 생각해 보아야 한다. 기후재난지역으로 그 동물을 보내는 일은, 보내지는 동물의 난민화를 초래하는 일이거니와 기후재난지역난민을 돕는 근본적인 대책도 아니며, 원조의 대상으로 그들을 대상화하는 시선을 작동하게 한다는 문제가 있다. 제삼자로 위치지어진 자 또한 구조 대상인 당사자 자리에 들어갈 수도 있다. 누군가의 희생을 당연하게 수락하는 구조에서는 피해자가 반복적으로 발생할 수밖에 없기 때문이다. 당사자이든 아니든 제삼자의 입장을 '제안'받은 '우리'는 어떻게 질문을 비틀고 바꾸는 선택을 할 수 있을지 생각해보면 좋겠다. 동물의 희생을 전제로, 인간과 동물 간 양자택일을 구하는 질문이 더는 나오지 않는 사회가 도래하기를 바라면서.

접힌 이미지의 바깥을 펼치며
어떤 옷차림의 사람들

전솔비

난민이라는 호명을 고민하며

누군가 '나를 난민이라고 부르지 말라'고 요청·요구해 온다면 당신은 과연 어떻게 응답할 수 있겠는가? 그 말은 '나는 난민이 아니다'라는 말과는 조금 다르게 들릴 것이다. 그것은 난민이지만 그저 난민이기만 한 것은 아닌 누군가의 이야기가 여기 존재함을 의미하며, 그렇기에 그때의 응답은 단지 '난민'이라는 단어를 사용하지 않는다고 해서 해결되지 않는다. 누군가의 정체성과 그것을 결정짓는 상황을 이해하면서도 그것에 국한해서 보지 않고 그가 원하는 이야기로 그를 인지할 수 있는 태도가 함께 요청·요구된다. 자신의 이야기로 존재를 입증받길 원하는 목소리의 등장과 그간 하나의 집단으로만 호명되어온 여러 삶들이 발화하기 시작하는 흐름 속에서 말과 글의 영역에서는 난민을 주체로 한 여러 시도들이 나타났다.[1] 이러한 목소리들은 법의 언어와 미디어의 프레임 안에 갇혀 발화되지 못했던 숨겨진 사실들과 내밀한 삶의 투쟁들을 들려주고 있다.

이 글은 하지만 이렇게 조금씩 등장하는 목소리들 뒤로 여전히 남아있는 '얼굴들에 대해 이야기하고자 한다. 글과 말이라는 수단을 통해 표현하려 했던 그 모든 것들을 일시에 무너뜨리는 특정 이미지, 목소리의 주인을 상상하거나 목소리의 얼굴을 마주 볼 때면 떠오르고야 마는 익숙한 이미지, 나를 그런 이미지로 보지 말라고 말하는 순간 사람들이 상상하고야 마는 바로 그 이미지는 눈앞에 마주한 얼굴보다 더 오래 기억에 남기도 한다. 그렇기에 목소리 없는 자들에게 목소리를 주는 것만큼 어려운 일은 아마도 단단한 하나의 얼굴을 깨부수고, 그 뒤로 감춰진 수많은 얼굴들을 보는 것이 아닐까. 나를 난민이라고 부르지 말라는 말에 응답하는 일은 이렇듯 눈앞의 얼굴을 제대로 응시하면서 비로소 가능해질지 모른다. '호명'의 문제는 무엇보다 '시선'의 문제와 연결되어 있다.

---

1. 이를테면 난민 목소리의 등장을 알린 한국 거주 난민 에세이집 『안녕, 한국!』은 난민들 스스로가 살아온 삶의 이야기를 이들이 직접 쓴 글로 표현한 소중한 결과물이다. " '난민'은 참으로 다양한 사람들이기에, 하나의 정체성이나 삶으로 쉬이 이야기될 수 없"다는 점에서 여전히 '난민'은 많은 이들에게 낯선 세계이며 난민이 누구인지에 관해 설명하는 것은 늘 어렵다. 법무부에 의해 진짜 난민임을 입증해야 하거나, 가짜 취급을 당하고 운동이나 단체에 의해 '난민'의 정체성을 강요당하는 난민의 상황은 오히려 난민이라는 이유로 삭제될 수밖에 없는 여러 목소리를 존재하게 만든다. "언어의 제약과 정책의 한계, 불안정한 신분 등으로 인해 '편집'되어야 하는 상황에 쉽게 놓이"는 난민들을 재현하기 위해 이 에세이집이 기획되었다. 『안녕, 한국!』, 난민인권센터, 2018, 188쪽.

때때로 한국 사람들은 난민을 직업이나 직함처럼 생각하는데 그렇지 않아요. 난민이라는 단어가 한 사람의 이미지를 결정해 버리는 것 같아요. 여기에서 태어난 아이들에게도 늘 난민, 난민이라고 소개해요. 난민이라는 단어를 먼저 언급하는 순간 이미 편견이 생겨요. 그럼 사람들은 그들을 다른 시각으로 바라볼 거예요. 그들이 달라서가 아니라 난민이라는 단어 때문에 그래요. 제가 느끼기엔 그래요.(미야)[2]

'난민다운 표정', '난민다운 옷차림'이라는 말

한국 사회에서 난민의 얼굴은 2018년 제주에 도착한 예멘 난민을 기점으로 본격적으로 가시화되었다. 그때 무엇보다 사람들의 관심을 끌었던 것은 바로 난민의 겉모습이다. 한국에 도착한 난민을 찍은 미디어의 사진에 가장 많이 달린 댓글들은 가장 먼저 이들의 '난민답지 않은' 옷차림과 '난민답지 않은' 겉모습을 지적하고 있었다. 난민이 왜 비싼 에어팟을 끼고 있냐고 묻고, 신발이 너무 깨끗하고 양복을 입고 있는 점이 이상하다고 하며, 전혀 "생존을 위해 몸부림쳐야 할 난민"이 아닌 표정을 짓고 있다고 의아해했다.[3] 그동안 주로 참상의 현장에서 보도사진

---

2. 경소영, 「[다큐] "어느 날 갑자기, 난민 되다"(Refugee Woman's Story ─ 콩고 출신 난민 여성 미야 씨 이야기」, 『뉴스앤조이』, 2019년 2월 6일 입력, 2020년 3월 15일 접속, https://c11.kr/dxze. 강조는 인용자.
3. 권중혁, 「에어팟 끼고 옷 깨끗하면 난민 아니다?…'난민다움'은 있는가」, 『국

으로 찍힌 난민의 이미지를 '난민다운' 모습이라고 인지하고 있
던 이들에게 '우리와 별반 다를 바 없이' 옷을 입거나 더 잘 입
은 사람들의 모습은 '가짜' 난민이라는 의심이 들게 했으며 이것
은 점차 난민 반대 운동에 힘을 실어주는 이미지로 사용되었다.
몇몇 사람들만의 오해나 해프닝으로 그칠 것 같은 무지한 의심
같아 보이지만 낯선 이방인에 대한 한국 사회의 반응은 그러한
물음들을 다음과 같은 선언으로 바꿔갔다. "가짜 난민 OUT",
"국민이 먼저다."

　　점차 사람들은 난민이라면 응당 정치적인 박해나 자연 재해
와 같은 생사의 문제가 걸린 상황으로 인해 한국에 도달했으나
그것이 경제적인 목적은 배제한 '순수한' 사정이어야 하고, 종교
적으로 위험하지 않거나 법과 질서를 어지럽히지 않을 정도로
도덕적으로 '깨끗하며', 한국말과 한국 문화를 배우기 위해 노력
하는 모범 시민과도 같은 사람의 모습이어야 한다고 믿었다. 기
대에 어긋나는 이미지들은 난민이 맞는지를 판별하는 시험대에
오르며 난민 반대 운동과 정부의 난민 정책은 '진짜' 난민의 이
미지를 만들어갔다. 그 속에서 안전하게 좁힌 난민 정체성이 법
적 해결을 위해 필요한 사항이 됨에 따라 난민 인정과 난민 인
권을 위해 활동하는 단체들이 한때 모범적인 난민 이미지를 적
극적으로 사용하기도 했다는 사실은 생각해 보아야 할 지점이
다. 무섭게 밀려오는 커다란 혐오 앞에서 전략적으로 당장 필요

민일보』, 2018년 7월 10일 입력, 2020년 3월 15일 접속, https://c11.kr/dxzh.

한 얼굴들이 먼저 수면 위로 올라오고 그 밑에서 잠시 기다려야 했던 얼굴들이 있었다.

하지만 옷차림이 너무 깔끔하다고 난민이 맞는지 의심하고, 노숙자보다 말끔하다고 난민답지 않다고 주장하는 이들에게 이렇게 되묻고 싶다. '난민다운' 이미지란 과연 무엇인가? 난민은 외양과 특정 기호들의 조합으로 만들어질 수 있는 정체성인가? 난민은 옷차림으로 자신이 난민답다는 것을 표현해야만 난민으로 인정받을 수 있는가? 그렇다면 계속 그런 모습으로 살아가는 것은 누구에게 심리적 안도감을 주는가? 무엇보다 겉모습만으로 그 사람에 대해 전부 알 수 있다는 오만은 도대체 어디에서 오는가?

무엇다움의 이미지 바깥에서

"1994년 이후 2019년 8월까지 난민인정 신청에 대한 심사결정이 종료된 건은 2만 6천명이지만, 이 중 난민인정을 받은 사람은 964명이고, 인도적 체류허가를 받은 사람은 총 2,145명"이다.[4] '난민'이라는 단어 안에는 난민 인정을 받은 극소수의 사람 이외에도 난민으로 호명되지만 난민의 '권리' 혹은 '자격'으로 살지 못하는 더 많은 사람들이 있다. 난민 인정을 받기 위해 무기

---

4. 「여는 글」, 『한국에서 인도적체류자로 살아가기』, 〈국가인권위원회〉, 2019년 12월 4일 수정, 2020년 5월 23일 접속, https://bit.ly/2TMVKa3.

한 기다리는 사람, 인도적 체류 허가를 받고 한국에 남아 최소한의 노동으로 생계를 유지하는 사람, 난민 인정을 받지 못해 한국을 떠나는 사람, 자취를 감춘 사람 등. 이들은 법이 보호하는 범위도 다르고, 출신국도 종교적·문화적 배경도 다르며 삶의 방향성도 다르지만 모두 '난민다움'이라는 좁게 접힌 이미지 안에 살아간다는 점은 같다.

이처럼 '무엇다움'이라는 영역 속에 좁게 접힌 이미지들이 '난민'뿐만인 것은 아니다. 한국 사회에는 이주노동자, 결혼이주 여성, 탈북자, 장애인, 성소수자, 국가폭력의 피해자 등 이미 난민화된 삶을 살아가는 다양한 존재들이 있다. 난민과 난민화된 삶은 분명 다르지만, 그 접점에는 각각의 정체성을 '무엇다움'에 구속하는 인식과 논리가 존재한다. 다양한 조건 및 상황의 난민들과 난민화된 삶을 살아가는 한국 사회의 소수자들에게 강요되는 특정한 무엇다움의 이미지는 그래서 묘하게 겹쳐지기도 한다. 그렇다면 '무엇다움'에 갇혀 살아가는 이들의 공통된 이미지들을 통해 겉모습만으로 누군가를 판단하는 잣대의 난점을 발견하고, 그럼에도 다른 개개인의 삶을 함께 사유하면서 좁게 접힌 이미지의 바깥을 상상해볼 수는 없을까.

최근 시각예술의 영역에서도 난민을 주제로 기존의 낡고 견고한 이미지 주변부를 확장할 수 있게 해주는 예술적 실천들이 등장하고 있다.[5] 하지만 여전히 운동과 정치를 위한 이미지가

---

5. 시각예술의 영역에서는 〈보이스리스 ─ 일곱 바다를 비추는 별〉(서울시

아닌 '무엇다움' 안에 깊숙이 자리 잡은 욕망과 삶의 문제를 다루는 이미지들을 찾기란 쉽지 않아 보인다. 난민의 겉모습을 둘러싼 질문들 속에 갇힌 실제 삶을 거리낌 없이 이야기하는 시도들이 여전히 부족한 현실이다. 그것은 한국 사회에서 최근에야 이슈화되기 시작한 난민에 대해 아직 잘 모르기 때문이기도 하며, 삶의 가장 기본적인 권리들마저 위협받는 상황에서 자신을 드러내거나 표현하는 데 여러 제약을 받는 난민들의 현실을 반영하는 것일 수도 있다. '난민다움'이라는 말이 지닌 폭력성을 예감하면서도 그러한 이미지 바깥을 열어내는 작업을 발견하지 못한 실패의 시간 속에서, 이 글은 접힌 영역 그 바깥의 삶을 상상할 수 있게 해주는 재현의 시도를 조금은 다른 방향에서 찾아보게 되었다. 그것은 '난민'보다 먼저 미디어와 일상적 편견을 통해 견고하게 굳어진 '이주노동자'라는 이미지가 스스로 자신의 무엇다움에 틈을 내기 시작하는 시도이다.

난민과 이주노동자의 이미지를 함께 보며

이주는 자발적인 이동이라고 할 수 있고, 난민은 비자발적인

<hr />

립미술관 서소문 본관, 2018.6.26.~8.15), 〈용기와 시〉(원앤제이 갤러리, 2019.11.26~12.22)와 같은 전시들이 난민을 주제로 기획된 바 있다. 영화계에서는 실제 난민 소년을 배우로 캐스팅해 제작된 〈가버나움〉(2019)이 국내에서 큰 반향을 일으킨 바 있으며, 최근 영화제에서도 난민을 소재로 한 영화들이 점점 늘고 있다.

이주라고 할 수 있습니다. 그러나 그것이 칼처럼 구분되지 않습니다. **복합적으로 나타나며 혼합되어 있습니다.** 보통 난민은 밀항으로 들어온다고 여기는데, 그것은 고정관념입니다. 근로자로 들어왔다가 본국 상황이 나빠져 돌아갈 수 없는 상황이 되었다면 난민입니다.(김대권)[6]

법적으로 '난민'과 '이주노동자'는 다르다. 하지만 법의 언어가 구분하는 자격과 권리를 넘어 실제로 이들이 현실에서 공유하는 삶의 취약성과 오해, 편견들은 긴밀하게 맞닿아있다.[7] 난민협약의 난민 개념은 난민을 정치적 사유에 국한하고 있으며 협소한 정의로 많은 것들을 삭제하고 있는데, "인종, 종교, 국적, 특정 사회집단의 구성원 신분 또는 정치적 의견을 이유로"라는 항목이 포괄하지 못하는 것 중 하나가 바로 경제적 사유이다.[8]

---

6. 송혜진, 「이웃 ― 아시아의 친구들 〈화성외국인보호소 정기방문과 모니터링〉」, 아시아의 친구들 ― 아름다운재단 블로그, 2018년 9월 7일 입력, 2020년 3월 15일 접속, https://blog.beautifulfund.org/32901/. 강조는 인용자.

7. 한국 사회에서도 이주자 커뮤니티와 난민 커뮤니티는 분리되어 있으며 이주자 지원단체와 난민 지원단체 활동가들도 각자의 영역을 구분하고 있다. 하지만 이 구분에 문제를 제기하는 단체들도 많아지고 있으며 이를테면 이주민의 인권 보호와 복지를 위해 활동해온 단체 〈아시아의 친구들〉은 한국 사회에 난민혐오가 심해짐에 따라 난민과 연대하는 활동을 보여주고 있다.

8. 난민협약 제1조 제A항 제2호에 따르면 난민의 개념은 다음과 같다. "인종, 종교, 국적, 특정 사회집단의 구성원 신분 또는 정치적 의견을 이유로 박해를 받을 우려가 있다는 충분한 근거가 있는 공포로 인하여, 자신의 국적국 밖에 있는 사람으로서, 국적국의 보호를 받을 수 없거나, 그러한 공포로 인하여 국적국의 보호를 받는 것을 원하지 아니하는 사람, 또는 그러한 공포로 인하여 국적국의 보호를 받는 것을 원하지 아니하는 사람, 또는 그러한 공포로 인하

한국 사회에서 난민이 허위, 혹은 가짜로 의심되는 많은 사유 중 하나가 이 경제적인 목적의 유무에 있다. 하지만 경제적인 목적만을 따로 떼어내어 이주노동자의 자격에 넣고, 난민은 '순수하게' 그 밖의 비경제적인 조건 속에서만 국경을 넘었다고 보는 관점은 비현실적이다. 자신과 가족의 생명이 위협받는 상황에서 고국을 떠나야 했던 사람이 타국에서 경제적 어려움으로 인해 돈을 벌어야 하는 상황에 놓일 수 있으며, 고국에서 그가 겪던 경제적 어려움이 이들을 난민이 되는 상황에 놓이게 할 수도 있다. 사람은 누구나 생존과 자립을 위해 돈을 벌지 않고는 살 수 없다는 점을 가린 채 난민과 경제활동을 대비시키는 관점은 경제활동을 하는 난민을 한국인의 일자리를 뺏으려고 온 허위 난민이자 불법 이주노동자라는 식으로 대립 구도를 만드는 미디어의 보도로 연결되며 난민에 대한 피상적인 이해와 혐오를 심화시키고 있다.[9]

정치적 탄압으로 한국에 온 '난민'과 그것이 아니라 취업을 위해 한국을 찾은 '구직자들'을 구분하며 후자를 가짜 난민, 허

여 종전의 상주국으로 돌아갈 수 없거나 돌아가기를 원하지 않는 종전의 상주국 밖에 있는 무국적자'. 『난민재판의 이해』, 서울행정법원, 2011, 7쪽.

9. 기획 기사 「대림동의 아프리카」는 "조선족과 중국인 일색이던 서울 영등포구 대림동 인력시장에 매일 수백 명의 아프리카 사람들이 일자리를 찾아 들어오고 있다"라는 의미심장한 문장으로 시작한다. 마치 이미 외국인들로 포화상태인 한국의 인력 시장에 아프리카의 이주노동자들마저도 밀려들어 오고 있는 상황이 아주 위험스럽다는 뉘앙스의 문장이다. 이형민·김지애·조민아, 「[단독-대림동의 아프리카] "사실은 돈 벌러 왔어요"…난민비자 악용 취업활동」, 『국민일보』, 2018년 4월 26일 입력, 2020년 3월 15일 접속, https://c11.kr/dxzl.

위 난민, 미등록 이주노동자, 불법체류자라고 규정하는 한 기사에 대해 〈난민인권센터〉의 박경주는 「대림동의 아프리카」라는 글에서 독자 편지 형식으로 이를 면밀히 비판한 바 있다.[10] 법이 보지 못하는 실제 삶의 현장에서 누군가는 난민이었다가 이주노동자가 될 수도 있으며 이주노동자였다가 난민이 될 수도 있다. 또 누군가는 난민과 이주노동자 양쪽 모두에 속할 수도 있고 어느 쪽에도 속하지 않을 수도 있다. 이주노동자도 난민도 되지 못한 채 불법체류자나 미등록이주자, 난민 불인정자 등의 이름으로 부유하는 수많은 이들이 인정받은 난민 혹은 이주노동자의 수보다 더 많다. 또한 한국에서 난민 인정을 받지 못한 채 무기한 기다려야 하는 이들에게 정부가 지원해주는 생계비가 터무니없이 적다는 점은 이들이 살기 위해 법을 어기거나 거짓말을 할 수밖에 없는 상황을 만들고 있다. 그렇기에 문제는 경제적인 이유로 국경을 넘는 것과 국경을 넘은 이후에 경제적인 목적이 생기는 것, 이 모든 것들의 선후 관계를 구분하며 난민과 이주노동자를 따로 사유하는 것이 아니다. 오히려 '왜' 국경을 넘는 것과 경제적인 것의 박탈이 밀접하게 연결될 수밖에 없는지, '왜' 한국 사회에서 이들은 대부분 미등록·불법·불인정으로 남게 되는지, 국가와 법이라는 제도 바깥에 놓인 삶들은 '왜' 점점 더 취약해질 수밖에 없는지를 이해해 보는 것이 아닐까? 그리고 이러한 의문들은 한국에서 문서와 비자, 증명서 등

10. 박경주, 「대림동의 아프리카」, 『난민 인권에 대한 노트』, 이태원작업실, 2019.

으로 부여받은 '자격'을 잃지 않기 위해 안전하고 의심받을 리 없는 이미지와 옷차림, 겉모습으로 살아가야 하는 사람들의 자유롭지 않은 삶을 다시 보게 한다.

그렇기에 난민과 이주노동자, 이들이 공유하는 무엇다움의 편견을 함께 사유하는 것은 이들을 만들어내는 구조와 권력을 비판적으로 재고하게 한다. 이주노동자의 옷차림을 둘러싼 편견에 틈을 내는 이미지의 사례는 난민의 옷차림에 대해 지적하는 말의 폭력을 뚫고 나타날 새로운 이미지를 상상하는 힘이 될 수 있다. 이 글은 옷차림과 겉모습에 대한 단단한 편견과 시선의 문제를 유쾌하게 비틀어 펼쳐내는 '이주노동자'의 사진을 통해 '난민다운' 겉모습이라는 문제가 처한 상황을 겹쳐보며, 권리와 욕망의 문제를 가시화하고 무엇보다 이렇게 '즐겁고 가볍게 일상과 접촉하는 시도의 힘'에 대해 고민해 보고자 한다.

이주민패션매거진 프로젝트: 눈에 잘 띄는 사람들

이주민패션매거진Migrant Fashion Magazine 프로젝트[11]는 오래전부터 한국 사회에 존재해온 이주노동자들에게 덧씌워진 견고한 이미지에 재치있게 틈을 내는 시도이다. 이 작업은 우리가 '외노자'[12]라고 부르는 국내 체류 산업 연수생[13]들의 옷차림을 포

---

11. 이 프로젝트는 2017년에 시작된 박가인 작가의 작업이다.

〈그림 1〉 이주민패션매거진 — Botra No Heart

착해 스트리트 패션 화보처럼 만들었다. 작가는 거리에서 자신과 비슷한 또래의 이십 대 산업 연수생들을 '헌팅'해 그들의 옷차림을 사진으로 찍기 시작했다. 길에서 처음 만난 사람이 스스럼없이 옷차림을 칭찬하며 말을 걸고 멋진 모습을 사진으로 찍

---

12. 흔히 '외국인노동자'란 표현을 쓰지만, 국제사회에서는 '이주노동자'로 표현하길 권하고 있다. "그것은 '외국인'이라는 표현 자체가 이미 내국인과 외국인이라는 구분, 국적에 따른 차이와 차별의 의미를 담고 있기 때문"이다. (이주민과 함께 홈페이지, 2020년 3월 15일 접속, http://somi.or.kr/xe/menu2_A)

13. 외국인 산업 연수생 제도는 1993년에 도입되어 6개월간의 연수 기간을 거쳐 취업을 할 수 있는 제도였으나 노동자의 권리를 인정하지 않아 외국인력의 편법 활용, 저임금, 임금 체불, 인권 침해 등의 문제를 낳았다. 그 결과 많은 연수생이 사업장을 이탈해 미등록 이주노동자가 되어 불법체류자가 될 수밖에 없었다. 이후 2000년부터 연수생으로 일정 기간 근무한 후 근로자 신분으로 취업할 수 있도록 하는 연수취업자를 시행하였으며 2004년 외국인 고용허가제가 시행되면서 2007년부터 산업연수생 제도는 사실상 폐지되

<그림 2> 이주민패션매거진 — Ly Kara

고 싶으니 포즈를 취해달라는 요구에 대부분의 사람들은 흔쾌히 수락했다고 한다.[14]

이 프로젝트는 어떻게 보면 패션에 관심이 많은 작가 본인이 길에서 누군가를 보고 '너무 잘 입었다'고 생각하는 마음과 '멋있다'라고 말하고 싶은 마음을 즉흥적으로 표출한 가벼운 결과물이기도 하다. 하지만 그 즉흥적인 말 걸기와 기분 좋은

었다. 하지만 중소기업 산업연수생제도는 규모가 작은 해외투자기업 산업연수생제도로 잔존하고 있으며 여전히 이주노동자에게 불리한 문제들을 안고 있다. 〈이주민패션매거진〉 프로젝트에서 산업연수생이라고 언급한 이주노동자들은 해외투자기업 산업연수생제도(입국비자 D-3)로 들어온 사람들로 보인다. (외국인 고용관리 시스템 홈페이지, 2020년 3월 15일 접속, https://bit.ly/3btayR2).

14. 2019년 11월 30일 을지로 '육일봉'에서 진행된 인터뷰 중 박가인 작가의 말.

짧은 대화는 사진 속 사람들이 카메라를 정면으로 응시하며 즐겁게 자신의 스타일을 보여주는 자세를 취하게 했다. 사진에서 볼 수 있듯 머리부터 발끝까지 꾸민 옷차림은 언뜻 한국의 이십 대 청년들이 입는 스타일에 어딘가 다른 나라의 스타일이 섞여 있다. 하지만 국적을 구분할 수 없는, 그냥 그 사람의 스타일이다.[15]

작가는 어릴 적 자신의 친구들이 옷을 잘 못 입는 사람을 가리켜 '외노자처럼 입는다'라고 놀렸던 말을 떠올리며 작업을 시작했다고 말한다.[16] '외노자'. 외국인 노동자를 비하하는 말인 이 단어는 이들이 주로 서남아시아와 동남아시아 쪽 상대적으로 한국보다 가난한 출신국에서 왔다는 점과 한국에서 3D 업종에서 일한다는 점을 들어 계급상으로 차별하는 의미를 담고

---

15. "보다 보면 잘 모르겠어요. 그 사람처럼 입었기 때문에. 근데 한국스럽다, 훈남처럼 입었다 하는 사람들도 있고. 한국 대학생처럼. 근데 아닌 것도 있거든요."(작가의 말)

16. "제가 인천에 사는데 외국인 노동자분들이 많아요. 거기가 남동공단 옆이라. 그런데 우리가 옛날부터 놀렸던 게 좀 추레하게 다니면 '야 너 외노자냐 왜 그러고 다니냐' 라는 말을 욕으로 비하로 썼었는데 생각해 보니까, 어느날 보니까 그렇게 비하하는 걔보다 잘 입고 다니는 거예요. 너무 잘 차려입고 너무 간지나게 다니는 거죠. 그래서 약간 어? 했고, 심지어 너무 잘 입어서 '너무 잘 입었다'고 하고 싶다 '예쁘다' 라고 하고 싶다는 생각이 들었어요. 그래서 그러면 이거 스트리트 패션 사진처럼 찍으면 되겠다 해서 하게 된건데, 보니까 이분들에게 말거는 게 종교단체들 밖에 없고 한국 사람들이 먼저 말거는 경우가 전혀 없더라구요. 가다가 한국 사람들끼리도 '너 오늘 입은 거 예쁘다' 이러면 왜 그래 이러면서 좋아하잖아요. 그래서 내가 이들한테 되게 동등하게 얘기할 수 있는 게 패션이라고 생각했어요. 잘 입었다 이런 거 얘기할 수 있잖아요."(2019년 11월 30일 을지로 '육일봉'에서 진행된 인터뷰 중 박가인 작가의 말)

있다. 차별의 언어라고 말하기엔 이제 너무 많이 사용되며 일상화된 언어로 사람들의 무의식 속에 있는 '외노자'의 이미지는 대중 매체에서 수없이 재생산되며 견고해진 지 오래다.[17] 그런 이미지들 바깥에서 이주민패션매거진 프로젝트는 머리색과 셔츠색을 초록색으로 맞춘 사람, 선글라스와 찢어진 청바지에 워커를 신은 사람, 한국에서 현재 유행하는 운동화에 본국에서 가져온 가방을 걸친 사람, '청청'으로 상하의를 맞춘 사람 등 각각의 이주노동자들이 스스로 보여주고 싶어하는 모습들을 수집한다.[18]

그리고 여기서 이들은 스트리트 패션 화보의 프레임 안에서 모델의 자리에 위치하며 개성의 표현으로 강조되고 자신을 주목하는 것을 즐겁게 의식하는 표정들로 등장한다. 세련됨의 기준이나 평가의 시선 같은 것들은 신경 쓰지 않고, 나는 나의 가장 멋진 모습대로 입는다는 것을 보여주는 이러한 표현 방식들 속에서 살펴볼 수 있는 건 무엇보다 나를 드러내고 싶다는 마음, 자신이 보여주고 싶은 자신의 모습이다. 이렇게 자신이 좋아하는 스타일을 표현하고 싶은 욕망, '눈에 띄고 싶은' 욕망이 이

---

17. 2006년 휴대폰 브랜드 스카이(SKY)가 "그 남자가 입으면 뉴욕이 되고 그 남자가 입으면 동남아가 된다"는 광고 문구로 문화에 우열을 나누고 특정 문화권의 사람들을 비하하는 표현으로 많은 비판을 받은 바 있다.
18. 이주민패션매거진 프로젝트는 사진에 사람들의 이름과 나이 정도만 표시해 두었을 뿐 어떠한 평가나 설명도 적지 않았다. 만약 사진 옆에 글을 적었다면 어떤 나라가 더 잘 입었고 어떤 나라는 촌스럽다고 평가하게 될 것 같아 판단을 피했다고 작가는 말한다.

프로젝트에서 왜 중요하게 보이는 것일까?

권리를 넘어 욕망을 본다는 것

그건 이러한 욕망의 표현이 앞서 언급했듯 '외노자'라는 부정적인 단어가 만들어온 이주노동자의 고정된 이미지에 대한 반론이면서, 동시에 한국 사회에서 이주노동자들이 일상에서 마주쳐야 하는 비가시화의 시선에 대한 응답이기도 하기 때문이다. 이 프로젝트에 주로 찍히는 이주노동자의 대략적인 국가들은 필리핀, 베트남, 미얀마, 말레이시아, 에티오피아 등이며 촬영 장소는 주로 1호선의 맨 끝에 있는 한국의 서부 지역인 인천, 부천, 부평 일대이다.[19] 이 지역들은 산업 공단이 밀집해있으며 그 주변에는 이주노동자의 거주 지역과 문화생활 및 여가를 즐길 만한 거리가 조성되어 있다.[20]

---

19. 부평역 지하상가는 1980년대부터 운영된 대규모 쇼핑 거리이며, 단일공간 내 지하 공간에서 가장 많은 점포가 입점한 신기록을 보유한 적 있을 정도로 규모가 크다. 중저가의 의류와 잡화들을 판매하며 브랜드 의류보다는 보세 상품들이 많다. 관광객뿐만 아니라 부평, 부천, 시흥 일대에 거주하는 외국인들이 많이 찾아오기에 외국어 통역 서비스를 제공하고 있으며 이주민들이 직접 운영하는 상점들도 늘고 있다.

20. "이제 나이대가 우리 나이대니까 그래 봤자 스물하나 그러니까 이분들도 휴일에 차려입고 서울 놀러 가요. 부평역 북광장 쪽에 미얀마 커뮤니티가 있어요. 그쪽 가면 거의 미얀마 식당 그런 게 있어요. 저도 가면서 알았는데 맛있더라구요. 그쪽이 약간 주말에 노는 데예요. 가면 그 사람들이 쇼핑을 막 이만큼 해서 와요. 내려가다가 사진 찍을 사람 있나 보면 다 옷 고르고 있어요. 대보고 있고 사고. 뭐해? 이러니까 오늘은 서울랜드 갈 거래요. 싹 차려입고

한국 내의 이주노동자들은 자신이 일할 수 있는 산업 지역에 살아가면서 익숙한 본국의 사람들과 공동체를 이루기에 특정 지역에 다수 거주하게 되는데 이에 대해 그 지역 주민들은 공존을 불편하게 생각하며 불안감을 표출하기도 한다. 인종적, 종교적 타자에 대한 실체 없는 불안감은 미디어에 등장하는 불편한 사건들과 엮이며 다시 강화된다. 문젯거리가 되지 않고 최대한 조용히 지내는 것이 이주노동자들에게는 한국 사회에서 내국인들과 '공존'하기 위한 최선의 방법이 되어왔다. 심리적으로 위축되고 공간적으로는 점점 더 외곽으로 밀려나는 타자들은 더 밀려날 곳이 없는 곳에서 결국 비가시화된다. 내국인들의 심리적 경계선은 '한국에 이주노동자가 살고 있다는 건 알고 있지만, 자신의 주변은 아니길 바라거나 눈에 띄지 않았으면 하는 마음'으로 일상에서 이들을 바라보고 있기 때문이다. 그러한 일상적 시선들은 대부분 '부정적인 감정으로 쳐다보는 시선'보다는 '보지 않으려고 하는 무시의 시선'에 더 가깝다. 없는 사람 취급하거나 누군가의 존재를 의식적으로 인지하지 않는 시선들. 이주노동자들이 느끼는 일상적 시선은 아마 자신을 투과해 시선을 던지고, 자신의 존재를 부정하는 시선이면서, 눈에 띄지 않았으면 하는 암묵적 표현이 담긴 시선일 것이다.

하지만 그러한 일상을 배경으로 찍힌 이 사진들 속에서 멋

가더라구요. 청청에 센스있게 하고. 한강 간다, 서울랜드 간다 그리고."(2019년 11월 30일 을지로 '육일봉'에서 진행된 인터뷰 중 박가인 작가의 말)

〈그림 3〉 이주민패션매거진 — Be Ka & Kopi Pait

과 개성을 표현하며 카메라를 바라보는 이주노동자의 눈은 시선을 피하지 않고 응시하고 있다. 그리고 무엇보다 사진 속에서 이들은 즐거워 보인다. 일상적 경험 속에서 축적되었을 경계와 무시의 시선들을 몸이 기억하고 있음에도 이들은 그러한 적대의 시선을 되돌려주기보다 자신을 드러내는 것에서 나오는 온전한 즐거움에 집중하고 있다. 그것은 폭력적이거나 부정적인 시선들로 자신의 일상과 삶을 채우지 않겠다는 의지이면서 동시에 타인이 아닌 자신이 원하는 모습으로 그 삶을 구축해나가겠다는 표현이다. 어떻게 보면 이들이 보여주는 패션은 한국에서 한국인들에게 인정받기 위한 모습이라기보다 그런 것과는 상관없이 내가 드러내고 싶은 나의 가장 멋진 모습에 더 가깝다.

그리고 이러한 모습들은 한국 사회에서 더는 비가시화된 존재로 숨지 않겠다는 이미지들을 예고한다. 그것은 생존권이라는 '권리'의 영역을 넘어 한 개인으로 살아갈 '욕망'의 표현이면서, 자신이 나타내고 싶은 자신의 이미지를 직접 생산하고자 하는 적극적인 행동이기도 하다. '권리 이상의 욕망'이 이주노동자의 옷차림으로 연결되는 지점에서 우리는 '난민다운' 옷차림이라는 말의 모순 또한 발견할 수 있다. 난민의 사진에 달리는 댓글들에서 발견되는 '진짜 난민'과 '허름한 옷차림'을 연결하는 논리 속에는 마치 난민의 처지와 상황이 그들의 겉모습이나 말과 행동으로 입증되어야 할 것처럼 생각하는 태도가 들어 있다. 그러한 말 속에서는 권리와 욕망이라는 문제가 구별되지 않는다. 무엇보다 권리와 자격, 정체성이라는 말로 욕망을 삭제한다. 그렇기에 '외노자'와 초라한 옷차림을 연결하는 사고를 단절시키는 패션매거진이라는 시도는 줄곧 권리 아래에 놓여온, 혹은 권리 다음에만 등장해온 욕망의 문제를 전면으로 가시화시킨다. 모든 권리가 충족된 다음에, 혹은 무엇다움으로 일단 인정받은 다음에, 당장 법의 자격으로 먼저 등록된 다음에만 진짜 내가 하고 싶은 것, 내가 말하고 싶은 것, 내가 꿈꾸는 것이 드러나야 하는가? 이들의 옷차림은 그렇지 않다고 말하며, 사람들이 상상해온 이미지 너머에 놓인 개별적인 한 명 한 명의 모습들을 보게 한다.

결국 이 프로젝트의 사진들 속에서 우리는 무엇다움 너머에서 선택된 이미지들과 그것으로 자신을 보길 원하는 이들의 눈을 마주한다. 한껏 꾸민 옷차림 속에는 일상에서 지워지지 않기 위해 의지적으로 자신을 드러내고자 하는 몸짓이 있다. 나를 표현하고 싶은 욕망, 내가 가진 개성과 멋진 모습을 드러내고 싶은 욕망을 마주하며 이주노동자를 향한 기존의 시선은 분산되기도 하고, 의외의 이미지에 당황하기도 하고, 전혀 새로운 이미지에 도착하기도 할 것이다.

그럼에도 계속 드러날 수 없는 것

이 프로젝트는 원치 않는 시선을 튕겨내는 모습들을 사진으로 담으며 그것이 일상에서 만들어낼 가능성에 대해 말하고 있다. 하지만 그 반대편에는 보여주고자 하는 모습과 그것의 실패, 보고 싶지 않은 시선과의 반복된 마주침, 시선의 어긋남이라는 현실 또한 존재한다. 이주노동자의 패션을 본다는 문제는 단순히 주체적인 모습과 당당한 이미지가 갖는 시선의 선점만으로 정리되지 않는다. 그 속에 놓인 수많은 시선의 교차와 실패를 우리는 또한 예감한다. 권리를 넘어 욕망을 본다는 것, '무엇다움'을 넘어선 시도의 가능성을 본다는 것은 중요하지만 그럼에도 계속 드러날 수 없는 무언가에 대해 여전히 더 세밀하게 말할 필요가 있다.

이를테면 우리는 이주노동자의 옷차림을 둘러싸고 이렇게 다시 질문할 수 있어야 한다. 이주노동자 중에서도 산업연수생으로 한국에 들어온 이들의 옷차림과 불법 체류자격 때문에 존재를 숨겨야 하는 미등록 이주노동자의 옷차림은 같을까. 그들도 사진 속 사람들처럼 거리낌 없이 카메라 앞에 몸을 드러낼 수 있을까. 또한 이 작업은 '옷차림'만으로 사람을 판단하는 편견을 지적하면서도 개성 있는 옷차림, 잘 꾸민 겉모습의 이주노동자만을 선택해 사진을 찍었다는 한계를 갖는다. 그렇기에 여전히 초라해 보이는 옷차림으로 거리를 걷는 이주노동자들의 얼굴이나 그들의 삶은 상상하지 못한 채로 남아있다. 옷차림으로 표현되지 못한 그들의 욕망은 어떻게 가시화될 수 있을까.

그리고 이러한 질문은 왜 난민의 모습들을 일상 속에서 보기 힘든지, 여전히 빈약한 재현의 양상 속에 놓여 있을 수밖에 없는지 또한 함께 드러낸다. 사실 웹상에 돌아다니는 난민의 이미지 속에 즐겁게 웃고 있거나 일상을 즐기거나 화려하게 자신을 꾸미는 모습들이 부재한 것은 실제로 한국 사회를 살아가는 난민들이 신변의 보호 때문에 자신의 얼굴을 드러내지 못하는 현실과 관련이 있다. 대다수의 인도적 체류자들, 난민 심사를 기다리는 사람들, 난민 불인정을 받고 재난민심사를 신청하는 사람들은 자신의 이미지가 어딘가에 사용되는 일이 심사에 영향을 준다는 것을 안다. 난민 인권을 위한 시위 현장에서 찍힌 사진이나 거리에서 웃고 떠들고 소풍을 가거나 여가를 즐기는 사진은 언젠가 진짜 난민임을 의심하는 잣대에 오를 수 있다.

2019년 난민 면접 조서 조작 사건으로 기자회견이 열렸을 당시에도 공무원들이 조작한 허위 사실로 인해 난민신청에서 불이익을 받았던 사람들조차 기자들에게 자신들을 사진으로 찍지 말아 달라고 하며 가명으로 등장했다. 그리고 이들은 모두 경제적인 사유가 아닌, 정치적인 이유로 난민신청을 한 사람들이었다. 누군가에게 노출은 전략이 될 수도 있으나 누군가에게는 노출이 추방이 될 수도 있다. 여전히 현실에 발을 딛고 이야기해야 하는 부분이 있다면 그것은 누군가의 화려한 패션은 그들이 드러낼 수 있는 욕망이 다른 존재에 비해 상대적으로 안전한 영역 안에 있다는 것을 의미하기도 한다는 점이다. 이러한 비교는 '난민다운 옷차림'이라는 말이 얼마나 지우기 힘든 현실에 놓여 있는지 암시하며 '무엇다움'의 이미지로도 보지 못하는 더 취약한 삶의 조건들에 대해 더 섬세하게 생각하도록 요청한다. 국가의 여부, 등록의 여부, 경제활동 자격 여부, 난민심사통과 여부 등에 따라 난민 안에서도 더 가진 자와 덜 가진 자가 나뉘고 그것은 이주노동자도 마찬가지이다. 그 안에서 촘촘히 나뉘는 다양한 계층의 삶들은 저마다의 사정과 이야기들을 품고 있고, 무엇다움의 이미지 그 바깥의 새로운 표현들을 만들어낼 수 있는 힘은 이러한 개별성의 발견들을 통해 가능해질 것이다.

여성의 몸이 드러나는/드러나지 못하는 방식

이 프로젝트는 여전히 어떤 경계 이상을 넘지 못한 존재의 욕망 또한 암시하고 있다. 찍히지 않은 존재가 그것을 말해준다면 넘지 못한 그 세계에는 이주노동자 여성이 있다. 2018년 통계

청이 발표한 이민자 체류실태 및 고용조사에 따르면 이주노동자의 33%는 여성이며, 여성 이주노동자는 40대 이상이 과반수를 차지할 정도로 중년 이상의 노동자 비율이 높다. 이 중 중국 교포 여성 이주노동자 대다수가 서비스업, 주로 음식·숙박업, 가사·육아, 병간호 세 업종에 분포하고 있으며 결혼이주여성들은 주로 제조업 노동자로 일하고 있다.[21] 이 프로젝트는 초기에 남녀 이주노동자들의 스트리트 패션을 찍고자 하였으나 길에서 사진을 찍을 수 있는 사람들 대부분은 남성이었다고 작가는 말한다. 이주노동자 여성들은 남편이나 가족에 의해, 혹은 종교적인 이유로 몸을 드러내지 못하거나, 바깥에 나온다고 하더라도 남편의 허락을 받지 못해 사진을 찍지 못했다는 것이다.[22] 이렇듯 남편 및 가족에 의존하는 대다수의 여성들은 자신의 몸을 꾸미거나 그것을 드러내는 방식으로 거리에 나타나지 못한다는 작가의 문제의식은 다음 작업으로 연결되고 있다. 그것은 동남아시아 등지에서 젊은 나이에 국제결혼으로 한국에 온 여성들, 히잡을 쓰는 문화로 인해 몸을 드러내지 못하는 여성들, 가족과 남편에 의해 카메라 앞에 설 수 없는 여성들이 자신의 취향

---

21. 김사강, 「[기고] 노동자로 인정받지 못하는 여성 이주노동자들」, 『노동과 세계』, 2019년 9월 19일 입력, 2020년 3월 15일 접속, https://c11.kr/dxzm.
22. 하지만 부평, 인천 일대에 사는 이주민 여성 중에는 〈한국이주여성연합회〉나 〈인천이주여성센터〉 등을 통해 공동체 활동을 하고 이주민방송에도 등장하며 매체를 통해 자신의 목소리와 얼굴을 드러내는 이들이 있다. 점점 이러한 활동을 하는 이들이 많아지고 있다는 점에서 이들을 '볼 수 있는 시선의 부족'이 이들을 보지 못하게 만든 것은 아닌지도 생각해본다.

<그림 4>
네일쌀롱#1_미얀마 난민 S
씨의 꿈[23]

을 은밀하게 표출하는 방식을 수집하는 프로젝트이다. 주로 네
일아트 혹은 아이 메이크업으로 표출되는 다양한 표현 방식들
을 조명하며, 욕망이 어떻게 몸의 가장 작은 부분에서 가장 화
려하게 비집고 나오는지 보고자 하는 것이다.

　그리고 비슷한 시도가 공익법센터 〈어필〉APIL의 '네일쌀롱'이
라는 유튜브 콘텐츠에서 진행되고 있다. 바로 난민 여성에게 네
일아트를 하면서 그와 인터뷰를 하는 프로젝트이다. 난민 여성
들은 이 영상에서 대부분 가명으로 때로는 실명으로 등장하며
자신이 어떻게 난민이 되었고, 한국에 난민신청을 하면서 어떤
어려움을 겪었으며, 난민으로 사는 삶에 어떤 경제적·교육적·문
화적 어려움이 있는지 말한다. 영상에는 대화하는 두 여성의 목
소리만 등장할 뿐 난민 여성의 얼굴은 볼 수 없다. 오로지 손톱
을 손질하며 말을 거는 누군가의 두 손과 점점 화려하고 깔끔한

---

23. 「[더나은이야기] 네일쌀롱#1_미얀마 난민 S씨의 꿈 Refugee story in Ko-
　　rea — APIL Nail Salon ep1 S from Myanmar」, 〈공익법센터 어필APIL 유
　　튜브〉, 2018년 11월 27일 입력, 2020년 3월 15일 접속, https://youtu.be/ZV-
　　LN1NMdsLQ.

손톱으로 변해가는 난민 여성의 두 손만이 등장할 뿐이다. 통상적인 사진과 영상에서는 보통 주목받지 못하는 몸의 가장 작은 부위라고 할 수 있을 손톱을 매끈하게 손질하는 장면 속에서 우리는 누군가의 가장 작은 신체 부위가 화려하게 변하는 과정을 그의 지난한 삶의 여정과 함께 응시하게 된다. 남성이 전신을 드러내는 패션매거진으로 드러나는 것과 대조적으로 손톱만 한 부위만으로 자신의 욕망을 드러내는 여성의 모습은 오히려 난민의 이미지가 처한 상황과 더 닮아있다. 여성이라는 이유로, 난민이라는 이유로, 가짜라고 의심받는다는 이유로 표현되지 못하는 누군가의 욕망이 어떻게든 등장하고야 말 것이라는 사실을 저 반짝거리는 작은 손톱이 예고하고 있는 듯하다.[24]

자신이 원하는 모습으로 살아갈 수 있는 사회를 향해

"제가 할 수 있는 것을 알려 주세요." 2019년 〈난민인권센터〉에서 주최한 난민인권포럼에서 한 중년 여성은 이렇게 질문했

---

24. 화려함, 아름다움, 꾸민다는 행위 이런 것들은 왜 늘 난민성, 삶의 고단함, 박해, 고난의 이미지와 멀리 떨어져 있는 걸까. 바다를 통해 국경을 넘은 난민들을 구조하는 영상과 사진 자료 속에서 난민의 몸을 보호하고 체온을 유지하기 위한 용도로 제공되는 금박 비닐의 반짝거림이 너무 눈부셔서, 그것이 그들의 고단한 표정과 허름한 옷과 대비되게 지나치게 화려해서 당황스러웠던 순간이 있었다. 비닐의 금색이 난민의 구호용품으로 제공되는 것이 뭔가 이상한 풍경을 연출한다고 생각했던 순간, 화려함이 이 장면에 어울리지 않는다고 생각하고야 만 감정에 대한 부끄러움은 여전히 숙제로 남아있다.

다.[25] 난민 가족을 돕고 싶지만 무엇을 어떻게 해야 할지 몰라서 답답하다는 요지였으나 그분은 이미 난민 가족에게 음식을 나누어 준 경험이 있으며 친근한 만남을 시작하고 있는 듯 보였다. 난민 가족을 마주할 때, 어떤 자세와 행동을 취해야 할지 어떤 말을 먼저 꺼내야 할지 머뭇거리던 망설임의 순간, 누군가는 선뜻 눈인사를 건네거나 필요한 것을 물어보기도 했던 것이다. 이 프로젝트의 사진들을 보며 그 '가벼운' 관계성에 대해 계속 생각했다. 무엇보다 작가와 대화를 하며 놀랐던 점은 이주노동자를 찍으며 사전에 배제하고자 했던 이미지나 자신의 시혜적 태도에 대한 조심스러움 같은 것들이 없었다는 점이다. 그것은 자칫 지나치게 가벼워서 상대에게 상처를 주는 만남으로 이어질 위험도 있지만, 이런 가벼움이 여기서 즐거운 프로젝트로 연결될 수 있었던 건 패션에 관심이 많은 작가 스스로가 정말로 친구, 또래의 자리에서 접근하며 "너무 멋진 스타일이야", "진짜 멋지다"라는 자신의 감정을 의심하지 않고 말을 걸었기 때문이 아닐까. 어쩌면 지나친 조심스러움이라는 건 이미 내재한 편견을 거꾸로 보여주는 것이기도 하다는 사실, 무언가를 하지 않기 위한 조심스러움이 없는 접근도 가능하다는 사실은 놀랍지만 또 이미 많은 사람이 시작하고 있는 평범한 관계의 모습들이기도 했다.

---

25. 〈난민인권센터〉는 2017년부터 〈한국사회와 난민인권〉이라는 난민인권포럼을 진행해오고 있다. 2019년에는 서울 혁신파크 상상청 2층 상상의 숲에서 총 일곱 회에 걸쳐 아홉 번의 발표가 이루어졌다.

그렇게 이 작업은 우연히 즉석에서 이루어진 프로젝트로, 찍힌 사람의 삶에 어떤 물질적인 도움을 준 것도 아니며 그냥 기분 좋은 칭찬과 멋지게 나온 사진 한 장, 가벼운 번호 교환, 그리고 눈인사 정도만이 남았다. 이 일회성이 프로젝트가 될 수 있을까? 사실 생각해 보면 상담과 운동, 법률적인 해결, 생활 지원 등을 하는 활동가와 연구자들 이외에 대다수의 사람은 아마 이렇게 일상 속에서 이주노동자, 난민들을 스쳐 지나갈 것이며, 대부분의 만남은 이렇듯 순간적이며 가볍게 이루어질 것이다. 눈 마주침과 스쳐 지나감이 눈인사를 넘어 누군가의 삶을 변화시킬 수 있을 만한 대단한 일로 이어질 가능성을 작가는 과도하게 요청하지 않는다. 하지만 이러한 가벼운 눈인사가 연속된다면, 이러한 일회적인 프로젝트가 다음 프로젝트로 이어진다면, 가볍게 이것을 읽는 독자가 이어진다면, 거리라는 무대가 다른 무대로 이어진다면, 그때의 가벼움은 과연 무엇을 변화시킬까.

　　가벼운 만남, 가벼운 지속성, 가벼운 연결, 가벼운 힘에 대한 고민이 처음부터 가벼움으로 시작했던 것은 아니었다. 그 속에는 난민의 삶뿐만 아니라 연구자와 활동가들의 삶이 이어지기 위해서라도, 그리고 당장은 아무것도 변화시킬 수 없어 보이는 그 무언가를 계속하기 위해서라도 무겁고 엄숙한 방향성만 있어서는 안 된다고 생각했던 무거운 시간이 있었다. 활동에 지쳐 단체를 떠나거나 몸과 마음이 점점 병들어 가는 사람들을 보며 지속적으로 활동과 운동을 이어가기 위해선 무엇이 더 필요할지 고민했다. 새로운 재현 방식과 새로운 언어를 찾아가는 과정 안에는 일상과 멀어지지 않는 예술적 실천, 위트와 활력을 주는 가벼운 작업을 함께 가져가야 한다는 고민과 이 글은 맞닿아있다. 무엇보다 소진되지 않기 위해서, 일상의 욕망과 권리의 문제를 동시에 보기 위해서, 글을 쓰고 필요한 예술적 실천을 이어가는 일을 지속하기 위해서 가벼움의 힘이 절실히 필요했다.

여전히 난민 인정을 받은 사람의 숫자는 불인정을 받고 떠도는 사람들의 숫자와 비교할 수 없을 정도로 적다. 계속해서 혐오와 맞서 싸우고 글을 쓰고 법적 운동을 하고 사회적인 연대를 끌어내는 치열하고 무거운 시간 속에서 과연 무엇이 가벼워질 수 있을까? 어쩌면 겉모습으로 누군가를 판단하고 옷차림으로 진위를 가리는 사회에서, 다시 옷차림으로 시선을 장악하고 자기표현을 통해 나를 알린다는 일은 가벼운 장난처럼 보일지도 모른다. 하지만 가장 가볍고 일상적인 영역인 옷차림의 문제에서부터 자신의 존재를 무겁게 의심받는 사람들이 여전히 존재한다는 사실은 '가볍다'라는 것이 실은 매우 상대적인 문제일 수 있음을 생각하게 한다. 대다수가 가볍다고 생각하는 가장 보통의 일상이 그렇지 않은 사람들에게도 공유될 수 있도록, 그것이 정말 가벼워질 수 있도록 하기 위해선 가벼움이 지속될 방법들을 계속해서 찾아가야 할 것이다.[26] 무엇다움에 더이상

---

26. 데이비드 윌리엄스 교수는 '강화된 경계심 측정' 설문지를 통해 실제 차별 경험이 아닌 차별을 겪을지 모른다는 우려만으로도 건강이 나빠질 수 있다는 사실을 밝혀냈다. "가령 집을 떠나기 전에 미리 오늘 어떤 일을 당할지 걱정

얽매이지 않고, 스스로를 표현하는 것을 두려워하지 않으며, 자신이 가장 원하는 모습으로 살아가는 것이 무거운 용기를 내야 하는 일이 아닐 수 있는 사회를 향해.[27]

하고 무시나 모욕을 당하지 않기 위해 자신의 옷차림에 신경을 써야만 하는 등의 스트레스가 삶을 해칠 수 있다는 것이다." 이는 옷차림의 문제가 결코 작은 문제가 아님을 시사한다. 정환봉, 「절대 차별한 적 없다는 사람이 무의식적으로 차별 행동」, 『한겨레』, 2020년 3월 11일 입력, 2020년 3월 15일 접속, https://c11.kr/dxzn.

27. 글을 쓰는 동안 이 프로젝트의 사진이 〈지평(地平)너머의 인천미술〉이라는 전시의 일환으로 동인천에 있는 한 건물 외벽에 대형 현수막으로 걸렸다. 길에서 누구도 본 적 없는 한 이주노동자가 멋지게 차려입고 자신 있는 포즈로 지나가는 인천 시민들을 내려다본다. 실제 사람의 크기보다 크게 프린트된 누군가의 한껏 꾸민 이미지가 건물 옥상에서 펄럭이는 흥미로운 풍경. 이것을 지켜보는 즐거움 또한 누군가에게는 일상을 살아가게 해줄 가벼운 힘이자 용기로 바뀔 수 있길 바라본다.

이주와 정주 : 베를린 기록[1]

이다은 · 추영롱

2018년 겨울과 2019년 여름, 서울에서 온 이다은과 베를린에 거주하는 추영롱은 "이주와 정주"라는 주제 아래 다각도의 기록 작업을 진행했다. 난민신청자, 난민으로 인정받은 자들, 국가 간 협약에 의한 특정 사회적 신분을 선택한 이주민들 ─ 학생비자, 노동 비자, 결혼을 통한 가족 비자 등 ─, 독일에서 태어나고 사회화되었으나 독일인으로 받아들여지지 않는 이들, 최종 추방 명령을 통보받은 여성들과 그들을 돕는 또 다른 난민, 이주민, 오랜 정주민들 : 모두 베를리너들. 유럽 '풀뿌리' 정치의 최대 실험장이자 전 세계 젊은이들을 끌어당기는 도시 베를린에서 우리는 다양한 법적 신분을 지닌 사람들을 만났고, 그들의 '자기 이해'와 그들의 '삶이 향하는 방향'에 관한 이야기들을 모았다.

---

1. 이 글 본문에 삽입된 사진의 컬러 원본은 작가 홈페이지 www.ee-da.com에서 확인할 수 있다.

01_If days were pages…

"우리가 함께 쓰는 책의 한 페이지가 곧 우리의 하루라면
왜 우리는 단 한 줄의 문장에도 서로 동의할 수 없을까"[2]

조나 다이내믹(ZONA DYNAMIC), 〈If days were〉, still cut

---

2. 요르단, 독일 예술가 협력 단체〈조나 다이내믹〉(ZONA DYNAMIC)의 영상
   작품 〈If days were〉 중 일부. 참여 작가 : Areej Huniti, Eliza Goldox, San-
   dyBecker, Sylbee Kim.

02_맨몸 : 점거의 정치

옥상에는 풀이 많이 자랐다. 관리자들이 따로 심은 화초와 식용작물도 있다지만 한겨울 베를린의 시리고 습한 회색 하늘 속, 눈에 띄는 푸른빛은 그냥 잡초뿐이었다. 과거에는 행사도 많았다. 미국 출신 시인 오드리 로드Audre Lorde도 이곳에서 낭독회를 가졌고, 각종 모임과 파티로 이 삼각 꼴의 지붕 아래에는 훈기가 떠날 날이 없었다고 한다.

우리말로는 초콜릿 공장. 쇼코파브릭Schokofabrik은 1980년대 낡고 버려진 초콜릿 공장 건물을 아나키적anarchic 페미니스트들이 점거해 지금의 여성 문화 센터로 탈바꿈한 곳이다. 1970~80년대 건물주들은 집단적으로 세입자들을 내쫓은 뒤 고급 상업 시설 내지 주거 공간으로 재개발하려 했고, 그 때문에 당시 베를린은 사람이 살지 않는 빈집들과 살 집이 없는 사람들로 넘쳐났다. 넘쳐난 것은 무엇보다 서민들의 절박함과 분노였고, 가장 적게 가진 자들의 맨몸 점거, 즉 피라미드 가장 아래에 위치한 주체들의 풀뿌리 정치는 베를린 곳곳에서 일어났다. 폐허가 된 초콜릿 공장을 점거한 여성들은 직접 건물의 골조를 수리하고 벽에 회반죽을 발랐다. 가정 폭력 피해 여성들의 쉼터를 만들고, 회의실, 작업장, 문화 공간 및 체육관, 터키 출신 이주여성들을 위한 터키식 사우나까지 마련했다. 비어 있던 건물에 여성들은 삶의 온기를 불어넣었고, 그들을 불법이라 비난하던 부르주아 시민들을 비웃기라도 하듯, 새로운 형태의 협동

조합을 탄생 시켜 베를린의 정치와 법의 흐름을 바꾸었다.

존재 자체가 불법이었던 시절. 층마다, 방마다, 틈마다, 건물의 어느 한 곳도 불법이 아닌 구석이 없던 시절, 여성들은 옥상에 지붕을 올리고 토마토를 심었다. 그곳에서 그들은 시를 읊고 정치를 논하며 자신들의 존재를 뽐내었다. 지금은 잡초만이 빛을 내는 테라스와 옥탑방을 우리에게 보여주며, "이 곳은 건축법상 문화 행사 진행이 불법인 공간인데, 정부 허가를 받기 위해 현재 진정서를 제출해 둔 상태입니다."라고 관리자는 설명했다.

〈쇼코파브릭 건물 옥상_1〉, Pigment Print, 50×33cm, 2019

03_쇼핑몰의 대안

"제트카우ZK/U는 과거 화물 열차들이 오고 가던 역이었어요. 수로인 슈프레Spree강의 작은 항구와도 맞닿아 있어 수많은 물자와 인력의 교차점 같은 곳이었죠. 시대가 변하며 역으로서의 기능을 상실한 뒤 건물의 일부는 지역 주민들이 쉬어 가고 밥도 먹을 수 있는 구호소 역할도 했었고요. 베를린 시가 이 건물을 철거하려 했을 때 예술가들이 모여 제트카우를 만든 거예요. 예술가들, 연구자들, 활동가들과 일반 시민들이 모여, 사람과 생각, 새로운 비전들이 소통할 수 있는 새로운 교차점으로 발전시켜 갔습니다. 그리고 무엇보다 이 동네, 모아빗이 조금 특별하잖아요. 베를린 안에서도 약간 섬과 같은 지리적 형태를 띠고 있고, 유독 이주민들의 비율이 높은 데다 이주의 역사도 깊고요. 그런데 피부색, 교육 수준이 다르고, 출신 국가도 다양한 모아비터Moabiter(모아빗 거주자)들이 모두 모이는 유일한 장소가 어딘지 아세요? 쇼핑몰이요. 저는 제트카우를 그런 쇼핑몰의 대안 공간으로 만들고 싶어요. 이 지역에 갓 도착한 사람들과 오래 머문 사람들 모두가 차별의 경험을 하지 않는 열린 지역 공간. 덤으로 신자유주의적 논리가 작동하지 않는 대안적 공간으로요."

제트카우의 프로젝트 감독 미오Mio

제트카우에서 열린 대안시장(Gütermarkt) 장면, Pigment Print, 50×33cm, 2019

04_베를린의 탑골 공원³

모아빗 풍경_1, Pigment Print, 50×33cm, 2019

키키⁴는 여느 때와 다름없이 동네를 어슬렁거렸다. 여름에는 슬리퍼를 끌고, 겨울에는 수면 바지 자락을 끌고 모아빗을 돌아다니는 키키의 베를린 탑골 공원은 바로 이곳. 동네 장터 뒤편 작은 공터에서 그는 종종 시간을 보냈다.

---

3. 이주민들의 정주 역사가 깊은 베를린의 지역구 모아빗(Moabit)에 위치한 한 공터. 히잡을 쓴 할머니들이 장을 보러 가는 길에 들러 담소를 나누고, 독일어가 서툰 할아버지들이 모여 종종 약주도 하는 곳.
4. 베를린에서 활동하는 대한민국 출신 이주 예술가 키키(KiKi)는 이 장소를 모티브로 〈이웃〉(Eine Nachbarin)이라는 작품을 창작했다. 그는 여성과 이주민이라는 독일 내 자신의 사회적 정체성을 작품의 전면에 내세우는 동시에, 그와 같은 정체성에 부과된 고정적 이상성을 비트는 작업을 시도한다.

어느 날 한 노인이 말을 걸었다. 노인은 인도 출신 모아비터였다. 그는 한국 출신 모아비터 키키를 점심 식사에 초대했다. 키키는 흔쾌히 초대에 응했다.

할아버지가 진짜 맛있는 밥을 해주셨어요. 그때 점심에. 되게 맛있게 먹었었거든요.

받은 연락처는 잃어버렸고 언젠가 때가 되면 동네에서 다시 만나겠거니 하던 차에, 그러니까 정확히 일 년 뒤에, 그들은 우연히 재회했고 다시 점심을 먹었다.

명상하는 노인의 정갈한 집에서 기분 좋은 식사를 하고 자리를 뜨려던 차, 기다려 보라던 노인은 주방 찬장의 작은 문을 열어 그곳을 가득 채운 한국 과자들을 선물했다.

어머 이게 뭐야 하고 봤는데, 유통기한이 … 다 작년 유통 기한인 거예요. 문득 들던 생각이 … 작년에 할아버지가 날 다시 볼 줄 알고 사둔 건데, 일 년 동안 찬장에서 날 기다리고 있던 과자들일까?

---

5. 노마드 예술가 멜라니 가란드(Melanie Garland)의 곰팡이 수집에서 영감을 얻었다. 칠레 출신인 그는 베를린에 적을 두고, 새로 온 이주민들과 기존 정주민들의 교류를 목표로 한 다양한 지역 예술 프로젝트를 진행한다. 역사적으로 비판적 식민주의 역사를 공부하는 동시에 유럽 각국의 난민 집단 거주 시설 내부를 조사하면서, '나의 예술이 곧 나의 운동(activism)'이라는 신념을 현실화한다. 또한 건축물 복원가라는 그의 두 번째 직업과 맞닿게도, 낡고 바랜 것, 붕괴되고 버려진 것들의 흔적을 주로 예술 작업의 소재로 삼는다.

시리아   이란

콜럼비아   난민

시간

독일

편지   빵   연결   통섭

기억

이주

곰팡이 지도(작업출처 : Melanie Garland, Jana Doudova), Pigment Print, 100×150cm, 2019

06_퀴어 퍼레이드 & 또는 VS 얼터너티브 퀴어 시위

2019 베를린 퀴어 퍼레이드 장면, Pigment Print, 50×33cm, 2019

2019 베를린 얼터너티브(alternative) 퀴어 시위 장면, Pigment Print, 50×33cm, 2019

07_혁명적 언어[6]

영 마이그런츠 블로그(Young Migrants Blog) 운영진과의 인터뷰 장면, Pigment Print, 50× 33cm, 2019

Es ist ganz wichtig! Der Blog hat den Anspruch darauf, mehrsprachig zu sein. Das heißt, du kannst in jeglicher Sprache, die du kannst oder lernst, wie auch immer, die Beiträge einsenden. Wir versuchen damit einerseits in den antirassistischen linken Kämpfen die migrantische Perspektive reinzubringen, hoffen andererseits unterschiedliche migrantische Communities anzusprechen.

---

6. 〈로자 룩셈부르크 재단〉(Rosa-Luxemburg-Stiftung)에서 기획한 젊은 이주 민들의 콘텐츠 플랫폼 "영 마이그런츠 블로그"(Young Migrants Blog)의 편집 진 Maura Magni와 Hai-Hsin Lu의 인터뷰 내용 중 일부.

Wir wollen die dominierende Mainstream-Position der Deutschen und den total starken Integrationsimperativ in Deutschland auch in Frage stellen. Zum Beispiel, die Türken sind die größte sogenannte Minderheit in Deutschland. Aber wir lernen kein Türkisch in der Schule. Das finden wir absurd. Deshalb fänden wir es total cool, wenn diese Selbstverständlichkeit auf dem Blog einfach kritisiert wird. Beispielsweise einfach Arabisch, bäm! Setzt euch damit auseinander, lernt ein bisschen Arabisch. Nicht immer nur zu erwarten und zu fordern, dass Leute deine Sprache lernen, sondern das voneinander lernen. Dazu noch ist heterogene migrantische Realität in Deutschland abzubilden für uns auch wiederum inhaltlich den Text widerzuspiegeln. Wie vielfältig - aber auch widersprüchlich - ist es innerhalb der unterschiedlichen migrantischen Communities und Bewegungen. Sie sind nicht einfach ein „Ausländer".

Was wir uns wünschen ⋯ ein alter guter Internationalismus! Migrantischer Internationalismus. „Migranten aller Länder, vereinigt euch!", das ist unsere Mission. Flucht, Migration ⋯ es passiert überall. Wir haben allein hier in Berlin, so viele Leute! Du sprichst Spanisch und kennst dich in Lateinamerika aus, meine Eltern kommen aus Taiwan, der kommt daher, usw. Jeder hat seinen migrantischen Hintergrund, um eine kollektive Verbindung und gemeinsames Wissen zu etablieren. So lokal und global.

베를린 로자 룩셈부르크 재단 건물 앞 동상, Pigment Print, 50×33cm, 2019

　아주 중요한 지점인데요, '영 마이그런츠 블로그'는 다양한 언어로 만들어져야 한다고 생각해요. 달리 말해, 당신이 원래 할 수 있는 말이든 아니면 지금 배우고 있는 말이든, 그게 어떤 언어든 그 말로 콘텐츠를 만들어 저희에게 보낼 수 있어요. 언어적 다양성을 통해 저희 편집진이 의도하는 바는 우선 독일 진보 진영의 반인종차별 투쟁에 이주자들의 시선을 반영하는 거예요. 나아가 더 다양한 이주민 공동체들이 저희 블로그를 접할 수 있게 하려는 바람도 있습니다.

동시에 일부 독일인들이 가지는 지배적인 입장, 이주민들에게만 통합(독일인화)을 강요하는 태도에 문제를 제기하고 싶어요. 가령 터키 출신 이주민들이 독일 내 가장 큰 규모의 소수자 집단이라 할 수 있는데, 독일 아이들은 학교에서 터키어를 전혀 배우지 않죠. 황당한 일이에요. 그래서 저희 블로그에서만이라도 이런 당연함이 비판적 시각에서 재해석되면 좋겠어요. 예를 들어 그냥 백 퍼센트 아랍어 딱! 이 현상을 두고 토론도 해 보고, 이참에 아랍어도 좀 배우라는 거죠. 항상 타인들이 자기네 언어를 배우길 기대하고 요구할 것이 아니라, 서로에게서 같이 배운다는 개념이요. 또한 동질적이지 않은 이주민들 간의 현실을 모사하는 것은 다시금 콘텐츠의 내용적 반영을 의미하기도 합니다. 독일 내 서로 다른 이주민 공동체 또는 움직임들이 얼마나 다양하고 또 한편으로는 상반되기도 하는 지를요. 그들은 단순히 똑같은 "외국인"이 아니에요.

저희가 원하는 건⋯그때 그 시절 국제주의요! 이주적 존재들의 국제주의. "만국의 이주민들이여, 단결하라!" 이게 저희 사명입니다. 망명, 이주⋯이런 것들은 어디에서나 나타나는 현상이에요. 여기 베를린만 해도 사람이 얼마나 많아요. 너는 스페인어하고 남미에 대해 잘 알지, 우리 부모님은 타이완에서 오셨지, 누구는 또 다른 곳 출신이지. 각자 자신의 이주적 배경을 통해 공동체적 연결점과 공동의 지식을 쌓아갈 수 있습니다. 지역적이면서 국제적으로.

Women in Exile. 망명 중인 여성들. 이름부터 심상치 않은 이 단체는 실제로 유럽에서 망명 중인 여성들이 자신들의 권리를 찾기 위해 직접 세운 조직이다. 이들은 난민신청자 및 이주민으로서 맞닥뜨리게 되는 인종차별적 폭력과 여성으로서 겪게 되는 성폭력에 대항하여, 모든 망명 중인 여성들의 실질적 삶을 변화시킬 수 있는 제도적, 정치적 개혁을 요구한다. 주요 활동 영역은 망명 여성들의 위생 및 건강 문제, 주거권, 반인종차별적·반성차별적 정치 활동, 망명자들 간의 네트워킹과 엠파워먼트empowerment 등이다.

빌딩 브릿지 페스티벌Building Bridges Festival. 2002년 단체를 설립한 이후 쉴 새 없이 투쟁과 연대 활동을 해 온 이 여성들은 2019년 여름 '축제'의 자리를 마련했다. 2000년대 초반 독일 난민 인권 운동의 출발점이었던 베를린의 한 공터 오라니엔플라츠Oranienplatz에 다시 모여 망명하는 여성들과 지역 주민들 사이에 소통의 '다리'를 놓겠다며 잔치를 연 것이다. 한여름 뙤약볕 공터에 설치된 서너 개의 천막을 중심으로 낮에는 워크숍을 진행했다. 여성주의이니 교차성이니, 헤게모니며 탈식민주의를 논하는 고등교육 받은 백인 페미니스트들이 한편에, 다른 한편에서는 "페미니즘이라는 말도 어차피 당신 백인 서양인들이 만든 거 아니야? 우리는 가진 거 없어도 우리끼리 서로 돕고 살아!"라는 남미 출신 원주민 여성과 그 옆에서 훌쩍이는 유색인종 여성

여럿이 있었다. 밤에는 공터 한가운데에 모여 음악과 춤을 즐겼다. 울고 소리치던 중년 여성은 간이 무대 위에 올라가 기타를 쳤고, 조용히 한 언저리에서 젖을 물리던 젊은 어머니는 아기를 업고 춤을 췄다.

Women in Exile의 빌딩 브릿지 페스티벌 장면, Pigment Print, 50×33cm, 2019

존재함만으로 폭력의 대상이 되는 그들의 몸은 너무나도 정치적이다. 역사적으로, 사회적으로 권력을 지배했던 자들이 여성과 유색인에게 부과했던 선입견과 혐오의 표식들은 당사자의 의사와는 상관없이 그들의 맨몸 위에 그대로 투영된다. 더 적게 가질수록 맨몸은 더 드러난다. 망명 중인 이 여성들은 자신들의 몸에 새겨진 폭력의 내러티브를 거부하고 그들 몸이 지닌 정치성을 역으로 이용한다. 그들은 맨몸으로, 온몸으로 자신들의 존재를 빛내며 낯선 땅에서 새로운 정치적 언어를 창작하고 있다.

09_만찬

맨 위부터 파리바[7]의 상차림, 나게스 가족[8]의 상차림, 요르단 예술가들[9]의 상차림

우리는 총 세 번의 만찬에 초대받았다. 그들의 상차림은 정으로 넘쳤다. 컨테이너로 지어진 난민 임시 거주촌 단칸방에서, 방탄소년단의 포스터가 붙은 십 대 소녀들의 방에서, 이제는 전 세계 예술가들의 레지던시로 탈바꿈한 과거의 무료 급식소에서.

---

7. 남편과 두 딸과 함께 아프가니스탄에서 독일로 망명한 여성. 파리바의 가족은 전형적인 'Sans-Papiers'(undocumented migrants), 여권도 신분증도 없이 기록되지 않은 이주민으로 육로를 거쳐 베를린에 도착했다. 지금까지 약 5년째 난민신청자 신분으로 베를린 외곽에 위치한 난민 임시 거주촌에서 거주하고 있다.

8. 어머니와 여동생과 함께 이란에서 독일로 망명한 십 대 소녀. 이란에서 태어나고 성장했으나 부모님은 아프가니스탄 출신이라 이들 역시 'Sans-Papiers'의 신분으로 베를린으로 망명했다. 나게스의 가족은 모두 난민으로 인정받고 일반 주택으로 이사해 새로운 삶을 꾸려가고 있다.

9. 요르단 암만에 적을 둔 예술가들과 베를린 베이스의 예술가들의 협업 "조나다이내믹"(ZONA DYNAMIC)의 베를린 세션을 위해 암만의 예술가들이 베를린을 방문했다. 이주, 젠더, 경계 짓기와 사회적 결합, 예술의 공적 개입 등을 주제로 양국에서 창작 활동을 한다.

3부
해 보지 않았다면
몰랐을 일들

난민×현장 : 해 보지 않았다면 몰랐을 일들[1]

이지은 · 전솔비

'난민'과 '현장'을 함께 고민하며

〈난민×현장〉은 다양한 분야의 연구자와 활동가들이 모여여러 각도에서 난민 문제를 연구하고 이러한 지식의 실천적 의미를 현장과 연결하고자 하는 모임이다. 〈난민×현장〉은 '난민'이라는 단어 하나만으로는 볼 수 없는 복잡한 맥락을 이해하기 위해 페미니즘, 성소수자, 국가, 몸, 장애, 동물, 전쟁, 폭력, 식민주의 등 밀접하게 교차되어 있는 여러 주제를 함께 연구하고있다. 또한 그렇게 얻게 된 지식이 학계 안에 머무르는 것이 아니라 항상 현장과 맞닿아 있어야 한다는 문제의식을 여러 활동으로 실천해 보려는 목표를 갖고 있다. 우리들 각각이 처음부터난민 문제에 대해 전문적인 지식을 갖고 이 활동을 시작한 건

---

1. 이 글은 2019년 〈난민인권센터〉에서 주최한 〈2019 한국사회와 난민인권〉 포럼에서 12월 19일 발표한 원고를 수정한 것이다.

아니었다. 각자의 문제의식으로부터 난민을 연구하기 시작하였으며, 다양한 소수자 운동, 문화 운동, 예술적 실천 등 기존 활동의 경험 위에서 난민 운동과 관련 활동들을 지지하기 시작했다. 현재는 스터디와 같은 작은 대화의 장에서부터 포럼과 같은 보다 큰 토론의 장을 오가며 난민인권운동의 현황과 난민의 상황 등을 학계에 공유하고 한편으로는 현장에 필요한 연구를 찾아가고 있다. 이 글을 통해 그간 〈난민×현장〉의 활동을 소개하고, 활동을 통해 얻은 고민을 공유하고자 한다.

티치인, 말의 자리 만들기

〈난민×현장〉은 한 달에 한 번씩 만나 공부를 하기도 하지만, 활동가와 연구자가 함께 토론하고 청중과 수평적으로 의견을 나누는 티치인Teach-in 2을 지속해서 열어왔다. 〈난민×현장〉의 티치인은 현장과 학계를 연결하고, 다양한 사람들이 자유롭게 의견을 개진할 수 있는 공론장을 마련함으로써, 난민 문제에 대한 사회적 관심을 끌어내려는 목적으로 기획되었다. 자유

---

2. '공적인 관심사에 대한 토론'을 의미하는 말인 티치인(Teach-in)은 좁게는 1965년 미국 미시간 대학에서 교수와 학생들이 베트남전에 반대하며 이틀간 밤을 새워 토론했던 사건을 뜻하기도 한다. 티치인은 단순히 강연자나 청중의 위계가 있는 강연회나 토론회가 아닌 선생과 학생, 지식인과 일반인, 활동가 이외의 다양한 직업과 계층의 사람들이 만나 수평적으로 오가는 대화의 장을 지향한다. 〈난민×현장〉은 한국 사회에서 민감하고 왜곡된 방식으로만 오가던 난민 문제를 보다 폭넓고 다양하게 이야기하기 위해 티치인을 기획하여 공론장을 이어오고 있다.

로운 발언장이라는 티치인의 이상적인 목표에 도달하기에는 아직 부족한 점이 많지만, 다양한 직업과 관심사의 사람들이 하나의 주제를 놓고 의견을 교환하며 학계의 언어와 일상의 언어가 만나는 자리를 만들기 위해 노력하고 있다. 2019년에는 세 번의 티치인을 통해 난민과 난민화에 대한 질문들을 이어왔다.

첫 번째 티치인은 2019년 3월 23일에 진행된 '신인종주의와 난민 - 낙인을 짊어지는 연대는 가능한가'로 예멘 난민들의 난민 지위 신청 이후 국민 청원을 포함하여 한국 사회에 일어난 여러 반대 운동들을 돌아보며 신인종주의와 포괄적 차별금지법에 대해 논의했다. 2018년에서 2019년에 걸쳐 다른 문화권에서 온 사람들에 대한 혐오와 오해들이 범람하던 현실과 해묵은 배타주의와 자국민 중심주의의 극단적인 표출은 그동안 한국 사회가 지속해서 차별해온 시민권 없는 존재들을 재고하게 하였다. 그 속에서 기획된 티치인은 김현미의 발표와 나영의 토론으로 예멘 난민과 신인종주의의 문제를 다루고, 〈난민인권센터〉 김연주의 발표로 2018년 봄 이후 한국 사회에서의 난민 이슈를 나눴으며, 미류의 발표와 나영정의 토론으로 포괄적 차별금지법 제정 운동과 난민 운동의 접점을 살펴보았다. 예멘 난민에 대한 페미니즘의 응답으로 2018년부터 페이스북 페이지에 올라온 글들을 엮은 『경계 없는 페미니즘』이 시사하듯 당시 소수자와 소수자 사이의 싸움으로 번지는 정체성 운동의 상황은 운동과 '우리'라는 집단에 대한 재고를 요청하고 있었다. 최근 몇 년간 활발해진 다양한 권리 찾기의 흐름 속에서 난민은 이들과 만나지 못하고 배타적인 하나의 집단이 되어가고 있었던 것이다. 당시 티치인은 배제당해도 되는 존재를 국가가 어떻게 구조적으로 지워 나가는지 비판적으로 검토하며, 이에 맞서 앞으로 한국의 민주주의가 소수자들을 어떻게 참여시킬 수 있을지, 과연 다양한 소수자 운동들이 어떻게 힘을 주고받을 수 있을지에 대해 사유하는 목소리들로 채워졌다.

두 번째 티치인은 2019년 5월 16일에 진행된 '로힝야 난민 이야기, 그리고 여기 듣는 사람들'로 〈아디〉의 김기남에게 현재 진행 중인 로힝야 난민의 상황과 역사적 배경, 아디의 활동, 앞으로 해야 할 것들에 대해 들었다. 미얀마 소수민족 로힝야를 향한 집단학살과 이에 대한 증언, 현재 난민 캠프의 상황을 전달받으며 이것이 한국 사회와 어떻게 접속될 수 있을지, 고통스러운 사진과 영상 앞에서 어떤 보기와 듣기, 말하기가 가능할 수 있을지를 함께 고민하는 시간을 가졌다. 무엇보다 당시 티치인에서는 로힝야 난민 캠프에서 사진과 영상을 찍어온 작가도 참여하여 재현의 윤리에 대해 깊이 있는 질의응답이 오가기도 했다. 우리는 이 티치인을 준비하면서, 로힝야 사람들이 처한 상황을 보여주는 사진과 동영상을 어떻게 활용할지(활용해도 되는지, 어디까지 공유해야 하는지), 제목과 부제는 어떻게 정해야 할지 등을 두고 많이 고민했다. 이는 〈난민×현장〉이 매번 부딪혔던 '재현', 그리고 '난민과 난민화'에 대한 고민이기도 했다.

세 번째 티치인은 2019년 12월 21일에 진행된 '반군사주의와 난민 : 활동과 사유의 연대를 모색하며'로 대학이라는 공간 안에서 드물게 공론화되는 주제인 '병역거부'를 현재의 난민 문제와 함께 사유하며 관계성의 문제와 평화의 의미를 성찰하고자 하였다. 〈전쟁없는세상〉의 쭈야는 예멘에서 발견되어온 한국산 무기들과 무기 거래에 참여하는 한국 기업들을 보여 주며 난민과 전쟁, 그리고 우리의 관계를 재고하게 하였다. 한국의 무기 산업에 비판적 목소리를 던지는 사례로서 무기전시회에서의 아덱스 저항행동 영상은 폭력에 대응하는 비폭력 직접행동이 과연 활동에서 어떤 의미인지를 생각하게 하며 당일 티치인의 중요한 논점이 되었다. 이어서 병역거부 운동의 전개와 쟁점을 인종, 계급, 젠더의 중층성 속에서 논의한 〈전쟁없는세상〉의 이용석과 오키나와를 둘러싼 동아시아 폭력의 구조를 사유해 온 도미야마 이치로의 발표를 들은 뒤 평화 활동과 사유의 접합을 시도하며 토론의 시간을 가졌다. 각자의 활동과 연구에 기반하여 난민을 만들어내는 폭력의 구조에 '우리'가 어떻게 연루되어 있고 그 연쇄를 어떻게 끊어낼 수 있을지를 인종·계급·젠더·동물·환경과 관련지어 생각해 보고자 하였으며, 동물의 난민화와 군사주의, 두려움이라는 정동, 재구축할 수 있는 말의 장 등에 대한 목소리들이 오갔던 시간이었다.

고민과 질문들

일 년이라는 짧은 시간 동안 〈난민×현장〉의 문제의식을 온전히 실행했다거나 무언가를 이루었다고 말할 수는 없을 것이

〈그림 1〉 활동가와 대화하는 아이의 사진
〈그림 2〉 티치인 '신인종주의와 난민' 포스터 (디자인 : 한톨)

다. 하지만 여러 차례의 만남과 대화의 과정을 통해 조금씩 구
체화한 질문들은 우리의 미숙한 사유와 위치를 변화해 가고 있
다. 그간 여러 시도를 해 보며 느꼈던 것들, 절대 해 보지 않았으
면 몰랐을 '질문'과 '고민'들을 나누고자 한다.

난민을 어떻게 재현할 수 있는가?

　　사람들은 현실을 잘 보고 있다고 생각하지만 실제로는 이
미지로 재현된 현실을 보고서야 그것이 어떤 모습이라는 걸 깨
닫는다. 또한 우리는 이미 학습된 여러 정보와 지식을 통해 무
언가를 상상하며, 무엇보다 익숙한 스크린을 거쳐 그러한 상상
을 구체화하는 세계 속에서 살아가고 있다. 난민 이미지에 민감
하게 반응해야 하는 이유는 많은 오해와 감정 들이 이미지에서

시작되고 현실에 영향을 미치기도 하기 때문이다. 세 번의 티치인에서 모두 포스터에 이미지를 사용했고 그중 두 번의 티치인에서 실제 난민과 관련된 사진을 사용했다. 포스터를 다시 보며 난민의 이미지를 놓고 나눈 우리의 고민들을 일부 전하고 싶다.

첫 번째 티치인 포스터를 처음 봤을 때, 〈난민×현장〉의 멤버 대다수는 인형을 들고 있는 여자아이의 뒷모습이 먼저 보였다. 보자마자 이것은 거부감이 적고 동정하기 쉬운 이미지라는 의견이 나왔다. 여자아이와 인형, "난민과 함께"라는 문구의 조합이 난민을 도움의 대상으로 만드는 것 같아 불편했다. 하지만 이 이미지는 사실 현수막 앞에서 아이가 활동가에게 무언가를 질문하는 사진이었다. 당시 사진 속 현장에 있었던 〈난민×현장〉의 멤버는 "#with refugees"라는 문구가 어떤 의미인지 모두에게 질문할 수 있는 메시지가 될 수 있을 거라 생각했다고 말했다. 포스터만 보고 합성이라고 생각하기도 했던 첫인상과는 달리 실제 2018년 9월 2일 효자동 난민 단식 집회 4일째날, 〈난민함께공동행동〉이 이 집회를 지지하는 과정에서 찍힌 자연스러운 사진이었고, 동정과 시혜의 인상은 어떻게 보면 우리의 편견 속에서 추후에 덧씌워진 것이었다. '전형적인 이미지란 과연 무엇인가'라는 질문이 따라왔다. 아이가 활동가와 대화하는 모습을 미디어의 이미지와 유사하게 인식했던 것 또한 우리의 미숙함과 고정관념에서 기인한 건 아니었을까. 결국 우리가 근본적으로 누군가를 타자화하는 것에서 벗어날 수 있다거나 혹은 타자에게 윤리적일 수 없다는 것, 그 불/가능성에서 시작하

〈그림 3〉
로힝야 난민캠프 사진 (사진: 조진섭)
〈그림 4〉
티치인 '로힝야 난민 이야기' 포스터
(디자인 : 한톨)

는 것의 중요성을 깨달으며 우리는 이런 생각과 고민을 하게 해준 이 이미지를 사용하기로 결정했다. 최종 포스터에서는 흑백으로 색상만 바꿔 아이가 덜 강조되도록 조절했지만 실제로 티치인 자리에서는 포스터의 사진이 불편하게 느껴졌다는 누군가의 목소리가 나오기도 했다. 인형을 들고 있는 아이가 갖는 이미지가 난민의 상황과 만날 때 만드는 강력한 전형성이 있다는 것을 다시금 확인하게 되었다. 무엇보다 그날 티치인의 자리에는 사진 속 아이의 엄마가 아이와 함께 참석해 자신의 목소리로 난민의 상황에 대해 발언하고 식사 자리에서 같이 이야기를 나누었다. 그동안 난민에 관해 이야기하고 난민 인권에 대해 글을 써왔지만 정작 난민 가족을 실제로 만난 그날 〈난민×현장〉 멤버들은 모두 그 만남에 서툴렀다. 재현의 문제와 그것의 윤리성을 지나치게 꼼꼼히 고민하고 타자화를 경계했던 우리에게 난민 가족과의 만남은 매우 커다란 사건이었고, 그날의 미숙함과 머뭇거림, 그리고 어색함, 지나친 배려와 조심스러움으로 무장했던 우리의 낯선 모습은 여전히 숙제로 남아있다.

두 번째 티치인 포스터를 만들 때는 더 많은 토론이 있었다. 로힝야 난민 캠프에서 사진을 찍어온 조진섭 사진작가로부터 사진들을 전달받았고 여러 사진들 중 포스터에 사용할 수 있을 사진을 골라야 했다. 생각보다 〈난민×현장〉 내부에서 의견이 많이 갈렸는데 그중 우리가 최종적으로 선택한 사진은 〈그림 4〉이다. 처음 이 사진을 봤을 때 우리 중 누군가는 감옥같은 공간에 갇힌 난민의 모습을 떠올렸고, 다른 누군가는 몰래 찍은 것처럼 보이는데다가 구성적으로 아름답기까지 하다는 점에 불편함을 느꼈다. 이 또한 보도사진에서 자주 쓰는 비참한 난민의 모습에 가깝다고 생각했다. 하지만 알고 보니 이 사진은 난민 캠프에서 바깥을 바라보는 아이의 모습이었으며 사진가는 난민 캠프에서 난민들과 생활하며 조심스럽게 신뢰 관계를 쌓은 후에 사진을 찍었다고 했다. 스스로 도움을 줄 수 있는 위치라고 생각했던 무의식과 난민에 대한 상상력 부족이 난민의 이미지들 속에서 어느새 선입견을 만들고 있었던 건 아닐까. 포스터에 사용된 이 사진은 포럼 당일 사진가와 연구자, 학생 들이 모인 자리에서 재현과 윤리라는 주제로 꽤 긴 시간 동안 이야기되었다. 그러한 생산적인 논의가 가능할 수 있었던 건 그 자리가 난민의 상황을 상상하고 난민 이미지에 대한 각자의 선입견을 나누기 위해 마련된 자리였기 때문이다. 마음을 열고 볼 준비가

된 장소에서는 어떤 전형화된 사진이라도 충분히 존중받고 풍부하게 해독될 수 있다는 것을 경험할 수 있던 시간이었다.

그간의 티치인 포스터는 모두 일정 부분 우리의 실패를 담고 있다. 우리 안에서도 서로 달랐던 의견들과 우리가 사용하지 않은 사진이 갖고 있을 가능성, 그리고 티치인에서 들었던 이미지에 대한 질문과 비판. 그 이야기들은 우리가 난민의 이미지를 보는 관점들을 재구성하고 있다. 과연 우리는 전형화된 이미지를 반복해서 재현하는 것에서 탈주할 수 있을까. 당시 〈난민×현장〉의 한 멤버가 했던 말 중에서 다음 문장이 중요하다고 생각했다. "비참함을 직시하는 것과 대상화하는 것은 구분해야 한다." 우리가 그간 티치인을 준비하며 포스터를 고민하고 난민을 둘러싼 이미지들이 지닌 한계와 재현의 윤리성에 대해 치열하게 토론해온 과정이 이 문장 안에 함축되어 있다. 티치인을 준비하며 특히 〈난민×현장〉 멤버들은 로힝야에서 찍힌 잔인하고 고통스러운 사진들을 많이 보게 되었다. 보는 것은 결코 쉽지 않았다. 용기를 내기까지 시간이 필요했던 멤버도 있었지만 결국 한자리에 모여 같이 그것들을 보았다. 글을 쓰고 말을 한다는 것조차 무력해지는 기분이 들게 만드는 이미지들. 너무 전형적인, 너무 잔인한, 찍힌 자를 고려하지 않을 수 없게 하는 이미지들이었다. 하지만 사진을 피해서 다른 쪽으로 가기보다, 우리의 감각을 모두 흔들어놓는 계기로서 이미지를 계속 보면서 조금씩 접점을 찾아가다 보면 이곳과 저곳의 구분을 나누는 선, 대상화의 문제, 전형성에 대한 편견, 거리감의 문제들을 조금씩은 더 잘 말할 수 있게 되지 않을까.

여전히 한편으로는 난민의 사진 위에 글자를 올려 포스터를 만드는 건 폭력적이라고 생각하지만, 다른 한편으로는 이런 사진이 보일 수 있는 자리, 비판적으로 지적하고 이야기를 나눌 자리를 마련하는 것이 더 소중하다고 생각한다. 전형적이지 않은 이미지 선택의 문제에서, 어떤 매체, 어떤 장소, 어떤 담론의 공간을 '통해' 볼 것인가의 문제로 이동할 필요가 있는 것이다. 정확하고 명확하며 훌륭한 재현도 필요하지만 서투르더라도 다양한 재현의 방식들을 계속 담론의 장으로 끌어오며 여러 난민의 이미지를 상상할 수 있어야 한다. 그렇기에 어떤 이미지든 '함께' 보는 장을 만들어 비평과 생산적인 대화를 나누고 단단한 편견들을 벗겨내는 담론의 자리를 계속해서 만들어나가고 싶다.

'난민'과 '난민화되는 삶'을 함께 생각할 수 있을까

〈난민×현장〉팀은 두 번째 티치인 '로힝야 난민 이야기 — 그리고 여기 듣는 사람들'을 준비하면서 몇 가지 고민에 직면했는데, 그중에서도 부제에 대해 오래 이야기를 나누었다. 최종적으로 부제는 두 가지였는데, 하나는 '함께 듣는다는 것'이었고, 다른 하나는 '그리고 여기 듣는 사람들'이었다. 더 많은 사람에게 로힝야 문제를 알리고 문제 해결을 촉구하자는 취지에서 기획된 것인 만큼 첫 번째 부제의 의미에 공감이 되었다. 더욱이 두 번째 부제는 '거기'와 '여기', '당사자들'과 '듣는 사람들'(혹은 난민과 난민이 아닌 사람)을 암묵적으로 구분하고 있다는 점이 우려되었다. 그런데 다른 한편으로 로힝야 사람들이 겪은 공포와 폭력, 그리고 현재까지 이어지고 있는 열악한 생활환경과 불안에 대해 말하고 듣고 목격하려 할 때, 우리 각자가 처한 위치에 대해 객관적으로 성찰하는 것이 선행되어야 하지 않느냐는 문제가 제기되었다.

연구자·활동가·예술가 등 다양한 분야의 사람들로 구성된 〈난민×현장〉팀이 난민에 대해 함께 공부하고자 모였을 때, 대략 두 가지 정도에 뜻이 모였다. 첫째는 국적이 없는(국적을 포기한) '난민'뿐 아니라 우리 안에서 바깥으로 내몰리고 있는, 그러니까 '난민화'되는 사람들까지 포함하여 이 문제를 생각할 것. 둘째는 거대 국가 담론, 또는 기타 현학적이고 추상적인 언어를 통해/위해 난민을 사유하지 않을 것. 다시 말해 난민이 처한 상황, 우리의 삶을 난민화하는 조건들, 그 실제적인 현장에서 고민할 것. 큰 테두리 안에서 대략의 뜻을 모으긴 했으나, 우리는 첫번째 사안에 대해서는 매번 의견이 부딪혔다. 앞서 소개한 두 번째 티치인의 부제에 대한 논의도 그중 하나라고 할 수 있다. 요컨대 '여기-우리'와 '거기-그들'이라는 객관적이고 현실적인 차이에 눈감지 않으면서, '거기-그들'에게 벌어지고 있는 일을 '그들의 일'로만 생각하지 않는 방법을 모색하는 것이 우리의 커다란 고민이었다.

우리는 그간 접해온 모든 이슈에서 이 고민과 부딪혔다. 가령, 양심적 신념에 의해 병역을 거부한 '국민'이 양심을 지키는 대가로 감옥에 가고, 성소수자가 제도적·문화적 차별로 인해 직업·결혼·주거·안전 등의 보장을 받지 못할 때, 이들에게 국가 혹은 국민의 지위란 어떤 의미가 있는가? 이들이 꼭 난민신청을 해야 난민일까? 위험하고 힘든 일이 비정규직 노동자, 하청 노동자 등 더 취약한 계층으로 체계적으로 전가되는 것을 목격하면서, 또 최소한의 경제적 여건을 갖추지 못해 거리로, 극단적으로는 죽음으로 내몰리는 삶을 마주하면서 우리는 '국민'이라는 범주가 결코 안정되고 균질한 정체성이 아님을 다시 한번 확인한다.

영등포의 번화한 멀티플렉스와 성매매/성판매 집결지 사이의 '거리'는 정말 도로 하나만큼일까? 쇼핑센터를 가득 채운 사람들과 바로 뒷골목 무료급식소에 끝이 보이지 않도록 줄을 선 사람들, 이들 사이엔 국적과 시민권으로 '함께' 이야기할 수 없는 차이가 있다. 그러나 무료급식을 기다리는 사람들과 도로 하나 건너에 사는 성매매/성판매 종사자 사이에는 또다시 '(경제적) 소외자'로 묶어서 이야기할 수 없는 다른 사회적 낙인과 취약한 조건이 존재한다. 수도권에만 국한해서라도 무수히 열거할 수 있는 소위 '게토화'된 공간들, 말하자면 외국인노동자·조선족·경제적 취약 계층이 주로 모여 사는 동네 이름들을 어렵지 않게 떠올릴 수 있다. 균질한 '국민'이 허상인 만큼 균질한 '국토' 역시 기만적 개념이 아닌가.

그럼에도 불구하고 로힝야 사람들이 겪은 집단학살과 강제이주, 그 과정에 있었던 체계적인 시민권 박탈 과정을 생각해 볼 때, 최소한의 권리 보증으로서 국민 지위나 시민권을 단지 허상이라고 말하기는 다시 어려워진다. 고국에서 겪었던 박해와 위협, 목숨을 걸고 감행하는 월경越境, '난민'임을 입증하기 위해 치러야 하는 심사, 실질적으로 난민 '구금'시설인 외국인보호소·송환대기실·출입국관리사무소 보호실의 실태, 강제송환의 불안 등 난민의 신체에 가해지는 실제적인 위협과 구속, 자유의 제한을 생각할 때, 비국민인 '난민'과 차별받고 소외되었으나 국민의 권리를 지닌 '난민화되는 삶'을 함께 놓는다는 것이 가능한지 되물을 수밖에 없었다.

이렇게 '난민화되는 삶'과 '난민' 사이에서, 이들을 함께 이야기하는 것의 (불)가능성에 대해서 오래 고민했던 것 같다. 그런데 최근엔 이러한 고민이 의도치 않게 끊임없이 취약한 조건을 세분화하고, 그 조건 속의 삶이 짊어지는 '고통의 무게'를 재도록 만드는 게 아닌가 의심을 가지게 되었다. 우리의 고민이 각자의 자리에 대해 객관적으로 성찰하려는 의도에서 시작되었다 하더라도, 또 난민 문제를 '그들'의 문제가 아니라 '우리'의 문제로 사유하자는 취지에서 시작되었다 하더라도 자국의 취약한 계층과 난민을 비교하는 일은 자칫 '누가 (진짜) 난민인가'와 같은 '난민심사로 미끄러지기 쉽다는 것을 깨달았다.

오랜 고민 끝에 고통의 무게가 아니라 우리를 '난민의 삶'으로 이끄는 억압과 차별의 힘을 파악하는 것이 정말 중요한 일이 아닌가 생각해 본다. '무엇이 '우리'와 '그들'을, 난민과 비-난민을 구획하는가?' 혹은 '여기 우리'는 어떤 힘에 의해 '거기 그들'

과 같은 자리에 놓이게 되는가?'라고 질문해 보자. 그러면 양심적 병역거부자는 군사주의라는 폭력에 의해 분쟁 지역 난민과 같은 자리에 놓이게 된다는 것을 발견하게 된다. 이렇게 본다면, '어느 정도'의 인권 유린의 상태에 있는지, 과연 그 '정도'가 함께 놓일 수 있는지가 중요한 것이 아니라, '군사주의'라는 힘에 의해 삶의 터전 바깥으로 내몰린다는 점에서 '우리-그들', '난민-비난민'이 아주 실제적인 방식으로 연결된다는 점이 더 중요해진다. 반군사주의라는 연대의 지점은 '국민/비국민'의 경계를 적나라하게 드러내면서도 '거기'와 '여기'를 연결하는 '우리'를 상상하게 해 준다.

물론 '우리'와 '그들' 사이를 분할하는 힘은 복수적이며 가변적이다. 경제적으로 취약한 위치에 내몰린 사람이 젠더적 권력 관계에서는 폭력을 행사하기도 한다. 혹은 경제적 취약성만을 기준으로 보더라도 수직적 위계를 따라 반복되는 폭력과 착취로 인해 노동자는 정규직·비정규직·하청·외국인 등으로 분화된다. 혹은 열악한 노동 현장에서 소위 '짐승 취급'을 받는다고 여기는 노동자들이 때로 축산업 현장에서 그들이 받은 학대를 동물에게 되풀이하기도 한다. 생체(속의 노동)가 자본으로 종속·교환되어가는 과정에서 노동자는 어느 순간 동물의 위치에 놓였다가, 폭력을 되풀이하면서 동물로부터 자신을 분리해 낸다.

난민과 난민화되는 삶을 이야기하기 위해선 우리를 분할하는 힘의 복수성과 가변성을 이해하고, 우리가 '우리'가 되는 순간, 그러니까 내전 지역 난민이 병역거부자와 '우리'가 되는 순간, 전쟁지역·난민캠프·국가영토를 막론하고 성폭력의 위험에 노출된 존재들이 '우리'가 되는 순간을 더 많이 발견해야 한다. 그러한 '우리 됨'이 일시적이고 가변적이더라도, '여기'와 '거기', '난민'과 '비난민'이 함께 놓이는 순간들을 포착하여 우리 삶을 억압하는 공통의 조건들을 드러내야 한다. 그러나 현재 우리 사회에서 그러한 '우리 됨'은 오직 죽음을 통해서만 드러나고 있는 것 같다. '송파구 세 모녀'가 죽음으로 난민화된 삶의 자리를 가시화했고, '봉천동 탈북 모자'가 죽은 후에 '송파구 세 모녀'와 나란히 놓였던 것처럼 말이다. 그리고 기사 한 줄 없어 기억되지 않는 죽음들이 이들과 나란히 '우리'를 구성하고 있을 것이다. 오직 죽음을 통해서 난민과 (재)난민화되는 삶이 만나고 있다. 그러나 죽음만이 우리가 처한 삶의 조건의 공통성을 가시화하는 세계는 너무나 절망적이다. 죽음으로서만 연대의 가능성이 확인되는 세계에는 희망이 없다. 우리를 삶의 바깥으로 내모는 폭력적 조건의 공통성을 확장하고, 연대의 지점을 넓히는 것, 현재로선 그것만이 우리가 '살아가는' 이 세계의 '거기'와 '여기'를 잇는 방식이 될 수 있지 않을까 생각해본다.

제1회 신인종주의와 난민

어떻게 국민은 난민을 인종화하는가? | 김현미
질문으로서의 차별금지법, 그리고 난민 | 미류

어떻게 국민은 난민을 인종화하는가?

김현미

국민 대 난민이라는 이분법

제가 감히 예상을 해 보면 ― 예멘 난민 500명이라는 숫자는 20, 30년 후면 수천 명이 되어 하나의 작은 도시를 만들 수 있습니다…. 교육수준이 낮은 예멘인들 2세가 교육열이 높은 한국에서 성공하기란 아주 힘들 것입니다. 그렇다면 이들은 자신들만의 도시 게토를 만들어서 생활할 것이고 그곳에서 사는 한국인들은 점점 이사를 갈 것이고요. 높은 실업률과 낮은 교육률은 2세, 3세들을 범죄에 쉽게 빠지도록 할 것입니다. 마약과 무기가 이들 게토에서 생겨날 것이고요. 이 게토에서 이들은 예멘에서처럼 살 것이고요. 여자들은 남자들의 압력에 굴복해서 히잡을 써야 할 것이고요. 한국 여자들은 이 게토 거리를 다니지 못할 정도로 치안이 나빠질 것입니다. 가장 심각한 것은 이 2세, 3세들이 한국을 자신의 나라라고 생각할까요? 자신들이 정당한 기회를 얻지 못했다고 생각할 것이며 자신들을 차별하는 한국인에게 분노를 감추지 못할 것입니다. 일부에게는 한국은 자신을 받아준 나라가 아닌 반드시 파괴해야 하는 나라가 될 것입니다.

윗글은 2018년 예멘 난민 반대 국민청원에 올라온 글 일부이다.[1] 예멘 난민을 받아들여서는 안 되는 이유가 매끄러운 인과 관계로 제시되고 있다. 5천 5백만 명의 이성적 한국 국민과 5백여 명의 무지하고, 폭력적인 전통에 매여 있는 예멘 난민은 함께 살 수 없다고 예견한다. 예멘 난민은 교육을 못 받고, 게토 지역에서 고립되어 살 것이고, 예멘인 2세는 마약 등의 범죄에 빠질 것이다. 높은 교육수준에도 불구하고 한국 국민은 여전히 난민을 차별할 것이다. 예멘 난민은 '국민'과는 공유할 수 없는 속성을 지닌 존재다. 이 때문에 난민 반대 운동은 정당하다는 얘기다.

우리는 특정 사회 집단에 대해 편견을 갖는다. 하지만 누군가를 혐오하는 것이 정당하지 않음을 안다. 누군가를 맹목적으로 미워하고 배제하는 데는 분명한 이유가 있어야 한다. 타자가 나의 안전, 생존과 정체성을 위협한다고 주장하는 것이 가장 정당하다. 이때 우리의 표현은 혐오가 아니라, 자기방어처럼 들린다. 아이러니하게도 혐오는 항상 다수나 주류에 의해 소수자나

---

1. 이 글은 난민 관련 필자의 강연에 대한 반박으로 어떤 분이 이메일을 통해서 보내온 국민청원에 올라온 글 일부를 발췌한 것이다. 비문을 윤색했다.

사회적 약자를 대상으로 표현된다. 이런 점에서 '혐오' 표현은 권력의 위치와 작동 방식을 보여준다. 한국 사회에 만연한 여성 혐오, 성소수자 혐오, 조선족 혐오에 덧붙여 제주 예멘 난민 사건은 난민 혐오를 증폭시켰다.

예멘에서 국민이던 사람이 왜 난민이 되었는지, 왜 이들은 낯선 한국에 와서 보호를 요청하는지를 이해하기도 전에 우리는 이들을 혐오할 권리가 있다고 생각한다. 1992년 난민협약 가입과 2013년 독자적인 난민법 제정을 통해, 한국 정부는 난민 보호에 대한 글로벌 책무를 표명했다. 하지만 이런 법적, 제도적 장치와 약속은 난민 혐오 앞에서 아무런 기능도 하지 못했다. 지난 2018년 여름에 목격한 '국민 대 난민'의 이분법적 구도는 '국민이 먼저다'라는 주장을 통해 이미 익숙한 전제를 반복했다. 이런 호소는 예견대로 강력한 결속을 구성했다. 난민 반대 운동이 감정적 설득력을 얻을 수 있었던 이유는 이 운동이 오랫동안 한민족 혈연주의로 뭉쳤던 '우리' 국민이란 의식을 환기했기 때문이다. 즉, 탄생의 권리를 신비화하고 본질화한 국민의 자기 방어로 이해되었다. 현재의 한국 사회를 건설한 것도 국민이고, 조국의 현재와 미래를 책임질 권리와 책무를 가진 사람도 국민 뿐이라는 생각은 불편하다. 현대 한국인들은 사업·취업·유학·결혼·사회운동·휴양 등 다양한 목적으로 해외에 체류하고 있고, 이 인구는 이미 760만 명을 넘어서고 있다. 상호의존적인 형태의 글로벌 연결성이 증대됨에도 불구하고, 국민이라는 상상적 공동체에 대한 신념은 더욱 강화되고 있다. 국민을 위협하는 난민이라는 존재를 추방해야 안전이 확보된다고 느낀다. 물론 국민은 단일한 존재가 아니다. 난민 혐오에 동참하지 않는 다른 '국민'이 존재한다. 하지만 이들의 목소리는 국민으로 대표되지 않았다. 왜냐하면, 난민 반대 운동 세력이 이미 '국민 대 난민'의 이분법으로 프레임을 설정했기 때문이다. 21세기 글로벌 난제인 난민 문제를 함께 해결하고자 하는 국민이 존재함에도 불구하고, 국민 대 난민 프레임은 이와 같은 가능성을 제거해버렸다. 국민이란 호명은 난민법과 같은 법치주의보다 강력하고, 인간이나 인권·인류애를 뛰어넘는 특권적 위치로 부상했다.

이 글은 국민 대 난민 프레임에 깊이 내재하고 있는 인종주의에 주목한다. 즉, 국민 대 난민 프레임이 어떻게 난민을 인종화하는가의 문제다. 난민 반대 운동을 주도하는 사람들은 자신의 혐오적 발언은 인종주의와는 무관하다고 주장한다. 오히려 한국 사회의 문화 정체성을 지켜내는 애국적인 행동이며, 국민의 '목소리'를 들으라는 당연한 요구라고 말한다. 인종차별은 서구 지배층 백인에 의한 흑인 차별이나 노예제 같은 것이라 이해하기 때문이다. 사실 인종주의는 정의하기 어려운 개념이며, 누구도 자유로울 수 없는 이데올로기다. 인종주의는 피부색 같은 생물학적 특징을 '본질적인 요소'로 보고, 유색인종에 대한 차별과 불평등한 대우를 정당화하는 신념체계이다. 인종주의는 평등과 보편적 인권에 반대되는 개념이다. 인종주의는 경제적 자원, 문화적 권리, 인권에서의 차등적 분배를 정당화하는 데 활용된다. 최근 30년간 한국 사회는 외국인과 이주자의 유입으로 많은 사회적 변화를 경험하고 있다. 무엇보다 견고했던 혈연 중심의 국민 정체성에 대해 질문하고 이방인을 어떻게 받아들이고 대우할 것인가에 대한 사회적 논의 또한 촉발되었다. 기존에 당연하다고 생각되었던 '한국인'이란 개념 또한 새롭게 재정의되고 있다. 하지만 교육, 미디어, 종교, 법에 깊이 침투한 인종적 사고는 질문되거나 도전받지 않았다. 오히려 인종차별적 언어는 '표현의 자유'란 이름으로 아무런 제제나 규제 없이 행사되고 유포되었다. 한국 사회에서 외국인의 증가는 한국인에게 잠재되어 있던 인종과 관련된 무의식을 표출하게 만들고, 또한 새로운 지배 욕구를 생산해냈다. '예멘 난민' 수용 반대 운동은 가장 강력한 방식으로 인종주의가 적극적으로 발화된 사건이었다.

2018년을 여름, 전국을 휩쓸었던 난민 논쟁을 통해 우리는 국민의 이름으로 수행했던 난민 반대 운동을 복기해본다. 이를 통해 21세기 한국의 인종주의의 성격과 성장을 진단한다.

신인종주의의 한국적 착종

강대국 간의 군비 경쟁, 글로벌 거대 자본의 경제적 약탈, 무리한 건설 및 개발에 의한 거주지 파괴, 종족 및 종교 분쟁 등 난민 발생 사유는 점점 다양해지고 난민의 규모 또한 증가하고 있다. 예멘 전쟁도 강대국의 자원약탈, 부패 정권, 종교 및 종족 분쟁이 결합하여 나타난 '대리전'의 성격을 띤다. 유엔 사무총

장 안토니오 구테흐스Antonio Guterres는 예멘 전쟁을 2018년 최악의 인도주의적 위기humanitarian crisis라고 말했다. 2,900만 예멘 인구의 4분의 3에 해당하는 2,200만 명이 원조와 보호가 필요한 상황이다. 2017년 10월 기준 오만에 51,000명, 소말리아에 40,044명, 사우디아라비아에 39,880명, 지부티에 37,428명, 에티오피아에 14,602명, 수단에 7,398명, 말레이시아에 2,830명의 예멘인이 거주하고 있는 것으로 파악되고 있다.[2] 또한, 이미 유럽 국가에 정주하는 수만 명의 예멘인이 존재한다. 이들 국가는 난민협약 가입 여부와는 상관없이 전쟁을 피해 온 예멘 난민들의 체류를 허용하고 있다. 모든 나라가 난민 보호에 대한 책임을 공유할 수밖에 없는 상황에 한국만 예외일 수가 없다.

2018년 예멘 난민 반대 담론은 이들이 왜 난민이 되었는지를 이해하기도 전에, 이들을 '가짜 난민'이라 부르기 시작했다. 예멘인들은 전쟁을 피해 임시적 혹은 장기적 '비호'를 신청하기 위해 한국에 입국한 난민신청자다. 그러나 그들은 자신도 모르는 사이에 한국 사회를 교란하고 위협하는 존재가 되어 있었다. 오랜 기간 제주에 결박된 채, '가짜 난민,' '테러리스트 무장난민', 여성 안전을 위협하는 이슬람 남성으로 의미화되면서 한국 사회의 히스테리적 감정을 구성하는 기호가 된 것이다.[3] 예멘 난

---

2. "Yemen Regional Refugee and Migrant Response Plan", 〈UNHCR〉, 2020년 3월 15일 접속, http://data.unhcr.org/yemen/regional.php.

3. 김현미, 「난민포비아와 한국의 정치적 정동의 시간성」, 『황해문화』 101, 2018, 210~228쪽에서 일부 발췌함.

민 반대 운동에서 가장 놀라운 점은 보수정치인, 근본주의 기독교, 청년, 여성 등 다양한 행위자 간의 감정적 연합이 구성된 것이다. 일부 청년들은 예멘 난민을 '무임승차자'로 불렀다. 한국 사회에 기여한 것도 없는 난민이 국민에게도 부족한 경제적 파이를 나누려 한다고 했다. 또 다른 난민 반대 그룹은 "혈기왕성한 20대 남성만 오는데, 여성 안전 누가 책임지냐"는 현수막을 내걸었다. 맘카페의 적극적인 반대 운동과 페미니스트 철학자 윤김지영 교수가 난민에 대한 우려를 언급한 이후, 페미니스트라고 자처하는 일부 여성들도 '안전'을 주장하여 난민을 반대했다. 이미 여성 혐오적인 촬영범죄와 폭력이 난무하는데, 여기에다 폭력적인 무슬림 남성이 유입되는 것에서 오는 '축적된 불안'을 표현했다.[4] 난민 반대가 현 정부에 반대하는 우파 정치인이나 반이슬람 정서를 지닌 보수 기독교만이 아니라, 여성과 청년 등을 포함한 국민 대부분의 정서라는 점이 확인된 셈이다. 김나미는 기존에 연대하기 어려웠던 사회 집단들이 난민 반대 운동을 계기로 '위험한 연대'를 만들고 내고 있다고 말한다. 한국 개신교 우파는 무슬림의 가부장제를 비판하며 마치 자신들이 한국 여성의 인권과 안전을 지켜줄 수 있는 것처럼 행세하고 있다

---

4. 실제로 한국 여성들이 예멘 난민과 관련해 맺는 관계는 다양하고 복잡했다. 일련의 페미니스트 그룹은 '경계 없는 페미니즘'이란 사이트를 만들어 무조건적인 이슬람 문화에 대한 혐오를 경계하여 약자와 소수자와 연대하는 운동을 벌이기도 했다. 김선혜 외 36명, 『경계 없는 페미니즘: 제주 예멘 난민과 페미니즘의 응답』, 와온. 2019.

는 주장이다.5 우파 근본주의 기독교가 주도해 온 가짜뉴스 등
은 무슬림 남성에 의해 자행되는 조혼 풍습, 여성 음핵 제거, 성
폭력, 수간 등을 과장하면서 불안의 감정을 증폭시켰다. 난민
반대 운동의 목적이 한국 여성을 보호하기 위해서란 논리가 구
성되었다. 무슬림에 대한 인용 및 가짜뉴스들은 여성으로서 당
연히 갖게 되는 공포와 혐오의 감정을 예멘 난민에게 투사하도
록 유도하고 있었다. 정혜실이 지적한 것처럼, "예멘 난민 남성들
을 반대한다고 해서 우리가 안전해지지 않는 것처럼, 남겨진 예
멘 여성들이 자동적으로 해방된 삶을 살게 되지 않는다."6

　이러한 모습은 1990년대 이후 유럽에서 등장한 '이슬람 포
비아'의 신인종주의와 매우 유사한 모습이다. 신인종주의란 피
부색이 아닌 '문화적 차이'를 내세우면서 추방과 배제를 합리
화하는 것이다. 무슬림은 이슬람을 믿는 사람들로 종교적 범주
다. 이들은 북미·유럽·아시아·아프리카 등에 사는 인종을 초
월한 종교집단이지만, 마치 하나의 인종처럼 구분되기 시작했
다. 신인종주의는 무슬림의 종교, 문화, 생활양식이 유럽의 문
화와 '양립 불가능'함을 강조한다. 무슬림의 가치와 신앙은 너
무 고유하므로 각자의 나라에서 자기 문화를 지키며 살아야

---

5. 김나미, 「'여성 인권'의 이름으로 맺는 '위험한 연대' ─ 예멘 난민수용반대 청
　원과 이슬라모포비아」, 『제3시대』 134, 2018.
6. 정혜실, 「우리 안의 인종주의 ─ 자칭 "래디컬 페미니스트들"과 보수개신교 혐
　오세력은 어떻게 '난민 반대'의 한 목소리를 내게 되었는가?」, 『여/성이론』 39,
　2018, 212쪽.

한다.7 이런 주장을 통해 무슬림 이민자에 대한 혐오와 추방을 부추긴다. 이런 신인종주의는 실업과 불평등의 증가로 인한 유럽 사회의 불만을 정치적으로 이용하고자 하는 극우 세력의 부상과 관련이 있다. 인종주의로 인한 전쟁과 대량학살을 경험한 유럽 등 서구 사회에서 인종주의는 집단적 상흔을 불러일으키는 단어며, 가장 금기시되는 언어다. 인종차별을 하는 행위자에 대한 도덕적 비난 또한 거세다. 이 때문에 실제로 인종차별이 여전히 존재하지만, 자신의 인종차별을 부인하는 경향 또한 강하다.

이런 사회적 분위기 속에서 탄생한 것이 인종 대신 특정 집단의 언어, 종교나 문화, 의식주 습관 등 '문화적 기표'를 이유로 특정 집단을 배제하는 '신인종주의'다. 무슬림은 전 세계 인구의 25%이고, 지역적으로 그리고 종파별로 다양한 차이가 있고, 개인적 성향 또한 다르다. 하지만 유럽 사회는 모든 무슬림을 공격적이고 야만적인 속성을 공유한 동질적 집단으로 만들어버린다. 예를 들어 히잡을 쓰는 행위는 아직 시민사회의 규범에 도달하지 못한 전통적 폐쇄주의에 갇힌 상태, 즉, 스스로 문명화의 단계에 도달하지 못한 열등한 '인종'의 표식으로 해석한다. 이를 통해 무슬림 생활양식의 특징 한두 가지를 문제 삼아 그 집단 전체를 배제할 수 있는 근거를 제공한다. 21세기 신인종주의는 인종을 거론하지 않은 채 '문화적 특징'과 종족주의ethni-

---

7. 박경태, 『인종주의』, 책세상, 2012, 131쪽.

cism라는 형태로 혐오를 선전하고 있다.[8]

유럽의 신인종주의 발현의 기저에는 과거 백인들이 누려왔던 사회경제적 지위가 위협받고 있다는 데서 오는 불안감이 존재한다. 신인종주의 논리는 강제 노역이나 이주를 통해 유럽의 사회 건설에 기여해 온 유색인종 이민자들의 경제적 기여를 부정하고, 이들의 사회적 지위가 부상하고 있는 데 대한 반감을 표현한다. 무슬림 이민자들은 자신과 동격이 될 수 없는 존재임을 강조하기 위해 이들을 여전히 문제적이고 위협적인 존재로 규정해 낸다. 유럽의 경제발전 국가들은 이민자들이 제공해 온 고급 기술, 노동력이나 음식 같은 문화적 자원 등에 의존하여 사회를 건설해 왔지만, 이들의 기여를 인정하지 않는다. 또한, 이들을 유럽 시민의 한 사람으로 대우하지 않기 위해 이들의 '문화'를 부정한다. 동시에 무슬림에 대한 혐오를 표현하는 것 또한 정당화된다. 자신은 차별하는 것이 아니라, 무슬림 문화의 반인권적 요소를 비난하는 것일 뿐이라고 변호한다.

1990년대 이후 유럽 등지에서 생겨난 신인종주의는 9·11 사건과 근본주의 무장 무슬림에 의한 테러행위를 통해 증폭되었다. 유럽과 전통적 무슬림 국가는 테러리스트 무슬림에 대항하여 싸우고 있다. 하지만 시리아, 예멘 등 전쟁 국가에서 무슬림에 의해 희생당하는 사람도 무슬림이고, 이런 전쟁 상태를 부추

---

8. C. Mullard, *Pluralism, ethnicism and ideology : Implications for a transformative pedagogy*, Amsterdam : CRES, 1986.

겨 온 세력은 미국이나 유럽 등 경제선진국이다. 무슬림은 하나의 동질적인 집단이 될 수 없다. 2000년대 이후 더욱 가속화된 반-무슬림 인종주의는 이미 유럽과 미국에서 엄청난 양의 혐오를 조장하는 가짜뉴스를 양산했다. 한국의 난민 반대를 조직화한 보수 기독교나 우파 정치세력이 '팩트' 혹은 '유럽의 현실'이라 인용하는 내용 또한 여기서 인용해 오는 경우가 많다. 난민 반대 정서가 글로벌화하면서 SNS에서 인용하고, 부풀리고, 조작할 수 있는 정보는 증폭하고 있다. 극우와 기독교의 '가짜뉴스 공장'은 해외 언론에 보도된 '팩트'란 이름으로 예멘 난민을 성폭력자, 무임승차자, 테러리스트 등의 몇 가지 상징으로 본질화하였다.[9] 이를 통해 예멘 난민은 비호를 요청하는 '권리'를 가진 주체가 아니라, 잠재적 범죄자나 '가짜' 난민이 되었다.

박경태는 신인종주의는 신앙이나 비이성적인 신념에 기반을 두기 때문에 논리와 과학으로 설득할 수 있는 영역을 벗어나 있다고 말한다.[10] 2018년 예멘 난민 반대 운동은 난민으로서 이들이 경험한 박해와 공포보다는 이들의 '무슬림성'에만 주목했다. 무슬림은 종족, 지역, 이주 경험, 세대, 젠더에 따라 자기가 속한 종교와 맺고 있는 관계가 아주 다양하다. 어떤 상황 때문에 더욱 근본적인 형태가 되기도 하고, 어떤 상황에서는 더욱 세속화

---

9. 김완·박준용·변지민, 「[단독] 동성애·난민 혐오 '가짜뉴스 공장'의 이름, 에스더」, 『한겨레』, 2018년 10월 2일 수정, 2020년 3월 15일 접속. https://c11.kr/dy9z.

10. 박경태, 『인종주의』.

되기도 한다. 제임스 클리퍼드는 여행문화traveling cultures란 개념을 통해 문화에 대한 새로운 사고방식을 제안한다.[11] 문화를 동질적인 단위로 사유하는 방식은 문화를 고착화하고 내부의 차이와 다양성을 억압한다. 여행 문화는 스스로 자신이 누구이며 무엇을 하는지 결정하는 경로 같은 것이다. 국경을 넘는 이동성이 증가하는 시대에 사람들은 망명, 일, 공부, 사랑 때문에 익숙한 문화를 떠난다. 이때 모든 사람은 '뿌리 뽑힘'의 정서를 느끼기도 하지만, 새로운 이동의 장소에서 새로운 역사와 문화, 사회적 관계들과 접속한다. 특정 문화권에 태어났기 때문에 동질적인 형태의 가치관을 갖고, 정체성을 행한다는 것은 불가능하다. 클리퍼드는 문화라는 개념을 좀 더 비판적이며 개방적인 방식으로 사용해야 한다고 강조한다.

실제로 예멘 난민들은 독재 정권과 전쟁을 피해 고국을 떠났고, 이후 다양한 지역에 체류했기 때문에 더욱 코스모폴리탄한 관점을 갖게 된다. 이들이 과거 예멘의 전통문화나 근본주의 무슬림 정체성을 원형 그대로 실천하는 일은 불가능하다. 상대적으로 지위 없는 난민이나 이주민들은 자발적·비자발적으로 경유지, 체류지, 목적지라는 다양한 시공간에서 자신의 문화를 수정, 갱신, 포기한다. 집을 떠나는 우리가 모두 그렇듯이, 복합적이고 유동적인 삶의 전략을 만들어낸다. 예멘 난민을 소수

---

11. James Clifford, *Routes: Travel and Translation in the Late Twentieth Century*, Cambridge, Massachusetts : Harvard University Press, 1997.

테러리스트 과격 무슬림과 등치시키는 것은 분명 인종주의의 표현이다. 난민 반대자들은 '무슬림'을 반박 불가능한 적대적 타자로 규정하기 때문에 상호 이해나 토론의 여지를 두지 않는다. 결국, 난민의 문제였지만, 난민은 사라지고 무슬림 문화에 대한 악의적 인종화racialization만 각인되는 상황을 낳았다.[12] 예멘 난민을 테러리스트나 성폭력범으로 환원하면서 이슬람에 대한 맹목적 반감을 한국 사회에 확산시켰다. 2018년 예멘 난민 반대 운동은 종교 간 갈등을 증폭하는 불안을 조장하면서 신인종주의를 한국에 착종시키는 데 기여했다.

국가의 생명정치적 인종주의biopolitical racism

난민 반대와 인종화는 대중이 만들어낸 것만은 아니다. 난민 논쟁을 일으킨 핵심적인 당사자는 국회나 법무부로 대표되는 정치권이며 국가다. 한국은 1992년 난민협약에 가입했고, 2013년 7월 1일 아시아 최초로 독립체제 입법으로서 난민법을 시행했다. 박근혜 정부 시절, '아시아 최초의 독립체제 입법으로 난민법'을 제정하였음을 선전하며, 한국이 아시아 지역의 인

---

12. 마일즈(Miles)는 인종화(racialization)는 '인종'이라는 사고의 역사적 발현과 그 이후의 적용 및 재생산을 뜻한다고 주장하면서, 차별된 사회적 집합성을 구조화하고 정의하는 방식으로 인간의 생물학적 특징을 두고 사람들 사이의 사회적 관계를 만들어 낸 범주화 프로세스로 정의 내린다. 그러나 인종화는 '신체적 특징'을 필요로 하지 않는 담론적, 문화적 과정이기도 하다. Robert Miles, *Racism*, London : Routledge, 1989.

권 신장에 새바람을 일으킬 것이라 약속했다. 하지만 그 약속은 540명의 예멘 난민 앞에서 무산되었다. 난민법으로 대표되는 한국의 주권국가의 모습은 정작 난민이 유입되는 순간, 침묵 혹은 혐오로 양분되었다. 대량 난민의 유입을 처음 겪은 한국 사회의 혼란은 충분히 예견할 수 있었다. 그러나 문제는 정부나 정치권, 여론이 난민협약이나 난민법의 내용을 적극적으로 알리면서 국민을 이해시키려고 노력하지 않았다는 데 있다. 오히려 제주 예멘 난민 상황이 알려지자마자, 국가는 "가짜 난민"을 색출하고, 남용적 난민신청을 철저히 차단할 것이라면서 '치안 국가'의 위상을 과시했다. 법무부는 2018년 4월 30일부터 제주도로 무비자 입국한 예멘 난민들의 활동 범위를 제주도로 제한(출입국관리법 22조)하여 육지로 나가지 못하게 하는 출도제한 조치를 취했다. 그뿐만 아니라 정치권의 정치적 조급주의는 혐오를 부채질하는 데 기여했다. 2018년 5월 이후 국회에서는 총 엿건의 난민 관련 대표 발의가 있었다. 6월 29일 더불어민주당 권칠승 의원이 '난민신청 남용방지법', 7월 6일 자유한국당 조경태 의원이 '제주 무비자 제도 폐지' 법안 발의, 7월 13일 자유한국당 강석호 의원이 난민법 개정안 발의를 했다. 7월 12일 자유한국당 조경태 의원은 '난민법 폐지' 법안을 제출했다. 이외 유민봉, 김진태 의원 등 당시 자유한국당 소속 의원이 난민 관련 법안을 발의했다. 국회는 정책에 대한 진지한 고민이나 장기적인 대책 없이 여론 추수주의와 현 정부 비판에 초점을 둔 '국민 대 예멘 난민'이라는 이분법적 인식을 강화했다. 2018년 9월 7일에는 자유한국당난민특위대책위원장 조경태 의원이 주최하고, 김재경·박덕흠·김석기·박성중·윤상직·이종명·정종섭 의원이 참가한 〈국민이 먼저다! 난민법 폐지 왜 필요한가〉 대국민 정책 토론회를 개최했다. 아시아 최초의 독자적인 난민법 제정을 통해 한국 정부의 민주주의 역량과 초국적 책임감을 설파했던 새누리당의 계보를 이은 자유한국당 소속 국회의원들이 가장 서둘러 난민법을 폐지하자고 주장하고 나선 것이다. 이는 이명박, 박근혜 정부의 '인권 국가' 운운이 얼마나 가볍고 휘발적인 것이었는지를 잘 보여주었다. 또한, 인권 가치를 옹호했던 문재인 정부도 침묵으로 일관했다. 결국, 보수정치인의 조급주의와 현 정부의 미온적 대처는 국민 대 난민이라는 대립 구도를 확산시켰다. 즉, "정부가 근본적인 해결책을 제시하지 못하고 국제 기준에 부합하는 명확한 메시지를 전달하지 못하는 사이 난민들을 향한 혐오의 말들이 그 자리를 지배"[13]하는 상황을 만들어냈다. 예멘 난민에 대한 치안적 관리는 혈연적·영토적·인종적 배타주의를 자연스럽게 내면화하면서 국민 되기의 과정을 수행해왔던 국민의 지위만을 강화하는 데 기여했다.

그러나 국가와 정치권의 이런 성향을 미온적 대처 혹은 방치나 방관이라고만은 할 수 없다. 이런 태도 또한 국민 특권주의를 강화하는 통치 전략일 수 있다. 국가는 국민이 '난민'에 대

---

13. 백가윤, 「제주 예멘 난민」, 〈2018 한국 사회, 인종차별을 말한다〉, 2018년 7월 20일~21일, 인종차별보고 대회 발표문.

한 다양한 태도를 표명하도록 내버려 둔다. 루카 마벨리는 난민을 보호할 가치가 있는 존재와 배제해야 할 존재로 이분화하는 담론은 국가에 의해 조장된다고 주장한다. 즉, 이런 담론의 발현 또한 국가에 의해 수행되는 자국민에 대한 생명 통치방식이라는 것이다.[14] 국가는 난민이 누구이며, 왜 이들이 난민이 되었는가의 문제를 외면하고 이들의 배제나 포용 여부에만 관심을 두게 한다. 국가는 때로는 인도주의적 담론으로, 때로는 치안 관점에서 어떤 난민을 받아들여야 하고 배제해야 할지에 대한 근거를 구성해 낸다. 중요한 것은 자국민이 난민에 대한 감정을 선택할 수 있도록 내버려 두는 것을 통해 국가 통치성을 증명해 낸다는 점이다.

이런 통치성은 푸코가 지적한 생명정치적 인종주의와 맞닿아 있다. 생명정치적 인종주의는 자국 인구의 안녕과 번영을 위해, 특정 생물학적 특징을 통해 개개인을 측정, 평가, 판단, 등급화하면서 개입하는 방식이다. 과거 냉전 체제 아래에서 난민이나 망명자는 특정 정치 체제의 우월성을 표상하는 존재로 환영받았다. 대규모 난민이 발생하는 신자유주의 시대의 난민은 '부담스러운 존재'일 뿐이다. 한국을 비롯한 경제선진국의 이해관계와 폭압적인 정권이 대규모 난민 발생의 원인이지만, 어떤 국가도 난민에 대한 책임을 지지 않으려 한다. 전지구

---

14. Luca Mavelli, "Governing populations through the humanitarian government of refugees : Biopolitical care and racism in the European refugee crisis", *Review of International Studies* 43, 2017.

적인 난민 이슈를 난민 발생의 원인이나 지배구조에 초점을 두기보다 감정의 차원으로 바라보게 하는 것이 통치성의 핵심이 된다. 국가는 자국 인구의 정서적, 물질적 안정이나 안녕이 유지되고 있다는 감정을 구성해내기 위해, 인종주의를 동원한다. 국가는 때로는 난민에 대한 인도주의적 담론을 통해 난민을 향한 공감, 연민의 감정을 갖도록 한다. 국민은 난민 발생의 원인이 된 불평등과 폭력성 등 구조적 문제에 관심을 두기보다 개인적 도덕이나 연민으로 난민을 바라본다. 난민이 당한 '폭력적 지배'를 '불운'으로, 이들이 경험하는 부정의injustice를 '고통'으로, '폭력'을 '트라우마'로 환원시킨다. 이때 난민은 진정으로 고통받은 신체를 가진 소수자이고, 난민을 받아들여야 한다는 논리와 정서가 구성된다. 이런 점에서 국가는 난민 문제를 '탈정치적'인 형태로 구성하고, 국민은 난민에 대한 인도주의적 수용을 통해 자신들의 휴머니즘과 민주주의의 가치를 실현한다는 생각을 하게 된다. 즉 난민에 대해 시혜를 베풀고, 그들의 개인적 불운을 치유하는 우월한 존재로서의 감정적, 윤리적 지위를 확보할 수 있다. 만약에 그 불운하고 고통받았다고 간주한 난민이 어느 날 권리를 주장하고, 의문을 제기하는 순간 이들은 곧 치안적 지배의 대상이 된다. 곧, 특정한 방식으로 인종화되고 집단적 억압을 받게 된다. 난민은 비호를 요청하는 박탈당한 주체가 아니라 국민의 감정적이며 정치적인 안정을 구성하기 위한 대상이나 기호가 된다.

생명정치적 인종주의는 난민에 대한 인도주의적 담론 혹은 치안 담론 모두 국가가 일차적으로 '돌봐야 할' 사목적 대상으로서의 인구를 통치하기 위해 고안된다는 점을 강조한다. 즉, 인구의 감정적, 물질적, 정치적 안녕을 관리하기 위해 구성된 통치성이다. 이 개념은 전통적인 형태의 인종주의와는 구별된다. 전통적 인종주의는 국적, 종족, 종교, 피부색, 젠더 등과 같은 사회 문화적 특수성에 근거를 두어 인종주의적 차별을 정당화했다. 하지만 '생명정치적' 인종주의는 국민 안전이라는 감정 상태를 만들어내기 위해, 난민을 등급화하고 구분한다. 즉, 난민은 그들의 난민 사유 때문에 받아들여지거나 배제되는 것이 아니다. 국민의 감정을 설득해낼 만한 '역량'의 여부에 따라 그 지위가 결정된다. 난민은 급증하지만, 난민의 일부만을 수용하기 위해 특정한 난민이 선택된다. 가장 취약하고 억압받는 존재로서 여성과 어린이는 '진정한' 난민으로 받아들여진다. 이를 통해 국민은 마치 대단한 인도주의적 실천을 하고 있다는 감정적, 윤리적 위상을 가질 수 있기 때문이다. 난민은 국민의 우월적 감정 상태를 유지하기 위해 수동적인 대상으로 보여야 한다. 난민이 자신의 고통의 원인이 바로 당신들의 적대와 착취의 결과라고 증언하는 순간, 이들은 곧 위험한 존재로 분류되어 치안 관리의 대상이 될 수 있다. 우리는 고통받은 존재들의 구원자가 되고 있다는 감정으로 난민을 바라보는 데 익숙하고, 그런 감정은 난민 문제를 비정치적인 관점으로 바라보게 만든다.

생명정치적 인종주의는 예멘 난민의 수용에 대한 결사적인 반대 운동에서도 그 모습을 드러냈다. 한국에 온 예멘 난민 다수가 핸드폰을 소유한 '건장한 남성'이란 점이 알려지면서 난민 반대 집단은 이들이 가족을 버리고 도망 나온 가짜 난민이라고 매도했다. 이들은 우리가 흔히 난민이란 존재에 투사해 온 무기력한 존재로 보이지 않았다. 한국인들에게 익숙한 난민의 모습은 전쟁과 기아로 죽어가는 저기 먼 곳의 병든 어린이나 여성이다. 그러나 이들은 종합편성 채널의 구호 방송에서 흔히 볼 수 있는 그런 난민이 아니었다. 예멘 난민은 동정과 시혜의 대상이 될 만한 진정한 난민성을 갖추지 못한 존재처럼 보였다. 난민 수용을 통해 국민의 감정적 우월성을 구성해낼 수 없을 때 이들은 곧 가짜 난민, 테러리스트 혹은 위협적인 존재로 호명된다.

국가는 난민 수용의 문제를 '국민 대 난민'이라는 프레임으로 구성하면서, 예멘 난민을 다양한 국민 감정의 분출구의 대상이 되게 했다. 일부 기독교인들은 난민의 '선한 이웃'이 되어야 함을 설파함으로써 이들을 수용했다. 또 다른 국민은 '이제 우리나라도 살만해졌으니 가난하고 불쌍한 난민에게 동정을 베풀어야 함'을 강조하며 인도주의적 수용에 찬성했다. 예멘 난민이 왜 낯선 한국까지 찾아와 보호를 요청하고 있는지에 대한 사회적, 정치적 토론은 부재했다. 무엇보다 예멘 전쟁터에서는 한국산 수류탄이나 현궁 등이 발견되었다. 그러나 한국 사회가 어떻게 예멘 전쟁에 연루돼 있는지에 대한 토론이나 고민은 부재했다.[15] 난민은 추방될 수 없는 존재이며 난민법에 따라 비호를 받아야 한다고 주장하는 인권 활동가는 무차별한 혐오 공격을 받았다.

국가는 예멘 난민의 수용 여부를 국민의 감정에 맡겨둠으로써 생명정치적 인종주의를 구성해냈다. 예멘 난민 문제는 신인종주의와 생명정치적 인종주의가 결합한 치안의 문제로 귀결되었다. 국민은 수용할 만한 '좋은 난민'과 '가짜 난민'을 구별하고 선택할 수 있다는 인종적 우월주의를 획득했다. 난민 이슈는 난민 발생의 구조적 원인을 탈각시킨 감정의 문제로 귀결되었다.

난민과 반-인종주의적 실천

인종주의에 대한 경각심을 갖고 인종차별에 대항하는 일은 결코 쉬운 일은 아니다. 우리는 예멘 난민 사태를 통해 난민 혐오가 얼마나 빨리 인종주의적 방식으로 구성되는지를 목격할 수 있었다. 이미 유럽이나 미국에서 가짜뉴스로 판명된 이야기들을 '증거'로 사용하고 과장함으로써, 국민과 난민은 마치 완벽하게 다른 '인종'인 것처럼 위계화되었다. 하지만 누구도 예멘 난민에 대한 혐오를 인종주의적 차별로 인정하지 않는다. 무슬림의 종교 문화적 특징을 문제 삼은 것이고, '인종'이란 말을 사용

---

15. 쭈야, 「난민과 무기거래: 전쟁 만드는 나라의 시민으로 살겠습니까」, 연세대학교 국학연구원 주최 '반 군사주의와 난민 티치인 3', 2019년 12월 21일, 연세대학교 연희관 이만섭 홀. 이 발표문의 수정 원고는 이 책 401~422쪽에 수록되었다.

하지 않았기 때문에 인종차별이 아니라고 주장한다. 인종주의적 혐오를 드러내지만, 피부색을 문제 삼은 것이 아니므로 "담론적 탈인종화"를 만들어내기 때문이다.[16] 종종 인종주의적 발화는 여론 혹은 국민 정서로 표현된다. 즉, 혐오는 인종차별이 아니라, 국가를 위해, 지역 안전을 위해, 자신의 종교를 지키기 위한 것이므로, 여론 혹은 국민 정서라고 주장한다.

이미 유럽 및 북미의 반난민 정서는 가짜뉴스를 양산했고, 한국에서 또 다른 가짜뉴스의 원천으로 사용되었다. 이 때문에 반난민 정서가 생산해내는 인종주의는 발화 지역과는 상관없이 매우 유사하고 동시적이다. 그러나 유럽, 북미 혹은 아시아 국가들은 제도적·법적·공공적 장치를 통해 인종주의적 혐오 발언이 반사회적, 반인권적, 비윤리적이란 점을 지속해서 환기하고 있다. 인종주의가 파시즘이나 제노사이드를 발생시킨다는 역사적 교훈을 공유하기 때문이다. 1990년대 이후 가시화된 반–난민 정서에도 불구하고, 유럽 국가들이 여전히 수십만 명의 난민을 수용하는 이유이기도 하다. 적어도 유럽 국가들에서는 인종주의를 경계하는 국가와 시민들 간의 정치적, 윤리적 토론의 장이 존재하기 때문이다.

무엇보다 심각한 문제는 한국 사회는 인종차별과는 무관한 영토라는 환상이 유지되고 있다는 데 있다. 대한민국의 어떤 법

---

16. M. Augoustinos & D. Every, "The language of "race" and prejudice : A discourse of denial, reason, and liberal-practical politics", *Journal of Language and Social Psychology* 26(2), 2007.

에도 인종차별의 정의조차 존재하지 않는다. 인종적 묘사와 관련하여 차별적인 보도를 하면 안 된다(방송법 6조 2항)는 규정만 가지고 있을 뿐 구체적인 내용이나 기준이 없다. 유엔은 지속해서 한국 국내법에 인종차별의 정의를 포함할 것을 촉구한 바 있다. 유엔 인종차별철폐위원회는 한국 사회에 이주민과 난민에 대한 혐오와 불신의 분위기가 심각한 수준에 이르고 있음에 주목했다. 특히 2018년도 제주도에 입국한 예멘 난민을 둘러싸고, 인터넷과 SNS를 포함한 대중매체에서 혐오 발언, 인종차별·증오 선동, 인종적 우월성에 관한 관념의 전파 등의 양상이 전개되었고, 이를 통해 인종적 편견과 차별이 더욱 심화된다는 것을 언급하고 한국 정부에 개선을 촉구했다. 구체적으로 인종혐오 발언에 "단호하게 대처하는 조치"를 취하고, "미디어, 인터넷과 소셜미디어를 계속해서 주시하여 인종적 우월성에 기반한 관념을 전파하거나 외국인에 대한 혐오를 선동하는 개인이나 단체"에 대한 식별과 처벌을 포함한 조치가 필요하다고 권고하였다.[17] 하지만 우리 정부는 인종혐오에 대한 별다른 대책을 내놓지 않고 있다.

사실 인종주의는 현대 한국의 글로벌 경제 성장의 결과로 강화된 유사 제국주의적 정서에서 발현된다. 대형화되고 기득권화된 일부 보수 기독교의 타 종교에 대한 우월감, 위대한 '대

---

17. CERD, "Concluding observations on the combined seventeenth to nineteenth periodic reports of the Republic of Korea", 2019.1.10 CERD/C/KOR/CO/17-19.

한민국'이라는 '국뽕' 분위기, 성공과 부를 유일한 인간 존재의 기준으로 삼게 된 경제 제일주의가 만연하면서 사회적 약자를 무시하는 데 익숙해진 사회가 되었다. 사회적 약자나 외국인에 대한 비하와 차별로 가득 찬 디지털 네트워크의 확장적 자기 증식은 심각한 수준에 이르렀다. 인종, 성별, 지역, 종교, 계급, 국적 등에 의해 끊임없이 구획되고 위계화되는 경계 짓기의 심성들은 모든 이를 피로감, 절망, 분노의 상황으로 내몰고 있다. 이런 상황에서 벗어나고자 사람들은 또다시 안전한 경계 안으로 움츠러들고, 혐오와 증오에 기대어 가장 이질적인 타자에게 모든 원인을 돌린다. 난민은 이에 대항하여 싸울 수 있는 공적 통로나 대표성을 갖지 못하기 때문에 인종차별의 쉬운 대상이 된다. 예멘 난민 혐오 담론은 '예멘 난민이 각자 10명의 한국 여성을 강간하라는 지령을 받고 왔다'라는 말을 버젓이 팩트라고 내보인다. 앞서 언급한 것처럼 혐오는 우월적 위치에 있는 사람이 표출하는 특권이며 통치 방식이다. 타자의 위협을 허구적으로 강조함으로써 자신이 행사하는 폭력과 지배를 비가시화한다. 특권자가 '잠재적 피해자'인 것처럼 위장할 때 혐오가 정당화된다. 주류 다수는 사회적 소수자를 배제하기 위해 이들을 '위험하고 위협적인 존재'로, 혹은 나와는 완벽하게 다른 존재로 구성한다. '국민 대 난민' 프레임은 이런 구도를 강화함으로써 인종주의를 확산하고 폭력을 일상화하는 데 기여했다.

국가는 난민을 쉬운 증오의 대상이 되도록 이들에 대한 혐오를 방관하면서 소위 '국민'이라 상상된 인구층의 정서적, 물질적 안녕을 유지해 왔다. 인종주의의 전지구적이며 지역적인 확산은 인종주의적 행위자인 나도 바로 그 피해자가 될 수 있는 위기감을 고조시킨다. 인종차별이라는 거대한 폭력의 장이 확장될수록, 누구라도 언제, 어디서든 자신의 존엄성을 박탈당할 가능성이 높아진다.

난민은 사회적으로 많은 것을 박탈당한 존재지만, 이 때문에 비호받을 권리를 운반하며 국경을 넘는 존재들이다. 난민의 삶의 질과 역량 발휘는 그들이 체류하는 사회의 민주주의의 수준에 달려있다. 예멘 난민이 무슬림 문화권에서 왔다는 이유로 우리가 똑같은 존재임을 부정해서는 안 된다. 여느 사회와 마찬가지로 예멘 난민은 노동자, 상인, 요리사, 의사, 변호사, 저널리스트, 은행가, 건축가, 약사, 예술인, 이발사, 정치인 등으로 살아왔다. 하지만 한국에서 이들이 할 수 있는 일은 매우 제한적이다. 이들은 매일의 생존과 예멘에 있는 가족 걱정으로 고군분투하는 존재이다.

우리에게는 인종주의적 편견이나 감정 체제에 의존해 누가 진짜이고 가짜 난민인가를 구분할 수 있는 권리 또한 없다. 인종주의는 매우 유혹적이고 자극적인 폭력의 장치이기 때문에 빠른 시간 내에 퍼질 수 있다. 우월의식에 기반한 집단적 환상인 인종주의는 다양한 폭력을 정당화한다. 이런 폭력의 감염에 저항하는 것이 반-인종주의 운동이다. 글로벌 이동성이 증가하는 시대에 우리는 어디에서 어떤 모습으로 살아갈지 모른다. 우리 모두는 인종차별의 피해자가 되는 것을 원치 않는다. 마찬가지로, 누구라도 인종차별을 받아서는 안된다는 '차별받지 않을 권리'를 주장해야 한다. 국민과 난민의 이분법이 아니라, 세계시민이라는 동등한 자격으로 국민과 난민이 만나야 한다. 이런 지향만이 모두가 생존의 불안과 증오의 감정에서 벗어나는 유일한 길이 될 수 있다. 우리가 어디에 있어도 존재 자체로 소속되고, 있는 그대로 존중받고 있다는 느낌이 드는 것, 그것은 국민과 난민의 경계를 허무는 일로부터 시작된다. 전 세계적으로 난민이 급증하는 시대에 우리는 매일 새롭게 경계를 짓고, 경계를 허문다. 촘촘하고 강력한 경계가 안전을 보장해주지는 않는다. 경계를 허물게 될 때 펼쳐지는 새로운 결속과 연대의 장소는 그 자체로 무궁무진하다.

질문으로서의 차별금지법, 그리고 난민

미류

지금도 그대로다. '신인종주의와 난민'이라는 주제의 포럼 발표를 극구 사양했던 때와, 어쩔 수 없이 발표를 맡은 후 서툰 메모를 글로 옮기는 지금, 나는 여전히 난민을 모른다. 이 말은 비장애인으로 사는 내가 장애인을 모른다고 말하는 것과 유사하지만 또 다르다. 내게는 장애인으로 살아가는 동료들이 있고 그들과 나눈 대화가 있고 함께 겪은 시간들이 있다. 그래서 모르는 만큼, 무엇을 모르는지 종종 알아차릴 수 있을 정도의 앎도 있다. 난민은 다르다. 무엇을 모르는지도 몰라서 두렵다.

포럼에서 요청된 주제는 심지어 '포괄적 차별금지법과 난민'이었다. 그러나 난민으로 인정되기를 기다리는 무국적자의 자리에 있는 사람의 경험과, 법이 인정하는 난민이 되어 제한적이나마 동등한 처우를 보장받는 사람의 경험을 과연 묶어서 이야기할 수 있는지 알 수 없었다. '난민 반대' 여론이 치솟았던 2018년 사람들이 떠올린 집단은 전자이고, '난민 인정자'로 분류되는 후자는 오히려 '외국인'의 한 부류에 가깝다. 난민에 대해 이야기할 때 어떤 집단을 떠올려야 할지 여전히 모르겠다.

그러니 미리 안내하자면 이 글에서 난민에 대한 이야기를 기대하지는 말아주길 바란다. 난민의 인권에 대한 글도 아니다. 그저 인권운동가라 생각하며 살던 사람이 '난민 반대' 여론이 폭발하는 현상 앞에서 정신을 차리려고 애쓰는 글로 읽어주면 좋겠다. 무엇을 해야 할지 고민하면서 부딪쳤던 질문들을 펼쳐놓은 글로 읽어주면 좋겠다. 글을 읽는 당신에게도 이 질문들이 소중하게 전해지면 좋겠지만 독자의 위치를 헤아리며 쓴 글은 못 된다. 내가 선 자리에서 할 수 있는 아주 편파적이고 주관적인 이야기들이다. 덧붙여, '포괄적 차별금지법과 난민'이라는, 당최 연결고리를 찾을 수 없을 것 같았던 요청이 이 질문들을 발견할 수 있게 도왔다는 점도 미리 밝힌다.

난민과 차별금지법, 어색한 만남이 가리키는 곳

난민은 오래전부터 여기 함께 살고 있었지만 '난민'은 어느 날 불쑥 등장했다. 그것은 하나의 기호에 가까웠다. 한국 사회에 이미 살고 있던 난민이 드러나지 않았던 만큼 난민 인권 문제에 대한 관심도 드물었다. 난민 인권단체들은, 많은 소수자 인권단체들이 그렇듯, '존재'를 알리는 일부터 시작해야 했다. 2015년 시리아 난민 아동 쿠르디가 바닷가에서 숨진 채 발견된 사진은 한국 사회에도 파장을 일으켰다. 우리 곁의 난민을 떠올리지 못한 채 우리 문제가 아니므로 쉽게 동정하는 것은 아닌가 노파심이 들었지만, 2018년과 같은 강경한 반대는 예상하지 못했다. 이때에는 난민과 차별금지법이 연결되지도 않았다. '난 민'이 '반대'당하는 사람들로 등장했을 때 난민과 차별금지법이 자연스럽게 연결되기 시작했다. 그런데 과연 왜 연결되었을까?

어색한 만남

6월 20일은 세계 난민의 날이다. 인권운동의 여러 의제마다 이런 날들이 있어 다양한 행사들이 열리곤 하는데 나는 난민의 날 행사에 참석해 보지 못했다. 2018년 한국 사회가 '난민'에 대 한 격렬한 논쟁에 휩싸이지 않았다면, 지금까지 그럴지도 모른 다. 제주에 닿은 수백 명의 예멘 난민들은 갑자기 논쟁의 한가 운데로 몰아세워졌고, 나를 포함한 많은 사람들이 그들을 이해 할 기회도 갖기 전에 '난민은 어떻다'는 말의 홍수에 휩말리게 되었다. 이런 분위기에서 2018년 난민의 날 기자회견은 더욱더 많은 단체들이 공동주최하여 열리게 됐다. 나는 〈차별금지법제 정연대〉의 발언을 맡아 기자회견이 열리는 청와대 앞으로 갔다.

먼저 도착한 사람들이 현수막과 피켓을 들고 기자회견 준 비를 하고 있었다. 걸음을 서두르다가 조금 놀랐다. "차별금지법 제정하라"고 적힌 피켓이 꽤 여러 개 있었기 때문이다. 〈차별금 지법제정연대〉로 참여하는 나는 정작 차별금지법 제정하라는 발언을 준비하지 않았다. 난민들을 향한 낙인·혐오와 '차별금지 법'이 바로 연결되지 않았기 때문이다. 법이라면 난민법이 더 문 제였고 차별금지법이 난민들이 겪는 문제에 관해 어떤 해법이 될 수 있을지 막연했다. 인권의 관점에서 난민들이 처한 상황의 문제를 지적하고 정부의 책임을 촉구하는 발언을 마치고도 머릿속은 복잡했다.

차별금지법이 제정되면 난민들이 직면하게 되는 혐오가 해소될까? 혐오와 차별이 주고받는 영향을 고려하면 당연히 혐오의 해소에 기여하겠지만, 혐오표현금지법이 아닌 이상 직접적인 효과를 보기는 쉽지 않다. 난민들이 한국 땅에 닿을 때부터 시시각각 겪게 되는 차별로부터는 자유로워질까? 출신 국가나 피부색, 언어를 이유로 한 차별 행위들이 금지될 수는 있지만 기본권의 보장 자체가 제약되는 난민제도가 달라지지 않고서는 근본적인 해결이 난망하다. 포괄적 차별금지법은 모든 차별금지 사유를 포괄하는 법이라는 점에서 모두에게 열려 있다. 그러나 모든 법이 그렇듯 '법'의 문은 모두에게 열려 있지 않다.

무엇보다도 난민들이 부딪치는 가장 긴요한 문제가 체류자격의 인정에 관한 것이라면 차별금지법은 조금 먼 얘기가 아닐 수 없다. 난민 지위를 얻기까지의 시간은 권리의 자격을 끊임없이 부정당해야 하는 시간이다. 난민 인정자가 되면 일정 정도 동등한 기본권을 보장받지만 정기적으로 거주 연장을 신청해야 하는 등 구분된 권리의 자격에 갇히는 셈이기도 하다. 그렇다면 포괄적 차별금지법과 난민은 어떻게 만나는 것일까?

한국 정부가 지키려 한 것

무사증제도를 이용해 제주로 와서 난민신청을 하는 예멘인이 많아지자 2018년 4월 30일 정부는 이들의 거주 지역을 제주로 제한하는 조치를 시행했다. 동시에 난민의 휴대폰이나 SNS를 검열하고 순찰을 강화하는 등 난민 문제를 치안의 문제로 구성했다. 당시 제주의 난민심사관은 2명이었고, 500여 명 심사에 최소 6개월이 걸린다고 추정되었다. 국민의 안전을 지키겠다는 정부의 약속은 제주로 그 부담을 떠넘기는 방식으로 이행되었다. 제주에서부터 난민에게 적대적인 여론이 조직될 수 있는 명분이 만들어졌다.

2018년 6월 1일 정부는 '무사증 악용 차단'을 이유로 예멘을 비자면제 제외 국가로 정했다. 이런 조치는 '난민'의 '무사증 악용' 가능성을 확인시켜줄 뿐이었다. 논란은 이미 '예멘 난민'을 얼마나 받아들일 수 있는지, 한국의 난민 제도는 적절한지 등을 넘어섰다. 예멘-말레이시아-한국(제주)의 경로는 갑자기 만들어진 것이 아니었다. 그러나 문제는 갑자기 불거졌다. 2018년 벌어진 논란은 예멘 국적의 사람들이 전쟁을 피해 대거 입국한 데서 시작되지 않았다. '난민'을 표적으로 삼은 혐오 선동이 논란의 시작이었다. 찬반 논란이 붙었고 청와대 국민청원 게시판의 최고기록이 경신되었으며 6월 30일에는 '난민 반대 집회'가 서울 도심에서 열렸다.

2018년 8월 1일 청와대 국민청원에 대해 박상기 법무부 장관이 답변했다. 난민신청은 더욱더 어렵게 만들 것이며 심사는 더욱 까다롭게 할 것이고 인정된 난민은 더욱더 철저히 관리하겠다는 계획이었다. 정부는 '난민'을 무사증을 '악용'하고 '허위'

를 일삼는 사람들로 만들어버렸다. 난민법 폐지가 불가하다고 덧붙였지만 그 이유야말로 문제적이었다. 법무부 장관은 "우리나라 국제적 위상과 국익에 미치는 문제점을 고려할 때 난민협약 탈퇴나 난민법 폐지는 현실적으로 어려움이 있다"고 했다. 정부는 '국제적 위상'을 지키기 위해 '난민'의 위상을 깎아내렸다. 난민에게도, 국민에게도 무책임한 입장이었다.

난민 인정과 보호를 위해 노력해야 하는 이유는 국제적 위상도 국익도 아니다. 국적이 권리 보장의 근거로 기능하지 못할 때도 그의 권리를 보장할 줄 아는 체계를 갖추는 것이 인간의 존엄을 지킬 방법이기 때문이다. 그러므로 정부는 난민협약이 어떤 배경에서 만들어졌으며 세계 각국 정부가 어떤 노력을 기울이고 있으며 그것이 국민들에게는 어떤 의미를 가지는지 설명했어야 했다. 한국의 난민법은 어떤 내용을 담고 있으며 어떤 문제에 봉착해있는지 알리고 의견을 구해야 했다. 이 모든 사회적 논의 과정을 봉쇄한 것이 정부의 역할이었다. 그 결과 '난민 반대'라는 주장은 지속가능성을 얻었다. 이쯤에서 차별금지법을 떠올리지 않을 수 없다.

차별금지법이 그랬다

차별금지법의 처지가 딱 그랬다. 2003년 국가인권위원회가 법제 마련 논의를 시작하여 2006년 권고안이 발표되었다. 2007년 법무부가 입법예고를 할 때까지만 해도 십여 년이나 제정 유예 사태가 이어질 것은 예상하지 못했다. 문제는 갑자기 시작되었다. 차별금지법 제정을 반대하는 서명과 1인 시위, 집회 등이 이어졌다. 이때 정부가 차별금지법을 포기하지는 않았다. 그러나 차별금지법이 왜 필요하며 어떤 내용을 담고 있는지 말하지 않았다.

법무부는 "입법과정 중 국회심의절차의 지연으로 차별금지법(안)이 폐기될 우려"가 있으므로 "차별금지사유를 합리적인 기준에 따라 조정함으로써 '성적 지향'이 특별히 부각되어 논란의 대상이 되지 않도록 조정"하자고 했다. 정부는 차별금지법 대신 차별금지원칙을 폐기했다. '가족형태 및 가족상황, 범죄 및 보호처분의 전력, 병력, 성적 지향, 언어, 출신 국가, 학력'이라는 7개의 차별금지사유를 삭제한 법안을 발의한 것이다. 이후로 '성적 지향'을 문제 삼는 것은 '합리적인 기준'이 되어버렸다. 성소수자를 향한 공공연한 모욕과 혐오가 사회적 의견으로 대접받기 시작했고 논의 없는 논란의 상태가 지속되었다.

지금까지도 차별금지법 제정 추진에 난색을 표하는 정부의 변명은 '사회적 논란'이다. 차별금지법 제정을 반대하는 입장은 있을 수 있다. 그러나 정부가 취해야 할 태도는 논란의 승인이 아니라 논란을 파헤쳐 논의를 이끌어내는 것이어야 한다. 반대하는 이유는 무엇인지 듣고 귀담아들을 말이 있는지 살피고 어떤 대안이 있는지 사회적 논의를 전개해야 한다. 모두가 알다시피 정부는 이렇게 하지 않았다. 논란이 논란인 채로 두고 논란에 대한 책임은 사회로 미뤘다. 그 책임의 대부분은 혐오의 표적이 되는 집단 성원들에게 떠넘겨지고 있다. 인간이자 시민으로서 권리를 주장하기 어려운 상태에 가둬버린 것이다.

"난민 문제는 인권의 문제이나 인권만의 문제는 아닙니다. 국경 관리, 국민 안전 및 우리 사회의 미래와도 관련된 특수하고도 매우 복잡한 문제입니다." 법무부는 청와대 국민청원 답변에서 이렇게 말했다. 그러나 '인권만의 문제'라는 것은 세상에 없으며 '인권의 문제'가 아닌 것 역시 세상에 없다. 일반적이고 단순한 문제든 특수하고 복잡한 문제든 마찬가지다. 문제를 겪는 사람의 입장에서 출발해 그 사람의 존엄을 지키는 것을 해결의 목표로 삼아야 한다는 점에서 어떤 문제도 예외가 될 수 없다. "국경 관리, 국민 안전 및 우리 사회의 미래" 역시 인권의 문제다. 어떤 문제도 인권의 원칙을 확인하는 것만으로 풀리지 않는다. 문제에 영향을 미치는 조건을 바꾸고 문제에 연루된 사람들의 관계를 재구성하는 과정을 거쳐야 하기 때문이다. 그러므로 정부의 답변은 이렇게 번역되어야 한다. "난민 문제는 국제적 위상의 문제이지 인권의 문제는 아닙니다." 정부는 인권의 수사를 인권의 토대를 허무는 데 쓰고 있다.

인권이 무너지는 자리에 난민과 차별금지법이 함께 서 있었다. 우리의 존엄을 지키기 위해 함께 싸워야 한다는 점만은 분명하다. 그러나 우리의 과제는 무엇일까? 난민법은 난민을 위한 법이기보다 난민으로부터 국민과 국가를 보호하는 법이 되기 쉽고, 차별금지법 역시 '해도 되는 차별'을 알려주는 법이 될 수 있다. 적어도 우리는 '법'을 위해 싸울 수는 없다.

'난민 반대'와 '동성애 반대'라는 정치

차별금지법 제정이 기약 없이 유예되고 있는 배경에도, '난민 반대' 여론이 들끓은 배경에도 혐오의 풍경이 있다. 혐오에 맞서야 한다. 그러나 혐오에 맞선다는 것은 도대체 무엇인가. 사람들의 마음 안에 들어앉은 혐오의 감정을 녹이는 것일까, 혐오의 감정을 양산하는 편견과 가짜뉴스를 교정하는 것일까, 혐오에 휩싸여 적대를 선동하는 세력에 대항하는 것일까? 과연 함께 맞서야 할 것이 '혐오'이기는 할까?

'혐오'라는 진단의 범람

〈차별금지법제정연대〉는 혐오의 문제에 일찍부터 주목한 편이다. 그도 그럴 것이 차별당하는 사람의 위치에서는 혐오가 훨씬 빨리 간파되기 때문이다. 그러나 사회는 혐오의 문제를 그리 심각하게 보지 않았다. 혐오가 문제로 제기될 때에도 사회적 문제라기보다 사회로부터의 일탈이 문제처럼 지목됐다. 대표적 커뮤니티로 '일베'가 분석 대상이 되는 방식이 그랬다. 혐오하는 자는 누구인가 궁금해하는 동안 혐오의 구조는 질문되지 않았다. 2014년 세월호 유가족의 단식을 조롱하는 '폭식투쟁'과 2016년 강남역 여성살해사건을 거치며 지형이 달라졌다. 이제 혐오는 누구나 인정하는 사회적 문제다.

모두들 혐오가 문제라고 하는데 아무도 문제를 해결할 방안을 내놓지 못하고 있다. 이미 사회 구석구석에서 혐오를 직감

하던 사람들, 표현이 달라진들 환대받지 못하는 존재라는 감각을 지울 수 없는 사람들의 이야기를 듣지 않기 때문은 아닐까. 너무 많은 문제들이 모두 '혐오'라는 진단을 통해 의제화되니 오히려 걱정이다. 혐오는 손쓸 수 없을 것처럼 여기는 냉소와, 손쓸 수 있을 것처럼 보이는 표현의 문제로 대책 논의가 집중되는 쳇바퀴에 갇힌 느낌이다.

혐오를 둘러싼 논의에서 가장 많이 예시되는 것은 각종 비하발언이나 멸칭들이다. 사람을 벌레에 빗대는 각종 표현은 감정의 측면에서 혐오를 인식하기에 효과적인 현상이다. 그러나 표현에서 공통점을 찾다 보면 표현을 어떻게 규제할 것인지 골몰하다 길을 잃는다. 그리고 어떤 표현은 혐오 표현으로 인지되는 반면, 감정이 두드러지지 않는 다양한 표현은 혐오와 관련 없는 것처럼 보인다. '난민 반대'나 '동성애 반대'가 혐오를 문제 삼는 정부·여당에 하나의 의견으로 대접받게 되는 비결이다.

여기에서 멈추면 혐오의 구조까지 보자는 제안이 튕겨 나오곤 한다. '여혐도 문제지만 남혐도 문제'라는 식의 대칭 구도가 대표적 사례다. '한남충'이라는 말에는 분명 혐오의 감정이 담겨있다. "여자 치고 일 잘하네"라는 말은 어떨까? 여성 혐오라고 문제를 제기하면 이해하는 사람은 얼마나 될까? 여성 혐오는 성차별 구조의 한 양상이다. 그러나 구조로서의 남성 혐오는 성립되지 않는다. '한남충'은 성차별구조를 옹호하는 집단을 비난하는 표현일 뿐이다. 고운 말을 써도 좋겠지만 그것이 혐오를 해소하기 위한 사회적 과제라기엔 지나치게 표면적이다.

감정[1]을 순화하는 것도 목표가 되기 어렵다. 여성 혐오나 성소수자 혐오를 지적하면 "나는 혐오하지 않는다. 그들을 사랑한다"라고 말하는 사람들이 있다. 그들 중 일부는 정말 그럴지도 모른다. 그러나 혐오의 문제는 사라지지 않는다. 사회적 문제로서의 혐오는 역사적이고 구조적으로 형성된 감정이다. 개인으로부터 발원하지 않는다. 개인이 누군가를 미워하거나 두려워하지 않더라도 언제든 타자를 향한 증오와 공포로 전환할 수 있는 감정이 혐오다. 같은 이유로, 개인이 누군가를 미워하거나 두려워한다는 사실 자체로 혐오의 문제가 되지는 않는다.

혐오의 감정은 차별의 구조로부터 비롯되고 동시에 차별의 구조는 혐오의 감정을 재생산한다. 감정과 구조를 연결시키는 표현들과 각종 제도와 관행도 있다. 혐오의 감정과 표현과 구조를 분리하는 것은 인위적이지만 그 사이에 간극이 있다는 점을 기억해야 한다. 그곳이 우리가 맞서 싸워야 할 장소기 때문이다. 이걸 얼버무리면 '남혐'은 없앨 수 있어도 '여혐'은 없애지 못하며, 혐오하지 말라고 외치는 소수자는 상대의 선의를 이해하지 못하는 까칠한 사람이 되어버린다. 혐오의 감정이 혐오의 실천에 유일한 동기가 되지 않으며 혐오의 실천이 언제나 혐오의 효과를 얻어내는 것도 아니다. 우리는 '난민 혐오'에 주목해야 하지만 난민 혐오의 문제 설정이 우리가 처한 상황을 바꿀 과제를 찾

---

1. 혐오라는 현상에 녹아있는 감정의 결은 다양하다. 한국말로 모두 혐오라고 번역되는 단어들은 증오(hate), 공포(phobia), 역겨움(disgust) 등 조금씩 다른 결의 감정을 품고 있는데 서로 연결되기도 하니 자세히 구분하지는 않겠다.

는 데 그리 효과적이지 않을 수 있다는 점도 기억해야 한다.

'난민 반대'라는 주장

　'난민 반대' 주장은 마치 한국에 난민은 없었던 것처럼 급격하게 등장했다. 반대 주장의 핵심에는 난민들이 취업을 목적으로 온 사람들이며 그들의 생계를 지원하고 정착시키는 것이 국민에게 해롭다는 인식이 있었다. 그러나 반대 여론이 확산된 데에는 예멘 국민 대부분이 무슬림이며 무슬림의 성차별 문화가 여성의 안전을 위협할 것이라는, 가짜뉴스로 더욱 증폭된 공포가 결정적 역할을 했다. 사회 문제에 대한 여론조사에서 다른 집단보다 진보적 성향을 보이는 20대 여성이 가장 높은 난민 반대 여론을 점했던 것에서 이를 짐작할 수 있다. 낯선 존재에 대한 편견과 무지가 두려움을 일으켰고, 난민에 대한 경계를 정당화했다. 적대적 존재로 규정된 난민은 '반대'해도 되는 집단이 되어버렸다.

　한국은 무슬림 인구가 몇 명인지 알 수 없는 나라다. 인구총조사에서 종교를 묻는 항목에 이슬람교는 없다. '기타'일 뿐이다. 한국의 무슬림 인구가 수만 명 단위로 추산되는 걸 보면 수천 명 단위의 신자가 있는 종교와 비교해 '기타'에 머물러야 할 이유는 없다. 게다가 한국의 이주노동자까지 모두 고려하면 무슬림 인구는 수십만 명 단위이기도 하다. 이미 할랄단지 조성이 지역에서 쟁점이 되고 있지만 비가시화된 종교로 남아 있다. '난민 반대' 주장으로 몸살을 앓는 유럽의 여러 국가들과 비교할 때 2018년 제주로 입국한 예멘 난민 규모가 매우 적은데도 불구하고 한국 사회에 격렬한 논쟁을 불러일으킨 데에는 이런 배경이 있다. 그만큼 음해하기 쉬운 존재였던 것이다. 난민들은 서로 다른 나라에서 서로 다른 이유로 제각각의 선택을 통해 한국에 닿은 사람들이지만 난민이라는 이유로 한 덩어리가 되어버렸다.

예멘 난민 알렉스는 기독교인이었다. 그는 "예멘을 떠나 좀 더 세상을 탐험해 보고 싶단 생각"으로 "할랄 식품을 찾기 쉬운 이슬람 국가" 말레이시아로 떠났다. 그곳에서 기독교를 접하게 된 알렉스는 예멘으로 돌아간 후 어느 순간 자신이 기독교인이라고 느끼게 되었고, 더이상 그걸 숨길 수 없게 됐을 때 가족은 그에게 떠날 것을 권했다. 그렇게 다시 찾은 말레이시아에서 목사는 "시민의 다수가 기독교를 믿는 나라로 가야 한다"고 했고 인터넷을 검색한 후 "상황이 허락하는 유일한 선택지"로 한국에 오게 되었다.[2] 그가 한국에서 맞닥뜨리게 된 상황이 무슬림에 대한 편견에 기초한 '난민 반대' 주장이었다는 점은 아이러니하다. 그러나 이 사실은 '난민 반대'의 가장 큰 효과가 '반대'에 있지 않고 '난민'을 같은 속성을 공유하는 집단으로 구성해 낸 데 있음을 보여준다. 또 하나의 적이 만들어졌다.

혐오의 표적은 어떻게 만들어지는가

---

2. 알렉스, 「세상의 또 다른 부분」, 『안녕, 한국!』, 난민인권센터, 92~101쪽.

2018년 난민을 둘러싼 사태는 난민을 표적으로 삼은 혐오 선동으로부터 시작되었다. 그러나 혐오의 선동이 늘 성공하는 것은 아니다. 2018년 그것이 어떻게 가능했는지를 보는 것이 혐오를 문제 삼을 때 관건이 된다. 2007년 개설된 카페 '불법체류자추방운동본부'와 비교해 보자. 당시 카페는 회원 수가 급증하면서 온라인 커뮤니티를 기반으로 급속하게 영향력을 확대했다. 이주노동자에 대한 적대는 '난민 반대' 여론을 구성했던 논리와 크게 다르지 않은 주장을 공유했으며, 그것이 한국 사회에 뿌리 깊은 인종주의의 연장선에 있다는 점 역시 다르지 않다. 그러나 카페 '불체본'은 사회적 지위를 획득하지 못했다.

규모나 한국 사회에 미치는 영향을 고려할 때 이주노동자보다 난민 반대 여론이 더욱더 높은 것은 의아한 일이다. 주로 생물학적 특징을 들어 사람을 구분하고 차별하는 인종주의와 비교할 때 신인종주의는 종교나 언어 등 문화적 특징을 들어 배제를 정당화한다. 20세기 전반 유대인이 그런 처지에 놓였고 21세기 들어 무슬림이 같은 처지에 놓였다. 그러나 차이도 있다. 유대인 학살까지 이르게 된 역사가, 위로부터 조직된 혐오, 즉 정책과 제도와 법이 주도하는 차별과 폭력이었다면, 지금 전 세계에 확산되는 무슬림에 대한 적대는 아래로부터 조직되는 혐오다. 난민 반대 여론이 강력한 국가들은 실제로 무슬림 난민신청이 많으며, 이미 무슬림 인구가 꽤 있는 편이다. 한국 사회는 아직 그 정도가 아니다. 그렇다면 '난민 반대' 여론이 급증한 현상은 혐오나 신/인종주의만으로 분석되어서는 안 된다. 한 달이 안 되는 시간 동안 '난민 반대' 여론이 득세한 것은 혐오 선동 세력의 조직화 없이 설명될 수 없다.

반공주의 정권을 지지하며 자신의 세를 확장해온 보수 개신교는 1997년 김대중 정부 탄생 이후 점차 적극적인 사회운동에 나섰다. 북한 인권, 사학법, 국가보안법 같은 의제를 중심으로 집회를 열고 행동에 나서던 이들은 노무현 정부 임기 말 차별금지법 사태를 계기로 '동성애 반대'라는 또 다른 사상을 만들어냈다. 첫 오프라인 행동을 조직한 〈제주난민대책도민연대〉의 소속 단체들에는 〈한국에이즈퇴치운동본부〉, 〈건강과가정을위한학부모연합〉, 〈바른나라세우기국민운동〉, 〈나쁜인권조례폐지네트워크〉 등이 있다. 이름에서도 짐작되겠지만 이 단체들은 그간 '동성애 반대', '낙태 반대' 등을 내걸고 활동해온 단체들이다. 2018년 8월 〈제주난민대책도민연대〉가 난민법뿐만 아니라 국가인권정책기본계획을 문제 삼은 것은, 이렇게 보면 자연스러운 수순이다. 성소수자 혐오를 확산시키던 인프라가 난민이라는 전혀 다른 집단을 향한 혐오와 적대를 조직하는 데 고스란히 활용되었다.

'동성애 반대'는 '성경의 가르침'이라는 후광을 통해 힘을 얻기 시작했다. 그러나 혐오 선동 세력은 이제 성경보다 강한 물적 조건을 갖추었다. 사람들은 교회 안에서 목사의 말만 듣고 움직이지 않는다. 그들은 논문을 읽고 강연을 듣는다. 담론과 정책을 생산하는 교수나 법조인들은 책을 쓰고 유튜브와 같은 채널로 교육을 한다. 유사한 주제들이 유통되는 채널과 네트워크들이 폭넓게 형성되어 십여 년 사이 안정적인 인프라를 구축했다. 트루스포럼과 같은 학습과 실천의 장이 교회 밖에서 자리 잡으며 다양한 곳에서 결속을 다지고 있다. 혐오선동세력이 좌표를 찍는 곳에서는 어김없이 '사태'가 발생한다. 이들이 무너뜨린 법이나 조례는 한두 개가 아니다.

성평등, 젠더, 문화다양성 등을 문제 삼는 이들의 주장이나 논리는 때론 어처구니없을 정도로 비합리적이다. 그러나 이들의 행동은 전혀 영향을 받지 않는다. 이들의 주장이 비합리적으로 여겨진다는 신호는 오히려 이들을 더욱 극렬하게 행동하게 한다. 세상을 구하려는 자신들의 실천을 사람들이 아직 몰라준다고 받아들이기 때문이다. 가짜뉴스는 팩트의 문제가 아니라 세상의 비밀을 먼저 깨달은 자와 아직 모르는 자의 차이가 되었다. 만약 이들의 주장에 맞서고 싶다면 가짜뉴스나 교리를 놓고 토론하는 것으로 부족하다. 혐오는 이제 교리나 종교의 문제를 넘어섰다. 종교가 정치에 개입하는 것이 아니라 정치 활동이 신앙생활이 된 것이 지금의 상황이다. 이들이 다른 신념을 선택하도록 사회를 바꿀, 다른 정치가 필요하다.

혐오에 맞선다는 것

한국 사회의 혐오는 전세계적으로 확산되는 우익 포퓰리즘의 대한민국 판본으로 봐야 한다. 아직 제도 정치를 통해 증식하는 단계에 미치지 못하고 보수 개신교에 의해 적극적으로 조직되고 있다는 점이 차이라면 차이다. 그러나 문제는 보수 개신

교 자체가 아니다. 한국 교회와 정치는 분리되어 본 적도 없고
종교인이 정치적 입장을 가지지 말아야 하는 것도 아니다. 타자
에 대한 혐오를 적극적으로 선동하며 세력화를 시도하는 이들
의 정치가 문제다. 혐오의 감정이 실천을 만들어내는 것이 아니
다. 혐오의 실천이 조직되므로 감정이 긍정되고 있다. 혐오가 스
스로 발이 달려 사람들을 조직하는 것이 아니라 혐오를 조직하
는 세력이 있다. 맞서야 할 것은 혐오 자체가 아니라 혐오를 조
직하는 세력이 벌이는 정치다.

여기에 제도권의 정치도 중요한 역할을 하고 있다. 2018년
10월 예멘 난민신청자 모두에 대한 심사가 끝났고 난민으로 인
정된 사람은 한 명도 없었다. 〈난민대책국민행동〉은 성명을 발
표하며 "법무부는 예멘인 전원이 난민이 아니라고 최종 결정하
여 이들이 가짜 난민임이 밝혀진바 국민행동의 주장은 사실로
증명되었다"고 주장했다. 국제적 위상을 위해 지킨 난민법은 난
민이 '허위'라는 주장을 입증하는 근거가 되어버렸다. 차별금지
법 제정 무산 이래 꾸준히 반복되는 사태 또한 마찬가지다. 인
권교육지원법이, 학생인권조례가, 문화다양성조례가 반대세력
의 억지에 밀려 철회될 때마다 혐오선동세력은 자신들의 행동
이 옳았음을 확신하는 근거로 삼는다. 즉 제도 정치가, 정부와
국회가 혐오의 정치를 거들고 있다.

참여정부를 계승하겠다는 문재인 정부에서 차별금지법은
금기어가 되었다. 개혁정치세력은 일단 피하고 보자는 태도다.
혐오선동세력은 가짜뉴스를 활용하고 논리의 비약도 감수하면

서, 한국 사회의 미래를 걸고 차별금지법 제정 반대 운동을 벌이고 있다. 그런데 개혁정치세력은 아무것도 걸지 않고 특정한 집단이 성원권을 부정당하는 광경을 쳐다만 보고 있다. 정부와 국회의 침묵은 국가가 특정한 집단에 속한 사람들의 권리를 인정하지도 보호하지도 않겠다는 선언이다. 누군가 '반대'당하는 현실은 이렇게 완성된다. 차별금지법 제정을 여전히 '추진 과제'로 언급하고 난민법 폐지는 불가능하다는 정부의 입장은 '반대'로부터 정책을 지킬지언정 사람을 지키지 않는다.

'포괄적 차별금지법 제정'은 그래서 사건이 된다. '법'의 한계에도 불구하고, 혐오에 자리를 만들어준 차별금지법 제정 유예 사태를 종식함으로써, 모두를 포괄하는 평등에 대한 정치적 선언의 의의를 가지게 된다. 혐오를 소멸시킨 후 평등이 가능해지는 것이 아니라 평등을 도모하는 만큼 혐오가 소멸될 수 있다. 인류의 미래에 혐오가 사라지는 날이 올까? 나는 자신이 없다. 그러나 혐오의 정치에 맞서는 평등의 정치는 가능하다. 경제적 불평등이 혐오와 맞물려 있다는 점에서 평등의 정치는 경제적 전망을 우회할 수 없지만, 이걸 위해서라도 '우리'를 구성하는 정치가 중요하다.

'우리'를 구성하기

혐오당하지 않을 권리를 국가에 호소하는 것만으로 혐오에 맞설 수 없다. 비-국민으로 위치한 난민과 함께하려면 더욱 그래야 한다. 더 나아가 모두에게 동등한 권리를 부여하라는 주장에 그칠 수도 없다. 평등은 누가 누구에게 줄 수 있는 것이 아니다. 혐오에 맞선다는 건, 누구도 배제되지 않는 정치공동체를 이루기 위한 투쟁이어야 한다. 평등은 이러한 정치공동체의 본질이기도 하다.

혐오에 맞서는 힘은 어떻게 조직될 수 있을까? 혐오를 해소하기 위한 여러 정책 방안을 모색해야 한다. 그러나 그것을 이룰 세력화가 더욱 중요하다. 혐오에 맞서는 세력 안에서 평등을 이루는 연습이 거듭될 때 혐오에 맞서는 힘이 평등을 이루는 힘이 될 수 있다. 그래서 조직 원리가 중요하다. 모든 사람이 존엄하며 서로에게 동등한 권리가 있음을 인정하고 추구할 수 있는 관계를 '우리'로 표기해 보자. 우리가 '우리'를 구성하기로 마음먹을 때 평등의 정치는 시작된다. 난민인권운동의 여러 도전과 난민을 둘러싼 담론들 사이에서 떠오른 몇 가지 고민이 '우리'를 구성할 때 참조가 될 듯하다.

'나'의 말하기로 듣기

2018년은 세계인권선언 70년이 되는 해이기도 했다. 여러 인권단체들이 12월 인권운동포럼을 열었고 〈차별금지법제정연대〉는 '가짜/진짜 프레임을 넘어서 — 대항적 말하기로 반차별운동의 힘 찾기' 세션을 주관했다. 〈난민인권센터〉 활동가 고은지는 난민 혐오 대응 운동을 중심으로 경험과 고민을 나눠주었다. 갑작스럽게 '난민 반대' 여론이 들끓는 상황은 '난민은 왜 한국에 왔는지', '난민은 누구인지' 등을 끊임없이 질문받는 상황이기도 했다. 때로는 "맥락에 따라 직접적으로 답을 해야 할 때"도 있었지만 "과감하게 질문을 거부하는 것이 필요할 때"도 있었다. "난민을 하나의 집단으로 형상화하려는 시도"에 대해 "난민은 하나의 정체성으로 환원될 수 없고, 어떠한 특성으로 설명될수 없음을 이야기"해야 하는 과제 또한 있었기 때문이다.[3]

혐오의 표적이 되는 개인이나 집단은 해명해야 하는 위치에 놓이기 쉽다. 부정적 특질을 부착시키는 사회를 향해 허용되는 말하기의 방식은 하나다. "나/우리는 그런 사람 아니에요." 위험한 사람도, 문란한 사람도, 게으른 사람도, 미성숙한 사람도 아니다…. 난민 인권을 옹호하려는 말하기가 부딪쳤던 벽이기도했다. 여기서 한 발 더 나가 혐오의 표적이 되는 집단이 '어떤 사람'인지 설명하려고 해도 그것은 미끄러질 수밖에 없다. 같은 정체성을 지니더라도 사람은 모두 다르기 때문이다. 그래서 '난민의 말하기'는 불가능해진다.

어떤 사람을 이해하는 데 정체성은 도움을 준다. 어떤 정체성이 사회에서 다뤄지는 방식은 그 정체성을 지니고 살아가는 사람의 경험을 그의 맥락에서 이해할 수 있는 실마리가 된다. 그래서 우리는 난민에 대해 더 많이 알아야 한다. 그러나 '난민'은 어떤 난민의 삶도 온전히 설명할 수 없다. 누군가 난민이므

---

3. 고은지, 「가짜뉴스 대응 사례와 대항적 발화의 의미 ─ 난민 혐오 대응 운동을 중심으로」, 세계인권선언 70년 인권운동포럼 『불온한 세상을 향해 인권을 외치다』, 2018년 12월 8일.

로 '난민'을 통해 이해될 수 있다는 가정이야말로 위험하다. 누군가 특정한 정체성을 통해서만 존재로 인식될 수 있다면 평등한 관계를 맺을 수 없다. 개개인의 고유성을 정체성으로 축소시켜버리기 때문이다. 이것은 사람들이 여러 정체성을 지니고 살아간다는 사실을 인식할 때에도 달라지지 않는다. 사람은 정체성의 조합이 아니다.

난민의 말하기가 가능하려면 난민으로 살아가는 누구나 '나'로서 두려움 없이 말할 수 있어야 한다. 이 글에 자주 인용된 한국 거주 난민 에세이집 『안녕, 한국』이 바로 그런 프로젝트였다. 차별을 겪는 사람들일수록 자신의 이야기를 꺼내기 어려워한다. 두 가지 이유가 크다. 얘기를 꺼냈다가 오히려 불이익을 당할까 봐, 얘기를 꺼냈지만 아무것도 달라질 것 같지 않아서. 조금 더 근본적으로는, 각자의 경험을 해석할 언어가 충분하지 않기 때문이다. 소수자조차 다수와 주류의 관점이 훨씬 익숙하다. 그래서 자신을 있는 그대로 받아들이는 것부터 녹록지 않다. 이때 우선은 있는 그대로 들어주는 안전한 공간이 필요하다.

누군가 애써 자신의 이야기를 꺼냈지만 '이주여성은 그렇구나', '성소수자는 그렇구나'라고만 듣는다면 이주여성도, 성소수자도 말하기 어렵다. 연습이 필요하다. 누군가의 말하기를 여성이라서, 청소년이라서, 장애인이라서 하는 이야기가 아니라 말하는 사람의 고유한 이야기로서 들으며 각자의 이야기를 잇는 연습. 그리고 그가 장애를 이유로, 성적 지향을 이유로, 출신 국가를 이유로 한 차별이 있는 사회의 부정의에 대해 말하는 것이기도 함을 알아차려야 한다. '우리'를 구성하는 손쉬운 방식은 같은 정체성을 가진 집단을 불러내는 것이다. 그러나 모두가 '나'로서 말할 수 없다면 누구도 '우리'에 대해 말할 수 없다. 혐오에 맞서고 차별금지법을 제정하는 것이 민주주의의 과제인 이유 중 하나도 이것이다.

동료-되기의 실천

세상 그 누구도 '난민' 그 자체로 살아가지 않는다. 또한 '난민'으로서만 관계로 진입하지 않는다. 난민들의 이야기에서 드러나는 차별은, 피부색과 음식 문화와 언어가 다르다고 겪는 차별이기도 하다. 개인마다 때마다 장소마다 경험도 다르다. 이 말은 뒤집어보면 난민과의 공통 경험을 찾기 위해 누군가 난민이어야 하는 것이 아니라는 뜻이기도 하다. 이 점은 난민인권 단체 활동가들의 위치를 통해서도 알 수 있다. 물론 난민이 아니므로 이해하기 어려운 경험들이 있지만 그렇다고 해서 '비당사자'로서 조력하는 사람의 위치에만 있는 것이 아니다. 오히려 이들이 난민과 동료가 되기로 마음먹은 사람들이었다는 점에 주목해야 한다. 같기 때문에 동료가 될 수 있는 것이 아니라 동료가 되었을 때 차이도 보이고 공통점도 보인다.

자로스는 인도적 체류 지위를 가지고 서울에서 살고 있는 사람이다. 그는 에세이에서 자신이 겪는 어려움을 얘기하며 글을 읽는 이들에게 묻는다. "어떻게 '전세금' 문제를 해결할 수 있을까요?"[4] 취직도 어렵고 병원비 지출도 부담되지만 적절한 집을 구하는 것은 너무 어렵다는 자로스와 '국민'의 지위로 서울에 살고 있는 사람들 사이에서 공유할 수 있는 질문은 더욱 많을 것이다. 안젤로는 일터에서 부딪친 차별을 말하며 "매일 항상 늦게까지 남아 일하는" 문제를 제기했다.[5] 무사 사피엔툼도 비슷한 경험을 이야기했다. "정해진 노동시간을 초과하여 일해야 하는 날이 잦았는데" 사장은 초과수당을 주지 않았다. 몇 차례의 항의 끝에 무사 사피엔툼은 정해진 시간이 되었을 때 퇴근을 감행했다. 그리고 초과 근무를 해야 할 경우 협의하게 되는 성과를 얻었다.[6]

자로스와 안젤로와 무사 사피엔툼이 건넨 질문과 경험은 난민의 권리에 대한 이야기 이상을 들려준다. 거기에는 인간의 존엄과 권리에 대한 질문이 있다. 우리가 함께 살아가는 사회에서 인간의 존엄과 권리를 위해 무엇이 필요하며 무엇을 할 수 있는지 보여준다. 동료-되기는 '우리'의 공통 과제를 찾아가는 과정이지만 공통의 정체성으로부터만 출발하지 않는다. 이것은 난민의 권리를 위한 투쟁에서도 다르지 않다. 난민의 권리를 제한하는 구조에 난민은 갇혀 있고 국민은 풀려나 있는 것이 아니다. 난민이 더 빨리 더 깊이 알아차릴 수밖에 없고 국민은 모른

---

4. 자로스, 「서울에서 인도적체류지위를 가지고 두 아이와 함께 살아가는 삶에 대하여」, 『안녕, 한국!』, 41~45쪽.

5. 안젤로, 「서로를 이해하기 위하여」, 『안녕, 한국!』, 17~20쪽.

6. 무사 사피엔툼, 「체험 삶의 현장 — 난민신청자로 일하기」, 『안녕, 한국!』, 46~48쪽.

척 할 수 있다는 차이만 — 그것이 큰 차이기는 하지만 — 있을 뿐이다. 차이를 넘어서는 것은 난민-되기가 아니라 난민이 아니더라도 동료-되기의 실천을 하는 데서 시작된다.

외부세력 되기

헨리는 성적 지향이 이유가 되어 고향을 떠나게 되었다. "내가 '이성애자'가 아닌 '양성애자!'라는 사실을 친구들이 알게 되면서 말로 다 할 수 없는 고통이 시작되었다." 우간다의 불안정한 정치 상황 속에서 "더 좋은 날이 오기를 늘 간절히 기도하며" 보낸 오랜 시간 끝에 그는 한국 땅까지 오게 되었다.[7] 헨리가 한국에 온 이유를 성적 지향의 문제로만 설명할 수는 없지만 헨리의 이야기는 자연스럽게 한국의 현실을 떠올리게 했다. 성소수자 혐오가 극성인 이곳은 헨리의 고통에 어떤 응답을 할 수 있는가. 이 질문은 다음 질문으로 이어졌다. 난민이 떠나온 곳의 위험이나 낙후함을 이주의 동기로 설명하는 것이 적절할까?

난민은 자신이 살던 국가를 '떠날 수밖에 없음'을 입증해야 한다. 난민을 보호해야 한다는 국제적 약속은 그가 자신의 국가에서 권리를 보호받을 수 없다는 점에서 출발하기 때문이다. 난민이 체제의 우위를 입증하는 수단이 되곤 했던 것도 이런 이유다. 난민은 그가 떠나온 국가의 '문제'를 드러내며 그를 받아들인 국가의 '문제없음'을 확인시켜주는 존재이기도 한 것이다.

---

7. 헨리, 「고향의 처지: 당신이 나에 대해 알아야 할 것」, 『안녕, 한국!』, 28~31쪽.

한국 사회에서 '탈북 이주민'이 딱 그런 상황에 처해 있다. 그런 데 난민을 받아들여야 한다고 설득하다 보면 그가 떠나온 곳의 문제를 말하지 않기가 어렵다. 그렇지 않으면 '가짜 난민'으로 지 목되고 난민 지위를 인정받지 못하기 때문이다. 이런 말하기는 난민이 '가족을 버리고' '도망 온' 사람들이라는 비난으로 돌아 오기도 한다.

예멘 내전에 한국산 무기가 사용되고 있다는 사실을 알리 며 누군가 예멘을 떠나야 했던 상황에 대한 책임을 환기하는 말하기는 또 다른 시선을 열어준다. 그러나 난민들이 떠나온 모 든 나라에 대해서 이런 책임을 설명하기란 쉽지 않다. 그리고 나 는 우리가 져야 할 책임이 빚을 갚는 것과는 다르면 좋겠다. 난 민 문제에 관한 우리의 책임이 '받아들임'에만 있지도 않다. '난 민 반대' 주장에 대항하는 말들 중에는 이런 이야기들이 있었 다. "한국인이야말로 식민지와 전쟁을 거치며 난민으로서 남의 도움을 받았다. 이제는 우리가 도울 차례다." 그러나 한국은 받 아들이는 국가이기만 한 것이 아니다. 조선민주주의인민공화국 을 떠나 대한민국에 온 '탈북인' 중 '탈남'하는 사람들이 점점 많 아진다. 이들 모두 어딘가의 국경에서 난민 인정의 문을 두드리 고 있다. 차별과 폭력을 이유로 외국에 난민신청을 하는 한국인 도 있다. '우리'의 공통 과제는 난민을 받아들이거나 차별을 철 폐하는 것 이상이다. 누구도 '난민'이 되지 않을 수 있는 사회를 만들어야 한다.

떠날 수밖에 없었던 조건을 심사하거나 책임에 호소하며

받아들이는 것을 넘어, 누군가 떠나지 않을 수 있는 조건을 함께 만들 수는 없을까? 난민의 이야기만은 아니다. 일터에서 인권 침해에 맞서기 어려운 이유가, 그러다 쫓겨나면 일자리를 구하기 어렵기 때문임을 떠올려 보면 된다. 떠날 곳이 많아진다는 건, 내부에서 대항할 힘이 커지고 싸울 방법이 많아진다는 뜻이기도 하다. 가정폭력 피해 청소년이 폭력으로부터 벗어나 안전하고 존엄하게 살 수 있는 '외부'가 충분히 있을 때, 장애인의 자립 생활을 위한 여러 조건이 갖춰진 '외부'가 충분히 있을 때, 그는 자신의 존엄을 지키기 위한 선택지를 더 많이 가질 수 있다. 어딘가로 떠나는 것이 어렵지 않을 때, 떠나지 않고도 존엄을 지킬 방법이 많아질 것이다. 또한 곤경을 호소하며 문을 두드리기 이전에 누군가 기댈 수 있는 '외부'가 많아질수록 떠나기 위해 '난민'이 되어야 하는 상황은 줄어들 것이다.

'우리'가 이 세계를 살아가는 동료 시민으로서 져야 할 근본적인 책임은 서로에게 든든한 외부가 되어주는 것 아닐까. 모두가 내부로 들어와야 '우리'가 구성되는 것이 아니다. 서로가 서로의 외부가 되고 누구든 자신이 기댈 외부를 조직할 수 있을 때 '우리'가 구성된다.

두렵지 않으면 환대할 수 없다

'난민 반대'의 거센 바람 속에서 '환대'는 외면할 수 없게 하는 힘을 가졌다. 책임의 언어이기보다 권리의 언어였기 때문일 것이다. '반갑게 맞아 후하게 대접'한다는 뜻으로 풀이되는 '환대'는 철학의 한 개념이기도 하다. 하지만 나는 레비나스도, 데리다도 잘 모른다. 아마 많은 사람들이 비슷할 것이다. 환대의 철학적 근거나 타자와의 관계를 정립하는 윤리-실천으로서의 의미보다 나를 붙든 것은 그것의 이미지다. 내 집의 문을 활짝 열어놓고 찾아온 이를 향해 두 팔을 벌린 후 반갑다 인사하고 식탁 앞으로 안내해 정성스레 준비한 음식을 함께 먹는, 누구나 기대할 법한 이런 장면은 책임만큼 권리를 꿈꾸게 한다. 대체로 유사한 장면을 떠올릴 것 같다는 짐작이 나의 착각일 수도 있지만, 나는 이런 장면이 오히려 환대를 어렵게 만드는 것은 아닌지 걱정도 됐다.

　나를 찾아온 사람이 누구인지도 모른 채 문을 활짝 열 수 있는 용기는 어떤 이들에게 가능한 것일까? 정성껏 음식을 마련해 대접할 수 있는 인심은 어떤 이들에게 가능한 것일까? 상대가 내게 위해를 가하거나 손해를 입히지 않을 무해한 존재라는 걸 확신할 수 있는 이들에게만 허락되는 것은 아닐까? 길에서 만나는 어린이에게 예쁘다거나 똘똘해 보인다는 말을 ─ 당연히 반말로 ─ 하는 사람들은 그 어린이가 자신의 평가를 반박하거나 반말에 항의하거나 말을 건 대가를 요구할 수 있다는 걸 상상하지 못할 것이다. 장애인이나 이주민들이 나이와 무관하게 ─ 단지 잘 가늠되지 않기 때문이라고만 설명될 수 없는 ─ 반말을 듣게 되는 경우가 흔하다는 경험도 떠오른다. 상대를 무해한 존재로 인식하는 것은 환대가 아니라 무시다.

　타인은 언제든 나를 해칠 수 있다. 타자는 언제든 나를 흔들 수 있다. 두려워할 수 있어야 환대할 수도 있다. 난민을 환대하자는 제안이 난민이 위험하지 않기 때문이어서는 안 된다. 그들이 아무도 해치지 않기 때문이 아니라, 그들도 누군가를 해칠 수 있는 사람이지만 그 두려움을 거부의 이유로 삼지 않는 것이 환대다. 그러므로 '무조건적인 환대'는 개인의 윤리가 아니라 사회적 과제다. 사회적 관계를 맺는 과정에서 감수해야 할 부담을 모두의 것으로 나눌 방법을 찾아가는 것이 환대의 실천이어야 한다. 그럴 때 환대는 모두의 권리가 될 수 있다. 이것은 우리가 어떤 정치공동체를 만들 수 있을지에 대한 질문이기도 하다.

질문으로서의 차별금지법

인권운동을 하면서, 인권이 서로를 해치지 않기 위한 도덕으로 이해되고 평등이 서로를 해치지 않는 관계인 것처럼 설명될 때마다 안타까웠다. 현실에서 피해는 더 가난하고 덜 '정상'이라 취급되는 사람들에게 쏠린다. 그래서 인권이나 평등이라는 가치를 통해 구조적 폭력과 차별을 조명하려고 애쓴다. 피해가 덜 발생하도록 하는 것은 그 자체로 구조에 맞서는 활동이 된다. 그러나 우리가 모두 서로에 대해 타인인 한 해치지 않는 관계란 불가능하다. 중요한 질문은 오히려 다친 다음 무엇을 할 수 있느냐다. 자신의 존엄을 지키기 위해 모든 사람이 동등한 위치에서 싸울 수 없다는 것이야말로 불평등의 본질이다.

'난민'으로 불리는 사람들이 이미 '우리'로서 싸우기 시작했다. 2018년 〈차별금지법제정연대〉는 '평등 행진'을 계획하고 있었다. 평등을 도모하는 '우리'를 드러내자는 취지였다. 기획하던 중 난민을 둘러싼 논란이 불거졌고 행진의 사전대회로 '난민환영문화제'를 열게 되었다. 문화제에 참여했던 난민들은 광화문에서 여의도 국회까지 걸었던 행진에도 함께했다. 난민인권단체 활동가들에게 참여자들의 평가를 전해 들었다. 한 분은 차별에 맞서 싸우는 많은 사람들을 보며 "함께하니 든든하다"고 말했고, "성소수자 문제를 접하게 돼서 반가웠다"는 분은 "자신이 도울 수 있는 것을 알려달라"고 했다. 난민은 도움을 기다리는 사람이 아니라 서로 도울 방법을 찾는 동료들로 우리 곁에 있다. 혐오의 해악은 표적이 된 사람들을 비가시화하고 권리 주장을 제압하는 데 있다. 그러니 이미 우리는 혐오를 물리치기 시작했다.

우리가 '차별금지법 제정하라'고 함께 외치는 이유는, 혐오의 대상이라는 공통점 때문도 아니고, 차별금지법이 우리의 권리를 구제할 것이기 때문도 아니다. 우리는 동료-되기의 실천으로서 그 자리에 함께 선다. 거기에서 '나'로 살아가는 수많은 사람들의 이야기를 들으며 '우리'의 공통 과제를 찾는다. 서로의 외부가 되어주기로 약속하는 만큼 서로를 다 알 수 없다는 두려움을 잊지 않는다. 어떤 차별도 반대한다는 차별금지법의 약속은 모든 사람을 포괄하는 정치공동체의 가능성에 대한 질문으로 자리해있다.

가능성에 대한 도전은 끊임없이 실패할 수밖에 없다. 주어진 공동체가 아니기 때문이며, 우리는 이해 가능성보다 이해 불가능성을 통해 타인을 만날 것이기 때문이다. 그러나 우리가 함께 실패하는 것이야말로 '우리'를 구성하는 과정이므로 그만큼 정치공동체의 가능성이 다시 열린다. '내가 당신을 다 안다'가 아니라 '내가 당신을 다 알 수 없다는 걸 안다'는 공통성을 발견해가는 과정에서 우리는 더 많은 미래를 꿈꿀 수 있다. 그 가능성을 확장시키는 만큼 차별금지'법'의 가능성도 확장될 것이며 평등의 정치가 혐오를 물리칠 것이다. 우리는 함께 세계를 다시 쓰기 시작했다.

제2회 로힝야 난민 이야기

생존하는 것만으로 저항인 사람들의 이야기 ㅣ 김기남

**지금-여기에 '로힝야'는 어떻게 도착해 있나 :
'로힝야 학살'에 대한 한국사회의 반응** ㅣ 신지영·심아정·이지은·전솔비

생존하는 것만으로 저항인 사람들의 이야기

김기남

여섯 살 어머니

강의를 마친 후 누군가 어쩌다 이 일을 하게 되었냐고 물었을 때 내겐 '그럴싸한' 대답이 없었다. 인연 따라 살다 보니 이 자리에 와 있을 뿐이다. 설명할 수는 없지만 나는 뭔가에 이끌려여기에 이르렀다. 어느 심리전문가는 한국전쟁 때 국군이 살해한 외할아버지와 연관이 있지 않겠냐고 했다. 유전자를 통해 그아픔도 전달된다며 로힝야 활동을 대하는 나의 태도가 업무를넘어 지극히 개인적으로 비춰졌다고 했다.

어머니는 한 번도 외할아버지에 대해 말한 적이 없다. 5년전, 과거사특별법에 따라 국가배상을 받을 수 있게 되었다는 이모부의 연락을 받았을 때 나는 처음 알았다. 이후 외할아버지에 대해 물어볼 때마다 딴청을 피우는 어머니의 태도에는 변함이 없다. 누구에게도 나누지 않았던 그의 속내를 나는 알 수 없다. 어머니는 당시 여섯 살. 아버지의 부재는 그에게 메꿀 수 없는 상실감을 주었던 듯하다. 언젠가 그는 작은아버지를 붙들고 아버지가 있어 아버지라 불러보고 싶다고 고백했다고 한다. 이 윽고 가세가 기울어 제대로 교육을 받지 못한 점이 그에게는 평 생의 한으로 남아 있다. 어머니가 피해자라는 사실은 내게 매우 특별하게 다가왔다. 나는 그것을 알게 된 후에나 비로소 그 일 이 나의 진로 선택에 영향을 끼치지 않았을까 하는 생각을 하 게 되었다. 또 그것은 집단학살 생존자인 로힝야 사람들을 현장 에서 만나는 나의 태도에도 영향을 끼쳤다. 만나는 사람들마다 나는 '또 다른 여섯 살 어머니'를 만나는 듯하다.

2017년 2월, 내가 처음으로 만났던 로힝야는 미얀마 군부 의 공격으로부터 생명을 구하기 위해 방글라데시로 넘어온 사 람들이었다. 긴 세월의 박해와 절멸의 시도를 이겨내고 살아남 은 '승리자'임에도 불구하고 이들은 지쳐있었다. 굶주림과 부상 으로 연약해 보이는 외모와 상실과 절망감으로 가득 찬, 그러나 맑고 맑았던 이들의 눈동자를 잊을 수 없다. 그리고 이어진 이 들의 증언은 너무 충격적이고 일관되어서 믿을 수 없었다. 내가 1980년 광주에서 있었던 사건을 처음 접했을 때 받았던 충격 과 다를 바 없었고, 그 때문에 아침마다 기도와 명상을 하지 않 을 수 없었다. 이렇게 시작되었던 로힝야와의 만남은 아시아 분 쟁지역의 피해 생존자와 커뮤니티의 존엄성 회복을 위해 2016년 에 설립된 〈사단법인 아디〉의 다양한 현장활동으로 이어졌다. 사업은 로힝야로 구성된 기록 조직의 결성과 집단학살 증거 수 집 등의 기록 사업, 로힝야 난민 여성의 심리사회 회복역량 증대

사업으로 구체화되었다. 여러 제약에도 불구하고 〈아디〉가 현장 활동을 멈출 수 없었던 이유는 '과거를 직면하지 않으면 미래를 꿈꿀 수 없고 현재를 견뎌낼 수 없으면 내일을 살아 낼 수 없다'는 신념 때문이다.

존재의 증거

로힝야들은 7세기경부터 지금의 미얀마 라카인주를 포함한 벵골만 지역에 살아왔다고 주장한다. 이들은 난파된 아랍 상인의 선박이 이 지역에 닿았고 이후 토착민과의 결합을 통해 지금의 로힝야족을 이루었다고 믿는다.[1] 근래에 로힝야의 존재가 역사적 증거로 남아 있는지 또는 확인이 가능한지는 매우 중요하다. 미얀마 군부는 지난 60년간 로힝야가 미얀마 원주민 또는 소수민족이 아니라 방글라데시에서 넘어 온 불법체류자라는 프레임을 대중화하기 위해 그러한 증거를 없애고 왜곡해 왔기 때문이다.

로힝야와 역사학자들은 로힝야들의 벵골만에서의 존재를 최소한 16세기 이전으로 본다. 당시에는 지금의 방글라데시 치타공 지역과 라카인주가 하나의 문명권으로서 상이한 두 종교와 문화가 공존했던 수렴의 공간이었다고 본다.[2] 지금의 국경이

1. Dr. Abdul Karim, *The Rohingyas: A Short Account of their History and Culture*, Arakan Historical Society, 2000, pp. 24~25.
2. 박장식, 「미얀마 여카잉 무슬림(로힝자)의 딜레마 재고 : 종교기반 종족분쟁

무의미했던 당시에는 사람들이 자유롭게 이동하며 살았던 곳이었으며 이질적 공간이 전혀 아니었다. 버마 불교왕국의 침범으로 라카인 불교왕족은 이슬람 무굴제국으로 정치적 망명을 갔고 이후 무굴제국은 군대를 보내 망명간 라카인 불교왕족과 수복작전을 함께 벌였다는 기록이 남아있다.[3] 당시에 세워진 이슬람 사원들의 존재,[4] 그리고 통용되었던 코란의 경구가 새겨진 동전의 존재[5] 등 모두가 부인할 수 없는 증거이다. 18세기 버마 불교왕국이 라카인을 완전히 흡수한 이후 버마족 불교문화와 상당히 이질적이던 로힝야의 이슬람문화는 사회 재편 과정에서 배척되었다고 한다.[6]

18세기부터 버마족은 소수민족의 독립된 왕국들을 통일하여 단일국가를 통치했고 1823년 영국과 벌인 전쟁을 시작으로 오랜 식민 지배를 받았다.[7] 단일국가가 되기 전에 미얀마 인구의 78%를 차지하는 버마족 왕국은 지금의 미얀마 영토의 중앙 평원을 통치했다. 소수민족은 버마왕국을 둘러싼 산간 지역에 왕국을 건설하여 버마왕족과 치열한 생존 싸움을 벌였다. 소수민족들에게 버마족 또는 버마왕국은 지배자였다.[8] 여기에 영국

의 배경과 원인」, 『동남아시아연구』 23(1), 2013, 248쪽.

3. Dr. Abdul Karim, *The Rohingyas*, pp. 22~53.

4. 같은 책, p. 69.

5. 같은 책, p. 34.

6. 박장식, 「미얀마 여카잉 무슬림(로힝자)의 딜레마 재고」, 『동남아시아연구』 23(1), 261쪽.

7. Dr. Abdul Karim, *The Rohingyas*, pp. 62~63.

이 침범하자 상황이 더 복잡해졌다. 영국은 미얀마 전역을 분할 통치하였는데, 버마족이 주로 사는 미얀마 영토의 중원은 직접 통치를 하고 소수민족이 주로 사는 미얀마 변방은 대리 통치를 하였다.[9] 영국이 분할 통치를 하기 시작했을 때 소수민족들은 자신들의 독립 또는 이익에 가장 부합한 전략을 택했다. 버마족은 처음에는 일본제국주의와 손잡고 영국에 맞서 싸웠다. 건국의 아버지라 불리는 아웅 산Aung San 장군을 비롯한 많은 독립세력이 일본의 군사훈련을 받았다.[10] 그러나 일본이 버마의 독립에 관심이 없다는 사실을 깨닫고 독자노선을 걷기도 했다.[11]

아웅 산 장군은 소수민족들을 설득하여 공동전선을 형성하는 데 성공했다. 판롱 협약에서 아웅 산 장군이 이끄는 버마족은 다른 소수민족들이 제헌헌법하에 10년간 함께해주면 자치권 내지 분리독립을 보장해 주겠다고 약속했다.[12] 영국 식민지에서 해방된 이후 로힝야는 미얀마의 토착 소수민족으로 공공연히 인정받았다. 1948년 시민권법을 통해 많은 로힝야가 시민권을 부여받았다. 국회의원으로 출마하고 당선되어 활동했으

8. 장준영, 『미얀마의 정치경제와 개혁개방』, 지식과교양, 2013, 78쪽.

9. 박장식, 「미얀마 여카잉 무슬림(로힝자)의 딜레마 재고」, 『동남아시아연구』 23(1), 250쪽.

10. Aung Zaw, "The Man Behind the Burma Independence Army", *The Irrawaddy*, 2017년 8월 25일 입력, 2020년 3월 16일 접속, https://c11.kr/dyku.

11. "Aung San, Myanmar Nationalist", *Encyclopaedia Britannica*, 2020년 2월 9일 입력, 2020년 3월 16일 접속, https://c11.kr/dykx.

12. 장준영, 『미얀마의 정치경제와 개혁개방』, 78~79쪽.

며 투표권도 예외 없이 행사할 수 있었다.[13] 로힝야어 라디오 방송이 정기적으로 미얀마 전역으로 송출되었고[14] 미얀마 당시의 총리와 주요 군 인사도 미얀마 영토 내 로힝야를 미얀마 국민으로 인정하였다는 기록이 남아 있다.[15] 그러나 해방 후 얼마 지나지 않아 아웅 산 장군이 암살되자 버마는 다양한 이해와 요구를 하나로 통합했던 구심점을 잃었다. 지도자들은 지리멸렬한 모습을 정리하지 못했다. 불확실한 미래가 예견되는 상황에서 소수민족은 무장하기 시작했고 네 윈Ne Win이 이끄는 군사 쿠데타가 발발하여 미얀마의 암흑기가 도래했다.

존재의 부정 : 왜곡과 비인간화

미얀마 사회는 1962년 쿠데타에 성공한 군부가 배타적인 불교 중심의 버마화 정책을 추진하면서 완전히 바뀌었다. 불교를 국교로 정하고 주류인 버마족 불교도가 아닌 사람들은 정부와 군의 요직에서 밀려났다.[16] 주류 불교도 버마족과 다른 생김새,

---

13. "The Concept of Citizenship in Burma and the Status of Rohingya", *The Stateless Rohingya*, 2017년 5월 24일 입력, 2020년 3월 16일 접속, https://c11.kr/dyky.

14. Kawser Ahmed & Helal Mohiuddin, *The Rohingya Crisis : Analyses, Responses, and Peacebuilding Avenues*, Lexington Books, 2020, p. 40.

15. Official Transcript of the Address delivered by Brigadier General Aung Gyi Vice Chief of Staff(Army), "The Union of Burma Armed Forces in Mujahid Insurgents' Surrender Ceremony", 1961년 7월 4일.

16. "Crackdown on Burmese Muslims July 2002", *Human Rights Watch*, p. 3,

다른 문화와 종교의 배경이 있는 로힝야는 그 정책의 가장 큰 피해집단이 되었다.

군부는 불법체류자를 색출한다는 명목으로 1978년 나가민 작전과 1991년 토벌작전을 벌였다.[17] 각각 25만 명의 로힝야가 방글라데시로 피신을 갔고, 이후 방글라데시 정부와 미얀마 정부는 송환협정을 맺어 로힝야족들을 강제 송환했다. 이 과정에서 일부 로힝야족은 미얀마 내의 상황 개선을 요구하며 자발적으로 돌아가기를 거부했다. 이에 방글라데시 정부는 군을 동원하여 강제로 돌려보냈고, 거세게 저항하던 로힝야 시위대에 발포하여 사상자가 발생했다. 식량 배급을 중단하여 굶어죽는 사람들이 생겨났다.[18] 유엔난민기구는 이에 방조 내지 협조했다는 비판을 받았다.[19]

1982년 군부는 시민군법을 재제정하면서 130개 민족을 미얀마 공식 인종으로 분류하고 이들만을 시민권자로 인정했고

2020년 3월 16일 접속, https://c11.kr/dylj.

17. Maung Zarni & Natalie Brinham, "Waves of Genocidal Terror against Rohingyas by Myanmar and the Resultant Exodus Since 1978", *Middle East Institute, American University*, 2017년 11월 14일 입력, 2020년 3월 16일 접속, https://c11.kr/dylz. "Burmese Reguees in Bangladesh : Still no durable solution", *Human Rights Watch* 12(3), 2000, https://c11.kr/dylt.

18. "Persecution of the Rohingya Muslims", *Fortify Rights*, 2015, https://c11.kr/dyme.

19. Jeff Crisp, " 'Primitive people' : the untold story of UNHCR's historical engagement with Rohingya refugees", Humanitarian Exchange number 73, October 2018, pp.13~16

이 공식 인종에서 로힝야를 제외함으로써 로힝야들은 일순간에 세계에서 가장 많은 무국적자로 전락했다.[20] 군부는 지난 60년간 로힝야에 대한 역사를 왜곡했다고 알려졌다. 미얀마인들의 대다수는 로힝야는 영국식민지 시대에 부족한 농장노동자로 고용되어 방글라데시에서 넘어온 이주노동자들이 해방 이후에도 되돌아가지 않고 지금의 라카인주에 정착한 불법이주자들이라는 주장을 지지한다.[21] 이들은 미얀마에는 로힝야족이 없다고 하며 로힝야가 원주민 또는 토착민족이라는 그 역사적 존재를 부정하는데 이는 로힝야족이 미얀마에서 미얀마 사람으로서 살아갈 역사적·법적·문화적·사회적 근거를 없애는 작업이다.

로힝야가 불법이주자라는 프레임을 지지하기 위한 근거로 이들은 당시 영국이 진행한 인구조사 자료를 내세운다. 예컨대, 당시 특정 시기의 자연증가율보다 높은 라카인 북부의 인구증가율을 제시하고,[22] 인구조사 자료상에 로힝야는 없고 여카잉 무슬림만 기재되어 있었다는 점[23]을 근거로 로힝야는 지금의

---

20. Norwegian Refugee Council et al, "A gender Analysis of the Rights to a Nationality in Myanmar", March 2018, https://c11.kr/dzci.

21. Smart, Burma Gazetteer : Akyab District. Volume A. Rangoon : Superintendent, Government Printing, Burma, 1917 (재인용).

22. 같은 글.

23. "Factsheet on the Rohingya : Group Identity, Citizenship, and Persecution, The Rohingya, An Ethnic People, Our History and Persecurtion", The Free Rohingya Coalition, 5p.

방글라데시에서 넘어온 사람들이라는 주장을 합리화한다. 그러나 당시 특정 지역에서 드러나는 특정 시기의 높은 인구증가율은 이주노동자들의 새로운 유입이기보다는 기존에 넘어간 인원이 되돌아온 성격이 강하다는 점, 특히 역사적으로 지금의 방글라데시-미얀마 국경이 당시에는 무의미했고, 하나의 문화·경제·사회적 공간으로서 상이한 문화와 종교의 사람들이 공존했던 곳이라는 점을 고려하면 불법이주자라는 낙인은 수긍하기어렵다는 것이 보다 합리적으로 보인다. 또 당시 인구조사를 주도했던 영국의 관료들은 라카인주의 사회문화를 제대로 파악하지 못한 상황에서 로힝야를 비롯한 다양한 민족의 무슬림을제대로 구분하지 못하였고 모든 무슬림을 통칭하여 여카잉 무슬림으로 범주화했다는 주장이 설득력 있게 들린다.[24]

더불어 로힝야를 비롯한 무슬림의 존재 증거를 최대한 없애고 이러한 프레임을 강화하기 위해 군부는 라카인주에 건립된 오래된 모스크를 파괴하여 무슬림의 존재 증거를 삭제해 왔다.[25] 또 여기에 배타적인 불교 민족주의를 확산하고 공고히 하기 위해 군부는 영국 식민 지배 당시 로힝야족이 라카인족을학살했다거나 버마족 독립운동을 오히려 저해했다는 등 공정한 역사적 평가가 결여된, 편의대로 취사선택한 내용을 바탕으

24. 박장식, 「미얀마 여카잉 무슬림(로힝자)의 딜레마 재고」, 『동남아시아연구』 23(1), 256쪽.

25. "Mosques, Madrasas to be Razed in Myanmar's Rakhine State", *VOA*. 2016년 9월 21일 입력, 2020년 3월 16일 접속, https://c11.kr/dzfb.

로 로힝야족을 버마 또는 미얀마의 공공의 적으로 둔갑시켰다.

결정적 계기

인터뷰를 진행했던 집단학살 생존자들은 2012년 이전에는 마을 단위에서 라카인 사람들과 교류하며 평화롭게 살았다고 증언한다. 물론 서로 반목도 있었지만, 생활 단위에서 서로 친구로 어울리며 지내기도 했다고 한다. 실제 1990년대 초부터 라카인 북부에는 로힝야 마을 인근에 라카인 정착 마을이 계획되고 건설되어 라카인 사람들이 이주하여 정착했는데, 이들 사이는 그다지 나쁘지 않았다고 증언했다. 생존자들은 그러나 2012년 6월 사건이 상황을 완전히 바꿔놨다고 말한다. 2012년 사건 이후 불교도와 무슬림 간의 교류는 중단되고 무슬림은 불교도 사회로부터 분리·고립되어 일상생활에서 보이지 않게 되었다고 한다.

2012년 6월, 외신은 라카인주에서 로힝야 무슬림 청년들이 불교도 여성을 집단강간하고 살해한 사건이 발생했고 이에 대한 보복으로 불교도 라카인 커뮤니티가 로힝야 무슬림 커뮤니티를 공격했으며 이로 인해 사망자가 발생하고 방화 등의 심각한 범죄가 발생했다는 내용을 보도했다.[26] 진실은 불교도 여성의 살해이고 집단강간은 발생하지 않았으나 정부는 이를 왜곡

---

26. "Burma ethnic violence escalates as villagers flee", *The Guardian*, 2012년 6월 12일 입력, 2020년 3월 16일 접속, https://c11.kr/dzfa.

했다.[27] 이 사건을 민주화 로드맵 추진단계에 있던 미얀마에서 군부의 억압이 느슨해지자 그간 억눌려왔던 민족 간 또는 종교 간 갈등이 생활 단위에서부터 표출되는 것으로 분석하는 이도 적지 않았다.[28] 외신은 이 사건으로 1백 명 이상이 사망하고 14만 명의 국내 난민이 발생했다고 전했다.[29]

사실 외신이 전한 소식은 상황을 통제하던 군부가 제공한 정보와 다를 바 없었다. 그러나 나중에 알려진 바에 따르면 2012년 6월의 사건은 엄밀히 말하면 라카인족의 정당, 비즈니스, 종교, 시민사회가 함께 사전에 치밀하게 계획하고 준비한 무슬림 학살이었다. 라카인 시민사회는 시트웨 인근의 마을 행정관에게 집집마다 남성 1명씩 차출하여 언제 어디에 집결하라는 서신을 보내어 준비하도록 했다. 실제 마을마다 동원된 인력들은 미리 대절된 버스를 타고 시트웨의 로힝야 마을로 이동하여 점심을 제공받고 또 오후 4시가 되면 같은 버스를 타고 귀가했다고 한다. 로힝야 마을로 동원된 이들은 직접 로힝야와 대적하기도 하고 로힝야 마을을 불태우는 등의 공격을 했다고 하며

---

27. Maung Zarni and Natalie Brinham, *Waves of Genocidal Terror against Rohingyas by Myanmar and the Resultant Exodus Since 1978*, Middle East Institute, American University, 2017, p. 220.

28. 박장식, 「미얀마 여카잉 무슬림(로힝자)의 딜레마 재고」, 『동남아시아연구』 23(1), 264~266쪽.

29. Aubrey Belford, "As Myanmar's Rakhine Buddhists gain strength, so does anti-Muslim apartheid, Reuters", *Reuters*, 2014년 6월 19일 입력, 2020년 3월 16일 접속, https://c11.kr/dzf9.

일부는 로힝야족들이 특정 지역으로 도주하지 못하도록 길목을 지키는 임무를 맡기도 했다.[30]

이와 같은 공격은 3일간 지속되었는데, 또 다른 심각한 문제는 중앙정부와 군부가 당시의 상황을 잘 파악하고 있었음에도 불구하고 로힝야족의 학살을 멈추는 데 적극적인 조치를 취하지 않고 방관했다는 점이다. 군부는 3일이 지난 후 로힝야족을 집결시켜 시트웨 외곽의 아무것도 없는 논밭에 데려다 국내 난민캠프를 짓게 하였다. 당시 생존자에 따르면, 군부는 로힝야족을 대로의 한가운데 줄 세워 걷게 하였고 대로 양쪽에는 라카인 민간인들이 돌 또는 썩은 과일 등을 던지는 등의 공격을 했고 군부는 어떠한 제재도 하지 않았다.[31] 나중에 알려진 바에 따르면 라카인족 주도세력은 중앙정부의 대응을 테스트했던 것인데 중앙정부도 이를 제재하지 않고 용인 또는 지지의 입장을 취함으로써 로힝야족에 대한 학살이 현실화되었던 것이다.[32]

이와 같은 패턴은 2012년 시트웨에 그치지 않고 라카인 북부의 로힝야가 많이 거주하는 마을에서도 발생했다. 아디가 수행한 인터뷰에 따르면 국경과 라카인 민간인들은 로힝야 마을에 들이닥쳐 로힝야 주민들을 이유 없이 쫓아냈다. 자발적으로 퇴거하지 않는다면 공격하고 불태우겠다는 협박을 했고 실제

---

30. Penny Green et al, *Countdown to Annihilation : Genocide in Myanmar*, International State Crime Initiative, 2015, pp. 74~77.

31. 아디 2012년 학살 생존자 인터뷰, 2019.

32. Penny Green et al, *Countdown to Annihilation*, pp. 74~77.

공격도 많은 지역에서 발생했다. 원래 살던 마을에서 쫓겨난 로힝야들은 이웃 마을들을 전전하다 임시캠프를 만들어 생활하기도 했다.[33]

무슬림에 대한 비슷한 패턴의 공격은 미얀마 일부 지역에도 나타났다. 예컨대 2013년 미얀마 중부의 작은 도시인 메이크틸라에도 매우 유사한 패턴의 폭력 사태 또는 무슬림 학살이 발생했다. 외형적으로는 금은방에서 불교도와 무슬림의 작은 다툼이 소도시 전체의 두 종교 간 폭력 사태로 확산된 것처럼 보도되었지만 추후 시민사회의 조사 등에 따르면 어디선가 대절된 버스를 타고 온 젊은이들이 몰려다니며 폭력을 선동하고 무슬림 마을과 집에 불을 지르거나 사람들을 죽이는 등의 악행을 저질렀고 군경은 방관만 했을 뿐 폭력을 멈추기 위한 어떠한 적극적 조처도 하지 않았다. 폭력이 마을 전체로 확산되기 시작한 지 3일 후에야 개입하여 무슬림 국내 난민들을 임시캠프로 이동시키는 등의 소극적인 자세를 보였다.[34]

2012년 6월의 사건은 미얀마 전역에 반무슬림 정서가 생활 단위에서 뿌리내리게 된 계기가 되었다. '같은 종교의 여성을 강간하고 살해했다'는 프레임은 일반인들의 배타적인 민족적 감수성을 자극하기에 충분했다. 여기에는 〈마바타〉라는 승려 조

---

33. 아디 쿠탠꽉마을 IDP캠프, 팬케인마을 주민들의 IDP캠프에서 방글라데시 난민캠프로 피신한 주민들 인터뷰, 2018~2019.

34. 아디, 미얀마 로힝야 인권실태보고서 〈메이크틸라 학살, 그리고 일상화된 억압과 차별〉, 2016.

직의 역할이 상당했다.[35] 〈마바타〉는 인종과 종교의 보호를 표방하지만, 실제 무슬림 혐오와 차별을 선동하는 활동을 주도해왔다.[36] 미얀마에서 불교도는 전체 인구의 89%에 달하고 승려는 거의 절대적인 사회적 지위를 누린다. 미얀마에서 승려는 거의 절대적인 사회적 지위를 누린다. 그러한 지위를 누리는 승려가 법회를 통해 무슬림을 비하하고 차별하며 혐오하는 등 정당화할 수 없는 선동을 일삼았다. 『타임』지의 표지에 실렸던 승려 위라투Wirathu가 가장 잘 알려진 사례이고,[37] 이들의 배경에 군부가 여전히 있다고 알려졌다. 혹자는 군부가 〈마바타〉를 수도꼭지의 물을 필요할 때 틀어 쓰듯이 활용했다고 했다.[38] 실례로 위라투는 법회에서 무슬림을 나쁜 사람으로 규정하였고, 무슬림은 소를 죽이는데 소를 죽인다는 것은 곧 불교도를 죽일 수 있다는 것이라는 발언을 하기도 했다.[39]

미얀마 사회는 극에 달한 무슬림 혐오에 대해 적절히 대응하지 못했다. 〈마바타〉와 유사한 성격의 단체에 따르면, 무슬림은 지금까지 축적한 경제적 부유함으로 불교도 여성을 꼬드겨 아내로 삼아 개종시키고, 이후 자녀를 많이 낳아 무슬림 인구를 늘려 무슬림이 전체 인구의 12~15%가 되면 미얀마가 무슬림 국

---

35. Penny Green et al, Countdown to Annihilation, pp. 59~67.
36. 같은 책, pp. 61~66.
37. "The Face of Buddhist Terror", *TIME*, 2013년 7월 1일 입력, 2020년 3월 16일 접속, https://c11.kr/dzf0.
38. Penny Green et al, *Countdown to Annihilation*, p. 60.
39. 같은 책 p. 64.

가가 되는 것은 시간 문제라고 주장하며 위기감을 조성했다.[40]
더 나아가 무슬림은 폭력적이어서 불교도를 학살할 것이라고
주장하거나 불교도 나라의 땅을 빼앗아 무슬림 국가를 만들려
는 음모를 꾸미고 있다는 등의 주장도 적지 않다고 한다.[41]

그러한 혐오 발언과 왜곡된 정보는 소셜네트워크를 통해 확
대 재생산되었다.[42] 그러나 오랜 군부의 통치로 그 기반이 약
한 시민사회는 그러한 정보를 걸러내고 정화하지 못했다. 예컨
대, 확인되지 않은 페이스북 게시글이 마치 사실인 것처럼 사람
들에게 받아들여졌다. 무슬림에 대한 혐오체제는 이에 대한 반
작용 또는 저항에 사회적 제재를 가함으로써 강화되었다. 소위
969 운동 세력이 붙인 '무슬림 Free' 스티커를 떼어버린 상점의
주인은 징역 2년으로 처벌되거나[43] 온라인에 배타적(급진적) 민
족주의는 불교의 철학과 양립할 수 없다는 주장을 올린 한 승
려는 활동이 금지되었다.[44]

분리고립 및 체계적 약화

---

40. 같은 책, pp. 53~58.

41. 같은 책, pp. 61~66.

42. 같은 책, p. 64.

43. Andrew R.C. Marshall, "Special Report : Myanmar gives official blessing to anti-Muslim monks", *Reuters*, 2013년 6월 27일 입력, 2020년 3월 16일 접속, https://c11.kr/dzez.

44. Peter Popham, "Burma's opposition demands government gives citizenship to Rohingya refugees adrift on the Andaman Sea", *The Independent*, 2015년 5월 19일 입력, 2020년 3월 16일 접속, https://c11.kr/dzev.

증언에 따르면 2012년 6월 사건 이전에는 무슬림과 불교도 간의 교류도 있었고 비교적 평화로운 관계를 유지하고 있었다.[45] 그러나 이 사건 이후에 교류는 사라졌다. 친구였던 무슬림과 불교도 사이에 연락이 끊기고 새로운 친구를 만들 기회조차 없어졌다. 또 로힝야 무슬림들은 더 이상 불교도와 같은 마을에서 살 수 없게 되었다. 이들은 불교도 사회에서 사라져 외진 곳의 접근이 제한된 캠프에 갇혀 살게 되었기 때문이다. 시트웨에서 무슬림이 사라진 것이다. 증언자는 시트웨 인근의 국내 난민 캠프의 상황은 심각하다고 했다.[46] 증언에 따르면 로힝야족은 재산을 빼앗겨 생계 유지가 어렵게 되었다. 이동의 자유도 심각하게 제약되었다. 자녀 교육도 제대로 할 수 없었고 의료서비스를 제대로 받지 못해서 예방가능한 질병으로 죽는 사례가 많았다. 캠프의 로힝야족은 국제기구의 식량 배급에 의존해야 하는 상황이었다.

이뿐만 아니라 라카인주 북부에 거주하는 로힝야족은 감옥 마을의 생활을 해야 했다. 이동의 자유가 제한되었기 때문에 이웃 마을을 가려고 해도 돈을 주고 허가를 받아야 가능했다.[47] 검문소에서 군인들의 횡포도 심각했다. 돈을 빼앗기는 일

---

45. 아디, 씨트웨 출신 생존자 및 라카인 북부 출신의 방글라데시 난민캠프의 생존자 인터뷰, 2017~2019.
46. 아디, 2012년 씨트웨 학살 생존자 인터뷰, 2019.
47. 이 한 단락의 내용은 다음의 보고서를 바탕으로 작성되었다. 〈아디〉는 2018~2019년에 마을별로 총 20종의 학살 보고서를 작성했다. 마을의 이름은 똘라똘리, 츄핀, 마웅누, 구다핀, 인딘, 쿠탠꽉, 돈백, 다지자, 에케과손, 마

이 빈번했다. 종교의 자유도 제한되었다. 5명 이상이 모여 기도 행사를 할 수 없었고 부서진 모스크의 개보수가 허가되지 않았다. 종교 행사를 진행하는 데 제약이 심각했다. 학교 교육도 제대로 이뤄지지 않았다. 어느 한 마을에서는 인터뷰했던 70여 명 중 초등학교 문턱도 가보지 못한 사람이 90%였다. 1990년대부터 라카인 정착촌이 로힝야 마을 인근에 형성되었는데, 군부는 로힝야의 토지를 약탈해 이들에게 배분해 주었다. 로힝야의 입장에서는 생계수단을 빼앗겨 빈곤의 악순환에서 벗어나기 힘들게 된 것이다. 심지어 로힝야는 강제노동에 동원되었고 이에 대한 대가는 전혀 보상받지 못했다. 결혼도 허가제였으며 자녀도 마을에 따라 2명 내지 3명 이상을 낳지 못하게 서약을 받았다. 보건소 등 의료서비스를 받는 데에도 제약이 심했다. 로힝야가 보건소에 가려면 우선 여행 허가를 받아야 했다. 돈을 내고 허가증을 발급받아야 하기 때문에 로힝야들은 심각한 경우를 제외하고는 보건소 또는 병원에서 치료받는 것을 포기했다. 로힝야들은 위급하게 치료를 받아야 할 상황에서 여행 허가를 받아 병원에 가는 도중에 검문소를 거쳐야 하는데 이때에도 비용을 지급해야만 통과할 수 있었다. 또 병원에 도착해서도 다른 민족에 비해 더 비싼 병원비의 사전 정산을 요구받아 진료받기를 포기한 사례도 많았다. 이러한 취약한 상황에 놓인 로힝야들에

옹지타웅, 민루엣, 틴가나, 칠 칼리, 쩌핀두, 틴마이, 알레탄져, 고라칼리, 타윈차웅, 양마경타웅, 기간핀 등이다.

게 희망은 없었다. 어느 증언자는 국제사회가 도와 문제를 해결하지 못할 바에는 캠프에 폭탄을 투하해 모두 죽여달라 했다고 한다.[48]

법제도

로힝야를 미얀마 사회에서 없애는 작업은 사실상 1982년 시민권법을 통해 법제화됐다.[49] 시민권법이 로힝야를 시민으로 인정하지 않았기 때문에 이들은 무국적자가 되었다.[50] 그리고 대다수가 이들을 불법이주자, 즉 위험한 외국인으로 간주한다. 더불어 미얀마 군부는 인구통제법과 개종법, 그리고 결혼 특별법 등을 제정했다. 인구통제법은 지역 정부가 특정 지역에 자연적이지 않은 인구 증가가 발생할 경우 중앙정부에 가족당 자녀 출생 터울을 36개월 이상으로 명령해 줄 것으로 요구할 수 있는 법률이다.[51] 개종법은 불교도가 무슬림으로 개종할 경우 개종위원회의 심의를 거쳐 허가를 받아야 하는 법이며,[52] 결혼 특별

48. Penny Green et al, *Countdown to Annihilation*, p. 90.

49. "Burmese Refugees in Bangladesh : Still No Durable Solution", 2000, *HRW*, https://c11.kr/dzef.

50. Ana-Sofia Gonzalez, "We have a State : Confronting the Statelessness of the Rohingya People", *Refugees International*, 2019년 6월 3일 입력, 2020년 3월 16일 접속, https://c11.kr/dzej.

51. Guy Dinmore & Shwe Yee Saw Myint, "President signs off on population control law", *Myanmar Times*, 2015년 5월 25일 입력, 2020년 3월 16일 접속, https://c11.kr/dzeo.

법은 불교도 여성이 무슬림과 결혼하는 경우 누구나 그 결혼에 대해 14일 내에 문제를 제기할 수 있다는 내용을 담고 있다.[53]

존재의 절멸

로힝야들은 거의 죽은 것이나 다름없는 생활을 해 왔고, 절망 속에서 생존만 하며 살 것인지 아니면 탈출하여 새로운 삶을 개척할 것인지의 결정을 강요받았다. 일부는 보트피플이 되어 다른 나라로 떠났다. 인도네시아, 말레이시아 등 인근 무슬림 국가가 행선지였으나 적지 않은 사람들이 인신매매의 희생자가 되거나 도중에 죽기도 하였다.[54] 캠프에 남은 사람들에게는 선택의 여지가 많지 않았다. 많은 이들이 죽거나 저항하거나 양자선택의 기로에 놓였다.

그 속에서 일부 저항하고자 하는 사람들이 나타났다. 스스로를 아라칸 로힝야 구원군ARSA라고 칭했다. 리더를 자처하는

---

52. "Myanmar president signs two controversial religion bills", *The Stateless Rohingya*, 2015년 8월 29일 입력, 2020년 3월 16일 접속, https://c11.kr/dzec.

53. Paing Soe, "Monogamy Bill sails through Lower House", *DVB*, 2015년 7월 23일 입력, 2020년 3월 16일 접속, https://c11.kr/dze6. Feliz Solomon, "Burma Parliament Approves Contentious Race and Religion Bills", *The Irrawaddy*, 2015년 8월 20일 입력, 2020년 3월 16일 접속, https://c11.kr/dzea.

54. Anadolu Agency, "Rohingya Muslims fleeing Myanmar in boats are part of genocide", *The Stateless Rohingya*, 2018년 12월 21일 입력, 2020년 3월 16일 접속, https://c11.kr/dzdz.

일부는 외국에서 넘어온 디아스포라 로힝야였다고 하는데, 로힝야 박해를 종식시킨다는 목표로 이들은 라카인 북부로 넘어가 로힝야 사람들을 조직하고 군사훈련을 시켰다고 한다.[55] 이들은 2016년 10월, 방글라데시 접경 지역인 마웅도우 타운십의 경찰 초소와 군 초소 세 곳을 습격했다. 미얀마 군부는 이들의 공격을 테러로 규정하고 토벌 작전을 벌였다.[56] 문제는 소위 무장저항 세력에 대한 대응이라기보다 로힝야 전체를 집단으로 처벌하는 방식의 작전이었다는 점이다.

2017년 8월 25일, 미얀마 군부는 무장세력이 군경의 캠프와 초소 등 30여 곳을 공격했다고 발표하고 대대적인 토벌 작전을 펼쳤다.[57] 군경은 마을을 포위하고 마을 곳곳에 진입했다.[58] 로힝야 주민들은 군경의 무차별 사격에 놀라 인근 산으로 도주하거나 집 안과 인근에 숨었다. 많은 사람이 총에 맞아 사망하고 부상을 입었다. 미처 도주하지 못한 사람들은 집 안에 숨어 있다가 총격을 당해 죽거나 체포되어 어디론가 끌려갔다. 여성의 경우 강간 또는 집단강간의 희생자가 되기도 했으며 남녀노

55. Faisal Edroos, "ARSA : Who are the Arakan Rohingya Salvation Army?", *Al Jazeera*, 2017년 9월 13일 입력, 2020년 3월 16일 접속. https://c11.kr/zdr.
56. "Myanmar policemen killed in Rakhine border attack", *BBC*, 2016년 10월 9일 입력, 2020년 3월 16일 접속, https://c11.kr/dzdq.
57. Poppy McPherson, "Dozens killed in fighting between Myanmar army and Rohingya militants", *The Guardian*, 2017년 8월 25일 입력, 2020년 3월 16일 접속, https://c11.kr/dzdm.
58. 이 한 단락의 내용은 2018~2019년에 〈아디〉가 마을별로 작성한 총 20건의 학살 보고서를 토대로 작성되었다.(이 글 각주 47번 참조)

소 구분 없이 살해되었다. 아동의 경우 강이나 우물에 던져 죽이거나 땅으로 내리쳐 죽이기도 했다. 거동이 불편한 어른들은 집안에 갇힌 채로 불태워져 죽었다. 주민들의 재산을 군인과 라카인들이 가져갔으며 로힝야 집들은 불태워졌다. 2016년 10월부터 시작된 토벌 작전은 사실상 로힝야 절멸 작전이었다. 군인들은 "떠나라 너희 나라가 아니다", "방글라데시로 가라", "너의 나라가 아닌데 왜 있어" 등의 발언을 서슴지 않았다. 이로 인해 80만 명이 넘는 로힝야 민간인들이 국경을 넘어 방글라데시 콕스바자르의 난민이 되었다.

1990년과 2000년대에 넘어와 캠프에서 생활하던 사람까지 합하면 1백만 명에 이른다. 현재 방글라데시 로힝야 캠프는 단일 면적으로 세계에서 가장 큰 캠프가 되었고 단시간에 가장 많은 난민이 발생한 사례이기도 하다.[59] 지금은 미얀마에 살고 있는 로힝야(추정 3~5십만 명)보다 방글라데시에 살고 있는 로힝야(1백만 명)가 훨씬 많다.[60]

제노사이드

집단학살 또는 제노사이드는 보호 집단을 파괴할 의도로

---

59. "The Rohingya refugee crisis is the worst in decades", *The Economist*, 2017년 9월 21일 입력, 2020년 3월 16일 접속, https://c11.kr/dzdj.

60. Shakeeb Asrar, "How Myanmar expelled the majority of its Rohingya", *Al Jazeera*, 2017년 9월 28일 입력, 2020년 3월 16일 접속, https://c11.kr/dzdf.

행해지는 살해, 신체적 및 정신적 상해, 물리적 파괴, 산아통제, 아동 이주 등의 범죄를 일컫는다.[61] 국제형사법에 따르면 집단학살은 국가가 그러한 범죄를 국가정책으로서 즉, 국가가 그러한 범죄를 의도하여 저질렀다는 것을 증명해야 하고 반인도적 범죄는 그런 수준의 증명이 필요하지는 않는데, 많은 전문가들은 로힝야 학살이 이미 집단학살 수준으로 심각하다는 데 동의하고 있다. 유엔 미얀마 인권특별보고관 이양희도 로힝야 학살에서 제노사이드의 특징들이 보인다고 했다.[62]

제노사이드를 분석하는 학자들은 제노사이드가 한순간에 발생하지 않는다고 한다. 절멸의 시도는 오랜 기간의 준비과정을 거치는데, 보호 집단에 대한 왜곡과 비인간화, 테러, 분리 및 고립, 체계적 약화, 절멸, 상징적 입법의 순서를 거친다고 했다.[63] 로힝야의 경우, 이러한 과정이 군부가 쿠데타로 정권을 잡은 이래로 지난 60년간 진행되었다. 마웅 자니Maung Zarni는 로힝야 제노사이드를 천천히 타오르는 제노사이드라고 표현하기도 했다.[64]

---

61. "Convention on the Prevention and Punishment of the Crime of Genocide" article 2, 2020년 3월 16일 접속, https://c11.kr/dzdd.

62. "Statement by Ms. Yanghee Lee, Special Rapporteur on the situation of human rights in Myanmar at the 37th session of the Human Rights Council", *United Nations Human Rights*, 2018년 3월 12일 입력, 2020년 3월 16일 접속, https://c11.kr/dzdc.

63. Feierstein, D, *Genocide as Social Practice : Reorganizing Society under the Nazis and Argentina's Military Juntas*, Rutgers University Press, 2014.

64. Maung Zarni & Natalie Bringham, *Essays on Myanmar's Genocide of Rohingyas(2012-2018)*, Refugee and Migratory Movements Research Unit,

존재의 미래

방글라데시 난민캠프의 로힝야 생존자들은 불확실한 장래로 인해 불안해하고 있다. 학살을 피해 피난처를 찾아온 지 벌써 2년 반이 흘렀지만, 고향으로 돌아갈 기대를 감히 하지 못한다. 그동안 진행되어 온 방글라데시와 미얀마 정부 간 송환 논의는 실효성이 없다는 것이 드러났다. 미얀마 정부가 책임 있는 태도를 보이지 않고 있기 때문이다. 로힝야 생존자들은 송환 논의의 장에서 협상 당사자로서의 지위를 인정받지 못하고 배제되고 있다.[65]

유엔난민기구도 얼마나 로힝야의 이익을 대변하고 있는지 의문이다. 로힝야 생존자는 안전하고 존엄한, 그리고 지속가능한 송환을 요구하고 있고, 구체적으로는 시민권 회복, 차별 철폐, 안전 및 재산 보장 등의 구체적인 요구를 하고 있는 상황이다.[66] 문제는 미얀마 내부의 상황이다. 로힝야 이슈의 진정한 해결은 결국 미얀마 내부의 변화에서 비롯되어야 한다. 특히 미얀마 시민들의 태도 변화와 민주주의의 성숙, 나아가 문제 해결을 위한 군부와 정부의 변화가 선행되어야 로힝야의 권리는 지속

2019, pp. 63~156.

65. Nikita Taniparti, "The Ruse of Repatriation : Why the Current Efforts to Repatriate the Rohingya back to Myanmar Will Fail", *Kennedy School Review*, 2019년 11월 12일 입력, 2020년 3월 16일 접속, https://c11.kr/dzd5.

66. "Rohingya refugee leaders 'issue demands' before repatriation", *Reuters*, 2018년 1월 19일 입력, 2020년 3월 16일 접속, https://c11.kr/dzd7.

가능하게 보장될 수 있다. 그러나 지금의 상황은 긍정적이라고 볼 수 없다. 현재 로힝야 난민의 처지가 장기화될 가능성이 높은 이유이다.

진상규명, 책임자 처벌, 피해자 구제, 재발방지를 위한 사회 개혁은 전환기 정의 프로세스에서 핵심적인 4대 원칙과도 같다. 로힝야 집단학살에 대한 프로세스는 그 진척이 매우 느리다. 진상규명은 시작도 하지 못했다. 이제야 유엔은 진상조사를 위한 증거수집과 보존을 시작했고,[67] 국제형사재판소는 방글라데시에 대한 관할권을 행사함으로써 강제추방의 건에 대해 미얀마에 관할권을 행사할 수 있다는 재판부의 판단이 내려진 후 예비조사단계를 이제 마치고 공식적인 조사 단계로 넘어갔다.[68] 또 감비아 정부가 미얀마 정부를 상대로 제노사이드 협약 위반을 이유로 제기한 소송에서 국제사법재판소는 심의절차를 개의하고 본심의를 진행할 것인지 여부를 판단할 예정이다.[69] 국제 사회에서 진행되는 재판은 최종판결까지 상당한 시간이 걸릴 것으로 보이고, 국제형사재판소 재판의 경우 군부의 최고사령

---

67. "Independent Investigative Mechanism for Myanmar", *United Nations Human Rights Council*, 2020년 3월 16일 접속, https://c11.kr/dzd4.

68. "ICC judges authorise opening of an investigation into the situation in Bangladesh/Myanmar", *ICC*, 2019년 11월 14일 입력, 2020년 3월 16일 접속, https://c11.kr/dzd2.

69. "Application of the Convention on the Prevention and Punishment of the Crime of Genocide (The Gambia v. Myanmar)", *ICJ*, 2020년 1월 23일 입력, 2020년 3월 16일 접속, https://c11.kr/dzcz.

관을 비롯한 극소수의 최고 지휘관들만이 대상이 되기 때문에 마을 단위에서 발생한 학살에 대한 진상조사 등의 전환기 정의 프로세스는 기대하기 어렵다는 한계가 있다.

방글라데시 캠프에서의 상황도 우려스럽다. 40만이 넘는 취학연령의 아동들이 방치되어 있다. 캠프 내에는 러닝센터가 있어서 기초적인 언어와 산수 정도를 교육하는 것으로 알려져 있다. 그러나 정규과정으로서의 기초교육조차 제대로 제공되지 못하고 있다.[70] 혹자는 젊은 아동들이 급진화되어 총칼을 손에 쥐기 전에 이들에게 책과 연필을 제공해야 한다고 주장하기도 한다.

또한 수많은 로힝야 생존자들이 인신매매의 피해로 고통받고 있다.[71] 열악한 캠프의 생활환경, 경제적 고통, 그리고 미래에 대한 불확실성 등으로 인해 많은 로힝야 사람들은 캠프 밖의 기회를 모색하고 있다. 브로커를 통해 해외로 이주하거나 취업 알선의 기회를 통해 새로운 삶에 도전하기도 한다.[72] 로힝야들의 취약한 상황과 신분을 악용하여 범죄자들은 이들을 인신매

70. " "Are We Not a Human?" Denial of Education for Rohingya Refugee Children in Bangladesh", *HRW*, 2019, 2020년 3월 16일 접속, https://c11.kr/dzcw.

71. Naimul Karim, "Trafficking in Rohingya camps feared rising as crisis rolls on", *Reuters*, 2019년 2월 5일 입력, 2020년 3월 16일 접속, https://c11.kr/dzcu.

72. Beh Lih Yi, "Desperate Rohingya Refugees Are Turning to Traffickers, UN Warns", *Global Citizen*, 2019년 7월 19일 입력, 2020년 3월 16일 접속, https://c11.kr/dzcr.

매하기도 한다.[73] 여성들은 성 착취의 희생양이 되고 있다.[74]

　무엇보다 미얀마에서 학살과 고문, 강간과 방화 등을 겪었던 로힝야 생존자들은 심각한 트라우마에 시달리고 있다. 수면 장애, 우울, 불안 등으로 '이미 파괴된' 캠프에서의 일상에서 트라우마 치유를 기대하기 어렵다.[75] 치유 프로그램이 제대로 운영되기도 어렵고 캠프의 환경이 그다지 우호적이지 않다. 물론 트라우마 경감을 위한 다양한 노력이 시도되고 있지만 보다 실질적이고 효과적인 방식들이 확산되어야 한다.

여섯 살 로힝야 : 희망을 가져도 될까?

　캠프를 방문할 때마다 만나는 그 맑고 순수한 아이들의 모습 속에서 나는 여섯 살 어머니를 떠올린다. 이들 속에서 어머니가 그리고 이제 여섯 살이 된 아들 녀석이 떠오른다. 한국의 일상으로 돌아온 후에는 항상 마음의 한구석은 캠프에 가 있다. 미안함에 죄책감에 그리고 때론 그리움에 마음이 무겁다. 어머니와 통화할 때면, 아들과 소중한 시간을 보낼 때면, 항상 여섯

73. "The Human Trafficking of Rohingya", *MOAS*, 2020년 3월 16일 접속, https://c11.kr/dzco.

74. Hasan Al Javed, "How Rohingya women become fodder for sex trafficking", *Dhaka Tribune*, 2019년 12월 18일 입력, 2020년 3월 16일 접속, https://c11.kr/dzcm.

75. "Rohingya trauma and resilience", *MSF*, 2018년 10월 8일 입력, 2020년 3월 16일 접속, https://c11.kr/dzcn.

살 로힝야 아이들이 떠오른다. 여섯 살 어머니의 인연은 내 아들로, 그리고 방글라데시 캠프에 살고 있는 수많은 여섯 살 '어머니'들로 이어졌다.

로힝야 생존자들은 그들의 미래에 대한 나의 질문에 "인샬라"라고 답한다. 인샬라는 희망의 다른 말일 것이다. 제반 여건은 희망을 품어도 될지 의문이지만 사실 희망이어야 한다. 그러나 인샬라를 듣는 순간 내게는 이들 마음 깊숙한 곳에서 뱉어지는 회한이 느껴진다. 그 순간 그들의 눈빛이 전달하는 것은 삶의 노곤함과 미래에 대한 두려움이다.

그럼에도 불구하고 내가 만났던 수많은 생존자들의 눈은 정말 맑았다. 피곤과 초조함, 삶의 고단함과 절망감 속에서도 이들은 맑음을 가꾸고 있었다. 소 키우고, 농사짓던 고향으로, 아이 낳고 키우던 집으로 돌아갈 이야기를 많이 하는 사람들의 눈에 희망이 보인다. 편안한 넉넉한 촌부의 웃음이 보인다. 지금을 견뎌내는 힘이 아닐까.

생존하는 것만으로 어쩌면 '저항'이 되어 버린 사람들. 이들에게 과연 우리는 희망을 품자고 말할 수 있는가. 우리는 무엇을 할 수 있는가. 무엇을 해야 하는가. 존재가 존재에게 던지는 질문이다. 당신은 어떻게 답할 것인가.

지금-여기에 '로힝야'는 어떻게 도착해 있나[1]

'로힝야 학살'에 대한 한국 사회의 반응

신지영 · 심아정 · 이지은 · 전솔비

로힝야로부터 전해진 이야기

로힝야[2]에 대한 집단학살은 1970년대부터 최근까지 대여섯 차례에 걸쳐 일어났다.[3] 최근에 일어난 대규모 학살은 다음 두

---

1. 이 글은 한국에서 처음으로 열린 로힝야 국제학술대회 '로힝야 피해 생존자 보호와 학살 책임자 처벌에 관한 국제 컨퍼런스(International Conference on Protection of Rohingya Survivors and Accountability for Genocide) — 전쟁과 집단 학살의 무기로서의 성폭력 : 아시아의 과거와 현재를 중심으로'(로힝야와 연대하는 한국시민사회모임 주최, 2019. 8. 23~24)에서 발표한 원고를 수정하여 『민족문학사연구』(71호, 2019.12)에 기고한 동명의 글을 수록한 것이다.

2. Rohingya. 국내에는 미얀마어와 벵골어 발음에 따라 '로힌자', '로힝자', 혹은 '로힝기야', '로힝갸'로 표기하는 것이 현지어 발음에 가깝다고 주장하는 쪽과 영어 발음에 따라 로마자를 '로힝야'로 표기하자고 하는 쪽이 학술 저서와 언론 보도에 혼재되어 있다. 이 글은 주요 분석의 대상이 되는 한국 사회 내의 대다수의 언론 보도와 기사에서 통용되는 '로힝야'라는 표기를 사용하고자 한다.

3. 전현진, 「[인터뷰] 이양희 유엔 인권 특별보고관 "수지는 뼛속까지 정치인, 미얀마 민주주의 더 위축"」, 『경향신문』, 2018년 12월 9일 수정, 2020년 3월 14

가지이다. 2017년 8월 30일 미얀마 군부 주도로 99라이트 보병 사단이 미얀마 라카인 북부에 위치한 뚤라똘리 마을에 진입하여 총을 난사하고, 방화·구타·강간 등을 저질러 최소 380~450명을 학살했다. 이 학살에는 군부와 경찰뿐 아니라 라카인 마을 행정관을 비롯한 주민, 주변의 소수민족들도 가담했다.[4] 또한 2017년 8월 27일, 버마 군대 33라이트 보병사단과 동원된 라카인 주민들에 의해 츄핀 마을에 대한 집단학살이 자행되어 약 380여 명이 죽임을 당했다.[5]

이는 〈사단법인 아디〉(이하 〈아디〉)가 작성한 츄핀 마을과 뚤라똘리 마을에 대한 「로힝야 학살보고서」와 2019년 2월 『경향신문』에 실린 연재 기사[6] 및 영상·사진을 통해 한국 사회에, 그리고 필자들에게 전해졌다. 이후 2019년 8월 '로힝야 피해 생존자 보호와 학살 책임자 처벌에 관한 국제 컨퍼런스'에서 다시 한번 로힝야의 중요한 증언들을 전달하는 연구자, 법률가, 활동가들이 로힝야에서 전해온 이야기를 공론장에서 이어나갔다.

〈자유버마연합〉을 만들어 아웅산 수지Aung San Suu Kyi와 함께 버마 군부 독재와 싸웠던 미얀마의 마웅 자니Maung Zarni는

일 접속, https://c11.kr/dxnw.

4. 아디, 뚤라똘리(TulaToli) 마을 "우리는 정의를 원합니다", 「로힝야 학살보고서」, 2018년 12월, 5, 34쪽. 이하 '뚤라똘리/쪽'으로 표기.

5. 아디, 츄핀(ChutPyin) 마을 "그 뒤로 마을사람들은 돌아오지 않았습니다.", 「로힝야 학살보고서」, 2018년 12월, 28쪽. 이하 '츄핀/쪽'으로 표기.

6. 전현진, 「로힝야 학살보고서①~③」, 『경향신문』, 2019년 2월 13일~15일. 이하 인용은 제목만 표기.

더 이상 기존의 미얀마 민주화 운동 세력에게 로힝야에 대한 지지나 연대를 기대할 수 없게 되었다고 진단한다. 이러한 상황에서 그는 "로힝야족에 대한 학살과 탄압을 멈추게 하기 위한 유일한 방법은 국제사회 국가들이 앞장서서 미얀마에 전향적인 태도를 요구하고, 로힝야족에 대한 폭력이 멈출 때까지 무역을 중단하는 등 실제적 행동에 나서는 것뿐"이라고 주장한다.

현재 로힝야족은 '로힝야'라는 자신들의 민족을 지칭하는 이름조차 발설하지 못하는 상황에 처해 있으며, 로힝야족에 대해 보도하려는 사람들은 너무나 적고, 보도했다고 하더라도 박해의 대상이 되고 있다. 로이터 통신 소속의 기자들(와론WaLone, 초 소에 우KyawSoeOo)은 학살에 가담한 퇴역 군인과 주변 목격자들로부터 다수의 결정적인 증언을 확보해 보도했고, 이는 버마군이 처음으로 군인과 불교도들에 의한 로힝야족 집단학살을 인정하는 증거가 되었다. 그러나 이들은 2017년 12월 '비밀문서를 주겠다'고 접촉한 미얀마 경찰을 만나러 갔다가 '비밀공무활동' 혐의로 체포된다. 이들이 사면되기까지 국제 인권단체들의 연대와 지지성명, 〈국경없는기자회〉의 역할이 중요했다.[7]

이러한 상황에서 이 글은 2018년 예멘 난민을 둘러싸고 형성된 한국 사회의 난민에 대한 배타적인 인식 속에서 로힝야 난민에 대한 반응을 살펴본다. 이러한 배타주의의 근원을 '시민/시

---

7. 류효진, 「로힝야 취재기자 석방, 511일 만에 피어난 민주주의의 싹」, 『한국일보』, 2019년 5월 11일 입력, 2020년 3월 14일 접속, https://c11.kr/dxo9.

민법'의 형성과정 속에서 고찰하고 한국 및 아시아의 민주주의 운동 이후에 형성된 시민의식 속에서 마이너리티에 대한 인식을 보다 심화해야 함을 드러내려고 한다. 이를 통해 한국 및 국제사회의 관심을 촉구하며, 로힝야가 처한 학살과 고통을 '우리'의 문제로 사유하고 행동할 수 있는 방법을 모색하고자 한다.

지금–여기에 로힝야는 어떻게 도착해 있나

2019년 2월, 『경향신문』은 〈아디〉가 작성한 「로힝야 학살보고서」를 바탕으로 현재 로힝야가 처한 상황을 집중 보도했다. 신문 기사에는 학살 피해 규모와 해당 마을 주민들의 증언, 여성·아이·노인에게 닥친 폭력, 난민 캠프의 열악한 상황, 생존자들의 트라우마 등이 소개되었다. 이는 로힝야가 겪고 있는 상황을 한국 사회에 구체적으로 전달한 첫 번째 기사였다. 〈아디〉의 보고서는 난민들의 증언을 통해 마을 단위로 학살 피해를 종합·분석한 세계 최초의 시도라고 한다. 이러한 상황은 그동안 로힝야의 목소리가 외부로 전해지기가 얼마나 어려웠는지 보여준다. 이 특집 기사는 『경향신문』에 3회에 걸쳐 실렸고, 웹/모바일 버전으로도 서비스되어 독자들이 로힝야가 처한 상황을 사진·음성파일·동영상 등을 통해 직접 목격할 수 있도록 했다.[8]

---

8. 웹·모바일 버전은 다음의 링크에서 볼 수 있다. 전현진, 「로힝야의 눈물, 돌아오지 못한 사람들」, 『경향신문』, 2020년 3월 14일 접속, http://news.khan.co.kr/kh_storytelling/2019/rohingya/.

이처럼 로힝야가 처한 참혹한 학살 상황은 적나라하게 한국 사회에 도착했다. 그렇다면 한국 사회는 이에 대해 어떻게 응답했을까? 한국 사회의 맥락에서 로힝야 학살은 어떤 의미로 받아들여졌을까? 안타깝게도 기사에 대한 한국 사람들의 반응은 현재 한국 사회가 난민 혹은 이른바 '타자'에 대한 상상력이 얼마나 빈곤한지를 그대로 보여주는 것이었다.

그 반응을 크게 세 가지로 분류하자면 첫 번째는 한국 사회가 경험 혹은 학습한 '난민에 대한 공포·혐오'다. 이 기사가 전해지기 불과 반년 전인 2018년 5월, 5백여 명의 예멘 난민이 제주로 입국하여 난민신청을 하였다. 이전에도 한국으로 입국한 난민은 있었지만, 대중들이 난민을 우리 사회의 일로 여길 만큼 이슈가 된 것은 이번이 처음이었다. 예멘 난민은 "예멘 난민이라는 집단으로 보도"되었고, 한국인들이 "최초로 인지하게 된 '대량 난민'"이었기 때문이다.[9]

예멘 난민을 적극적으로 도운 활동가나 제주 주민이 없었던 것은 아니지만[10], 예멘 난민들이 노숙하고 있다고 보도되자, "2018년 6월 13일부터 '우리 목소리를 들어라'라는 국민청원의 형식"의 난민수용반대 운동이 일어나고, "난민법, 무사정 입국제

---

9. 김현미, 「난민 포비아와 한국 정치적 정동의 시간성」, 『황해문화』 101, 2018, 212쪽.

10. 〈난민인권센터〉를 비롯한 인권활동단체들은 2018년 6월 20일에 성명서를 발표한다. 난민인권센터, 「[성명]난민제도 운영하며 차별 양산하고 혐오에 동조하는 정부 규탄한다!」, 2018년 6월 20일 입력, 2020년 3월 14일 접속, https://nancen.org/1744.

도, 난민신청 허가 폐지를 주장"하는 시민들이 대거 등장하며 제주 안팎에서 가짜뉴스와 혐오 발화가 생산되었다.[11] 대표적으로 2018년 6월 13일에 청와대 국민청원 게시판에 올라온「제주도 불법난민신청 문제에 따른 난민법, 무사증 입국, 난민신청 허가 폐지/개헌 청원합니다」를 들 수 있다.

> 무비자 입국에 관해 원희룡 제주지사께서는 2002년 국제자유 도시를 추구하면서 들어온 제도라고 밝혔으며 이에 따른 보완책을 낼 것이라 말씀하셨지만 현재 그에 대한 사회문제와 범죄 치안 문제는 여전히 제자리걸음입니다. … 신청을 받으러 온 난민들이 진정 난민들일지도 의문이 있으며 가까운 유럽이 아닌 먼 대한민국까지 와서 신청을 한 이유에 대해서도 의구심이 드는바, 다시 재고하거나 엄격한 심사기준을 다시 세우거나 폐지해야 한다 생각합니다.[12]

난민을 사회문제를 일으키는 범죄자로 상정하고 가짜난민 담론을 확산하면서 "난민법, 무사증 입국, 난민신청허가의 폐지/개헌"을 촉구하는 2018년 6월 13일 "국민청원"의 동의자 수는 71

---

11. 김현미,「난민 포비아와 한국 정치적 정동의 시간성」,『황해문화』101, 212쪽.
12. 박경주,『난민인권에 대한 노트 ─ 인종주의, 은유, 교육/말하기, 사회적 노동, 커먼즈』, 이태원작업실, 2019, 175~176쪽. 강조는 인용자. 이 책의 제7장「난민을 둘러싼 2018년의 풍경」에는 '난민 반대 집회의 전단지 및 성명서/발언'이 시간 순서대로 아카이브되어 있다. 인용한 국민청원의 전문은 다음 링크에서 볼 수 있다. https://www1.president.go.kr/petitions/269548 (2020년 3월 14일 접속).

만 명을 넘어섰다.[13] 한국은 1992년 난민협약에 가입하고 2013년 아시아 최초로 독립된 난민법을 시행한 국가인데, 모순되게도 사람들은 예멘 난민을 마주하고서야, 아니 좀 더 솔직하게 말하자면 '국민이 먼저다'라는 구호를 내걸고 '난민법 폐지'를 주장하기 시작하면서 처음으로 난민법의 존재를 인지하게 되었다.

이러한 상황에서 '로힝야 학살'은 인권 유린의 집단학살 사태로 받아들여지기 전에 이미, '도래할 난민'이라는 부담감으로 인식되었다. 특히 이러한 일련의 과정에서 난민에 대한 한국 사람들의 혐오와 공포를 부추긴 것은 '가짜뉴스'였다. 가짜뉴스는 진실 여부에 따라 확산되는 것이 아니라, 사람들을 결집할 수 있는 '정동적 효력'에서 힘을 얻어 '뉴스'로 인식되고 확산되어 간다. 특히, 난민을 둘러싼 가짜뉴스에는 패턴이 있다. '가짜 난민'이 유입되어 일자리를 빼앗길지 모른다는 공포[14], 이슬람 포비

---

13. 박경주, 『난민인권에 대한 노트』, 175쪽.

14. 박경주, 『난민인권에 대한 노트』, 제3장 「대림동의 아프리카」 참고. 난민이 일자리를 빼앗는다는 공포에 기여하는 예로 〈난민인권센터〉의 박경주 활동가는 2018년 4월 25일~27일에 걸쳐 『국민일보』에 보도되었던 연속기사 「직업소개소 르포―대림동의 아프리카」를 들고, 이 뉴스를 허위난민을 전제한 채 난민신청자를 바라보는 시각, 일자리 구하기만을 위해 난민신청을 하는 사람은 없다는 사실, 허위 담론이 미치는 악영향 등을 들어 조목조목 비판하고 있다. 기사의 내용은 다음 기사들에서 볼 수 있다. 이형민·김지애, 「[대림동의 아프리카-상] 조선족·한족 떠난 '3D 일자리' 아프리카인이 바통」, 『국민일보』, 2018년 4월 25일 수정, 2020년 3월 14일 접속, https://c11.kr/dxot. 이형민·김지애·조민아, 「[대림동의 아프리카-중] "사실은 돈 벌러 왔어요"… 난민비자 악용 취업활동」, 『국민일보』, 2018년 4월 26일 수정, 2020년 3월 14일 접속, https://c11.kr/dxoz. 이형민·김지애, 「[대림동의 아프리카-하] 욕설·조롱 예사… 신분상 약점 이용해 임금체불도」, 『국민일보』, 2018년 4

아와 성폭력에 대한 여성들의 공포가 접합된 양상 등이 그것이다. 한편 최근에는 가짜 난민에 대한 담론을 법무부가 조작·유포한 경우가 밝혀지고 있으며,[15] 페미니즘과 난민을 대립적으로 위치시키는 움직임에 대한 비판도 전개되고 있다.[16]

'가짜뉴스'의 일상화는 사람들로 하여금 어떤 사안에 대해 사실 확인을 연기하게 하거나 사태를 편향된 방식으로 이해하게 한다. 이는 '로힝야 학살'에 대한 두 번째 반응과 직결된다. 미얀마 군부에 의한 '로힝야 학살'은 로힝야가 영국 식민지기에 영국인들의 앞잡이가 되어 버마족을 탄압한 것에 기반한다는 왜곡된 역사인식이 한국에서 확산된 것이다. 한국의 식민지 경험은 한·일 관계나 국내 정치에 청산되지 않은 과거로서 여전히 영향을 미치고 있다. 이러한 상황 속에서 로힝야에 대한 가짜뉴스 중 하나인 '제국주의 앞잡이 = 로힝야'가 퍼져 가면서 한국의 식민 지배 역사에 대한 반감과 맞물리게 되었다.

한국은 미얀마처럼 다인종 국가도 아니며, 영국과 일본에 의한 식민 지배를 번갈아 경험하지도 않았다. 버마-로힝야 사이

월 27일 수정, 2020년 3월 14일 접속, https://c11.kr/dxp1.

15. 법무부 난민면접 조작사건에 대한 경위는 〈난민인권센터〉의 「[법무부 난민면접 조작사건 피해자 증언대회를 개최하며] 난민인권센터의 입장문」을 참고. 2019년 6월 18일 입력, 2020년 3월 14일 접속, https://nancen.org/1946.

16. 『경계없는 페미니즘』(와온출판사, 2019)은 예멘 난민에 대한 혐오 발언이 범람하던 2018년, 다양한 분야의 학자, 활동가들이 페이스북 페이지에 게시했던 긴급한 글들을 책으로 묶어 난민 담론들 앞에서 페미니즘이 어떤 입장을 취할 수 있을지 고민했던 유의미한 결과물이다.

의 갈등은 다민족으로 구성된 식민지에 영국과 일본의 침략 경쟁이 발생하면서 비롯되었다. 그럼에도 로힝야 학살에 대한 반응 중 다수는 로힝야 역사를 한국과 단순 비교하여 로힝야를 '제국주의 앞잡이'로 인식하고 혐오 발화를 확산한다. 이때, 제국주의로부터의 억압뿐 아니라 소수민족인 로힝야에 작용했던 미얀마 내부의 억압이라는, 이중의 억압이 비가시화된다.

그러나 두 번째 반응―한국의 역사와 단순 비교하여 로힝야를 '제국주의 앞잡이'로 인식하는 것―을 단순히 '사실 왜곡'이나 '부정확한 이해'라고 치부하는 것도 위험하다. 로힝야의 역사에 관해서는 정확한 이해가 필요하지만, 로힝야의 역사를 묻는 것이 현재 학살 문제에 직접적인 대응이 될 수는 없다. 마을이 불타고, 사람들이 살해당하고, 여자들이 성폭행당하는 현실은, 어떤 역사적 배경이 있었다고 하더라도 일어나서는 안 되는 폭력이다.

더구나 '로힝야＝제국주의의 앞잡이'라는 반응은 미얀마 정부의 입장과 정확히 일치한다. 이는 학살의 원인을 역사 속에서 찾으려는 것 자체가 가해자의 논리가 될 수 있음을 보여준다. 국제분쟁 전문기자인 이유경의 말은 이 지점을 명시하고 있다.

이유경: 저는 이 원인을 역사로 설명하는 것이 (미얀마 정부 입장에서) 상당히 '편리한 도구'인 것 같아요. 현재 엄청난 학살과 대탄압의 대상이 되는 사람들이 옛날 역사와 무슨 관계가 있겠어요. 잘못된 이론으로 현상을 설명하는 것입니다. 미얀마 군부가 설명하는 것은 가해자의 논리예요. 최근 일어난 학살을

정당화하기 위해 과거의 프레임을 사용하는 것입니다. … 이 문
제는 철저하게 인권의 문제이고 지금 이 시대에 벌어진 대학살을 지적해
야지 자꾸 초점을 과거로 가져가지 말자는 것입니다.[17]

마지막으로 '로힝야 학살' 기사가 한국 사회에 일으킨 반향
이 매우 적었다는 것을 지적해야 한다. '로힝야 학살'은 『경향신
문』에 3일 연속 특집 기사로 실렸는데, 댓글 수도 다른 기사에
비해 현저히 적었고 〈아디〉에 후원이나 문의가 오는 경우도 적
었다고 한다. 또한 '로힝야 학살'에 대해서 공론장이 열린 것은
2017년 학살 직후 한국의 여섯 개 시민단체가 합동으로 개최한
'로힝야 인권실태 보고' 초청 행사나[18], 『경향신문』에 특집 기사
가 실린 이후에 열린 몇 번의 모임 및 전시회였고, 행사 주체는
다양하지 않았다.[19]

그런데 이러한 불충분한 반응(혹은 무반응)도 앞서 두 가지
반응에 비추어 볼 때 일종의 '반응'이라고도 여겨진다. '난민에
대한 부담감'은 혐오로 발현되기도 하고, 왜곡된 역사 인식으로

17. 피움, 「현장[15호] 미얀마의 로힝야와 한국의 예멘 난민 — 이유경 국제분
쟁전문기자와 나눈 우리 시대 혐오에 대한 이야기」, 2018년 7월 30일 입력,
2020년 3월 14일 접속, https://c11.kr/dxp6. 강조는 인용자.
18. 염정우, 「국내 시민사회 6개 단체, 『로힝야 인권실태 보고』 초청 행사개최」,
『미디어 붓다』, 2017년 11월 21일 입력, 2020년 3월 14일 접속, https://c11.kr/
dxp8.
19. 김미은, 「'로힝야 난민의 여정에 함께 합시다'」, 『광주일보』, 2019년 3월 8일
입력, 2020년 3월 14일 접속, https://c11.kr/dxp9.

나타나기도 했다. 이는 표면적으로 다른 논리를 취했지만, 어쩌면 '거부'라는 동일한 메시지의 다른 표현이었는지 모른다. 마찬가지로, '로힝야 학살'에 대해 반응이 적은 것은 '무반응'이 아니라, 회피하는 것에 가깝다. 시리아 난민 쿠르디의 사진이 한국에 전해졌을 때, 얼마나 많은 사람들이 안타까워했던가. 그러나 동시에 예멘 난민이 제주에 도착했을 때, 또 얼마나 많은 사람들이 적극적으로 거부와 혐오로 돌아섰던가. 하나는 '연민'이고 다른 하나는 '혐오'였으나, 타자에 대한 배제라는 점에서는 동일했다. '로힝야 학살'과 로힝야 난민 캠프의 상황은 한국 사회에 '어쩌면 그들이 난민신청을 해 올지도 모른다'는 불안감을 낳았고, 이러한 불안감을 회피하고픈 마음이 '무반응'으로 드러났던 것이 아닐까.

만들어진 혐오, 전략적인 배제

가짜뉴스를 통한 혐오의 확산과 이것이 로힝야족에 대한 박해와 배제에 기여하고 있는 현상은 한국에서 로힝야가 인식되는 과정뿐 아니라, 로힝야 학살의 근본적인 동력으로 기능했다. 이는 비단 한국만의 문제는 아니며, 미얀마를 포함하여 전 지구적인 문제다. 특히 가짜뉴스의 확산에는 페이스북, 구글, 유튜브, 트위터 등 소셜 미디어의 등장과 이에 따른 메시지의 생산, 유통, 소비 구조의 변화가 핵심적으로 관여하고 있다.

다양한 소셜 미디어의 등장이 전지구적 민주화 운동에 긍정적으로 기능했다는 점을 간과할 수는 없다. 예를 들어 2010년 말 중동의 민주주의 운동인 '아랍의 봄', 2011년 신자유주의에 반발한 99%의 운동 뉴욕 월가 시위Occupy Wall Street, 2015년 흑인에 대한 경찰 권력의 남용에 항의했던 '흑인 목숨도 중요하다'Black Lives Matter, 2017년 전지구적으로 확산된 '#MeToo' 운동, 최근 범죄인 송환법과 중국의 내정 간섭에 대항한 홍콩의 민주화 요구 시위 등에서 소셜 미디어는 중요한 소통, 확산 수단이었다.[20]

반면, 소셜 미디어는 인종 차별, 종교 차별, 젠더 차별을 양산하는 혐오 발언 및 극단주의 확산의 수단으로 활용되고, 이것이 곧 혐오 범죄로 연결되기도 한다.[21] 페이스북, 유튜브 등의 인터넷 기업들은 자사의 플랫폼에 이용자들이 올린 글, 사진 등의 콘텐츠에 책임을 지지 않아도 된다는 "'통신품위법communication Decency Act' 230조"에 근거하여 혐오발언을 그대로 방치한다. 유튜브 구독자 수는 바로 수익으로 연결되기 때문에 자극적이고 극단적인 주장들이 경쟁하게 되기도 하는데, 최근에는 이러한 상황에 대한 문제 제기가 일어나면서 "유튜브는 2019년 6월 백인우월주의, 신나치주의 등 편향되고 극단적인 주장을 펴는 수천 개의 동영상과 채널을 삭제키로 했"으며, "페북도 2019년 5월, 극단적 인물들과 사이트들을 페북과 인스타그램에서

---

20. 하재식, 『가짜뉴스전쟁』, 커뮤니케이션북스, 2019, 45~46쪽.
21. 소셜 미디어가 지닌 폐단에 대한 이 단락의 내용은 다음을 참고했다. 하재식, 『가짜뉴스전쟁』, 48~50쪽.

퇴출했"으나, "전형적인 사후약방문"이란 비난을 받는다.

　로힝야에 대한 학살, 그중에서도 2016년 이후의 학살은 페이스북에 의한 혐오 발언이 제노사이드로 이어진 예라고 할 수 있다. 2016년 10월 9일 미얀마와 방글라데시 국경초소에서 '아라칸 로힝야 구세군'(이하 ARSA)이라는 단체가 국경수비대원을 죽이고 무기와 탄약을 약탈했고, 11일에도 같은 공격이 있어 국경수비대원 네 명이 사망했다고 알려진다.[22] 사실 ARSA가 사용한 무기를 보면 금속 볼트의 새총, 정글용 칼 등이 전부로 "일부에서는 군부가 로힝야족의 완전한 청소를 위해 ARSA를 만든 것이라는 주장"도 있을 정도로 ARSA의 규모와 군사력은 미약했다.[23] 2017년 군부와 불교도 극단주의자들은 ARSA를 반란군으로 규정하고, 자신들의 공격은 반란군에 대한 합법적인 공격이라고 주장하면서, 로힝야에 대한 사상 최대 규모의 집단학살을 일으켰고, 그 결과 100만 명이 넘는 난민들이 방글라데시로 탈출한다.

　국제사회가 인종청소, 제노사이드 등으로 명명했던 이 사건의 배경에는 페이스북이 미얀마의 대표적 인터넷 플랫폼으로 성장한 과정이 있다. "2016년 아웅산 수지 정부가 출범하면서 경제자유화정책이 시행"되었고, "통신산업이 경쟁체제로 전환"되면서 인터넷 인구가 급증하고, "스마트폰에 삽입되는 '심'sim

---

22. 이 한 단락의 내용은 다음 책의 내용을 바탕으로 작성했다. 권학봉, 『로힝야 난민 이야기 ─ 권학봉의 사진 보고서』, 첨단, 2019, 61쪽.
23. 같은 책, 61쪽.

카드"의 가격이 기존의 200달러였던 것에서 2달러로 떨어진다.[24] 더구나 구글 등 다른 인터넷 플랫폼이 미얀마어 서비스가 지원되지 않았던 것에 반해 페이스북은 미얀마어로 서비스를 제공하면서, "5,000만 명이 조금 넘는 인구 중 1,800만 명이 페북 이용자"가 되며, 다른 미디어가 충분히 발달하지 않은 상황에서 페이스북은 막강한 힘을 발휘하게 되었다는 것이다.[25] 특히 미얀마 군부는 이 상황을 십분 활용했고, "약 700명에 달하는 군 요원들이 가짜 이름과 거짓 계정을 만들어", 이슬람교도가 불교도를 공격할 것이라거나 "이슬람이 불교의 세계적 위협이라고 주장하거나 이슬람 남성이 여성 불교 신자를 강간했다는 가짜 뉴스"를 생산하고 퍼뜨린다.

유엔 인권이사회UNHRC가 로힝야족의 제노사이드를 규명하기 위해 지명했던 국제조사단의 마르주키 다루스만Marzuki Darusman 단장과 이양희 당시 유엔 미얀마 인권 특별보고관은 2018년 8월에 페이스북의 로힝야 혐오 발언은 건재하다고 말한다. 2018년 4월 페이스북은 증오 게시물을 방치한 잘못을 인정하고 증오 게시물 삭제를 약속했지만, "히틀러가 유대인과 싸웠듯 우리도 그들과 싸워야 한다. 빌어먹을 칼라Kalar(로힝야족을 비하하는 말)"와 같은 게시물(2013년 12월 등록)이 그대로 방치되고 있다.[26]

---

24. 하재식, 『가짜뉴스전쟁』, 53쪽.
25. 같은 책, 53~54쪽.
26. 김상훈, 「페이스북의 로힝야족 증오 게시물 관리 '나아진 게 없다'」, 『연합뉴

미얀마의 로힝야 학살이 소셜 미디어의 가짜뉴스를 통해 퍼져나갔다는 점에 더하여, 그 가짜뉴스가 어떤 경계선을 타고 형성되는가는 민감한 문제다. 특히 소수민족과 여성을 대립시키는 담론을 통해 혐오 발언이 확산되는 경향이 있다. 존 리드는 "미얀마에서 '위험스러운 말'이 확산되고 있다"고 하며, 특히 "소수민족은 여성이나 어린아이에게 위협이 된다"는 식의 발언이 패턴처럼 나타나고 있다고 우려한다. 여성과 아이의 취약성을 또 다른 취약한 소수민족에 대한 혐오의 근거로 활용하는 수사는 미얀마뿐 아니라 전지구적으로 확산되고 있다. 그런데 그 중에서도 미얀마가 특히 심각하다는 것이다.[27] 2012년의 로힝야 학살의 트리거가 된 것은 무슬림 남성이 불교도 여성을 강간하고 살해했다는 뉴스였다.[28] 그러나 김기남은 이 충돌은 "국가 state에 의해 미리 계획된 것"이었을 가능성이 높으며, 로힝야들을 강제이주시키고 이에 대한 중앙정부의 반응을 살피기 위한 것이었다는 분석을 내놓으며 가짜뉴스의 출처에 대해 생각해보게 한다.[29]

　　스』, 2018년 8월 16일 입력, 2020년 3월 14일 접속, https://c11.kr/dxqz.

27. John Reed, "Hate Speech, Atrocities and Fake News : the Crisis of Democracy in Myanmar", *Financial Times*, 2018년 2월 22일 입력, 2020년 3월 14일 접속, https://c11.kr/dxr0.

28. 이서인, 「로힝야족의 비극」, 창원대학교 대학원 석사논문, 2015, 55쪽.

29. '로힝야 난민 이야기 — 그리고 여기 듣는 사람들', 제66회 사회인문학포럼 — 난민×현장 티치인, 연세대학교 국학연구원 인문한국플러스사업단 주최, 2019년 5월 16일, 프레젠테이션 자료, 14~15쪽.

한국에서도 2016년경부터 여성에 대한 혐오 발언이나 혐오 범죄가 확산되면서 특히 난민과 여성을 대립시키는 담론이 유포되었다. 예멘 난민 500여 명이 제주도에 도착했을 때, 일부 여성들은 이슬람 문화가 여성에게 폐쇄적이고 차별적이라는 점 때문에 예멘 난민에 대한 불안감을 드러내기도 했으며, 이러한 소수자들의 불안을 보수 세력이 악용함으로써 마치 난민과 여성 사이에 실질적인 대립이 있는 것처럼 보도하는 뉴스가 확산되었다. 예를 들어 2018년 6월 30일 제주시청 앞 난민반대 집회와 이를 유튜브로 방영한 7월 2일의 〈그들이 에멘난민을 반대하는 이유 : 제주난민반대집회〉를 들 수 있다.[30]

그러나 소수자들 사이에 대립이 있는 것처럼 맥락화되었을 때 더욱 불리해지는 것은 소수자들이며, 이때 비가시화되는 것은 소수자들의 고통이다. 단적인 예로 소수민족과 여성·아이를 대립시키는 미얀마의 '위험스러운 말'은 소수민족 속 여성과 아이들의 고통에 대해서는 말하지 않는다. 반면, 〈아디〉의 로힝야 집단학살 보고서에는 여성에 대한 강간과 아이들에 대한 무차별 살해가 가장 많은 지면을 차지하고 있다. 방글라데시 로힝야 난민캠프의 51% 이상은 여성(미성년 여성을 포함)이며, "콕스 바자르 난민촌에 머무는 로힝야족 난민 여성 중 최근 성폭력 후유증으로 치료를 받는 여성이 수백 명에 달"한다. "쿠투팔롱 난

---

30. 박경주, 『난민인권에 대한 노트』, 177~178쪽 참고. 〈그들이 예멘난민을 반대하는 이유 : 제주 난민 반대 집회〉, 아이엠피터 유튜브채널, 2018년 7월 2일 수정, 2020년 3월 14일 접속, https://theimpeter.com/44001/.

민캠프에는 매춘산업이 번창해 매춘부의 다수가 난민캠프의 장기 거주자"이며, "최소 500명의 로힝야 매춘부가 쿠투팔롱에 거주하며 생존을 위한 매춘에 종사하고 있다"고 알려져 있다.[31]

소수자들 내부의 분열을 파고들어 '혐오'를 조장하는 가짜 뉴스는 누구에게 유리한가? 실비아 페데리치Silvia Federici가 명쾌하게 증명했듯이, 여성에 대한 마녀사냥과 혐오의 확산은 유럽 전체의 종교개혁으로 인한 분열을 통합하기 위한 '정치적 기획'이자 가장 효과적인 방법이었다. 따라서 종교적으로 대립하면서 전쟁을 치르고 있던 가톨릭 국가와 청교도 국가 모두가 '마녀사냥'에는 동의했고 협력했으며 적극적이었다.[32] 이러한 분석은 왜 군부와 아웅산 수지가 서로 대립하면서도 로힝야에 대한 혐오나 집단학살에 대해서는 함구하고 협력하는가를 정확하게 보여준다. 아웅산 수지에게도 군부에게도 각각의 권력을 유지하고 사람들을 통합하기 위해서, 로힝야 난민을 배제하는 것이 필요했던 것이다.

지배 권력이 로힝야에 대한 혐오를 조장하고 '시민'의 범주에서 로힝야를 배제함으로써 이를 통치와 통합의 전략으로 활용하는 것은 로힝야족의 시민권 박탈 과정으로 제도화되어 왔다. 즉 페이스북은 로힝야 학살을 확산하는 기폭제가 되었지만 그

---

31. 박순향, 「젠더 관점에서 본 미얀마 로힝야족 문제와 국제사회의 반응」, 『PKO저널』 15, 2017.
32. 실비아 페데리치, 『캘리번과 마녀』, 황성원·김민철 옮김, 갈무리, 2011, 245~247쪽.

것만이 로힝야 학살의 원인은 아니라는 것이다. 따라서 미얀마 내부의 로힝야 배제가 혐오 발언뿐 아니라 제도적으로 만들어져 왔다는 것을 살펴볼 필요가 있다. 이는 한국 사회 내부의 난민 대 시민이라는 위계화된 인식과 그 인식을 기반으로 난민법을 비롯한 제반 제도가 어떤 방향으로 구축되어야 하는가를 되돌아보게 한다.

로힝야족은 집단 학살에 의해 난민화되기 전에 이미 시민권 박탈 과정을 통해 난민화되면서, 무국적자라는 상태에 더해 집단학살을 피해 이주한, '이중의 난민'이라는 위치에 놓인다. 식민지기에 제국주의 세력들 사이의 갈등 속에서, '영국–로힝야족 vs 일본–버마족'으로 분열되어 싸웠던 경험은 해방 후 버마족 중심으로 구성된 독립정권에 의한 로힝야족 및 무슬림에 대한 차별로 이어졌다. 1948년 우누U Nu 정권에 의해 제정된 시민권 법률인 연방시민법The Union Citizenship Act에 따라 로힝야족도 명목상으로는 '국민등록카드'를 받을 수 있었으나, 이는 형식적 조치일 뿐 식민지기 제국들 사이에서 이용당하며 생긴 적대감은 쉽게 사라지지 않았다. 1962년 네윈Ne Win 장군이 군부 쿠데타를 일으키고, 1974년엔 민주주의 체제를 중단하고 종족 간 갈등을 통치에 활용하면서, 결국 1982년 시민법 개정으로 로힝야족은 기본권을 박탈당하고 불법 이민자가 된다.[33]

---

33. 이에 관해서는 이서인, 「로힝야족의 비극」, 창원대학교 대학원 석사논문, 40~44쪽.

새로운 시민법에서 정시민을 제외한 자들은 사유재산이 인정되지 않았고, 정치 활동에도 참여할 수 없었다. 로힝야족은 1823년 이전부터 라카인주에서 살아왔음에도 그 역사가 묵살되고, 영국 식민지 이후 이주해 온 종족으로 간주되어 무국적자가 되었다. 1983년 인구조사에서는 로힝야 대신 '벵갈리'라고 등록하면 신분증을 허용하겠다고 했지만, 이렇게 '로힝야'를 지우고 '벵갈리'로 기재하여 발행된 임시확인증마저도 2015년에는 회수당한다. 개정된 시민법은 국제적 기준에 어긋난 것이며, 로힝야족을 특정 지역, 특정 종교, 특정 종족으로 범주화하여 차별을 노골적으로 드러낸 것이기도 하다. 그들을 법 바깥으로 추방함으로써 상해나 살인에 대해 법적인 책임을 묻지 않아도 되는, '합법적인 폭력의 토대'가 만들어진 것이다.

2018년 12월 〈아디〉에서 발행된 두 편의 로힝야 학살보고서는 대규모 학살사건 이전부터 로힝야족에 대한 체계적인 파괴가 있었음을 보여준다. 먼저, 츄핀 마을의 학살보고서는 2017년 8월 27일에 일어난 대규모 학살사건 이전, 곧 2012~2016년에 걸쳐 일어난 체계적인 배제와 차별을 보여준다. 이는 구체적으로 교육기회의 박탈, 직업 선택의 제약, 허가제결혼과 출산제한(국경수비대 나사카Na Sa Ka로부터 결혼허가증을 발급받아야 결혼이 가능하며, 아이는 2~3명을 넘으면 안 된다), 종교자유의 제약, 이동의 자유의 제약(2016년 이후 여행허가서Taw Ken Za, 또는 Form No.4를 받아야 이웃 마을에 갈 수 있으며 이를 위해 돈을 내야 한다), 투표권 박탈, 의료서비스 접근의 제약, 일상적인 강제노동등이다. 특히 시민권 박탈과 관련해서 로힝야에게는 흰색의 임시카드Yiayi Caffra가 발급되었고 이 국적 확인 카드를 갖고 있지 않으면 구타를 당하지만, 로힝야의 대다수는 이 카드를 받지 않고 있다.[34] 이는 똘라똘리 마을의 경우에도 크게 다르지 않다.

우리는 국적확인카드를 가지고 여행할 수 없었기 때문에 이를 받아들이지 않았습니다. 국적확인카드에는 이 카드의 소유자는 미얀마 시민이 아니라고 되어 있습니다.(츄핀/12쪽)

우리는 수 세기 동안 미얀마에 있었지만, 정부는 우리가 시민이 아니라고 했습니다. 우리는 이곳에서 태어났고 미얀마 사람입니다. 우리는 국적확인카드가 외부인을 위한 것이었기 때문에 받지 않았습니다. 제가 국적확인카드에 등록하지 않은 이유입니다.(똘라똘리/16쪽)

1789년에 선포된 〈'인간'과 '시민'의 권리선언〉 중 인권선언 제1조, "인간은 자유롭게, 그리고 권리에서 평등하게 태어나고 존재한다"는 대목에서는 '출생'[35]이라는 단순한 사실이 바로 권리들의 원천이 된다. 이에 주목한다면, 인권 선언이 '국민'에게 주권을 부여할 수 있는 이유는 '출생'이라는 요소를 공동체의

---

34. 츄핀/10~13쪽.
35. 토착(native), 국가(nation), 자연(nature)은 출생과 관련된 의미의 라틴어 'natio'를 공통의 어근으로 갖는다.

핵심으로 기입했기 때문이다.[36]

그러나 한 '인간'이 갖는 권리는, 오로지 특정 국가 '시민'의 권리 속에서만 보전된다. 무국적자의 인권 혹은 시민권 없는 자의 인권은 존재하지 않는다. 결국 '인권'은, 국민으로서 혹은 시민으로서 권리가 온전하지 않을 때만 호명된다는 아이러니가 발생한다. 로힝야에서 난민을 양산하도록 작동하는 시민법의 제정과 개정에 주의를 기울여야 하는 이유가 바로 여기에 있다.

이렇듯 난민은 '인간'과 '시민', 즉 출생과 국적 간의 연속성을 깨뜨림으로써 인간과 시민의 권리의 허구성을 드러내는 존재이다. 유럽에서 출생과 국적이 분리되는 상황은 1차 세계대전 이후 가시화되었다. 난민과 무국적자가 급증하면서 많은 유럽 국가는 국적 박탈과 귀화 철회를 가능케 하는 법령을 서둘러 도입했다. 한 국가가 보호할 인간, 즉 시민과 시민 아닌 자의 경계를 명확히 하려는 '합법적 배제'의 시도였던 셈이다. 인권은 이런 과정을 거치면서 점점 시민권과 분리되었다.

따라서 조르조 아감벤Giorgio Agamben은 난민 개념을 인권 개념으로부터 단호하게 분리할 것을 주장한다. 그의 말처럼 난민이란 그 자체로 출생-국민의 결합 관계에서 인간-시민의 결합 관계에 이르는 국민국가의 기초적인 범주들을 근본적으로 되묻게 만드는 존재다. 따라서 '난민'은 이들이 더 이상 격리되고 배제되지 않는 새로운 정치를 위한 범주들에 길을 열어 줄 '한계-

---

36. 조르조 아감벤, 『호모사케르』, 박진우 옮김, 새물결, 2008, 248~250쪽.

개념'으로 간주되어야 한다.[37] 무국적 상태의 로힝야족은 '국적',
'인권'에 기반한 '시민권'이란 결국 또 하나의 배제 논리임을 밝히
며, '시민'이란 위치의 한계를 인식하게 한다.[38]

지금−여기에서 로힝야 역사 다시 읽기 : 민주화 속 '타자'의 자리

영국 제국주의와 일본 제국주의는 미얀마 내부의 종교적·
인종적 분열을 식민지 획득·통치·관리에 활용했다. 군부독재
기간 동안 종교적·인종적 분열은 다시금 지배체제를 유지하기
위해 활용되었으며, 민주화 투쟁 이후 새롭게 등장한 정부는 통
합된 정치 기반을 얻지 못한 채 승려 집단이나 기존의 군부 세
력의 눈치를 볼 수밖에 없었다. 로힝야에 가해진 폭력은 "다양
한 종족과 종교로 구성된 국가에서 그들이 점진적으로 발전시
키고 있는 정치 권력의 목표를 위해서, 중앙정부와 군이 통제하
는 국가가, 종교와 인종이라는 카드로 카드놀이를 했던 것에 따
른 직접적인 결과"인 것이다.[39] 나아가 이러한 역사적 맥락에 대

---

37. 같은 책, 259~260쪽.
38. 우카이 사토시, 〈'혁명적 전통'을 둘러싸고 ─『저항에의 초대』한국어판 출
    판에 감사하면서〉, 제5회 연세한국학포럼 대담 발표문, 2019.8.8~9. 여기서
    그는 비가시화된 채 도처에 존재하는 타자들과 마주하면서 '시민'이란 위치
    의 한계를 인식하는 위치로서, '한계−시민'이란 개념을 제안한다.
39. Maung Zarni and Natalie Brinham, "Reworking the Colonial Era Indian
    Peril : Myanmar's State-Directed Persecution of Rohynyas and Other

한 분석은 아시아의 피지배 민족이나 소수민족의 역사가 어떤 형태로 제국주의 및 지배적 권력 집단에 의해 활용되어 왔는가를 구조적으로 이해하는 기반이 될 수 있다.[40]

첫째로, 아시아의 여러 지역이 공통으로 경험한 식민-탈식민 과정 속에서 '로힝야'와 같은 아시아 각국의 '소수민족이나 소수자'들의 역사는 어떻게 기입될 수 있는가?

한국, 대만, 베트남, 인도네시아 등 아시아의 여러 지역들은 식민 지배, 뜨거운 '냉전' 속 내전, 독재정권, 민주화운동으로 이어지는 겹쳐진 역사적 경험을 갖고 있다. 한국의 경우, 식민 지배를 겪은 뒤 1945년 8월 해방은 맞이했지만 1948년 제주도에서 정부에 의한 민간인 학살사건인 제주 4·3이 일어났으며, 냉전 질서에 의해 남북이 분단되고 내전을 겪은 뒤 오랜 독재 정치에 대한 민주화 투쟁 후 1980년대에 이르러 민주주의 제도의

Muslims", *The Brown Journal of World Affairs*, 2017.

40. 오경석, 「재한줌머인연대(Jumma People's Network in Korea)와 미디어의 재현」, 『다문화사회연구』, 다문화사회연구, 4(2), 2011. 이 글은 한국 사회가 〈재한줌머인연대〉를 재현하는 방식이 줌머의 내재적이고 독특한 특성을 한국화하거나, 한국의 민주화운동이나 식민지기의 경험으로 과거화하거나, 무력한 도피자, 취약한 사람들, 소심한 생활인의 이미지로 환원시키는 점을 비판하고 있다. 이런 점은 줌머의 민족정체성과 한국의 민족정체성의 차이를 비가시화하고, 심지어 치타공 산안지대(CHT)에서 자행되는 인종폭력과 그에 대한 저항의 실상조차도 애매하게 만든다는 것이다. 따라서 이 글에서는 로힝야의 역사가 지닌 특수성을 한국의 식민지 경험이나 민주화 운동의 경험 등과 등가적으로 연결시켜 로힝야의 '현재'를 한국의 '과거'로 맥락화하거나, 한국과 완전히 다른 종교적 인종적 기반이 있음을 간과하지 않도록 주의하려고 한다.

기반이 성립된다. 대만은 일본에 의한 식민 지배를 겪은 뒤 1945
년 8월 해방을 맞이하지만, 곧 대만으로 들어온 국민당KMT 정
권에 의해 또 하나의 식민 지배를 겪는다. 대만에 원래 거주하
던 본성인과 중국에서 들어온 외성인 사이의 갈등은 1947년 2
월 28일의 정부에 의한 민간인 학살사건으로 이어지고, 이후 냉
전 질서하에서 독재 정치를 겪다가 1987년에 들어서야 계엄령
이 해제되고 민주화 투쟁이 성과를 거둔다.[41] 다소 차이는 있지
만, 베트남, 인도네시아 등도 '여러 제국에 의한 식민 지배 → 냉
전질서에 의한 내전과 분단 → 독재 정치 → 1980년대의 민주화'
로 이어지는 경험을 공유하고 있다.

　　미얀마도 비슷한 역사적 과정을 겪는다. 미얀마는 1825년
부터 영국과 세 차례 전쟁을 치르다 1885년 영국 식민지가 되
었고, 1945년 연합군이 재점령하기까지 일본의 식민지와 영국
의 식민지가 되기를 왕복한다. 1948년 1월 4일 영국에서 독립하
여 국호를 버마연방으로 정하지만 1962년 네윈 육군총사령관
에 의한 쿠데타로 군부독재가 시작된다. 1988년 아웅산 수지가
앞장선 민주화 투쟁이 일어나 수지는 가택 연금되고, 1990년 총
선, 2010년 총선에서도 군사정부 세력은 유지된다. 2010년 수지
는 가택 연금에서 풀려 2015년 11월 민주주의민족동맹NLD를
이끌고 총선에 나서 압승을 거두었지만 외국인 배우자를 가진

---

41. 森宣雄,「東アジアのなかの沖縄の日本復帰運動 ――台湾・沖縄・韓国 の
　　脱冷戦・民主化運動」,『IMPACTION』103 号, 1997.

경우 대통령이 될 수 없다는 헌법 조항 때문에 군부와 권력을 나누었다. 즉, "외교부장관과 국가 자문역을 맡았지만 내무, 국방 등 국가 안보와 관련된 실무를 군부에 맡겨야 했"으며, "헌법상 군 최고 사령관이 의회 의석 중 25%를 지명할 수 있"는 환경에서 군부로부터 자유로운 정치를 벌이기가 힘들다.[42]

이러한 미얀마의 특수한 사정은 고려해야 하지만, 아웅산수지는 로힝야 제노사이드에 대해 침묵을 지키고 있다. 이처럼 '국가'를 중심으로 한 아시아 역사의 공통된 경험은, 아시아에 대한 제국주의 침략의 역사 및 "뜨거운" 아시아의 냉전[43]이 아시아의 내전과 독재 정치를 야기했음을 드러낸다. 그러나 이처럼 식민주의와 냉전 질서에 대해 비판적 관점을 갖고 있는 사람들조차, 한국 내부 제주의 역사, 대만 내부 원주민의 역사, 미얀마 내부 로힝야족과 같은 소수민족이나 소수자의 역사는 충분히 인식하지 못한다. 로힝야 집단학살을 역사적 맥락에서 살펴보는 것은, 국가화된 아시아의 역사가 아니라 소수민족과 소수자를 통해 아시아의 역사를 새롭게 이해해야 할 필요성을 보여준다.

둘째로, 복수의 제국이 각축하는 식민지에서 인종, 종교, 계급, 젠더 차이가 어떻게 지배계급의 통치수단으로 활용되는가? 이 논의는 '로힝야 = 제국주의 앞잡이'라는 이미지를 바꾸기 위해서도 필요하다.

---

42. 하재식, 『가짜뉴스전쟁』, 51쪽.
43. 아시아에서는 냉전기에 '전쟁'이 계속되었다는 의미에서 '열전 = 아시아의 뜨거운 냉전'이라고 불린다.

예를 들어 영국 식민 통치 시기에 영국은 미얀마를 분할 통치Divide and Rule했다.[44] 미얀마 라카인주[45]의 마그족을 로힝야와 분리하면서 불교와 이슬람으로 나누어 이들의 인종과 종교 갈등을 식민지 분할 통치에 활용하는 식이다. 영국령 인도의 행정시스템을 미얀마에 도입하기 위해 영국은 인도인들을 행정관리체계와 관련된 모든 부서에 배치하였으며, 그 과정에서 로힝야를 비롯한 소수종족에게도 주 의회 의석을 내주었다. 이런 분할 통치 과정에서 다수종족인 버마족은 인도인뿐 아니라 로힝야족에 대해서도 반감을 가지게 되었다. 인도인이 로힝야족과 비슷한 외모를 지닌 것 또한 로힝야에 대한 반감을 증폭하였다. 로힝야족이 버마족과는 다른 '외모'로 '구분'이 가능하다는 점은 독립 후 몇십 년이 지난 후에도 로힝야족이 인도계 소수민족을 일컫는 '칼라'Kalas로 불리며 외국인으로 분류되는 등 인종주의적 혐오를 강화하는 요인으로 작동한다.

버마족과 로힝야의 갈등은 영국제국주의와 일본제국주의의 각축전에 의한 것이었다. 그 과정은 복잡하지만 간략하게나마 언급해 두자면 다음과 같다.[46] 버마족 불교도로 구성된 '불교

---

44. 이서인, 「로힝야족의 비극」, 창원대학교 대학원 석사논문. 이하 한 단락으로 소개한 미얀마에 대한 영국의 분할 통치에 대해서는 이 부분을 참고했다.
45. 권학봉, 『로힝야 난민 이야기』, 38쪽. 로힝야족이 있는 지역의 현 지명은 '라카인'이며 과거에 아라칸 왕국이 있던 곳이다. 즉 "미얀마가 현재의 라카인주를 지배한 시기는 1784년부터 1826년까지 42년에 불과"하며, "현재의 로힝야는 역사적으로 라카인에 왕국을 세우고 오랫동안 독립을 유지했던 아라칸 왕국의 땅"이었던 것이다.

청년회'YMBA는 영국제국주의에 항거하여 1930년 반인도인 폭동을 일으키는데, 이때 인도계 무슬림과 선을 그었던 버마족 무슬림까지도 인도계와 인종적 구분이 어려워 무차별 공격이 이뤄진다. 이 일을 계기로 영국은 버마의 자치권을 인정하고, '버마 독립군'은 1937년 영국령 인도에서 분리되어 일본과 손을 잡는다. 1942년, 일본이 미얀마를 침략하고 영국을 몰아내면서 1942년 3월부터 일본과 손을 잡았던 버마족 불교 지도부에 의한 무슬림 대학살이 자행된다. 그리고 12월에 다시금 영국이 미얀마를 탈환하면서 종족과 종교 갈등은 심화된다. 해방 직후에는 로힝야도 토착 민족으로 인정받아 버마 의회에서 각료로 활동할 수 있었지만, 1962년 군사 쿠데타로 군사정권이 들어서자 정치적 권리를 빼앗긴다.[47] 버마족의 우세한 지위를 기반으로 한 로힝야 배제가 체계적으로 진행되었던 것이다.

한 식민지에 복수의 제국이 관여하면서 인종과 종교 갈등을 활용한 '겹쳐진 폭력'이 일어난 경우는 일본 제국주의가 대만을 식민지화할 때 원주민들을 활용했던 사례 등에서도 찾아볼 수 있다. 로힝야 집단학살의 역사적 배경에는, 로힝야족의 제국주의 협력이 아니라, 겹쳐진 제국주의의 폭력하에서 활용되고 분열되고 버려진 소수민족의 비극이 있었음을 간과해서는 안 된다.

---

46. 이서인, 「로힝야족의 비극」, 창원대학교 대학원 석사논문. 미얀마에 대한 영국 제국주의와 일본 제국주의의 격투에 대해서는 이 부분을 참고했다.
47. 권학봉, 『로힝야 난민 이야기』, 55쪽.

셋째로, 1986년~1992년 사이에 아시아 전역에서 일어난 민중봉기 후의 백래시를 살펴볼 필요가 있다. 로힝야족에게 가해진 집단학살은, 민주화를 추구하는 아시아의 연쇄적 민중봉기 후에도 여전히 존재하는 '소수자에 대한 배외주의'를 가시화한다. 왜 민주화 운동 성공 후에도 소수자의 정치적 발언권은 제한되었을까?

조지 카치아피카스George Katsiaficas는 필리핀, 미얀마, 티베트, 중국, 타이완, 방글라데시, 네팔, 타이, 인도네시아의 민중 권력의 획득과정을 살핀 『아시아의 민중봉기』에서 1986년에서 1992년에 이르는 6년간 일어난 여덟 번의 민중봉기에 초점을 맞춘다.[48] 1986년 2월, 18일간의 봉기를 통해 필리핀인들은 마르코스 독재정권을 타도했고, 이때 성립된 '민중권력'people power이라는 개념은 1987년 6월 남한의 봉기를 자극했다.[49] 1987년 타이완의 민주화운동은 38년간의 계엄령을 종식시켰고 1989년 3월 중국의 점령에 맞서 티베트인들이 봉기했으며 이는 1989년 5월 천안문 광장의 봉기로 이어진다. 이것은 베트남 안의 민주화 요구, 유럽인들의 소련 독재에 대한 규탄, 1990년 방글라데시와 네팔의 민중봉기, 1992년 타이의 민중봉기 등으로 연결된다.[50]

미얀마의 1988년 민주화 항쟁도 이러한 아시아 민중봉기의 흐름 속에 있었다. 네윈 정권의 독재 장기집권과 경제난에 반발

---

48. 조지 카피아피카스, 『아시아의 민중봉기』, 원영수 옮김, 오월의 봄, 2015.
49. 같은 책, 28~29쪽.
50. 같은 책, 31~33쪽

하여 일어난 1988년의 8888 민주화 투쟁[51]에서는 무슬림과 불교도가 함께 반정부시위를 하는 순간도 있었다. 1989년 선거를 계획하면서 정부는 국가명을 미얀마에서 버마로 변경했다. 1990년 선거에서 아웅산 수지가 이끈 민주주의민족동맹NLD당이 82%의 표를 차지하며 압승했지만 군부는 결과를 인정하지 않았고, 국가법질서회복위원회(이하 SLORC로 표기)[52]를 조직하여 시위 참가자들을 학살했다. 이때, 라카인에서 반정부 시위를 했던 무슬림에 대한 탄압은 불교도에 비해 상당히 심했다. 무국적자인 그들은 시위할 권리조차 없다는 이유에서였고, 재산 몰수, 장기간 구속, 고문 등이 자행되었다.[53]

당시 무기한 구금Indefinite Detention을 당했던 로힝야족은 국제법의 보호를 받는 주체로 간주되지도 않았고, 적정한 법적 절차에 대한 권리도 갖지 못했다. 이러한 조치는 어떤 법규에도 구애받지 않는 투옥과 처벌의 영역을 만들어내고, 로힝야족이 구금되어 있는 곳에서 '권력'은 말단의 공무직이나 경찰, 군인들에 의해 '폭력'의 형태로 휘둘러진다.[54] 민주화 운동에 참여했던

---

51. 8888 민주화 운동은 1988년 8월 8일 버마 군사정부에 저항하여 일어난 민주화 투쟁으로 불교도들이 중심이 되었으나 이슬람들도 함께 참여했다.

52. State Law and Order Restoration Council.

53. 이서인, 「로힝야족의 비극」, 창원대학교 대학원 석사논문, 44~45쪽.

54. 주디스 버틀러는 어떤 법에도 구애받지 않고 어떤 합법적 권위도 없는 채로 일방적 결정을 내릴 권력을 위임받는 이러한 상황을 가리켜, 무법의 특권적 권력인 '불량권력'(Rogue Power)이라고 명명하고 있다. 주디스 버틀러, 『위태로운 삶』, 윤조원 옮김, 필로소피, 2018, 95쪽.

로힝야족 사람들은 국내법과 국제법 양쪽 영역에서 법이 유예되는 상황에 놓이게 되는데, 이 또한 미얀마 민주화 운동 속 또 하나의 비가시적 영역이다.

선거 조작 등으로 여론의 뭇매를 맞던 SLORC는 대중의 관심을 돌리기 위한 전략으로 방글라데시와 무력 충돌을 일으켰고, 이때 국경 지역에서 로힝야족을 완전히 제거하기 위한 체포, 살해, 윤간 등이 일어났으며, 이 시기에 로힝야족에 대한 허위 선전 또한 전역에 배포되었다. SLORC는 반정부 여론을 잠재우기 위해 버마족의 특권적 지위를 확고히 하는 시민법 개정을 비롯하여, 국경 지역에 거주하는 '소수종족을 위한 개발'이라는 명목으로 '버마화' 정책을 추구하기에 이른다. 이와 같은 로힝야족에 대한 차별, 분리, 추방의 '단계적 배제'를 위해 실시된 정책들을 분석하는 작업은 로힝야의 현재가 과거의 어떤 정책들을 거치면서 만들어진 것인지를 파악할 수 있다는 점에서 매우 중요하다.[55]

로힝야에 대한 탄압은 2007년 불교 수도승들이 중심이 되어 일으켰던 반정부시위인 샤프란 혁명 이후에 다시금 점화된다. 샤프란 혁명의 영향으로 승가의 영향력이 커지게 되어 사회적으로 불교가 활성화되면서 로힝야에게 더욱 불리한 상황을 초래했다.[56] 2011년, 민주주의를 추구하는 민선 정부가 출범했지만, 민

---

55. 이서인, 「로힝야족의 비극」, 창원대학교 대학원 석사논문, 46쪽.
56. 미얀마 불교도의 내셔널리즘에 대해서는 다음의 자료가 참고가 된다. Maung Zarni, "Buddhist Nationalism in Burma", *Essays on Myanmar's*

선 정부 정책은 버마족에게 유리한 것이었고, 군부체제 타도를 외쳤던 승가는 민주화 이후에는 타도의 대상을 이슬람교로 바꾼다. 군부에 의한 검열로부터 자유롭게 소셜 미디어를 활용하여 의사표현을 할 수 있게 된 사회 분위기는 오히려 극단주의적인 불교도들을 중심으로 한 '969운동'[57]으로 이어져 로힝야족을 박해의 대상으로 낙인찍는 데 일조한다.[58] 로힝야에 대한 혐오 발화로 페이스북 계정이 삭제된 '위라투'와 같은 승려도 아웅산 수지와 함께 민주화 운동을 했던 사람으로, 현재도 아웅산 수지를 지지하며 로힝야에 대한 혐오 발언을 퍼트리고 있다.[59]

아웅산 수지와 함께 8888민주화 투쟁의 선두에 섰던 마웅 자니가 미얀마의 로힝야족 탄압을 가리켜, "1960년대부터 미얀

Genocide of Rohingyas(2012-2018), Mother Printers, 2019, pp. 19~26. 이서인, 「로힝야족의 비극」, 창원대학교 대학원 석사논문, 47쪽.

57. 969운동은 미얀마 민주화 운동에 주도적으로 참여한 아신 위라투(Ashin Wirathu)라는 승려가 주도한 불교민족주의 단체로, 로힝야에 대한 혐오발언, 혐오행위 등을 해 왔다. 969 운동이라는 이름에서 숫자 중 9는 부처의 아홉 특징, 6은 부처의 여섯 가르침, 마지막 9는 불교 교리의 아홉 가르침을 뜻한다. 박광희, 「[지평선] 로힝야족과 불교 근본주의」, 『한국일보』, 2017년 9월 12일 입력, 2020년 3월 14일 접속, https://c11.kr/dxre.

58. 이유경, 「미얀마의 아파르트헤이트, 출구가 보이지 않는다」, 『한국일보』, 2017년 3월 24일 입력, 2020년 3월 14일 접속, https://c11.kr/dxrg. 이유경의 기사를 보면, 극단주의 불교승려 조직인 '종족종교 수호 위원회(마바타[Ma Ba Tha])'가 '종족종교수호법안'을 발의하여 통과시켰으며, 이에 대해 위라투 '종족종교 수호 위원회'의 대표는 "로힝야들이 미얀마 전역을 덮어버리기 전에 취해야 할 조치다"라고 맞장구를 친 예를 들 수 있다.

59. 이유경, 「"로힝야 다음은 무슬림 타깃?"」, 『쿠키뉴스』, 2017년 10월 7일 입력, 2020년 3월 14일 접속, https://c11.kr/dxri.

마 정부와 군대, 불교계 등에 의해 조직적으로 지속돼 온 '천천히 타오르는 집단학살'"이라고 말하는 것은 바로 이러한 과정들 때문이다. 그는 "군대와 정부가 로힝야족을 학살해 손에 피를 묻히면 아웅산 수지가 그 손을 깨끗하게 씻겨주는 게 지금의 미얀마"이며, 소수민족을 지배하는 제국주의 파시즘 국가가 되었다고 말한다.[60]

이처럼 기존에 민주화를 위해 애썼던 세력이 소수민족 탄압에 대해 침묵하며 암묵적으로 동조하는 모습은 민주화 투쟁 속에서 '소수자'의 목소리를 위한 자리가 얼마나 주어졌는가를 다시금 질문하게 한다. 이는 미얀마의 8888 민주화 투쟁에 던지는 질문일 뿐 아니라 한국의 87년 민주화 이후, 그리고 2016년 촛불 운동 이후의 상황 속에서도 의미를 가질 수 있을 것이다. 2016년의 촛불은 개혁정당을 대두시켰지만, 10년간 보수 우파 정권에서 가속화된 경제 격차와 불안 이후의 "국민특권주의적 정서가 강화된 문재인 정부를 관통하는 사회장" 속에서 난민에 대한 반응들이 형성되었다고 진단하기도 한다.[61] 인권활동가 미류는 촛불 이후 성립된 개혁정당에서 성소수자나 난민의 자리가 마련되지 못했음을 비판하면서 더 많은 민주주의의 자리를 만들어야 할 필요성을 역설한다.[62]

60. 전현진, 「[단독]미얀마 마웅 자니 인터뷰 "천천히 타오른 로힝야족 학살, 스마트폰이 혐오폭탄 됐다"」, 『경향신문』, 2018년 10월 22일 수정, 2020년 3월 14일 접속, https://c11.kr/dxrj.
61. 김현미, 「난민 포비아와 한국 정치적 정동의 시간성」, 『황해문화』 101, 212쪽.

미얀마 민주화 운동을 주도한 세력의 변화가 야기하는 미얀마 내부의 복잡한 갈등구조는 한국 내의 이주민 활동 및 난민 활동 커뮤니티 안에서도 분열을 낳고 있다. 이는 '이주노동자 대(對) 한국 사회'라든가 '난민 대 한국 사회'라는 식의 분열이나 갈등의 지형을 그릴 수 있었던 시기와는 달라진 양상이다. 일본도 그렇지만, 한국에서도 미얀마에서 온 이주노동자 및 정치적 난민을 지원하는 단체들 중 몇몇은 로힝야의 집단학살을 묵인하거나, 미얀마 군부 및 아웅산 수지의 책임을 추궁하는 활동에 적극적으로 나서지 않는다.

한국에서 로힝야 집단학살을 알리는 데 적극적인 단체는 〈국제민주연대〉와 〈아디〉 등 소수이지만, 2017년 8월에는 27개 시민단체가 "로힝야 학살을 규탄하는 한국시민사회단체 기자회견"을 열기도 했다.[63] 그 밖에도 2017년 11월에 '『로힝야 인권실태 보고』 초청 행사'를 개최했고[64], 인도에 공개서한을 보내 "로힝야 난민 강제추방"을 저지하는 활동을 했으며[65], 로힝야의 상

---

62. 미류, 「차별금지법, 지금 필요한 이유」, 『차별금지법 궤도에 올리다』 자료집. 2018년 8월 29일, 6~7쪽.

63. 〈로힝야와 연대하는 한국시민사회모임〉에는 〈공익법센터 어필〉, 〈공익인권법재단 공감〉, 〈국제민주연대〉, 〈민변 국제연대위원회〉, 〈생명평화아시아〉, 〈신대승네트워크〉, 〈실천불교전국승가회〉, 〈아시아인권평화디딤돌 아디〉(ADI), 〈에이팟코리아〉(A-PAD Korea), 〈작은형제회〉, 〈진실의 힘〉, 〈참여연대〉, 〈해외주민운동연대〉(KOCO) 등이 참여하고 있다.

64. 염정우, 「국내 시민사회 6개 단체, 『로힝야 인권실태 보고』 초청 행사개최」, 『미디어 붓다』.

65. 전은경, 「인도정부는 로힝야 난민 강제추방 즉각 중단하라」, 『오마이뉴스』,

황을 알리는 강연회 및 사진전, 기사화 등이 꾸준히 진행되고 있다.[66] 이러한 흐름 속에서 2018년 12월 18일, 5·18 기념재단은 기자회견을 열어 2004년 아웅산 수지에게 수여했던 '광주인권상'을 철회했다.[67] 그러나 이러한 활동이나 로힝야 박해에 대한 인식은 아직 대중적으로 확대되지 못하고 있다.

한편, 1994년부터 2000년 사이에 미얀마 출신 이주노동자들이 만든 '버마행동'은 이주노동자에 대한 차별에 항의하는 행동에서 시작하여 점차 미얀마의 민주화를 지지하는 활동으로 그 반경을 넓혀 왔지만, 미얀마의 로힝야 학살에 대해서만은 적극적 지지를 표명하지 않고 침묵으로 일관한다. 〈아디〉의 활동가인 이동화는 2016~2017년 로힝야 학살 항의행동을 위해 미얀마 국내 활동가들과 만났는데, 회의에서 미얀마 활동가들이 "로힝야 사람들은 미얀마 사람이 아니고 그들의 테러가 문제다"라는 주장을 했음을 지적한다.[68]

미얀마에서 한국으로 이주한 이주노동자나 박해를 피해 온

2018년 10월 7일 입력, 2020년 3월 14일 접속, https://c11.kr/dxrl.

66. 최황지, 「광주인권평화재단 '로힝야 난민 사진전' 개최」, 『전남일보』, 2019년 2월 25일 수정, 2020년 3월 14일 접속, https://c11.kr/dxrn. 조진섭의 사진은 다음을 참조, 조진섭, 〈존재하지 않는 사람들, 로힝야〉, 네이버 이미지 라이브러리, https://c11.kr/dxrq.

67. 오승지, 「아웅산 수지 광주인권상 취소 − 로힝야족 학살 방관 국제적 비난」, 『광주매일신문』, 2018년 12월 18일 입력, 2020년 3월 14일 접속, https://c11.kr/dxrr.

68. 이동화, 「[주장]아시아 인권과 민주주의의 새로운 위협」, 『오마이뉴스』, 2019년 11월 28일 입력, 2020년 3월 14일 접속, https://c11.kr/dxrs.

난민들은 한국 사회의 소수자들이다. 그들에 대한 보호와 권리 획득을 유지하면서도 동시에 로힝야에 대한 집단학살을 알리고 비판하는 목소리를 어떻게 이끌어낼 수 있을까? 2018년에는 단지 난민에 대한 부정적인 반응이나 활동만 있었던 것은 아니었다. 예멘 난민을 둘러싼 문제가 불거지면서 인권운동이나 소수자 운동과 난민 운동의 접점이 모색되었고, 〈HIV/AIDS인권연대 나누리〉, 〈난민인권센터〉, 〈행동하는성소수자인권연대〉가 협력하여 〈소수자난민네트워크〉가 만들어졌다. 〈소수자난민네트워크〉는 '난민' 내부에서 다시금 생기는 '난민화' 현상을 인지하면서, 각각의 소수자가 함께 활동할 수 있는 공통의 장을 모색하고 있다.

전해 들은 자들이 로힝야를 증언한다는 것

로힝야의 증언을 듣는 것은 '절대적 단독성'을 지닌 또 하나의 사건이다. "절대적 단독성은 단일한 것과 다르"며, "번역 불가능한 '내부'로부터, 그 어떤 초월적인 인류의 이념도 경유하지 않고 다른 희생자, 다른 순교자, 다른 증인들에게로 열린"다.[69] 즉

---

69. 우카이 사토시, 「파울 첼란, 『칠흑같은 어둠에 싸여』」, 『저항에의 초대』, 박성관 옮김, 그린비, 2019, 444~445쪽. 우카이 사토시는 파울 첼란의 언어에 대한 데리다의 해석을 통해서, 증언이란 "절대적 단독성"을 갖는다고 이야기한다. 즉 "절대적 단독성은 단일한 것과 다르"며 "번역불가능한 '내부'로부터, 그 어떤 초월적인 인류의 이념도 경유하지 않고 다른 희생자, 다른 순교자, 다른 증인들에게로 열린다"는 것이다. 우카이 사토시는 파울첼란의 시에 대

증언을 듣는 과정은 청자의 변화를 야기하고, 또 하나의 '증언자'가 되도록 만든다. 이 글의 목표는 두 가지이다. 하나는 로힝야 학살에 대한 '외부'의 증언자가 되어 또 다른 증언자를 한국 안팎에서 만들어내는 것이며, 다른 하나는 한국 사회 내부의 로힝야에 대한 반응을 비판적으로 살피고 로힝야의 학살과 고통을 '우리'의 문제로 공감하고 사유하고 행동할 수 있는 방법을 모색하는 것이다.

이러한 점에서 증언을 듣는 것이 곧 증언자와 청자 사이의 위계를 무너뜨리면서 청자를 변화시키는 과정일 수 있음을 이야기한 도미야마 이치로의 말은 새겨볼 만하다. 이 글에서 도미야마는 다케무라 가즈코竹村和子를 인용하면서 청자는 '들을 수 있다는 잠재성'을 갖고 있다는 점에서 '미리-배제'를 하고 있는 것과 다름없다고 말한다. 이를 통해 도미야마는 커밍아웃을 하는 이들이 청자의 변화를 부추기며 일종의 ~되기becoming에 의해 함께 위험에 노출되는 '비커밍아웃'becoming out을 요청한다고 강조한다. 또한 "커밍아웃을 기다리는 청자들이 안주하는 시민사회"가 아니라 "생명정치에 의해 위험에 노출되어 있는 삶의 세계"가 상정되어야 한다고 말한다. 즉 "커밍아웃을 프로세스로서, 즉 비커밍아웃으로 지속하기 위해서 역시 이야기할 장이 필

해서도 마치 어떤 증언자에게 증언의 증거를 요구하듯이 접근해서는 안 된다고 하면서, "모든 난민들과 마찬가지로 그 자체가 이미 '순교자'이자 '증인'이기 때문"이고 첼란이 말하듯이 "증인의 증인이란 존재하지 않"기 때문이라고 역설한다.

요"하며 이러한 장은 반드시 '공개'를 전제로 하지 않으며 늘 비밀을 간직한다는 것이다.[70] 이는 곧 로힝야 학살에 대한 증언을 듣는 '청자'의 자리가 안온하고 위계화된 시민의 자리가 아니라, 오히려 청자 스스로의 비커밍아웃을 촉구하는 장, 즉 또 하나의 증언자로 변화하는 장임을 암시한다. 따라서 로힝야족에 대한 학살을 듣는 두 층위의 청자 집단을 상정하면서, 이 글을 마무리하고자 한다.

첫째로, 한국의 온-오프 공론장이 청자가 될 수 있다. 이 첫 번째 청자 집단에 말을 걸 방법을 모색하기 위해 이 글은 '지금-여기'에 로힝야가 어떻게 도착해 있는지 살펴보고, 로힝야에 대한 동정/혐오의 양극화된 반응이나 무관심을 어떻게 벗어날 수 있을까를 질문했다. 특히 식민지와 독재를 경험한 아시아의 공통된 역사와 민주화 운동 속에서 '소수자'의 자리가 얼마나 인식되었는가를 고찰했다. 이는 로힝야족이 제국주의의 앞잡이라는 가짜뉴스에 대한 반박 논리를 만드는 것이자, 한국의 경험 속에서 '로힝야'의 목소리를 들을 수 있는 청자를 만드는 기반이 될 것이다.

둘째로, 인도, 방글라데시, 미얀마 사람들을 비롯한 로힝야에 관심을 가진 전지구적 차원의 청자를 들 수 있다. 이질적인 환경에서 살아가는 사람들과의 접점을 만들기 위해, 이 글은 로

---

70. 도미야마 이치로, 「증언 '이후' ─ 곁에서 일어나고 있는 일이며, 이미 남의 일이 아니다」, 〈전쟁, 여성, 폭력 : 일본군 '위안부'를 트랜스내셔널하게 기억하기〉, 서강대학교 트랜스내셔널인문학연구소 주최, 2019년 3월 7일~8일, 6~7쪽.

힝야족에 대한 혐오 발화의 패턴을 분석하고, 로힝야족의 난민화를 시민권 박탈에 초점을 맞춰 부각하였다. 이를 통해 현재 확산되는 소수자들 사이의 갈등을 해결할 방법을 모색하는 한편, '시민'이나 '국민'이라는 자리에 국한되지 않고 로힝야의 고통과 만나는 방법을 찾으려고 했다. 한국 사회에서 모색할 수 있는 '정의'는 증언을 듣는 이들의 마음속에서, 그리고 듣고-증언하기를 반복하는 과정에서 번져 가며 생성되는 것일 수도 있기 때문이다.

그러나, 이중으로 시민권을 박탈당하고 집단학살의 생존자가 된 '로힝야족'과, 국적을 지니고 있고 폭력에 직접 노출되지 않는 '우리' 사이에는 분명 깊은 간극이 있다. 더구나 한국 사회에 사는 사람들이 증언할 수 있는 로힝야의 이야기는 어디까지나 '여러 개의 미디어'를 통해서 전해 들은 것이다.

이처럼 전해 들은 자들의 '증언'은 어떻게 가능해질까? 그 방법적 모색의 하나의 예로서 2019년 5월 16일에 김기남 활동가를 초청해서 이뤄진 티치인Teach-in '로힝야 난민 이야기 — 그리고 여기 듣는 사람들'[71]의 경험을 들 수 있을 것이다. 티치인 공론장은 로힝야에 대한 학살과 박해에 대해 '전해 들은' '증언자'로서의 '우리'의 위치를 고민하고, 또 다른 '증언자들'과의 만남을 모색하는 자리였다. 그리고 '난민'을 이슈로 공론장을 열 때

---

71. '로힝야 난민 이야기 — 그리고 여기 듣는 사람들', 제66회 사회인문학포럼 — 난민×현장 티치인, 연세대학교 국학연구원 인문한국플러스사업단 주최, 2019년 5월 16일.

어떠한 문제들과 만나게 되는가를 사유하게 했다.

　로힝야의 이야기를 들으려는 '우리'의 시도는 어쩌면 로힝야 사람들에게 고통을 상기시키는 증언을 강요하는 것이 될 수도 있다. 그러나 용기를 내서 증언해 준 이들 덕분에, 영상과 사진을 찍은 사람들 덕분에, 그리고 그것을 전달하고 설명하는 활동을 꾸준히 하고 있는 활동가들 덕분에, '우리'를 '구경꾼'의 자리에서 내려오도록 촉구하는 증언들과 만날 수 있었다. 이러한 만남을 통해서 '우리'는 스스로가 기반하고 있는 인간적인 것, 시민적인 것, 국민적인 것의 한계를 인식할 수 있었다. 또한 '우리'가 들은 로힝야의 고통을 또 다른 청자에게 전달할 수 있도록, 스스로를 '청자'에서 '증언자'로 조금씩 변화시켜 갈 수 있었다.72

　여전히 로힝야 사람들과 '이곳'의 간극은 명확하다. 그러나 이 간극이, 또한 '우리'가 서 있는 이 '한계-시민'이라는 조건이, 불가능의 조건이 아니라 '함께' 듣기를 시도해 볼 수 있는 뒤늦은, 그러나 솔직한 시작점이 될 수 있기를 바란다.

---

72. 나영정, 「정체성 정치, 교차성 정치, 이권의 정치 ― 이름없는 권리와 책임감을 공유하는 운동을 향해」, 『인권운동』, 2018년 12월, 69쪽.

제3회 반군사주의와 난민

전쟁 만드는 나라의 시민으로 살겠습니까? | 쭈야
병역거부 운동 : 누구의 위치에서 어떤 평화를 말할 것인가 | 이용석
평화를 만드는 말의 모습 | 도미야마 이치로 / 심정명

전쟁 만드는 나라의 시민으로 살겠습니까?

쭈야

8,043km를 건너온 사람들, 예멘 난민

2018년 6월, 5백여 명의 예멘인들이 난민의 이름으로 제주에 들어왔다. 그리고 얼마 뒤 청와대 국민청원 게시판에 "제주도 난민 수용 거부해주세요"라는 제목의 게시글이 올라왔고, 4일 만에 서명 18만 명을 돌파했다. 또 다른 난민신청 허가 폐지 및 난민법 개헌 청원은 70만 명이 넘는 찬성을 받았다. 이들이 '여자를 사람으로 보지 않고 애 낳는 도구로만 생각'하는 이슬람교도이며, 잠재적 테러리스트이고, 난민으로 위장해 들어온 사람들이 자국민의 일자리를 뺏을 수 있다는 우려 속에서 이질적이고 위험한 가짜 난민을 돕는 데 우리의 세금을 쓸 수 없다는 이유였다.

반대로 난민 수용을 찬성하는 쪽에서는, 난민협약국인 한국이 인권을 보호할 책임과 의무가 있음을 이야기했다. 한국은 아시아 최초로 지난 2012년 독립된 난민법을 제정한 나라이다.

유엔난민기구에서는 한국의 난민법 제정이 아시아의 중요한 초석이라며 환영의 뜻을 밝혔다. 그러나 2018년 법무부가 밝힌 한국의 난민 인정률은 2018년 3.7%(3,879명 중 144명)에 불과하다. 세계 평균 난민 인정률은 29.8%이고 한국도 가입되어 있는 경제협력개발기구OECD 평균은 24.8%이다.[1] 지난해 들어온 예멘 난민들 역시 단 2명만 난민으로 인정되었고, 나머지 대부분은 '인도적 체류 허가'라는 불안정한 상황 속에서 한국에 살고 있다.

예멘에서 발견된 한국산 무기들

예멘 난민 인정에 대한 찬반 논쟁 이전에, 살펴볼 사실이 있다. 바로 예멘에서 발견된 한국산 무기들이다.

제주로 들어온 예멘 난민에 대한 찬반 논란으로 연일 떠들썩하던 2018년 6월, 한 평화 활동가가 인터넷에서 발견한 캡처 사진을 보내왔다. 출처는 트위터 @YemaniObserv라는 계정에 올라온 동영상 캡처 사진이었고, 동영상 내용은 예멘의 후티 반군이 정부군 차량을 습격하여 획득한 무기들을 늘어놓고 보여주는 모습이었다. 그중 수류탄에 영상이 집중되는데, 클로즈업된 이미지에 선명히 보이는 것은 "세열수류탄"이라고 쓰인 선명한 한글이었다. 이 수류탄은 인터넷에서 발견한 다른 사진에

---

1. 〈2018년 난민신청 및 처리현황〉, 법무부 난민과 2019년 6월 20일 자 보도자료, 법무부 홈페이지, 2019년 6월 20일 입력, 2020년 3월 21일 접속, https://c11.kr/e3ps.

〈그림 1〉 2016년 9월 예멘 후티 반군이 정부군으로부터 획득한 무기에서 발견된 한화 수류탄 (출처 : 유튜브, 2018년 8월)

〈그림 2〉 수류탄에 입을 맞추고 있는 사우디와 UAE 군인들 (출처 : 트위터 @green_lemonnn, 2016년 9월 19일)

도 등장한다. 사우디와 아랍에미리트(이하 UAE) 군이 자랑하듯 수류탄에 입을 맞추고 있다. 이들이 입 맞추는 수류탄은 사우디와 UAE 등에 수출되어 예멘 정부군을 지원하는 사우디와 UAE 군이 사용했다.

이 무기는 한국의 국방과학연구소가 개발을 담당하고, LIG 넥스원이 미사일, 한화가 발사대 생산을 맡아 탄생한 현궁이라는 무기이다. 1대당 1억, 무게가 13kg으로 다른 유도미사일보다 가볍고 성능이 우수하다는 평가를 받고 있다. 한화의 수류탄처럼 현궁도 사우디와 UAE로 수출되어 예멘에서 사용된 것이며, 이 현궁은 민간인이 살고 있는 도시 한복판에서도 사용됐다.

예멘으로 흘러 들어간 것은 무기뿐만이 아니다. UAE는 사우디아라비아와 함께 연합군을 결성하여 예멘 내전에 군사적으로 개입하고 있다. 특히 예멘 내전에 참전하는 UAE 지상군 중 상당수가 특수전 부대원인데, 한국의 아크부대가 UAE 특수전 부대에 대한 교육 훈련을 맡고 있다. 한국은 UAE에 아크

〈그림 3〉 국방과학연구소가 전체 개발하고 LIG 넥스원이 생산한 대전차유도미사일 현궁 (출처 : 유튜브, 2018년 8월)

부대를 파견하고, 방산 수출을 확대하면서 사실상 예멘 내전에 악영향을 미치고 있는 것이다. 또 UAE는 군사기지 옆 아라비 아반도에 최초의 원자로를 건설 중인데 이곳은 광대한 근대화와 군대 활동이 발생하는 곳이다. 이 원자로 건설에 한국이 참여하고 있다. 파병을 통해 지역 분쟁에 군사적으로 개입하고 있는 UAE 군대를 훈련시키고 군사 협력을 강화하는 한국, 원자로 건설에 참여하고 있는 한국은 중동 지역의 평화를 만드는 일원으로 보이지 않는다. 오히려 UAE 파병은 헌법에 명시된 국제평화 유지 원칙에 반하는 것이며, 지역 패권을 둘러싼 갈등에 연루되어 가담하고 있는 것이다.

예멘 내전, 인도주의적 재앙

유엔난민기구UNHCR가 발표한 자료에 따르면 약 2,870만 예멘 국민 중 국내 피란민이 365만 명, 예멘을 떠난 난민이 27만 명에 이른다. 전쟁 사망자만 10만 명에 가깝게 발생한 것으로 추정하고 있다. 예멘 전쟁 자료를 수집 분석하는 예멘 데이터 프로젝트YEMEN DATA PROJECT에 따르면 2019년 말 현재 20,330회의 공습이 있었고 그중 군사시설이 아닌 곳으로 향한 공습이 13,327건에 달한다. 이는 공습의 반 이상이 군사시설이 아닌 민간인들을 향했음을 의미한다. 2018년 10월 11일, 유엔아동권리위원회는 사우디아라비아에 예멘에서 민간인을 노린 공습을 중단하고 어린이 희생자를 낸 공격의 책임자 처벌을 촉구했다. 전시 어린이 인권 문제와 관련된 사우디아라비아 심의 보고서에서 따르면 2015년 이후 3년 6개월 동안 최소 1,248명의 어린이가 숨졌다.[2] 2019년 말 현재, 예멘 전쟁의 민간인 사망자는 8,635명이며 부상자는 9,715명에 달한다.

살아남은 사람들의 일상도 파괴되었다. 2017년 7월 27일, 유엔 어린이기금(이하 UNICEF)과 세계보건기구WHO는 공동성명을 통해 예멘의 콜레라 환자 수가 40만 명에 육박하고 있다며 국제사회의 도움을 호소했지만, 2018년에도 상황은 나아지지 않았다. 세계보건기구의 보고서[3]에 따르면 2018년 예멘의 콜레라 감염자는 37만 명, 사망자는 512명에 달한다. 2년 넘게 이어진 전쟁으로 질병의 예방과 치료에 필요한 보건 시설과 상수 시설이 모두 파괴된 결과이다.

UNICEF가 2019년 9월 25일 발표한 성명에 따르면, 2019년

2. 이광철, 「유엔아동권리위, 사우디에 예멘 민간인 공습 중단 촉구」, 『연합뉴스』, 2018년 10월 11일 입력, 2020년 3월 21일 접속, https://c11.kr/e3pz.
3. Weekly epidemiological record, 2019년 11월 29일.

9월 기준으로, 36만 명에 달하는 5세 이하 예멘 어린이가 극심한 영양실조에 시달리고 있고 1,230만 명의 어린이들에게는 인도주의적 지원이 필요하다. 교육 시스템의 파괴와 함께 어린이들의 미래도 파괴되었다. 2015년 3월 이후 분쟁이 고조된 후로 학교를 중퇴한 어린이는 50만 명이며, 이들을 포함해 약 2백만 명이 학교에 다니지 않고 있다. 학교를 그만둔 어린이들은 노동 착취, 강제 입대, 조기 결혼 등 성장의 기회가 박탈된 폭력과 빈곤 속에 살아가고 있다.

내가 예멘을 떠나기로 결심한 것은 더 이상 집에서 앉아만 있을 수 없었기 때문이다. 언제 어디서 폭격이 일어날지 몰라 어디에도 나갈 수 없었다. 음식, 전기, 가스, 일자리, 학업, 사랑하는 사람들, 그리고 우리의 호흡마저도 빼앗아 가버린 시간을 보내며 삶을 살고 있다고 차마 생각하기 어려웠다. 내가 가진 권리들을 되찾고 싶었다. 특히 여성들과 아이들은 너무나도 많은 권리들을 잃고 살아가고 있다. 전쟁이 왜 일어났는지 영문도 모른 채 겨우 살아남아가는 삶을 살고 있다.(예멘 난민 야스민[4])

한국으로 온 예멘인들은 위협이나 이익을 위해 온 것이 아니다. 삶의 위협으로부터, 강대국에 의해 장기전이 되어버린 전

---

4. 호수, 「내 이름은 야스민」, 〈전쟁없는세상〉 블로그, 2018년 7월 8일 입력, 2020년 3월 21일 접속, https://c11.kr/e3ts.

쟁이 만들어낸 일터와 삶터의 파괴로부터, 인간성이 말살된 일상의 위협으로부터 탈출한 사람들이다.

세계 곳곳에서 발견되는 한국산 무기

한국산 무기는 예멘에서만 사용된 것이 아니다. 한국이 무기를 수출한 나라들로는 분쟁으로 몸살을 앓는 이라크, 불안정한 인도네시아, 분쟁과 진압이 계속되는 터키 등이 있다. 또 한국에서 사용하지 않는 최루탄들이 국경 밖 권위주의 독재 정권 국가들로 수출됐다. 1991년 인도네시아로 수출된 최루탄은 민주화 열기를 탄압하고 동티모르 독립운동을 유혈 진압하는 데 쓰였다. 150발의 한국산 최루탄이 바레인에 수출되었고, 2010년 아랍의 봄 이후 반독재 민주화를 외치는 바레인 시위대를 향해 사용되어 어린이와 노인, 청소년 등 최소 39명에서 최대 200명이 사망했다.[5] 터키에서는 한 소년이 최루탄에 맞아 숨지는 사고도 일어났다.[6]

수출된 무기는 최루탄뿐만이 아니다. 2018년, 200여 명의 사망자를 낳은 터키 아프린 주 공습에 한국산 전차가 사용된 영상이 발견되었고, 2017년에는 시리아와 이라크가 한국산 제조 탄약을 소유한 해외 보고서가 발견되었다.[7] 아프리카 수단에

---

5. 바레인 인권단체 'Physicians for Human Rights'의 조사.
6. 김준억, 「터키, 최루탄 맞은 소년 사망에 주요 도시서 시위」, 『연합뉴스』, 2014년 3월 12일 입력, 2020년 3월 22일 접속, https://c11.kr/e4ca.

서는 한국항공우주산업 차량의 군사기술이 사용된 것이 발견되었다.[8] 나이지리아 정부는 1983년부터 2006년까지 3만 3천 개 이상의 한국 소총을 구입했고, 나이지리아 내 비무장 그룹이 대우의 K2 자체 탑재 소총을 보유하고 있는 것이 확인되었다.[9]

확산탄Cluster Bomb(집속탄)은 하나의 커다란 폭탄 안에 수십에서 수백 개의 이르는 작은 폭탄을 설치해 흩뿌리는, 광범위한 지역에 무차별적인 피해를 입히는 산탄형 폭탄으로 지난 수십 년간 수많은 불발탄을 남겨 대인지뢰처럼 심어져 있다가 접촉하는 민간인에게 주는 피해가 극심해 대표적인 비인도 무기로 손꼽힌다. 이와 같은 확산탄의 비인도적 특성 때문에 확산탄금지연합을 중심으로 확산탄 금지 운동이 활발히 벌어졌고 2008년에 확산탄의 생산, 사용, 이전 및 비축, 또 이에 대한 일체의 재정적 지원을 금지하는 '확산탄금지협약'CCM : Convention on Cluster Munitions이 채택되었으며, 현재는 유럽 22개국을 포함한 119개국이 협약에 참여하고 있다. 이렇게 인도주의적 차원에서 확산탄 생산과 사용은 금지되어야 한다는 국제적인 목소리가 높아지고 있지만, 한국 정부는 특수한 안보 상황을 이유로 협약 가입을 미루고 있다. 이뿐만 아니라 지난 2013년에는 한국

---

7. 〈WEAPONS OF THE ISLAMIC STATE〉, Conflict Armament Research, 189쪽.

8. 해외 활동가가 보내준 증거 사진 참조.

9. Jonathan Ferguson, "South Korean Daewoo K2 Rifle in Nigeria", *ARES*, 2016년 6월 11일 입력, 2020년 3월 22일 접속, https://c11.kr/e4ch.

최대 공적 기금인 국민연금이 안정적인 연금 지급을 위해 국내외 주식투자를 하며 기금을 운용한다는 명분하에, 세계 8대 확산탄 생산 기업으로 비난받고 있는 한화와 풍산에 비윤리적 투자를 한 사실이 밝혀지기도 했다.[10]

평화의 기대감으로 시작한 21세기, 그러나

냉전이 최고조에 달했던 1988년, 전 세계 군비 지출은 1조 4,410억 달러에 달했으나, 탈냉전 시기로 접어들며 계속 감소하여 1998년에는 최하(745억 달러)로 떨어졌다. 2000년에는 55년 만에 남북정상회담이 열렸다. 누군가는 이것을, 두 번의 전쟁과 냉전 구도를 종식시킨 독일 통일에 이은, 탈냉전과 평화의 시작을 알리는 21세기의 출발점으로 인식했을 수도 있다.

그러나 냉전 종식과 함께 21세기 직전까지 계속된 글로벌 위기 속에 급락세를 유지했던 전 세계 국방비 지출은 2000년 이후 급격히 증가하기 시작한다. 2000년에는 1999년 대비 3.1% 오른 7천 980억 달러로 증가했고, 2004년에는 1조 달러로 오른 데 이어 2008년에는 1조 4천 6백억 달러로 냉전이 최고조에 달했던 1988년의 전 세계 군비 지출을 넘어섰다. 2017년도 전 세계 군사비 지출액은 1조 7,390억 달러에 이른다. 1인당 지출 비

---

10. 김지환, 「"국민연금, 확산탄 생산기업인 풍산·한화에 투자 철회해야"」, 『경향신문』, 2013년 4월 7일 입력, 2020년 3월 21일 접속, https://c11.kr/e3tt.

용으로 환산하면, 전 세계 인구가 1인당 국방비에 230달러(약 24만 7,500원)를 쓰고 있는 셈이다. 국방비 지출이 늘었다는 것은, 더 많은 무기가 사고팔리고 쓰였다는 것을, 더 많은 전쟁이 일어났다는 것을 의미한다. 40년째 전 세계에서 발생하는 분쟁과 갈등을 조사 연구해온 '웁살라 갈등 데이터 프로그램'Uppsala Conflict Data Program은 한 지역에서 유혈 분쟁으로 사망한 사람이 1천 명을 넘기면 전쟁으로 규정하는데, 조사 결과 21세기 들어와 해마다 10개 안팎, 총 120개의 전쟁이 벌어졌다.

전쟁이 가져온 참혹한 숫자들

2001년 9·11 테러가 발생하자 부시 대통령은 북한, 이라크, 이란을 지목해 '세계평화를 위협하는 악의 축'이라 규정하고 테러와의 전쟁을 선포했다. 미국을 비롯한 전 세계가 '테러와의 전쟁', '세계 평화'를 명분으로 다시 전쟁을 시작했다. 그 후로, 17년이 흘렀다. 테러와의 전쟁으로 우리가 얻은 것은 무엇일까?

미국 브라운대학교 왓슨 연구소에는 2011년부터 35명의 학자, 법률가, 인권운동가가 '전쟁 비용 프로젝트'Costs Of War Project라는 이름으로 모여 9·11 이후로 발생한 전쟁 비용과 피해 등을 조사해오고 있다. 2018년 11월 발표한 자료에 따르면 미국이 이라크와 아프가니스탄, 그리고 파키스탄에서 벌여온 테러와의 전쟁 과정에서 폭격 등으로 죽은 사람은 약 50만 명(48만~50만 7천 명)에 이른다.

구분	아프가니스탄	파키스탄	이라크	시리아[11]	예멘[12]	기타	총계
미군[13]	2,298[14]	-[15]	4,572[16]	7	1	136	7,014
국방부 민간인	6	-	15	1	-	-	22
미국 계약업체	3,814	90	3,588	17	2	439	7,950
자국군/경찰	64,124	9,129	48,337~52,337[17]	51,483[18]	-		173,073~177,073
기타 연합군	1,145	-	323	11,000[19]	-		12,468
민간인	43,074[20]	23,924[21]	184,382~207,156[22]	49,591[23]	12,000[24]		312,971~335,745
반군	42,100[25]	32,737[26]	34,806~39,881[27]	67,065[28]	78,000		254,708~259,783
기자/언론인	67	86	277	75	31		536
인권/NGO활동가	424	97	63	185	38		807
총계	157,052	66,064	276,363~308,212	179,424	90,072	575	769,549~801,398
천 단위 반올림	157,000	66,000	276,000~308,000	179,000	90,000	600	770,000~801,000

〈표 1〉 9·11 이후 전쟁 사상자 현황(COSTS OF WAR PROJECT, 2019년 11월 13일자 보고)[29]

2011년 미국이 개입해 8년째 끝나지 않고 있는 시리아 내전

11. 시리아에 대한 미국의 공습은 2014년 9월 23일에 시작되었다.

12. 미국이 2002년 예멘에서 드론 공격을 시작했지만, 2015년 사우디아라비아 개입 이후 본격적인 전쟁이 시작됐다.

13. 출처: 2019년 11월 4일 국방부 사상자 보고서.

14. 2001년 아프가니스탄에서 수행된 Enduring Freedom과 Freedom's Sentinel 중 사망자.

15. 아프가니스탄 사망자 수치에 포함되어 있다.

16. 이라크의 자유 작전(Operations Iraqi Freedom), 새로운 여명(New Dawn), 내재적 결의(Inherent Resolve) 사망자 수.

17. 이 추정치는 이라크군 사망자에 대한 국방대안프로젝트 추정치에 근거한 것이며 2003년 전쟁 이후 사망한 이라크 군과 경찰에 관한 자료는 부정확하다. 이라크 유엔 지원 임무는 2016년 12월, 군사 사상자에 대한 자체보고를 중단하였다.

18. 출처: 시리아 인권 관측소 보고서(Syrian Observatory for Human Rights).

19. 이 전쟁에는 약 20여 개국 군대가 참여했다.

20. 폭격의 직접 사망자 수이며, 추가적인 폭격과 인프라의 이동, 파괴 등으로 인한 간접 사망은 포함되지 않았다.

21. 출처는 파키스탄 연계 보안 보고서(PIPS, Pak Institute for Peace Studies, 2019년 6월)이며, 정확한 사망자 수를 측정하기에는 조사관의 전쟁 지역 접근이 어렵고, 민간인 수를 과장하거나 최소화한 경우도 있다.

22. 이라크전 이후 중동 국가의 민간인 사망자를 조사한 단체 IBC(Iraq Body Count)의 분석이며, 데이터 전체 분석이 완료되면 1만 명 이상 사망자가 추가될 것이라고 밝히고 있다.

23. 시리아 인권 관측소(Syrian Observatory for Human Rights)에서 조사됐으며, 2018년 8월 미국은 2014년 8월 미국 개입 이후 1,114명 이상의 민간인이 사망했다고 인정했다. 한편 이라크에는 폭격으로 발생한 수천 명의 잠재적 사망자가 존재하며, 이 수치는 기록되지 않을 수 있다.

24. 예멘데이터프로젝터(ADLED)의 2019년 11월 5일 기준 조사기록.

25. 미국과 NATO 어느 쪽도 정확한 사망자 수를 발표하지 않은 가운데, 아프가니스탄 정부군은 10,259명의 무장 세력과 반군을 살해했다고 보고했다. 전쟁비용프로젝트의 〈아프가니스탄과 파키스탄 2001년~2004년 전쟁 관련 사망, 부상〉 보고서를 참고했다.

을 살펴보자. 영국의 시리아 내전 감시단체 '시리아인권관측소'에 따르면, 2014년에는 사망자가 15만 명을 넘어섰고 2020년 3월 15일부로는 37만 명을 넘어섰다. 행방불명된 18만여 명을 고려하면 사실상 50만 명이 시리아 내전으로 죽었다.[30] 유엔 서아시아 경제사회위원회에 따르면, 시리아 내전으로 파괴된 물적 자본의 피해 규모만 3천 880억 달러(한화 434조 5천억 원)에 이른다. 유엔세계난민기구UNHCR에 따르면 아프가니스탄, 이라크, 파키스탄, 시리아 국민을 비롯하여 전 세계적으로 2,100만 명의 전쟁 난민이 존재한다.[31] 테러와의 전쟁 선포 후 19년, 세계 평화는 오지 않았다.

매년 최고치 경신, 지금 세계는 열띤 무기 거래 경쟁 중

---

26. 출처 : 파키스탄 평화 연구 연례보고서.
27. 2003년 이후 미국의 침략과 점령에 저항한 이라크군과 무장 세력을 의미한다.
28. 시리아 인권 관측소 보고서에 따르면, 이 중 11,000명의 쿠르드족은 미국과의 동맹 관계에서 사망한 것으로 추정된다.
29. 이 표는 전쟁의 직접적인 사망자 통계이며 식량, 수자원, 인프라 부족, 질병 등으로 인한 사망자는 제외되었다. 각 수치는 여러 원본과 보고서를 기반으로 한 근사치이며, 2019년 10월말 기준으로 업데이트되지 않은 것도 있다. 일부 원본 자료는 완벽하지 않거나 일관성이 없고 자료 접근이 불가능한 경우도 있다.
30. 하채림, 「오늘 시리아내전 만 8년 … "사망자 37만명 넘어섰다"」, 『연합뉴스』, 2019년 3월 15일 입력, 2020년 3월 22일 접속, https://c11.kr/e4ck.
31. 티에리 코펜스, 「'세계 난민의 날' 잊힌 사람들」, 『허프포스트코리아』, 2017년 6월 20일 입력, 2020년 3월 21일 접속, https://c11.kr/e3qd.

군비 지출은 방산 기업들의 호황으로 이어졌다. 스톡홀름 국제평화연구소SIPRI가 매년 발표하는 연감에 따르면 2000년 588억 달러(약 67조 원)이던 세계 상위 100대 방산 기업의 무기 판매액은 전 세계 국방비 지출이 1조 달러를 넘어선 2004년 2,360억 달러(약 270조)로 4년 동안 4배 증가했다. 2017년 무기 판매액은 3,982억 달러(약 449조 원)에 달한다. 2000년 이후 감소한 적이 없다. 전 세계적인 글로벌 위기 속에서도 그야말로 승승장구 초고속 성장이다.

무기 거래는 수억에서 수천억 달러에 이르는 거대한 액수로 정부 단위에서 이루어지는 특수한 분야이기 때문에 기업뿐만 아니라 정당과 긴밀하게 연결되어 작동된다. 자연스럽게 국방, 외교, 경제 정책에 영향을 미치게 되고 국민들에게는 '국가 안보'라는 명분 속에 '군사 기밀'로 포장되어 소수의 권력자와 자본가들에 의해 계약이 이루어진다. 그야말로 부패와 은폐가 만연할 수밖에 없는 완벽한 조건이다. 그런데 무기 거래와 관련된 부정부패자, 전쟁범죄자, 국제인권법 위반자가 재판까지 가는 일은 거의 없다. 부패와 은폐 속에서 국가 간 분쟁과 국민에 대한 탄압은 강화되고, 민주주의는 파괴되며 사회경제적 발전은 후퇴한다. 예멘을 비롯해 무기가 사용된 곳에는 반드시 수많은 사람들의 죽음이 뒤따른다. 그렇다. 무기 거래는 수십억 달러의 이윤과 수많은 사상자를 낳는 죽음의 사업이다.

뇌물이면 나라도 국민도 마음대로 주무른다

무기 거래 종사자들이 엄청난 정치적 영향력을 행사하는 방법 중 하나가 회전문 인사이다. 회전문 인사란 정부, 정치권, 군, 정보기관, 방위산업체의 주요 직책을 같은 사람이 돌아가며 맡는 현상을 말한다. 민간업계 유명 인사들이 정부로 입성하고, 소수의 엘리트층을 견고히 형성하여 부를 독식하고 돈과 권력으로 나라를 지배하는 것이다.

전 남아공 국회의원이자 국제 부패감시단체 〈코럽션워치〉 Corruption Watch의 앤드루 파인스타인Andrew Feinstein은 여러 종군기자, 정치인, 무기 거래상 등을 인터뷰하고 조사한 자료를 바탕으로 전쟁의 비밀과 미국의 실상을 다룬 책 『섀도 월드』 Shadow World를 출간했다. 앤드류의 설명에 따르면, 9·11 테러로 미국 정부는 해양경찰의 약점을 보완한다며 군수업체 록히드마틴Lockheed Martin과 110억 달러어치 계약을 했다. 그런데 10년 동안 록히드마틴이 한 일은 단 한 척의 함정을 만든 게 전부였다. 그러나 정부는 그 많은 돈이 어디에 쓰였는지를 밝히기는커녕 또다시 록히드마틴과의 190억 달러 계약을 새롭게 체결했다. 미국 정부와 록히드마틴은 '회전문 인사'로 부를 축적해 온 것이다. 실제로 2010년 은퇴한 미국 정부 고위급 관료의 84%가 자신이 재직하면서 계약을 맺었던 업체들의 고위급 임원으로 자리를 옮겼다. 이 회전문은 전 세계로 확대됐다. 록히드마틴과 미국 정부는 문어발처럼 세계 곳곳에 촉수를 연결하여 무기를 판매해 왔다. 합법적인 뇌물공여 체계는 끝없는 전쟁과 쿠데타를 유발하고 수입국의 국가기구를 약화시킬 뿐만 아니라 국가

예산의 엄청난 낭비라는 피해를 낳는다. 한국도 다르지 않다. 2013년 〈참여연대〉가 발표한 '퇴직 후 취업제한 제도 운영 실태 보고서'에 따르면 국방부 출신 44명 중 19명이 퇴직 전 근무 부처와 관련이 있는 업체에 취업했다.

한국에서는 최근 강한 의혹이 제기된 무기 거래가 있다. 2015년 한국 정부는 30조 원이 넘는 초대형 전투기 선정 사업 과정에서, 2년 전에 선정한 전투기 대신 록히드마틴의 F-35 전투기를 최종 선정했다. 전문가와 설계자들이 한목소리로 F-35 전투기는 터무니없이 가격이 비싼 반면 성능은 최악이라고 평가했고, 실제로 한국으로 인도된 F-35 전투기들이 치명적인 설계 결함 문제를 일으켰다. 그러나 한국 정부는 구매를 취소하거나 계약을 철회하지 않았다. 국민 세금의 과도한 출혈과 비효용성에도 불구하고 F-35 전투기는 이미 40대가 구매됐다.

F-35 전투기뿐만 아니라 박근혜 정부 4년 동안 록히드마틴 사의 무기 구매비(12조 3298억 원, 약 108억 달러)는 10년 전의 100배, 이전 정부의 13배에 이른다. 앞으로 30~40년 가동될 부품비와 관리비를 계산하면 록히드마틴은 박근혜 정부와 '계약한 건만으로도' 100조 원이 넘는 돈을 버는 셈이다. 록히드마틴이라는 한 기업이 정부를 이용하여 한국 무기 시장을 독점한 것이다.[32]

---

32. 주진우, 「사드 배치에도 최순실 입김?」, 『시사인』, 2017년 3월 20일 입력, 2020년 3월 21일 접속, https://c11.kr/e3qa.

이것은 한국만의, 록히드마틴이라는 특정 기업 하나의 부패 사례가 아니다. 흑백인종 분리정책(아파르트헤이트)을 철폐하고 민주주의 시대를 연 남아프리카공화국의 아프리카민족회의 ANC, African National Congress 당은 안보 위기 상황이 아님에도 불구하고 정부 예산에서 100억 달러를 무기 구매에 사용했다. 하지만 같은 시기 HIV 감염인 600만 명에 대한 긴급 의료 지원에 대해서는 국가가 빈곤하다는 이유로 하지 않았다. 그 배경에는 3억 달러의 뇌물을 받은 부통령을 비롯한 정부 고위급 관료들이 있었다. 유럽도 다르지 않다. 독일의 무기 업체 페로스탈Ferrostaal은 16개국에 총 11억 유로 이상의 뇌물을 뿌렸다.

여기서 전쟁이 시작된다, 무기전시회

2017년 한 해에만 950억 달러(한화 약 112조 원)어치의 무기가 거래되었다.[33] 전 세계가 한 해 동안 무기를 사는 데 쓴 이 어마어마한 금액은 분쟁 예방이나 환경, 지속 가능한 발전을 위해 쓸 수 있었던 돈이다. 2017년에만 약 59만 명이 무장 폭력, 분쟁 등에서 무기 사용으로 인해 사망했으며 소형화기 등 재래식 무기로 인한 사망자 수는 매년 증가하고 있다. 무기 거래를 통제했다면 막을 수 있었던 죽음들이다.

무기 전시회가 그 시작이며 허브이다. 이곳에 모인 군수업체

---

33. 스톡홀름국제평화연구소(SIPRI) 연감

와 로비스트들은 자사의 무기가 얼마나 싼지, 얼마나 **빠르고** 효과적으로 사람을 죽일 수 있는지 홍보한다. 최첨단 무기 운운하지만 이곳의 실상은 효과적인 인명 살상과 파괴를 위한 무기들이 거래되는 곳이다. 전시회가 성공적으로 개최될수록 더 많은 무기가 거래되어 더 많은 무기가 쓰이며 세계 곳곳에서 더 많은 사람들의 생명을 위협하는 결과를 낳는다.

전쟁 장사 시장, 아덱스

한국도 2년마다 국내 최대 규모 무기 전시회가 열려왔다. '2017 서울 국제 항공우주 및 방위산업 전시회, Seoul ADEX'(이하 아덱스)는 회가 거듭될수록 규모가 커지고 있으며, 점점 더 많은 업체가 참가하고 있다. 2019년에도 10월 15일부터 20일까지 아덱스가 열렸고, 34개국 430개 업체가 참가하여 역대 최대 규모를 갱신했다.

정부는 현재 개발 중인 차세대 한국형 전투기(KF-X) 실물 모형을 처음으로 공개하고 F-35A 등을 전시한다며 아덱스를 대대적으로 홍보했을 뿐만 아니라 10월 18일을 '학생의 날'로 지정하여 청소년들에게 각종 무기 체험을 제공하는 행사도 진행했다. 그러나 이곳에서 전시되고 거래되는 무기들이 어디서 사용되고 누구를 겨냥하는지는 설명하지 않았다. 첨단 기술에 대한 환호 속에 이 무기들이 상대를 제압하고 사람을 죽이기 위한 도구라는 사실은 감춘 것이다. 화려한 에어쇼와 첨단 무기,

어린이를 포함한 일반 관람객을 대상으로 한 전투 시뮬레이션 등 각종 체험 행사로 축제처럼 열리는 아덱스의 실제 이름은, 전쟁 장사를 위한 죽음의 시장이다.

2019년 9월, 문재인 대통령은 유엔 총회 기조연설에서 "칼이 쟁기로 바뀌는 기적이 한반도에서 일어날 기대한다"라며 평화를 역설했지만, 방산 수출을 진흥하고 무기 전시회가 '수출을 위한 실질적인 비즈니스의 장'이자, '국내 양질의 일자리 창출에 기여'한다고 홍보했다. 정부는 아덱스에서 사고 팔린 무기들이 어느 지역의 분쟁에 사용되고 사람들에게 어떤 영향을 미치는지 등 무기 거래의 이면을 감춘 채 방위 산업 육성과 경제적 파급 효과만을 내세우고 있다.

방위 산업이 국가의 성장 동력으로 인식되고, 정부가 나서서 전쟁 산업을 키우고 무기를 확산하는 일에 앞장서며, 사람들이 안보를 명분으로 살상을 목적으로 하는 무기에 환호하는 세계에서 평화는 존재할 수 없다. 그리고 전쟁을 기회로 여기는 산업이 존재하는 한 전쟁은 지속될 수밖에 없다.

저항하는 사람들, 〈아덱스 저항 행동〉

2013년 결성된 〈아덱스 저항 행동〉은, 무기 거래의 실상을 알리고, 전쟁을 부추기는 전쟁 장사의 실체를 드러내고자 모인 평화활동가들, 평화 운동단체들의 네트워크이다. 아덱스에 참가하는 전쟁 기업과 각국 군, 정부 관계자들이 모두 모이는 환

〈그림 4〉 #STOP ADEX 저항행동. 행사장과 환영만찬장을 찾아 비폭력 직접행동을 하고, 행사장을 찾는 시민들에게 무기 거래의 진실을 알리는 전시회와 캠페인을 진행하였다(2015~2019).

영만찬장을 찾아 피 묻은 달러를 뿌리고, 'STOP ADEX', '전쟁 장사 멈춰라'를 외치는 비폭력 직접행동을 펼쳤다. 각종 무기 전시와 행사, 실제로 무기가 거래되는 비즈니스 미팅이 이뤄지는 행사장을 찾아 퍼포먼스와 피케팅을 하고, 살인 전시회를 중단할 것을 요구했다. 공군에 공문을 보내 청소년과 대학생을 대상으로 첨단기술을 체험하고 교육할 수 있는 '학생의 날' 운영에 문제를 제기하고, 아덱스가 열리는 성남시에 아덱스 지원 중단을 요청하기도 했다. 또 아덱스가 열리는 기간에는, 무기 거래의 본질과 문제를 드러내는 기사를 연재했다. 올해는 제주로 온 예멘 난민을 초대하여, 난민과 무기 거래를 함께 고민해 보는 자리도 가졌다. 또 올해 국제 행사로는 처음 열리는 일본의 무기견본시[34] 반대 캠페인에도 연대했다.

「앞으로 일어날 전쟁은」[35]

앞으로 일어날 전쟁은
첫 번째 전쟁이 아니다. 그 이전에도
이미 여러 차례 전쟁이 일어났었다
지난번 전쟁이 끝났을 때
승전국과 패전국이 있었다

---

34. 미국과 유럽, 일본 등 150개 방위 및 보안 업체가 참여하여 개최된 국제 무기 견본 전시회.
35. 베르톨트 브레히트(Bertolt Brecht)의 1936년작.

패전국에서 하층 서민들은
굶주렸다. 승전국에서도 역시
하층 서민들은 굶주렸다.

방위 산업이 친숙해지고 전쟁이 정당화될수록 평화는 멀어
진다. 우리는 강대국의 개입으로 한반도에서 벌어진 전쟁의 결
과 속에서 살아가고 있다. 브레히트의 시처럼 한반도 전체가 전
쟁의 승리와 패배와는 상관없이 수많은 죽음과 파괴된 일상을
마주하며 생존의 고통 속에서 살아나가야 했다. 끔찍한 전쟁의
역사를 경험한 우리가, 그 결과가 남긴 공포와 불안의 문화 속
에 살고 있는 우리가, 또 다른 전쟁을 만들고 부추기는 일에 동
참하는 국가가 되어가고 있다.

모두에게 묻는다. 여러분은 전쟁 만드는 나라의 시민으로
살겠습니까?

병역거부 운동

누구의 위치에서 어떤 평화를 말할 것인가

이용석

병역거부 운동의 교차적 특성

병역거부 운동은 전쟁에 저항하는 불복종 운동이다. 이때 불복종의 대상이 꼭 입영영장이어야만 하는 것은 아니다. 전쟁을 수행하기 위해서는 군인이 필요하지만, 군인만 있다고 전쟁을 치를 수 있는 것은 아니다. 특히나 20세기 이후의 전쟁은 총력전이라고 부를 정도로 국가의 모든 역량을 투여하는 방식이었다. 그렇기 때문에 군입대를 거부하는 방식이 아니더라도 전쟁에 저항하는 불복종 운동이 다양하게 존재한다. 전쟁 물자를 생산하거나 운송하는 것을 거부하는 노동자들의 파업, 전쟁을 찬양하는 수업을 거부하는 교사들의 불복종, 무기 개발 프로젝트에 참여하기를 거부하는 과학자들의 선언들도 전쟁에 저항하는 개인의 불복종이라는 측면에서 넓은 의미의 병역거부 운동이라고 할 수 있다. 실제로 병역거부 운동 활동가들은 병역거부를 징집영장을 거부하는 행위에만 가두지 않고 전쟁에 기여하는 삶의 방식을 거부하는 일체의 행동을 병역거부로 생각한다.

하지만 현실적으로는 병역거부는 강제적이고 의무적인 징집제도 아래에서 입영영장을 받은 사람이 이를 거부하는 행위로만 이해된다. 이런 인식 아래에서 병역거부는 태생적으로 입영영장을 받은 사람만이 할 수 있는 행위인 셈이다. 바로 여기서 병역거부 운동의 중요한 특성이 나타난다. 많은 국가에서 징병제를 운영하고 있고, 세계 전역에서 전쟁이나 분쟁이 지속되고 있다. 이러한 상황은 꾸준히 병역거부자들이 등장하는 배경이 되고 아이러니하게도 병역거부 운동의 큰 자양분이기도 하다. 하지만 이는 또한 병역거부 운동의 태생적인 굴레이기도 하다. 대부분의 징병제는 시민권을 가진 젊은 비장애인 남성만을 징집대상으로 삼는다. 결과적으로 병역거부의 주요 행위자는 시민권을 가진 젊은 비장애인 남성이 되는 경우가 많다. 이는 병역거부 운동 내부의 권력 관계에도 지대한 영향을 행사한다. 병역거부자들이 감옥에 가는 행위가 주목받을수록 남성 병역거부자들은 병역거부 운동의 중심에 서게 된다. 사회적으로 병역거부 운동을 대표하는 얼굴이 되며, 감옥에 갇힌 병역거부자는 전쟁 영웅에 대항하는 또 다른 남성 영웅이 되기 쉽다. 반면 여성이나 장애인, 이주민처럼 애초에 입영대상자가 아닌 이들은 입영거부의 기회조차 가질 수 없고 병역거부 운동에서 마치 감옥에 간 병역거부자를 돕는 보조적인 존재처럼 여겨지기 쉽다.

또한 병역거부 운동은 계급 문제와도 밀접하게 연관되어 있다. 위에 이야기한 것처럼 시민불복종으로서 병역거부 운동은 공개적이고 정치적인 선언을 통해 이루어지는 경우가 많다. 자신의 양심을 공개적으로 표현하고 사람들을 설득하는 방식은 충분한 교육을 받은 계층이나 집단에게 익숙한 방식이다. 상대적으로 특권이 없는 계층의 사람들은 병역거부보다는 흔히 사회에서 말하는 '병역기피'나 탈영을 하는 경향이 많다. 결과적으로 병역거부는 중산층 이상 계급의, 고등교육을 받은 사람들이 중심이 되기 쉽다. 반면 가난한 계층이나 지역의 사람들은 병역거부 운동에 선뜻 동참하지 못하는 경우가 많다.

　　마지막 특성은 병역거부 운동의 목표가 대체복무제 도입으로만 여겨질 때 드러난다. 징병제는 역사적으로 시민권과 밀접한 연관을 맺고 발전했다. 이런 역사적 맥락 속에서 군인이 될 수 있는 사람만이 권리를 행사하고 의무를 다하는 시민이 될 수 있었고, 군대에 갈 수 없는 여성·장애인·이주민은 비국민 혹은 2등 시민으로 여겨졌다. 징병제가 끊임없이 비국민과 2등 국민을 양산하는 사회에서 대체복무제 도입의 의미는 병역거부자가 전과자가 되지 않는다는 측면에서는 시민권의 확장이 분명하다. 하지만 이는 시민권 개념 자체에 균열을 내지는 못하고, 여전히 비국민, 2등 국민으로 차별받는 이들로부터 병역거부자를 분리해내기만 하는 한계를 동시에 가지고 있다. 병역거부자들이 감옥에 가는 것을 제외하면 대체로 사회의 기득권층의 특성과 겹치는 지점이 많다는 것을 고려한다면, 병역거부 운동은 자칫 시민권의 또 다른 확장이 아니라 기존의 시민권자 카르텔을 더 공고하게 만들 수도 있는 것이다.

이와 같은 특성들은 각기 독립적으로 존재하는 것은 아니다. 젠더와 계급과 시민권의 문제가 다른 여러 사회 문제들과 복잡하게 얽혀서 작동한다. 그리고 병역거부 운동은 이러한 특성들이 교차하며 만드는 여러 모순에 늘 직면해 있다. 이 때문에 병역거부 운동의 성공은 대체복무제 도입이라든지 병역거부자의 권리가 법적으로 인정받는 데서만 머무를 수 없다. 반군사주의 운동으로서 병역거부 운동은 운동 내부에서 발생하는 필연적인 모순들과 직면하고 이를 극복해야만 한다. 그렇지 않을 경우 반군사주의라는 운동의 가치와 이념이 왜곡될 수 있을 뿐만 아니라 운동 내부에 위계가 발생하여 운동을 이끌어가는 주체들이 제대로 자신의 역할을 수행할 수 없기 때문이기도 하다.

한국 병역거부 운동의 역사와 현재 상황

한국의 병역거부 운동은 2000년대 들어서 시작됐다. 그전에도 병역거부자들이 존재했다. 특히 여호와의증인은 병역거부 운동이 시작되기 전에도 꾸준히 병역거부를 실천했고, 2000년 즈음에는 1,600여 명이 병역거부로 수감되어 있었다. 대부분의 남성이 여호와의증인이 군대를 거부해 감옥에 간다는 사실을 알고 있었지만, 한국 사회에 '병역거부'라는 단어가 등장하고 그것이 사회의 중요한 이슈로 인식되기 시작한 것은 병역거부 운동이 시작된 2000년 이후부터다.

초기 병역거부 운동 활동가들은 병역거부자들이 감옥에 갇히는 현실에 주목했다. 병역거부자들의 수감은 헌법으로 보장된 양심의 자유를 침해하는 명백한 인권 침해였다. 병역거부 운동은 병역거부자들을 상담하고 재판과 수감생활을 지원하는 한편, 병역거부자를 감옥에 가두지 말 것을 주장하며 대안으로서 대체복무제를 도입할 것을 정부에 요구했다.

이후 병역거부 운동은 병역거부자들의 지속적인 등장에 함께했고, 병역거부자들의 재판 과정과 감옥 생활을 지원했다. 또한 유엔 등 국제사회에 한국의 상황을 알려서 유엔자유권규약위원회, 유엔인권이사회, 유엔 국가별 정례인권 검토UPR 등의 권고를 이끌어 냈다. 국회 회기가 바뀔 때마다 진보적인 국회의원들과 함께 대체복무법을 발의했고, 국가인권위원회의 권고를 이끌어냈다. 헌법소원을 통해 사법적인 해결도 모색했다. 이 과정에서 한때 정부가 대체복무 입법을 결정한 적도 있지만 정권이 바뀌면서 결정이 뒤바뀌기도 했다.

오랜 노력 끝에 2018년 6월 헌법재판소가 병역법에 대한 헌법불합치 결정을 내리게 된다. 헌법재판소의 결정에 따라 국회는 2019년 12월 27일 대체복무를 골자로 하는 「양심적 병역거부 대체복무제 도입을 위한 대체역의 편입 및 복무 등에 관한 법률안」과 「병역법 개정안」을 통과시켰고, 2020년 대체복무제도 시행을 앞두고 있다.

대체복무법의 통과는 병역거부 운동의 중요한 성과다. 불과 20년 전만 해도 병역거부라는 단어를 아는 사람조차 얼마 없던 곳에서, 군대를 비판하면 빨갱이로 몰리는 사회에서, 30년 전까지 군인들이 수십 년 동안 대통령을 하던 나라에서 군대 가지 않겠다고 공개적이고 공식적으로 선언한 이들을 위한 제도가 첫 발을 떼는 것이다. 이런 역사적 의미에도 불구하고 2019년 12월 27일 통과된 법안은 내용을 살펴보면 문제가 무척 많다. 인권적인 측면에서는 법안 도입 과정에서 이루어진 논의에서조차 후퇴한 것들이 많고, 새로운 안보나 평화의 가치는 찾아보기 힘들다.

이 글에서는 병역거부 운동에서 볼 수 있는 교차적 특성들이 한국 병역거부 운동에서 어떻게 나타나는지, 그리고 병역거부 운동 활동가들은 어떻게 대처해 왔는지(혹은 대처하지 못했는지)를 살펴보겠다. 또한 대체복무제 시행을 눈앞에 두고 있는 상황에서 현재 대체복무제를 둘러싼 사회적 쟁점을 살펴보며 대체복무법의 문제점이 무엇인지를 파악해 보고자 한다.

병역거부와 교차성

병역거부 운동 내의 성별 분업

병역거부 운동 초창기 활동가들의 중요한 고민 중 하나는 '왜 병역거부자들의 후원회장을 꼭 여성 애인이 하는가?'였다. 물자가 부족하고 열악한 감옥 상황 때문에, 수감자가 사회와 고립되어 있는 상황이기 때문에, 물질적으로나 정서적으로나 돌봄 노동은 수감자들의 삶에 큰 영향을 끼친다. 그건 진보, 보수를 가리지 않았다. 어떤 면에서는 운동권 출신들이 돌봄 노동을 받는 것에 더 익숙했다. 사회 정의를 위해 투쟁하다가 감옥에 온 이력 때문에 감옥 바깥 사람들의 연대와 지지, 지원이 다른 수감자들에 비해 많았고 대부분 이를 자연스럽게 받아들였다.[1] 대부분 학생운동권 출신이었던 2000년대 초반의 병역거부자들도 마찬가지였다. 많은 수감자들의 옥바라지를 여성 지인이(주로 어머니, 여성 애인, 여동생) 감당했듯이 병역거부자들의 후원회장도 거의 여성이었고 대개 애인이었으며, 여성 애인이 있는 병역거부자들은 모두 애인이 후원회장을 맡았다.

당시 〈전쟁없는세상〉의 활동가들은 병역거부 운동 내부의 성별 분업에 대해서는 비판적이었다. 특히 감옥에 가는 병역거부자 남성이 운동의 주인공이 되고 여성은 조력자로만 인식되는 구도에 문제의식을 느꼈다. 하지만 활동 현장에서 마주한 문제는 생각보다 복잡했다. 〈전쟁없는세상〉은 병역거부자와 후원인들에게 병역거부 운동 내부의 성별 분업의 문제점을 이야기하면서 여성 애인이 후원회장을 하지 않는 게 좋다는 의견을 피력했다. 몇몇 당사자들은 이런 의견을 불편하게 느꼈다. 병역거부자들의 수감생활을 지원하는 것도 병역거부 운동에서 중요한 역할이고 자발적인 판단과 의지로 그 일을 기꺼이

---

1. 옥바라지의 젠더 규범, 특히 정치범들의 수감생활에 대한 젠더 분석에 대해 자세히 알고 싶은 분들은 병역거부자 현민이 쓴 책 『감옥의 몽상』(현민, 돌베개, 2018)에 실린 「정치범 수감자의 글쓰기와 남성성」을 꼭 읽어 보길 바란다.

수행하는데, 〈전쟁없는세상〉의 문제제기가 마치 자신이 운동 내 성별 분업 구조 속에서 복무함으로써 성차별을 강화하는 사람인 것처럼 만든다는 이유였다. 그 마음은 충분히 이해가 되었지만 〈전쟁없는세상〉은 개개인 병역거부자들의 사정뿐만 아니라 전체 병역거부 운동에서 드러나는 성별 분업 경향을 신경 쓰지 않을 수 없었다. 〈전쟁없는세상〉의 문제의식이 공감대를 얻은 덕분인지 이후 많은 병역거부자들이 의식적으로 후원회장을 애인이나 가족, 특히 여성에게 맡기지 않으려고 노력했다. 하지만 이는 한편으로는 또 다른 문제를 드러냈다. 후원회장을 맡은 남성들이 제 역할을 제대로 하지 못하면서 결국 다시 여성 애인, 엄마, 여동생이 실질적인 후원회장 역할을 하는 경우가 많아진 것이다. 후원회 일은 일대로 하면서도 공식 후원회장이 아니어서 인정조차 받지 못하는 상황이 발생한 것이다. 애초 의도와 다르게 여성들의 돌봄노동이 오히려 비가시화되는 결과를 초래했다.

후원회장 에피소드는 병역거부 운동 내부 성별 분업 문제를 보여주는 한 예시일 뿐이다. 운동 외부, 한국 사회 일반이 병역거부 운동을 바라보는 시선 안에서는 젠더 규범이 훨씬 더 크게 작동해 왔다. 병역거부 주제로 신문에 기고하면 남성이라 생각하고 아무개 군이라고 쓴 항의 메일을 받는다든지, 십수 년 활동을 해도 기자들이 병역거부 운동에 대한 질문은 하지 않고 이제 막 병역거부 선언한 사람의 전화번호만 묻는다든지 하는 경험을 여성활동가들은 굉장히 빈번하게 겪어왔고, 지금도 달라지지 않았다. 2018년 병역거부 선언을 한 숲이아의 선언문[2]은 이를 잘 보여준다.

제가 병역거부 선언을 하는 것이 긴 시간 함께한 전없세 활동을 돌아보고 정리하는 기회가 될 수 있겠다고 생각했어요. 전없세 활동을 하는 동안 '~의 애인'으로만 비춰지는 거에 대한 긴장감을 줄곧 가지고 있었어요. 이젠 정말 '~의 애인 숲이아'가 아니라 홀로 선 숲이아로 병역거부 선언을 할 수 있게 되었죠.

이는 비단 한국 병역거부 운동만의 문제는 아니다. 숲이아의 병역거부 선언에도 영향을 준 터키의 평화활동가 페르다 울체시Ferda Ülker의 이야기는 병역거부 운동 내 젠더 역할이 어떻게 구별되는지 잘 보여준다. "남성들은 아직도 병역거부 운동에서 여성의 역할을 남성 병역거부자의 부인이나 여동생, 누나, 어머니 정도로만 생각하고 있으며, 그런 견해를 예사로 받아들인다. … 하지만 여성의 병역거부 운동 참여에 대한 이와 같은 이유들은, 여성을 필연적으로 남성에 의존적인 존재로 규정한다. 따라서 우리의 선언은 우리가 이 투쟁에 참여하는 이유를 우리 자신의 언어로 설명하는 게 핵심이었다."[3] 페르다 울체시의 이야기

---

2. 숲이아, 「숲이아의 병역거부 선언문」, 전쟁없는 세상, 2020년 3월 15일 접속, http://www.withoutwar.org/?p=14675.
3. 전쟁저항자인터내셔널, 『병역거부 : 변화를 위한 안내서』, 전쟁없는세상 엮음, 경계, 2018, 38쪽.

는 터키 사회의 막강한 군사주의를 향하는 것이면서 동시에 여성 활동가를 '지지자' 위치에 고정시키는 병역거부 운동 내의 젠더 규범을 향한 것이기도 했다.

병역거부 운동에 젠더 분석이 중요한 까닭

페미니스트 연구자인 신시아 코번Cynthia Cockburn은 병역거부 운동에서 젠더분석이 중요한 까닭을 세 가지로 정리한다.[4] 첫째, 사회적인 모든 측면들은 속속들이 젠더화되어 있기 때문이다. 사회 모든 이슈들이 다 그러하듯 병역거부 운동이라는 장場도 젠더화되어 있다. 군대는 말할 것도 없고, 대체복무 입법화를 위해 마주해야 하는 국회 국방위원회, 사회에 만연한 군사안보 이데올로기와 국제 정치하에서 한국 정부의 위치와 외교 전술 등 모든 것에서 남성성의 역할이 과하게 대표되고 있다.

두 번째, 군사주의와 사회의 군사화에 맞서는 병역거부 운동이라면 젠더 분석을 통해 군사주의와 군사화의 문제를 자각할 수 있어야 한다. 권인숙에 따르면 군사주의의 개념 규정은 평화와 젠더적 질서에 대한 이해에 따라 달라진다.[5] 우리는 젠더 분석을 통할 때만이 군사주의의 틈새를 벌려 그 뒤에 가려진 것을 볼 수 있게 된다. 두 페미니스트의 이야기를 살펴보겠다.

위에 언급한 터키의 병역거부자 페르다 울체시는 다음과 같

---

4. 전쟁저항자인터내셔널, 『병역거부 : 변화를 위한 안내서』, 30쪽.
5. 권인숙, 『대한민국은 군대다』, 청년사, 2005, 24쪽.

이 지적한다. "우리 여성은 운동의 단순한 '지지자'에 머물기에는 그보다 더 큰 지위와 목소리를 가지고 있다. 병역거부는 군사주의와 그에 수반되는 모든 것에 직접적으로 저항하는 것이다. 군사주의적 사고는 군대의 담장 안에 머물지 않고, 일상을 지배하는 군사적 세계를 형성한다."[6] 병역거부는 종종 입영영장을 받는 남성들만의 전유물로 여겨지고는 한다. 하지만 군사주의의 특성과 문제점을 살펴본다면, 군사주의에 저항하는 병역거부 운동이 입영영장 안에 갇혀 있을 필요가 없다.

다큐멘터리 감독 김일란은 용산 참사 이후를 다룬 다큐 영화 〈공동정범〉을 만든 뒤 인터뷰에서 이렇게 이야기한다. "세계를 어떻게 볼 것인가. 가만히 들여다보면 어떤 공간에서 누군가 어떤 방식으로 배제되고 있어요. 그 소외에 예민해지고, (이를 일으키는) 그 힘은 무엇인가를 봐요. 배제의 메커니즘을 파악하는 방식이 인권활동가로나 감독으로나 페미니즘 안에서 훈련돼 왔던 것 같아요." 김일란이 군사주의를 직접 거론한 것은 아니지만, 배제의 메커니즘은 군사주의의 핵심적인 연료이며 군사주의가 강화해나가는 결과물이기도 하다. 적군과 아군, 보호하는 자와 보호받는 자, 국민과 비국민의 구분은 모두 군사주의의 원인이자 결과다. 그리고 이 구분을 유지시키는 수단은 두말할 것도 없이 폭력이다. 김일란이 "유가족 여성과 여경의 다툼을 우리는 어떻게 봐야 할까. 말도 없이 망루 투쟁을 하러 간 남편도,

---

6. 전쟁저항자인터내셔널, 『병역거부: 변화를 위한 안내서』, 38쪽.

(과잉진압으로 비판받았던) 경찰 지휘부도 다 사라지고 유가족 여성과 여경만이 남은 현장이 너무 답답하게 느껴졌다. 투쟁 현장을 좀 다른 시선으로 보고 싶었다"고 말할 수 있는 까닭은 배제의 메커니즘이 어떻게 작동하고 누구를 소외시키는지 꾸준히 관찰했기 때문이다.[7]

이처럼 군사주의에 대한 젠더 분석은 군사주의의 이분법으로는 미처 보지 못하는 소외를 찾게 해주고 하나의 사건에 대한 입체적인 분석을 가능하게 해준다. 전쟁 시 여성에 대한 성폭력, 가난한 나라의 남성들이 소년병이 되는 문제, 군부대 근처의 기지촌 문제 등은 젠더 분석이 없었다면 결코 살펴볼 수 없는 문제다.

마지막으로 군사적인 것에 대한 젠더 분석은 여성성과 남성성의 상호관계를 분석할 수 있게 도와준다. 군사주의는 젠더 역할 규범과 아주 긴밀하게 협력하며 작동한다. 군사주의와 결합한 젠더 역할 규범은 국가적인 차원의 정치에서부터 매우 사적이고 개인적인 관계에까지 영향력을 행사한다. 국제정치에서 안보는 '군사화'되어 있는데 이는 지극히 '남성화'되어 있기도 하다. 일반적으로 안보영역에서 일하는 사람이 갖춰야 할 능력은 합리성이라고 여겨진다. 이는 남성이 합리적이고 여성이 감정적이라는 오랜 편견과 함께 맞물려 안보의 영역에서 여성을 자연스

---

7. 김수정, 「김일란," 지금, 누가, 어디서 소외되고 있는지를 본다"」, 『노컷뉴스』, 2018년 5월 16일 입력, 2020년 3월 15일 접속, https://c11.kr/dy9c. 이 한 단락의 내용은 이 기사의 내용을 바탕으로 작성했다.

럽게 배제하는 결과를 초래한다. 한편 국제정치의 장에서 서로 갈등하는 정치지도자들도 호전적인 남성성을 연기하거나 그러한 사람이 지도자가 되는 일이 많다. 2017년 초 트럼프 대통령과 김정은 국방위원장이 서로의 핵버튼 크기를 자랑하며 설전을 벌인 것이 좋은 예다. 핵무기 개발을 통해 사내다움을 과시하는 국제 안보의 장에서 젠더에 대한 이해가 전혀 고려되지 않는다고 신시아 인로Cynthia Enloe는 말한다.8

이러한 분석은 병역거부 운동 내부의 문제에도 중요한 시사점을 준다. 앞서 언급한 것처럼 병역거부 운동은 늘 성별 분업에 대한 고민을 안고 있다. 병역거부자 남성이 또 다른 남성 영웅으로 자리매김하는 동안 애인(혹은 어머니나 여동생)은 옥바라지라는 보조적인 역할을 수행하게 되고, 병역거부 운동에서도 운동의 중장기전략을 수립하고 수행하는 (여성) 활동가들이 끊임없이 주변화되는 것의 문제를 자각하고 해결하기 위해서는 젠더 분석을 통해 여성성과 남성성의 상호관계가 병역거부 운동 안에서 어떻게 작동하는지 파악해야 한다.

계급과 학벌

2000년대 초반, 초기 한국 병역거부 운동의 중요한 축은 학생운동 세력이었다. 당시에는 병역거부자들도 대개 학생운동을

---

8. 신시아 인로, 『군사주의는 어떻게 패션이 되었을까』, 김엘리·오미영 옮김, 바다출판사, 2015, 88쪽. 이 한 단락의 내용은 이 책의 내용을 바탕으로 작성했다.

주도한 활동가거나, 학생운동에 참여한 사람들이었다. 그리고 잘 알려진 것처럼 한국의 학생운동은 이른바 대학 서열화와 밀접한 관련이 있다. 명문대 중심의 학생운동 구조는 병역거부 운동에서도 고스란히 드러났다. 당시 병역거부자들의 대다수는 서울 소재 4년제 대학 출신이었고, 소위 말하는 명문대 출신이 많았다.

이는 병역거부에 대한 정보를 얻을 수 있는 접근성 문제 때문이기도 했다. 언론을 통해 병역거부 이슈를 접하는 사람은 점점 늘어났지만 피상적인 정보만으로는 감옥에 가야 할지도 모르는 중요한 문제를 섣불리 결심할 수는 없다. 반면 학생운동이 활발한 대학의 학생들은 실제 병역거부자를 만나볼 기회가 많았고, 자기 학교에 병역거부자가 다니는 경우도 있었다. 자연스럽게 병역거부에 대한 깊이 있는 정보와 자료를 접할 수 있었다. 무엇보다 병역거부자를 실제로 겪어보고 대화도 해볼 수 있는 것이 커다란 경험이었다.

병역거부자들은 대체로 자신의 병역거부 이유를 담은 선언문을 발표하곤 했는데, 이러한 방식도 고학력자들에게 유리한 방식이었다. 사회의 지배적인 패러다임과 맞서는 행동을 하면서 그것을 논리정연하게 타인에게 전달하기는 것은 생각보다 쉬운 일이 아니다. 내면의 소리인 양심을 선언이라는 형식을 통해 겉으로 드러내려면 자신만의 언어가 있어야 하는데 이는 충분한 교육과 자신의 언어로 타인을 설득해본 경험이 뒷받침되지 않는다면 무척 어려운 일이며, 교육과 훈련을 접할 수 있는 기회

자체가 학생운동이 활발한 대학들 — 서울 소재 4년제 대학들에 집중되어 있었다.

이러한 경향은 시간이 지날수록 약해져 가고 있다. 우선 병역거부에 대한 사회의 인식 변화에 따라 정보를 얻을 수 있는 시공간이 확대되었기 때문이다. 대학 내에서 학생운동의 영향력이 약화되면서 학생운동 선배를 통해 병역거부를 접하고 고민하는 사람들이 줄어든 탓도 있다. 차츰 정치적인 목적보다는 지극히 개인적인 이유로 병역거부를 선택하는 사람들이 늘어났다. 이런 병역거부자들은 자신의 병역거부를 시민불복종 저항으로 인식했던 초기 병역거부자들과는 분명 다른 결을 보여준다. 이들은 소견서를 쓰거나 공개적인 기자회견 등을 하지 않았기 때문에 과거 병역거부자들이 필요로 했던 교육이나 경험들이 큰 의미가 없었다.

경향적으로 특정 대학들과 고학력자들 편중이 줄어들기는 했지만 여전히 병역거부를 결심하는 사람 중에는 고학력자가 많은 편이다. 이는 학력 혹은 학벌이 계급적인 문제와 맞물려 작동하기 때문이다. 그렇기 때문에 계급 분석 또한 병역거부 운동을 살펴보는 데 매우 중요하다. 당장 가족을 부양하거나 감옥에 다녀오면 일자리가 없어지는 사람들은 선뜻 병역거부를 선택하지 못하는 경우가 많았다. 고등학교를 졸업하고 바로 취직한 사람들의 경우 또래의 대학생들보다 빨리 입영영장이 나오는데, 병역거부를 하고 감옥에 다녀오면 원래 하던 일을 계속할 수 있다는 보장이 없었기 때문에 고민하다가 병역거부를 포기하는 경우를 생각하면 쉽게 이해할 수 있다.

이는 병역거부자들의 직업 분포를 봐도 확인할 수 있다. 정확히 조사하고 통계를 낸 것은 아니지만, 여호와의증인을 제외한다면 병역거부자들이 가장 많이 하는 일은 두 가지다. 시민사회단체 활동가가 되는 경우와 대학원에 들어가서 연구자로 살아가는 이가 많다. 이 두 가지가 아니더라도 일반적인 직장에 다니기보다는 문화예술 쪽에 종사한다든지 자영업을 한다든지 하는 경우가 많다. 전과자라는 낙인과 병역거부자에 대한 부정적인 시선 때문에 평범한 회사원으로 살아가기 어렵게 된 것인지, 처음부터 평범한 생활을 누릴 생각이 없는 사람들이 병역거부를 선택하는 것인지 선후관계를 알 수 없다. 하지만 적어도 병역거부가 계급 문제 혹은 경제적인 문제와도 밀접하게 연관되어 있다는 것을 짐작해 볼 수는 있다.

병역거부 운동에 대한 계급적인 분석은 세계적인 차원에서도 가능하다. 지구적 차원에서 군사적 역할은 이미 경제 척도에 따라 구분되어 있다. 미국과 유럽을 비롯한 많은 국가들은 모병제를 시행하고 있고, 그 사회에서 더 가난한 사람들이 군인이 된다. 부자 국가의 부유한 사람들은 거부할 입영영장을 받지 않을 가능성이 높다. 반면 전쟁에서 가장 직접적인 행위자는 주로 더 가난한 사람들의 몫이다. 오늘날 다양한 형태의 전쟁은 주로 가난한 나라의 땅에서 일어나고 가난한 사람들이 군인으로 참전해 더 가난한 사람들을 공격하고 난민이 되게 만든다. 이들 나라에서는 정치적 결사의 자유나 절차적 민주주의가 작동하지 않는 곳이 많고, 누구나 대체복무를 신청할 수 있는 선진국들과 다르게 병역거부를 하려면 생명의 위협을 느끼는 상황을 직면해야 한다. 군인이 되는 것을 거부한다는 면에서 똑같지만, 병역거부자가 처한 사회적 맥락에 따라 병역거부는 굉장히 다양한 의미를 드러내기도 한다. 특히 계급적인 요소는 한 국가 안에서, 혹은 지구적인 차원에서 병역거부를 둘러싼 권력관계를 살펴볼 수 있게 해준다.

대체복무 법안의 문제점과 다가올 쟁점

대체복무법안의 문제점

2020년, 처음 시행되는 대체복무제는 현역병의 2배에 달하는 36개월을 교정시설에서 합숙 복무를 하는 것이 주된 내용이다. 36개월의 복무기간은 세계에서 가장 긴 대체복무이며, 현역 군인의 2배에 달한다는 점도 문제. 유엔 등 국제기구들은 원칙적으로 대체복무는 군복무와 동일해야 하며, 만약 더 긴 기간을 복무한다면 그래야만 하는 합당한 근거가 있어야 한다고 이야기한다. 그리고 통상적으로 대체복무 기간이 현역병의 1.5배가 넘는 경우는 인권 침해라고 여겨 기간을 단축할 것을 권고한다. 대체복무 기간이 통상적인 수치를 넘어서는 것도 문제지만 더 큰 문제는 한국 정부가 대체복무 기간을 현역 군인의 2배인 36개월로 정한 합리적인 근거가 없다는 것이다.

복무기관을 교정시설로 한정한 것은 대체복무의 효용성 면에서 비판할 수 있다. 교정시설로 한정될 수밖에 없었던 까닭은 대체복무를 합숙 복무로 전제한 뒤, 현재 합숙시설이 갖춰진 곳만 찾은 결과다. 정부가 좀 더 적극적으로 대체복무가 필요한 공적 영역을 찾고, 대체복무를 수행하기 위한 시스템을 갖춰 나간다면 자연스럽게 복무기관도 늘고 그에 따라 병역거부자들이 사회적으로 꼭 필요하고 시급한 업무를 해나갈 수 있을 것이다.

또한 도입 과정에서 시민사회 단체와 유엔 등 국제사회, 한국 국가인권위원회가 주장한 내용들 ― 현역 군인의 병역거부권도 보장되어야 하며 심사위원회는 국방부나 병무청 등 군사 기관과 분리된 독립된 형태로 설치해야 한다 ― 이 포함되지 않은 점도 문제다.

국회에서 통과된 대체복무 법안의 세부 사항을 하나씩 비판하자면 한도 끝도 없다. 제도를 만드는 국가기관의 입장에서는 부작용과 같은 현실적인 문제점도 고려해야 할 것이고, 단순히 제도만 좋게 만드는 것을 넘어서 사회에 잘 정착시키는 것도 생각해야 할 것이다. 그런 면에서 보자면 대체복무법안의 세부사항을 하나씩 비판하는 것은 좀 과한 지적이라고 생각할 수도 있다. 하지만 대체복무법에 드러나는 문제들은 현실적인 것들을 고려했다거나, 사회적으로 제도를 안착시키려는 노력 때문에 발생하는 것이 아니다. 행정편의주의적 발상에 입각한 판단 때문이고, 가장 심각한 문제는 대체복무법 기저에 깔려있는 인식이 양심의 자유를 보호하려는 노력보다는 제도 악용을 핑계 삼아 사실상 군 기피자를 처벌하는 데 방점이 찍혀 있다는 점이다. 대체복무 심사에서 탈락하는 사람들에 대한 심사위원회의 재심사 권한과 입영대상자들에게 병역거부권과 대체복무제를 안내하는 사전 고지 의무 등이 법안이 논의되는 과정에서 점차로 삭제되거나 후퇴했는데, 이런 과정들이 대체복무를 바라보는 입법자들의 시선이 양심의 자유보다는 처벌에 방점이 찍혀있다는 것을 상징적으로 보여준다.

앞으로 다가올 문제, 양심에 대한 판단

2019년 12월 27일 국회에서 통과된 대체복무 관련 법안에서는 대체복무 심사위원회의 구성과 권한, 역할 등을 규정하고 있다. 국가인권위원장, 법무부 장관, 국방부 장관, 병무청장, 대한변호사협회의 장, 국회 국방위원장이 심사위원을 각각 5명씩 (국방위원장 4명) 추천하며 심사위원회는 대체복무 신청자의 진술과 여타의 조사, 자료를 바탕으로 심사를 진행하도록 되어 있다.[9] 병역거부자의 양심을 어떤 기준으로 심사할 것인지는 법률에 명시되어 있지 않으며 아직 구체적으로 정해진 바는 없다.

지난 2018년 11월 대법원의 무죄 판결문이 일종의 기준이 되어 이후 병역거부자들의 재판이 진행되고 있는데, 이를 바탕으로 병역거부자의 양심에 대한 심사 과정을 추측하고 논의해볼 수 있다. 여호와의증인을 제외한 병역거부자들은 헌법재판소의 2018년 6월 결정과 대법원의 2018년 11월 무죄 선고 이후

---

9. 전쟁없는세상, 「[논평] 첫 양심적 병역거부 대체복무 도입의 역사적 의미 퇴색시킨 법 통과 유감」, 2019년 12월 27일 입력, 2020년 3월 15일 접속, https://c11.kr/dy9e.

에도 재판에서 대부분 유죄를 선고받고 있다. 병역거부로 인정할 수 있는 양심은 "그 신념이 깊고 확고하며 진실한 양심"이어야 하는데 그렇지 않다는 이유 때문이다. 그렇지 않다고 판단하는 까닭은 병역거부자마다 조금씩 다르다. 입영영장을 받았을 때 바로 병역거부를 하지 않고 입영영장을 연기했기 때문에, 검사의 악의적인 질문에 제대로 대답을 하지 못해서, 평소에 양심이 겉으로 드러나는 평화활동을 하지 않아서, 평화활동에 참여했지만 판사가 보기에 부족해서 등등. 각각의 판결문들을 비교해서 살펴보면 전반적으로 '양심'을 판단하는 데 지나치게 협소한 기준을 기계적으로 적용하고 있다. 양심은 사람에 따라 형성시기, 형성 사유, 발현되는 모습이 각기 다르다. 살아가면서 특정한 경험에 따라 급격하게 형성되기도 하고 서서히 자리 잡는 양심도 있다. 적극적으로 양심을 표출하는 사람이 있는 반면 어떤 사람은 특별한 계기가 없다면 양심을 마음속에 간직한 채 살아가기도 한다. 법원의 판결은 이러한 양심의 개별적인 속성을 무시한 채, 딱 하나의 틀, '진정한 양심'과 다른 형태를 용납하지 않는 것이다.

만약 대체복무 심사위원회가 설치된 이후에도 양심의 개별성과 다양성을 인정하지 않은 채 양심의 자유를 이처럼 협소하게 해석하고 기계적으로 적용한다면 많은 병역거부자들이 심사에서 탈락할 것이다. 이는 병역거부자들의 양심의 자유를 오히려 침해하는 것이 될 수도 있다. 또한 사회 전체적으로 보자면 헌법상 권리인 양심의 자유가 협소하게 해석되어, 보통의 국민들이 이 권리를 제대로 누리지 못할 가능성도 크다. 절대 변하지 않고 형성 즉시 온갖 불이익과 차별을 무릅쓰고라도 발현되어야만 진정한 양심이고 그러한 양심의 자유만 보장한다면, 하루에도 수십 번씩 양심의 고뇌를 느끼다 현실과 타협하며 살아가는 보통의 사람들의 양심의 자유는 결코 보호받지 못할 것이다.

그렇기 때문에 대체복무제도의 실질적이고 구체적인 형태, 내용에서 문제점을 바로잡는 것 못지않게, 양심의 자유를 폭넓게 해석하여 실질적인 권리로 기능하도록 하고 병역거부자들 또한 그 과정에서 양심의 자유를 침해받지 않게 하기 위한 기준 마련도 무척 중요한 과제다.

병역거부, 다양한 자리에서 평화를 채워가야 한다.

지금까지 병역거부 운동의 특징을 살펴보고, 병역거부 운동이 반군사주의 운동을 펼쳐가면서 교차하는 여러 지점으로서 젠더, 학력, 계급 등을 살펴보았다. 군사주의는 각각의 지점들과 여러 겹으로 교차하면서 상호작용한다. 이 때문에 병역거부 운동의 대응 또한 입체적일 수밖에 없다. 베트남 전쟁만 보더라도 그렇다. 전쟁 당시에 군인에 의해 일어난 성폭력은 젠더 문제이고, 미국 안에서 대학생과 중산층 계급은 입영을 거부하는 방식으로 전쟁에 저항한 반면 가난한 계급 청년들은 병역거부를 알지 못했고 군에 입대해 전쟁을 치르다 탈영하는 방식으로 저항했는데 이는 학력 혹은 계급 문제다. 이처럼 군사주의를 제대로 이해하기 위해서는 그것이 계급, 인종, 젠더 등과 어떻게 복잡하게 얽혀 있는지 파악해야 한다.

병역거부 운동의 입장에서 병역거부를 구성하는 다양한 지점들을 두루 살펴보는 것은 병역거부 운동의 의미를 확장하는 것과 매우 깊게 연관되어 있다. 이러한 노력은 우리에게 필요하고 무척 중요한 일이다. 우리는 '평화'라는 개념을 동일한 얼굴로 인식하는 경향이 강한데 실제로 평화는 사람들의 처지와 상황, 살아가는 사회의 역사적·정치적·사회적·문화적 맥락에 따라 다른 얼굴을 갖고 있다. 미국에 사는 유색인종 여성의 평화와 유럽에 사는 중년 남성의 평화는 미국과 유럽의 거리보다 더 멀 수도 있다. 가난한 나라의 남성들이 소년병이 되어 군사주의의 희생양이 되고, 가난한 나라의 여성들은 전쟁과 연관된 성폭력에 쉽게 노출된다. 이처럼 젠더에 따라, 계급에 따라, 인종, 학력, 사는 지역에 따라 피해의 양상이 다르고 저항의 방식이 다르고 평화의 얼굴이 다르다.

병역거부 운동은 모두가 동의할 수 있는 단 하나의 평화의 정의, 평화의 얼굴을 만드는 일이 아니다. 오히려 다양한 평화의 얼굴을 발굴해내면서 그 얼굴들이 어떻게 만나고, 어떤 점이 서로 다른지 살펴보는 것이 병역거부 운동의 역할이다. 거대한 얼굴을 가진 불상 하나를 조각하는 것이 아니라, 11개의 얼굴을 가진 관세음보살을 조각하는 일에 가깝다는 생각해본다. 병역거부 운동이 마주하는 다양한 도전들이 우리의 얼굴을 더 풍성하게 만들어 줄 수 있는 기회라고 생각한다.

평화를 만드는 말의 모습

도미야마 이치로

말이 멈추다

애초에 군사적 폭력과 말의 관계를 어떻게 보면 좋을까? 평화를 만든다는 것을 말과 관련된 행위로 사고할 때, 우선은 이 폭력과 말의 관계에서 논의를 시작해야만 한다는 생각이 든다. 미리 말해 두자면, 여기서 이야기하는 말과의 관계란 군사에 대한 시비를 가리거나 전쟁에 대한 입장을 표명하는 문제가 아니다. 전쟁에 반대하는 목소리를 얼마나 널리 주장할 것인가를 '평화를 만드는 말의 모습'이라는 표제로 생각하고 싶은 것은 아니라는 말이다.

제국 일본이 아시아 침략을 한층 확대하기 시작한 1936년, 미학자인 나카이 마사카즈中井正一는 자신이 간행한 신문 『토요일』에 "집단은 새로운 말의 모습을 요청한다"[1]라고 썼다. 말의

---

1. 『토요일』에 있는 기사의 표제. 나카이 마사카즈가 무기명으로 쓴 것이다. 中

모습을 요청하는 나카이에게 당시 언론 상황은 흔히 말하듯 언론의 자유를 빼앗긴 것이 아니었다. 『토요일』에서 나카이는 당시 상황을 다음과 같이 이야기했다.

하지만 사람들은 이야기를 나누지 않았다. 일반 신문도 지금은 일방적인 설교와 매출적인 외침을 내놓을 뿐이고, 사람들의 귀도 아니고 눈도 아닌 '진공관의 말' 또한 마찬가지이다. 점점 더 그러하다.2

여기에 등장하는 "진공관의 말"이란 라디오를 뜻한다. 중요한 것은 "일방적인 설교"와 "매출적인 외침" 속에서 함께 나누는 "이야기"가 상실되었다는 사실이다. 바꿔 말하면 번드르르한 말이 유포되는 한편으로 말이 상실되는 영역이 일상 세계를 지배하게 된다는 것이 나카이의 상황 인식이었다. 거기에는 다른 사람의 말을 듣고자 귀를 기울이거나 침묵하는 사람과 조용히 마주하려고 하는 태도도, 또 유포되는 번드르르한 말에 맡기지 않고 자신의 생각을 눈앞에 대기하고 있는 이들과 함께 시간을 들여 말로 하고자 하는 모색도 없다. "사람들은 이야기를 나누지 않았"던 것이다. 전쟁이라는 살육이 점점 더 확대되는 가운데 "일방적인 설교"와 "매출적인 외침" 옆에는 말을 잃어버린 영

井正一, 『美と集団の論理』, 久野収編, 中央公論社, 1962, 206쪽.
2. 같은 책, 207쪽.

역이 펼쳐져 있었고, 그 영역에서 나카이는 함께 나누는 "이야기"와 동시에 "새로운 말의 모습"을 확보하려고 했다.[3] 신문 『토요일』도 이러한 말의 확보와 관련 있었다. 이듬해인 1937년, 나카이는 치안유지법 위반으로 검거된다.

나는 말이 사라지는 곳에 대기하고 있는 무언의 힘, 글자 그대로 문답무용의 힘이야말로 폭력이라고 생각한다. 나카이가 감지한 폭력도 단지 먼 곳에서 일어나는 전투나 자유를 빼앗긴 익찬체제[4]라는 말로 곧장 이해할 수 있는 것이 아니다. 그것은 말의 정지와 함께 모습을 드러내는 문답무용의 폭력이다. 그리고 문제는 이러한 문답무용의 폭력에 노출되면서 정지한 말들이 다시금 움직이기 시작할 때 취하는 새로운 말의 모습이 아닐까? 평화를 만든다는 것은 국제관계나 분쟁 조정의 문제이기 이전에 말을 정지시킨 폭력의 영역에 말의 장을 만들어내는 일이 아닐까?

지금으로부터 20년도 더 전에 미국의 어느 대학 안에 있는 바에서 그곳 대학원생과 한밤중에 맥주를 마신 적이 있다. 그는 대학 입학 자금을 벌기 위해 군대에 들어가서 해병대가 되었다고 했다. 해병대로서 오키나와 가데나嘉手納 기지에 주둔했을 때 기지반대 투쟁과 만났고, 거기서부터 오키나와 역사를 사고

---

3. 富山一郎, 『始まりの知』, 法政大学出版局, 2018에서는 나카이의 이러한 시도를 현재의 상황과 연결해서 다루었다.
4. 翼贊体制. 제2차 세계대전 당시 관제 국민통합단체인 대정익찬회를 중심으로 국민을 획일적으로 조직화해 전쟁에 총동원한 체제이다.

하기 시작했다. 하지만 내가 떠올린 것은 이 대학원생의 오키나와 연구가 아니다. 맥주를 마시다가 갑자기 해병대 출신인 이 대학원생이 자신은 3분 이내에 사람을 죽이는 훈련을 받았다는 이야기를 꺼냈다. 그리고 나를 보면서 도미야마 씨도 금방 죽일 수 있다고 했다. 취기가 단숨에 가셨다. 그때 느낀 몸이 응축되는 듯한 감각. 말이 멈추었다.

그것은 죽임을 당할지도 모른다는 공포이지만, 동시에 왜 내가 당신에게 죽임을 당해야만 하느냐는 당혹스러움이기도 했다. 그리고 내 신체의 변화와 공포를 이 해병대 출신 대학원생도 눈치챈 모양이었다. 웃음기가 사라진 그의 표정은 자신의 신체가 사람을 죽이는 신체가 돼 버렸다는 데 대해 스스로 두려움을 느끼고 있는 것처럼 보이기도 했다. 하지만 내 공포와 그가 눈치챈 공포, 그리고 그 자신의 공포는 똑같지 않을 것이다. 또 이러한 이야기를 일반화해서 뭔가를 말할 수도 없을 것이다. 하지만 동시에 각각의 공포가 해병대라는 제도가 그의 신체에 새겨 넣은 군사적 폭력에 대한 감지라는 사실도 분명할 것이다. 또 내 공포는 해병대가 아니었어도 생길 수 있다. 가령 이른바 군사 무기라 불리는 물체 옆에 있으면 내가 죽임을 당하는 것이 아닌가 하는 공포를 나는 느낀다. 이러한 공포는 말이 사라져간 곳에 대기하고 있는 폭력에 대한 감지가 아닐까? 말의 정지와 함께 대전帶電되기 시작하는 이 신체 감각을 실마리로 이야기를 계속하겠다.

오인되어 죽임을 당하지 않도록

오키나와 전투에서는 일본군과 미군이 격렬하게 싸워 많은 주민들이 전투에 휘말렸다고 한다. 이러한 오키나와 전투에 대해 생각하기 시작했을 때[5] 내 사고를 결정 지은 자료가 있다. "대지진 때 표준어를 못 한다는 이유만으로 많은 조선인들이 죽임을 당했다. 자네들도 오인되어 죽임을 당하는 일이 없도록 해라." 몇 번이나 인용한 이 말은 1960년대 말부터 70년대에 걸쳐 집중적으로 간행된 오키나와 전투 관련 증언에서 등장한다. 이 발언은 1923년 간토關東대지진 후에 오키나와의 소학교에서 이루어진 수업에서 교사가 한 말이다. 당시 교실에 있던 학생이 이를 그 뒤에 오키나와 전투의 기억으로 상기하였다. 즉 오키나와 전투의 기억으로 간토대지진이 상기되고 있는 것이다. 그리고 그가 상기한 것은 '오인된다'는 것과 관련된 기억이다.

"오인되어 죽임을 당한다"는 위험성 앞에서 취할 수 있는 태도로는 "오인하지 말라"고 주장하는 것이 있을 것이다. 또 설령 죽임을 당하거나 죽임을 당할 뻔했어도 그것은 기본적으로 오인이고, 앞으로는 오인되지 않게끔 조심한다는 이야기도 가능할 것이다. 사실 여기서 인용한 교사도 오인되지 말라고 학생들에게 명하고 있다. 또 오인되는 것의 요점은 말에 있다. 하지만 이는 말의 의미 내용이 아니라 동작으로서의 말이며, 무엇을 말

---

5. 도미야마 이치로, 『전장의 기억』, 임성모 옮김, 이산, 2002.

하느냐가 아니라 동작 자체가 문제이다. 굳이 말하자면 그것은 이미 말이 아니라 거동이라 할 수 있을 것이다. 따라서 이 교사의 말은 "오인되지 않도록" 거동에 주의하라는, 신체에 대한 명령이다.

말을 하고 있는데도 말을 하고 있다고 간주되지 않고 단지 신체 동작만이 요구되는 장면을 생각해 보자. 거기서는 그저 오인되지 않게끔 몸을 움직이는 데에만 신경을 집중하게 된다. 그리고 이 오인되지 않게끔 한다는 노력의 전제에는 아무리 말로 설명해도 ○○로 보인다는, 반론을 허용하지 않는 단언이 있을 것이다. 이러한 문답무용의 단언이 횡행하는 가운데 무슨 말을 해도 소용이 없다는 말에 대한 감촉이 점차 퍼져 간다. 그리고 이 무력감과 함께 말이 정지한 곳에는 폭력이 대기하고 있다. 폭력은 대기 중일 때에도 그 존재 자체로 폭력에 노출되어 있다는 감각을 낳고, 그렇게 노출되어 있다는 점에서 이미 작동하고 있는 폭력이기도 하다.

그런데 교사가 말한 "오인되어 죽임을 당하는" 장면이란 간토대지진 당시 자경단이나 경찰의 신문을 말한다. 거기서는 "너이 새끼, 주고엔고짓센이라고 말해 봐!"라는 신문이 이루어졌다. 즉 말이 거동이 되었다. 말은 이미 말로 들리지 않고, 무슨 말을 해도 소용이 없다. 거기서는 문답무용의 폭력이 작동하기 시작할 것이다. 또 오키나와 전투에서는 "오키나와어로 담화하는 자는 간첩이라 간주하고 처벌한다"라는 군명이 나와서 많은 주민들이 문답무용으로 죽임을 당했다. 여기서도 말은 거동이 되고,

"무슨 말을 해도 소용이 없다." 교사의 발언을 오키나와 전투의 기억으로 상기한 이 증언은 이러한 문답무용의 폭력을 전장의 기억으로 상기하고 있다.

오키나와 전투와 관련된 이 같은 증언에서 떠오르는 전쟁이란 미일 양군의 싸움 같은 것이 아니다. 또 많은 주민들의 죽음은 단지 전투에 휘말린 것이 아니다. 글자 그대로 말이 말로 들리지 않고 거동이 되며 문답무용의 폭력이 밀고 올라오는 것이 전쟁이고, 주민들의 죽음은 전쟁 그 자체이다. 이러한 전장은 간토대지진의 계엄 상태와도 맞닿아 있다. 전쟁을 어떻게 정의하느냐와 관련해서는 개념적이거나 제도적인 구분 혹은 구체적 사례를 통해 생각하는 방법이 있을지 모른다. 하지만 우선은 폭력에 노출되어 있다는 감각이 부풀어 오르며 말이 정지해 가는 상황을 주의 깊게 살펴보겠다. 말과 관련된 감촉이라고 할 만한 감각을 놓치지 않고 논의를 진행하려는 것이다. 전쟁을 일상 사회에 만연한 폭력과 함께 생각하려면 이러한 말에 대한 감각이 반드시 필요하다. 이러한 말에 대한 감각 속에서 평화를 만드는 말의 모습도 떠오르지 않을까?

죽임을 당하는 것, 죽임을 당하지 않는 것, 죽이는 것

먼저 생각할 것은 이러한 전쟁 상태에서 타자와 맺는 관계이다. "오인되지 않도록"이라는 교사의 말에는 오인되는 것이 아닐까 하는 공포가 있다. 다만 그 공포는 감추어진 채 신체에 대한 명령으로 이어지고, 그것이 또 전쟁 동원으로도 이어졌다. "오인되지 않도록" 하는 것이 '죽이는' 행위로 이어진 것이다. 또 이러한 "오인되지 않도록"이라는 말의 배후에는 "○○라면 어쩔 수가 없다"라는, 폭력에 대한 추인이 존재한다. 혹은 그것은 오인하지 말고 맞게 죽이자는 이야기가 될지도 모른다. 여기서 전쟁 상황의 사회가 어떤 모습인지가 드러난다. 그것은 ○○라면 어쩔 수 없다는, 죽는 것이 당연한 영역을 전제로 하면서 나는 ○○가 아니라는 것으로 구성되어 가는 사회이다. 또 '간첩(스파이)'이라는 말이 보여주듯 이 영역은 죽여야 할 적으로도 이어진다. 교사의 숨겨진 공포가 보여주는 것은 죽임을 당하는 것이 당연하다고 여겨지는 적이 나와 이어져 있다는 사실과 다름 없다.

그런데 '오인된다'는 것에서 부상하는 장면은 앞에서도 말했듯 신문 공간이다. 오키나와 전투에서도 신문은 도처에서 이루어졌다. 만일 이러한 신문이 자신과 무관하다고 생각하는 사람이 있다면 그것은 큰 착각이다. 경계 내부는 경계를 통해 설정되며 그 반대가 아니다. 어떠한 공통성이 내부를 만들어내는 것이 아니라, ○○를 전제로 한 "○○가 아니다"라는 공포가 대전된 몸짓이 내부성의 근거가 된다. 그리고 내부에 있다고 생각하는 사람들 바로 옆에서 신문은 반복되며, 내부인지 아닌지를 신문이 결정하는 이상 모든 사람이 신문에 노출되어 있다고 해야 할 것이다. 그렇기 때문에 '오인되는' 것은 사전에 결정된 내부와 외부의 구분으로 회피할 수 있는 것이 아니라고 우선 분명히 말해둘 필요가 있다. 둘은 맞닿아 있으며, 바로 거기에 교사의 감추어진 공포가 있다.

죽임당하는 것, 죽임당하지 않는 것, 죽이는 것. 죽임당하지 않는 것이 죽임당하는 것을 타자 혹은 적으로 잘라내고 죽이는 것에 다가붙음으로써 성립하는 사회가 있다. 그것이 바로 ○○라면 어쩔 수가 없지만 나는 ○○가 아니라는 것이다. 그리고 이것이 앞서 말한 전쟁과 관련된 사회의 모습이다. 이 경우 타자는 복수로 존재하고, 다양한 ○○가 아니라는 몸짓이 중첩되면서 사회를 구성해 나간다. 죽이는 것은, 죽임당하지 않는 것이 죽이는 것에 다가붙음으로써 계속된다. 거기에는 오인되어 죽임을 당할지도 모른다는 공포가 늘 담겨 있다. 그리고 "오인되어 죽임을 당하지 않도록" 하라고 학생들에게 명령한 교사가 품고 있는 죽임을 당할지도 모른다는 공포는 오키나와 전투에서 실제로 죽임을 당하는 사태로 등장하게 된다.

역시 다른 사회의 경로를 생각해야만 한다. 스파이 즉 적으로서 죽임을 당한 이들과 관련된 오키나와 전투의 기억이 상기될 때 부상한 것도 이 다른 경로가 아닐까? 또 설사 죽임을 당하는 사태가 등장하지 않더라도, 죽임을 당하지 않는 것이 끌어안고 있는 공포에서 죽임을 당하는 ○○라는 타자를 만들어내지 않는 사회를 시작할 경로를 생각할 수는 없을까? 거기서는 죽임을 당하지 않는 것이 죽임을 당하는 것과 어떠한 연결을 만들어낼 수 있는가가 문제가 되지 않을까? 그리고 말이 담당해야 할 것은 이 연결 아닐까?

사전배제

말이 담당할 이 같은 영역을 생각하기 위해 폭력에 노출되어 있다는 감각이 부풀어 오르며 말이 정지하는 신문 공간의 상황에 대해 조금 더 생각해 보겠다. 말의 정지에서 시작되어야 하는 것은 어떠한 모습을 취한 말인가? 이러한 물음을 생각하기 위해 말을 하고 있는데도 말하고 있는 것으로 간주되지 않는 즉 발화주체로서 배제되는 것에 대해 주디스 버틀러Judith Butler가 '사전배제'foreclosure라는 말로 논의한 내용을 조금 참조해 보겠다. 버틀러에게 말과 관련된 배제는 그 의미내용에 따른 금지가 아니라 말하는 것 자체를 지워 없애는 일이다. 거기서는 말을 해도 말을 하고 있다고 간주되지 않고 침묵이나 소리로밖에 등장하지 않는다. 그리고 말의 영역은 이러한 사전배제가 테두리를 두름으로써 성립한다.

문답무용의 폭력 옆에서 이루어지는 신문이란 이렇게 테두리를 둘러 나가는 영위이기도 하다. 버틀러 또한 발화주체로서 사전배제된 곳에서 문답무용의 폭력을 본다. 즉 "발화가능성이 사전배제되어 있을 때 주체가 느끼는, 위험에 노출돼 있다는at risk 감각"[6]이 신체에 대전되기 시작한다. 그 신체의 주인은 죽임

---

6. ジュデイス・バトラー, 竹村和子訳, 『触発する言葉』, 岩波書店, 2004, 216쪽. [Judith Butler, *Excitable Speech: A Politics of the Performative*, Routeledge, 1997, p. 138. 한국어 번역본은 주디스 버틀러, 『혐오 발언』, 유민석 옮김, 알렙, 2016] [여기서는 이 책에서 참조하는 다케무라 가즈코(竹村和子)의 일본

을 당할지도 모른다. 혹은 오인되지 않도록 "○○가 아니"라는 사실을 온몸으로 계속 보여줄지 모른다.

그렇다면 이 사전배제는 어떠한 폭을 가지고 수행될까? 버틀러는 사전배제를 『촉발하는 말』에서는 검열 문제로, 『안티고네의 주장』에서는 친족관계 문제로 논의한다. 『촉발하는 말』에서는 사전배제의 요점이 법제도를 넘어선 국가의 통치 권력이 생산된다는 것에 놓여 있는 반면, 『안티고네의 주장』에서는 발화주체로부터의 사전배제가 다름 아닌 이성애주의에 근거한 가부장적인 오이디푸스 구조라는 점에 있다. 각각의 논의 방향을 염두에 두고 사전배제와 함께 펼쳐지는 "위험에 노출돼 있"는 영역을 생각해 보겠다.

그런데 나는 『유착의 사상』[7]에서 영토적인 국가에 의거한 삶과는 다른 삶을 '유착'이라는 말로 사고하려 했다. 그리고 이 책 서평에서 고병권 씨도 지적했듯 법의 효력이 정지된 계엄 상황이 그렇듯 이러한 삶에서는 국가권력의 '초법적'인 신문이 이루어진다.[8] 즉 버틀러가 말한 '사전배제'가 국가의 통치 권력을 생산한다면, 그 생산 현장은 오늘날 이민이나 난민이라 불리는 사람들을 비롯해 국가에 미등록된 혹은 비등록된 상태에 놓인 삶의 영역에 펼쳐져 있고, 거기에는 '초법적' 신문이 대기하고 있다. 산드로 메짜드라와 브렛 닐슨은 글로벌한 사람들의 이동을

어 번역에 따라 foreclosure를 사전배제로 옮겼다. ─옮긴이.]

7. 도미야마 이치로, 『유착의 사상』, 심정명 옮김, 글항아리, 2015.

8. 고병권, 「우리, 떠나온 자들」, 『창작과 비평』 169, 2015.

검토하면서 주권을 국경에 에워싸인 내부성에서 생각하는 것이 아니라 내부 바로 앞에 잡아두는 '유치'detention와 언제든지 강제적으로 버릴 수 있는 '폐기성'deportability으로 파악하려고 하는데,[9] 이러한 사람들은 강제적인 폐기에 노출된 영원한 대기상태에 놓여 있다. 또 이러한 대기 상태와 관련해 계엄 상태는 예외가 아니라 보통 상태로 상정된다. 신문 공간은 여기에도 펼쳐져 있다. 이러한 의미에서 "오인되지 않도록"이라는 교사의 말과 함께 상기된 전장은 이 같은 '유착'하는 삶의 영역에도 퍼져 있다.

오늘날 영토적인 주권 속에서 확고한 발판을 만들지 못하는 사람들은 늘어나고 있다. 자본은 사람들의 삶과는 무관한 곳에서 축적을 계속해서 확대하고, 결과적으로 사람들은 '유치'와 '폐기성'에 노출되거나 혹은 그렇게 될지도 모른다는 불안을 품고 살아갈 수밖에 없다. 문답무용의 폭력에 노출되는 가운데 "○○가 아니다"라는 것이 사회를 만들어내는 점점 더 결정적인 축이 될지 모른다. 불안을 품은 사람들이 외부인을 배격함으로써 사회를 유지하려고 하는 것이다. 하지만 다른 경로를 발견할 필요가 있지 않을까? 이것은 역시 평화의 문제이다.

『유착의 사상』에 대한 또 다른 서평에서 정희진 씨 역시 신문을 문제 삼으면서 그것을 묻는 "(나는 인간인데) 너는 뭐냐?"라고 바꾸어 표현하고, 이러한 물음 속에서 '여자', '아줌마'가 피

---

9. Sandro Mezzadra & Brett Neilson, *Border as Method*, Duke U.P., 2013, pp. 142~157 [산드로 메짜드라·브렛 닐슨, 『방법으로서의 경계』, 남청수 옮김, 갈무리, 근간].

신문자의 삶에 들씌워짐을 지적했다.[10] 즉 발화가능성은 이성애주의적인 가부장제에서도 정의되는데, 거기서는 다른 사랑은 사전배제되고 가부家父임이 발화주체를 구성하게 된다. 거꾸로 말하면 이러한 발화주체에서 사전배제된 영역이나 사람은 말을 하고 있는데도 말하고 있는 것으로는 간주되지 않고 문답무용의 폭력에 노출된다. 정희진 씨가 말한 "너는 뭐냐?"라는 신문 속에서 들씌워지는 '여자'란 버틀러가 『안티고네의 주장』에서 제기한 '사전배제'의 문제라고도 할 수 있다. "발화행위가 숙명적인 죄"[11]로 취급되면서도 주장을 계속하는 안티고네는 산 채로 매장된다. 하지만 그 폭력은 폭력으로 등장하지 않고 마치 당연한 조치인 것처럼 받아들여진다. 가정이나 친족이 당연한 전제이듯이. 그것이 바로 사회의 전제에 있는 '사전배제'이다.

치쿠호筑豊의 탄광에서 서클 운동이라 불리던 활동을 하던 모리사키 가즈에森崎和江는 "여자의 독백에는 당신들(남자들)의 고정된 반고리관으로는 감지할 수 없는 원리가 있습니다. 이것을 당신들의 눈에 보이는 것으로 직조하려 합니다. 어질어질 현기증이 듭니다. 공통의 말이 보이지 않습니다"[12]라고 했는데, 이 '감지'할 수 없는 영역에는 문답무용의 폭력이 대기하고 있을 것

---

10. 정희진, 「'나는 누구인가'를 묻는 저들」, 『한겨레』, 2015년 3월 27일 수정, 2020년 3월 14일 접속, https://c11.kr/dxs6.

11. ジュディス・バトラー, 竹村和子訳, 『アンティゴネーの主張』, 青土社, 2002, 82쪽. [주디스 버틀러, 『안티고네의 주장』, 조현순 옮김, 동문선, 2005.]

12. 森崎和江, 「現代織る女たち」, 『非所有の所有』, 現代思潮社, 1970, 20쪽.

이다.13 그리고 감지할 수 없다는 것이 당연한 전제인 사회에서 그 폭력은 폭력으로 간주되지 않는다. 이곳도 전장과 맞닿아 있는 것이다. 버틀러가 말하듯 난민화와 가부장제는 오늘날 복잡하게 얽히면서 '다층적인 가족상황'14을 만들어내고 있고, "너는 뭐냐?"라는 질문도 난민 여성, 난민 가족처럼 영토적인 통치와 가족을 횡단하는 형태로 등장한다.

장소의 운명을 바꾸다

신문 공간에서 말의 영역으로부터 배제되어 폭력에 노출된 영역에서는 어떠한 말이 어떠한 모습을 띠면서 등장하는가? 가령 '유착'하는 삶에서 어떠한 말이 생겨나는가? 고병권 씨는 앞의 서평에서 "말 이전의 말", "사유 이전의 의지", "운동 이전의 운동", "아는 것 이전의 아는 것"이라는 이야기를 했다. 또 정희진 씨는 들씌워지는 이름에 대해 "진정한 자아 찾기"에 빠지는 것을 경계하면서 "히트 앤 런", "치고 빠지기. 탈주脫走. 탈주奪走면 또 어떤가"라고 쓴다. 혹은 모리사키 가즈에라면 "독백을 강요당하고 있는 종족의 저주"15라고 할지 모른다. 어쩌면 버틀러가 안

---

13. 이 글은 1950년대 말 서클운동 속에서 쓰였다. 그리고 거의 같은 시기에 운동 내부에서 강간살인사건이 일어났다. 이러한 폭력과, 말하고 있는데도 말하고 있는 것으로 간주하지 않는 사전배제는 한가지이다.

14. ジュディス・バトラー, 『アンティゴネーの主張』, 53쪽.

15. 森崎和江, 『非所有の所有』, 19쪽.

티고네에게서 발견하고자 하는, 이성애주의에서 배제되는 사랑의 형태도 거기에는 있을 것이다. 어쨌든 이러한 말들은 우선은 말로는 간주되지 않는 말들이리라. 또 랑시에르Jacques Ranciere가 말하듯 그것은 정치를 구성해 가는 일이라고도 할 수 있다. 즉 "정치활동이란 신체를 일찍이 할당된 장소에서 다른 장소로 옮기며 그 장소의 운명을 바꾸는 활동이다. 정치활동은 지금까지 보이는 장을 가지지 못했던 이들을 보이게 하고, 소리만이 있었던 곳에서 담론이 들리게 하며, 소리로만 들리던 것을 담론으로 듣게 하는"[16] 것이다.

하지만 주의할 점은 "장소의 운명을 바꾸는" 이 정치를 랑시에르가 말하는 것과 같은 일반 규정으로 이해해서는 안 된다는 것이다. 또 버틀러가 이야기한 통치 권력과 가부장적인 오이디푸스 구조도 문제의 폭을 아는 데에는 중요하지만, 그것이 곧장 "소리만이 있었던 곳에서 담론이 들리게" 하는 일로 이어지지는 않는다. 잊지 말아야 할 것은 기존의 언어 세계가 이미 사전배제를 전제하고 있다는 점이며, 학문 또한 예외가 아니다. 나카이가 말한 "일방적인 설교"와 "매출적인 외침"이란 우선은 학문이라는 안전지대에서 내보내는 일반적이고 설명적인 언어를 가리키고, 이를 간과한다면 이론이나 설명은 맨 처음에 언급한 "문답무용의 폭력에 노출되면서 정지한 말들이 다시금 움직이기

---

16. ジャック・ランシエール, 松葉祥一・大森英臣・藤江成夫訳, 『不和あるいは了解なき了解―政治の哲学は可能か』, インスクリプト, 2005, 61쪽. [한국어판은 자크 랑시에르, 『불화』, 진태원 옮김, 길, 2015.]

시작"하는 것을 억누르는 일로 귀결될 것이다.

사전배제는 국가와 친족에 의해 움직일 수 없이 결정되어 있는 것이 아니다. 이미 결정되어 있는 것처럼 이론적으로 설명하고 있을 뿐이다. 여기서는 버틀러의 사전배제가 정신분석학적인 무의식 문제와 얽혀 있다는 데에 주의해야만 한다. 즉 버틀러가 상정하는 것은 배제 자체가 의식화되어 있지 않고 그에 대한 자각조차 없는 배제이다. 거기서는 문답무용의 폭력이 만들어내는 상황이 자연 풍경처럼 떠오를 것이다.

하지만 중요한 것은 자연 풍경이 실밥이 터지듯 풀리는 순간에 무엇을 시작할 것인가, 문답무용의 폭력을 추인하는 무의식의 밑바닥에서 어떠한 말의 영역을 어떻게 만들어낼 것인가이며, 이러한 물음을 재설정하지 않은 채 설명을 계속하는 것은 "장소의 운명을 바꾸는 활동"으로 연결되기는커녕 그 바꿀 가능성을 매장하는 일이 될 수도 있다. 또 타자화되는 ○○가 복수이며 ○○가 아니라는 몸짓이 중첩되어 사회가 구성되고 있는 이상, 그러한 복수의 ○○ 안에서 신중하게 다른 길을 계속해서 찾는 일이 요구된다. 여기서도 일반 규정은 그 다음 전개가 보이지 않게 만들 위험성을 가지고 있다.

사람들은 이미 결정되어 있는 것이 아니라 이미 눈치를 채고 있는 것이다. "○○가 아니다." 거기서 폭력은 바로 옆에까지 다가와 있고, 오인된다는 공포도 명백히 의식되고 있다. 중요한 것은 계속해서 찾는 영위를 확보하는 장이자 그 장에서 시작되는 말의 모습이다. 그것은 "장소의 운명"을 바꾸고자 하는 말

이다.[17]

어려움

여기서 다시 한번, 죽이는 것으로 이어지는 "○○로 오인되지 않도록"이라는 몸짓에 내재한 공포를 장이라는 문제로 가지고 와서 생각할 필요가 있다. 거기에는 장이라는 형태로 확보해야만 하는 두 가지 겹쳐지는 어려움이 있다. 앞서 ○○를 전제로 하지 않는 사회를 만들려면 죽임을 당하지 않는 사람이 죽임을 당하는 사람과 어떠한 연결을 만들어낼 수 있는가가 문제라고 했다. 죽임을 당하지 않는 사람과 죽임을 당하는 사람의 연결은 죽임을 당하지 않는 사람이 자기 자신도 문답무용의 폭력에 노출되어 있음을 알고, 그 사실을 받아들이는 일이기도 할 것이다. 여기서 "오인되지 않도록" 하면서 ○○가 아니라고 거동하는 몸짓과 ○○와의 연결을 감지하고 그것을 받아들이는 몸짓은 전자가 절단을 후자가 연결을 희구하고 있는 이상 대립적이라고 할 수 있다. 하지만 동시에 공포라는 점에서 둘은 맞닿아 있다고도 할 수 있다.

이 공포에서 대립과는 다른 관계성으로 움직여 갈 수는 없을까? 공포를 느끼고 있다는 점에서는 둘 다 겁쟁이이고 폭력

---

17. 討議空間,「言葉の灯をともす」(2019년 12월 14일, 도시샤대학)에서 정유진 씨가 발표한 「『場所の運命』を変えようとする知/識を読むということ」에서.

을 두려워하고 있다. 어려운 일인지도 모르지만 장이라는 설정이 요청되는 것도 이 어려움을 어려움으로서 끌어안을 필요가 있기 때문이다. 또 이러한 장에서는 공포와 관련된 부인과 언어화가 뒤섞이리라고 상상할 수 있다. 공포를 의식 깊은 곳에 눌러 감추려고 하는 사람과 그것을 말로 표현하려고 하는 사람이 같은 장에 머무는 것이다. 또 거기서는 "오인되지 않도록"이라는 교사의 말이 오키나와 전투의 기억을 상기하는 가운데 등장했듯 기억 혹은 상기라는 문제가 중요해질 것이다.

또 하나의 어려움은 죽임을 당한 사람들과의 연결을 말로 어떻게 만들어낼 것인가이다. 조상弔い 혹은 애도라 불리는 영위도 그 가까이에 있을 것이다. 그 연결의 어려움을 생각하는 데에는 슬퍼하기를 금지당한 죽음이라는 것이 중요하다. 거기서 애도는 '영원한 남유'監喩 18가 될지 모른다. 또 거기서는 죽임을 당한 사람들뿐만 아니라 죽임을 당할 뻔한 사람, 죽음에 이르지는 않았지만 이미 큰 상처를 입은 사람들과의 연결을 말로 짊어지는 일도 요구될 것이다. 즉 문답무용의 폭력의 영역에서 말을 재개하는 이러한 시도는 폭력을 당한 상처와 관련된 말의 문제로서 존재한다. 이는 전쟁과 관련된 증언이라는 문제이기도 하다. 무엇을 증언으로 간주하고, 무엇을 그렇지 않다고 보는가? 거기에는 역시 전쟁의 상처를 말로 할 때의 언어적인 틀이 상정되어 있고, 거꾸로 말하면 증언의 영역에서 사전배제되는 영역이 존

---

18. バトラー, 『アンティゴネーの主張』, 78쪽.

재한다. 자신의 상처에 대해 아무리 말해도 말한 것으로 간주되지 않고 발화 주체에서 사전배제되는 것이다. 그리고 문답무용의 폭력으로 상처 입은 사람들은 여전히 "위험에 노출"된다.

난로

당장 이 어려움에 대한 답을 찾을 수는 없다. 그리고 답이 아니라 함께 살아가는 장을 만드는 것, 그리고 그 장에 계속해서 머무는 것이 우선은 요청되지 않을까? 어려움은 해결하기보다는 우선은 장에 끌어안아야 하고, 장이 어떠해야 하는가 하는 장의 논리로서 받아들일 필요가 있지 않을까? 또 이러한 논리가 바로 장의 운명과 관련되지 않을까? 이러한 장을 구성하는 것은 말들이다. 장의 운명을 짊어지는 것이 말이라면, 이는 이미 운명이 아니다. 바꿀 수가 있는 것이다. 이러한 장과 말이 다초점적으로 확대되어 가는 것을 몽상한다. 문답무용의 폭력에 노출되어 ○○가 아니라고 중얼거리면서 구성되는 사회는 이렇게 해서 바뀐다.

마지막으로 장과 함께 있는 말의 모습을 놓치지 않기 위해 이러한 전개에 과감하게 이름을 붙여보고 싶다. '다초점적 확장주의.' 1960년대 후반에 서독 하이델베르크대학 의학부 정신과의 조수와 환자를 중심으로 생긴 〈사회주의 환자동맹〉(이하 SPK) Sozialistisches Patientenkollektiv은 자본주의와 관련된 소외를 병이라는 말로 재설정하려 했다. 1970년대 초, 〈SPK〉는 당시 서독의 군수산업이나 주류 미군에 반대해 폭탄 투쟁을 하던 서독 적군에 일방적으로 응원을 보내면서 서독 적군을 둘러싼 무시무시한 탄압 상황에 자발적으로 휘말려 '과격파'로 압살되었다. "우리는 과격파가 아니다"가 아니라 "우리도 과격파이다"라고 한 것이다. 이 〈SPK〉가 남긴 말이 다초점적 확장주의MFE, Multifokaler Expansionismus이다. 이는 정신병이 체현하는 금지 영역을 사람들이 모이는 장소(난로)로 바꾸어 가는 운동이다. '초점'fokus이라는 말에는 금지와 난로라는 두 가지 의미가 포개어져 있다.[19]

여기서 말하는 금지란 정신질환을 염두에 두고 있지만, 바꾸어 말하면 말이 말로 인정되지 않고 증상으로만 들리며 발화 주체에서 사전배제되는 영역을 의미한다. 따라서 문답무용의 폭력에 노출되어 있고, 이는 가령 보안처분이나 예방구금 등의 제도로 구현되기도 할 것이다. 혹은 온갖 발화를 증상으로 들으며 사람을 문답무용으로 법 바깥의 위치에 두는 정신감정도 마찬가지이다.

이러한 금지를 나타내는 ○○에 대해 사람들은 "○○가 아니다"라고 행동하게 된다. 하지만 SPK는 이 금지를 사람들이 모이는 난로로 바꾼다. 이렇게 금지와 난로가 겹쳐지는 곳에 초점이라는 말이 있다. 초점이라는 장에는 배제나 폭력을 당하는

---

19. SPK, SPK : Turn Illness into a Weapon, KRRIM-self-publisher for illness, 1993, pp.74~76.

수동성과 자발적으로 난로에 모이는 능동성이 뒤섞여 있다고 할 수 있다. 동시에 난로라는 장소가 금지 영역을 새롭게 낳는다면, 그 금지를 또다시 난로로 바꾸어 가게 될 것이다. 즉 난로가 ○○가 아니라는 몸짓을 띠기 시작할 때, 그 새롭게 생겨난 금지된 ○○ 속으로 곧장 파고 들어가서 난로 구축을 시도한다. 이러한 운동이 장이고 바꾸어 말하면 '다초점적 확장주의'이다.

이는 금지영역이 생기는 것을 금지하는 일이 아니다. 일반적인 모델은 존재하지 않으며, 마땅히 그래야 할 모델을 전제로 금지의 등장을 금지한다면 이는 일종의 통제이기도 하다. 금지와 난로가 반복되면서 초점은 복수가 되어 확장된다. '다초점적 확장주의'의 요점은 이상향을 만들기 위해 계획하거나 조정하거나 혹은 통제하는 것이 아니라 금지 영역을 사람들이 모이는 난로로서 부단히 확장해 나가는 데에 있다. 여기에 장소의 운명을 바꾸는 영위가 있으며, 물어야 할 것은 이 같은 난로를 감싸는 말의 모습이다.

난로에는 문답무용의 폭력을 당하는 ○○를 전제로 하면서 대립하거나 엇갈리는 사람들이 있다. ○○인 사람들과 ○○가 아니라는 사람들이 난로에 모이는 것이다. 또 그 장은 죽임을 당한 사람들이 잠든 장소이기도 하고, 슬퍼하는 일이 금지된 사자들이나 상처 입은 사람들도 거기서 서성거리고 있을 것이다. 지금까지 이야기한 공포가 난로의 불꽃으로 바뀌는 가운데 사람들은 어떠한 말을 하기 시작할까? 망령의 말과 함께 새로운 애도가 시작될지 모른다. 상처 또한 말을 획득할지 모른다. 앎이

라는 문제가 제기되는 것은 바로 이때이다.[20]

처음에 언급한 나카이 마사카즈는 치안유지법 위반으로 검거되기 전 해에 「위원회의 논리」[21]를 펴냈다. 이는 '듣다, 말하다, 읽다, 쓰다'라는 말과 관련된 행위로 구성되는 장의 논리이고, "일방적인 설교"와 "매출적인 외침" 속에서 서로 '이야기'하는 것을 확보하기 위한 논리였다. 이러한 이야기는 그 장소에서 이야기하고 있는 사람들을 덮쳐오는 운명을 바꾸고자 한다. 앎이란 장소의 운명을 바꾸고자 하는 이 같은 말들이 아닐까? 나카이가 위원회라는 말에 담은 것은 인민 위원회이고 거기서는 장소의 운명을 바꾸는 일이 정치로서 존재한다.

문답무용의 폭력으로 단절된 관계가 새로운 사람들의 모임으로 향하는 것을 부단히 가능하게 하는 말의 영위가 틀림없이 존재한다. 이러한 영위는 ○○가 아니라는 중얼거림으로 구성되는 사회와는 다른 경로의 미래를 보여줄 것이다. 평화란 이러한 영위와 함께 떠오르는 이 같은 미래를 가리키는 것이 아닐까? 또 앎이란 그러한 말의 영위가 아닐까? 그러한 영위 속에서 나도 예의 대학원생과 분명 재회할 수 있을 터이다.

심정명 옮김

---

20. 이는 SPK가 주장한 인민대학과도 관계 있을 것이다. 또 冨山, 『始まりの知』에서도 이러한 문제를 생각하려 했다.
21. 中井正一, 「委員会の論理」, 『世界文化』, 1936年1月, 2月, 3月号.

글쓴이

김기남

어쩌다 인권과 인도 지원의 흐름에서 아시아 분쟁 지역의 생존 피해자들과 삶을 나누는 것이 업이 된, 서툴고 부족함 많은 그러나 아직도 큰 꿈을 꾸는 아저씨. 공동설립자로 〈아디〉에 참여하고 있으며 난민 캠프의 수백 명의 로힝야 생존자들을 법률대리하는 그러나 이들과 만나면 항상 우는 울보 변호사.

김현미

연세대학교 문화인류학과 교수로 젠더의 정치경제학, 이주, 환경 문제에 관심이 있다. 현지조사 방법론을 활용하여 결혼이주여성, 경제 이주자, 미등록이주자, 난민 등 한국의 다양한 이주자를 연구해 왔다. 최근에는 한국에 거주하는 난민 아동의 공교육 경험 연구를 진행하고 있다. 저서로는 『글로벌 시대의 문화번역』(2005), 『친밀한 적 : 신자유주의는 어떻게 우리의 일상이 되었나』(공저, 2010), 『우리 모두 조금 낯선 사람들』(공저, 2013), 『우리는 모두 집을 떠난다 : 한국에서 이주자로 살아가기』(2014), 『젠더와 사회』(2014), 『무지개는 더 많은 빛깔을 원한다 : 성소수자 혐오를 넘어 인권의 확장으로』(공저, 2019)가 있다.

도미야마 이치로(冨山一郞, とみやま いちろう)

1957년생. 도시샤대학 글로벌 스터디즈 연구과 교수. 요즘 생각하는 것은 이러한 것이다. 집단적으로 사유하는 것만이 아니라, 사유한다는 행위 자체가 집단을 만들 수 있다면, 어떻게 사유하고 어떤 집단을 만들어 갈 것인가. 이것이 학술(學知)의 장에서 가장 물어져야 할 것이 아닐가? 이것이 사상이라는 문제가 아닐까? 한국어로 번역된 저서로는 『전장의 기억』(임성모 옮김, 이

산, 2002), 『폭력의 예감』(손지연외 옮김, 그린비, 2009), 『유착의 사상』(심정명 옮김, 글항아리, 2015), 『시작의 앎』(始まりの知, 法政大学出版局, 2018 [문학과지성사, 근간]) 등이 있다. 번역되지 않은 저서 및 편저는 『근대일본과 '오키나와인'』(近代日本と「沖縄人」, 日本経済評論社, 1990), 편저로는 『기억이 말하기 시작한다』(記憶が語り始める, 東京大学出版会), 『포스트 유토피아 인류학』(ポスト・ユートピアの人類学, 石塚道子·田沼幸子共編, 人文書院, 2008), 『현대오키나와의 역사경험』(現代沖縄の歴史経験, 森宣雄共編, 青弓社, 2010), 『컨프릭트로부터 묻는다』(コンフリクトから問う, 田沼幸子共編, 大阪大学出版会, 2011), 『아마세에』(あま世へ, 森宣雄·戸邉秀明共編, 法政大学出版局, 2017), 『군사적 폭력을 묻는다』(軍事的暴力を問う, 鄭柚鎭共編, 青弓社, 2018) 등이 있다.

미류
인권운동사랑방 상임활동가. 인간의 존엄에 던져진 질문들에 정직하게 답하고 싶다. 평등에 도전하는, 세상을 바꾸는 힘들을 연결하는 데 관심이 많다. 『집은 인권이다』, 『수신확인, 차별이 내게로 왔다』, 『밀양을 살다』, 『다시 봄이 올 거예요』, 『그날이 우리의 창을 두드렸다』 등을 함께 썼다.

송다금
문학연구자. 연세대학교 국문학과에서 현대문학과 동물담론을 공부한다. 인간동물과 비인간동물 그리고 비인간동물 간 역학관계를 비판적 시각으로 바라본다. 동시대 소설과 영화에 관심이 많다. 학교 안과 밖을 구분하지 않고, '동물난민'과 '여성동물'을 연구하며, 동물이 있는 현장과 학술장을 넘나드는 글을 쓴다. 최근 쓴 글로는 「구조되지 못한 동물, 도착하지 못한 난민」(『문학3』, 2019), 「'위안부' 재현과 담론을 통해 본 피해자성 고찰 — 〈레드 마리아〉 연작과 〈귀향〉에 주목하여—」(『동아시아문화연구』, 2017) 등이 있다. 「〈솔라리스〉를 통해 본 타자의 가능성 연구」(2016)로 석사 학위를 받았다. 석사논문을 쓰던 2015년 9월, 우연한 계기로 만나 함께 살게 된 고양이 둥이, 랑이, 봉이가 각각 건넨 '타자성'이라는 화두가 그 이후의 글과 삶에 많은 돌이킬 수 없는 영향을 주었다. 세 고양이와 일가를 이룬 뒤로 다른 동물의 삶도 깊이 생각하여 채식을 시작했다.

신지영

한국근현대문학과 동아시아근현대문학·사상·역사 전공. 연세대학교 문과대학 조교수. 「한국 근대의 연설·좌담회 연구」(2010)로 연세대학교에서 박사학위를 받고, 「비교에 반하여 : 1945년 전후의 조선·대만·일본의 접촉사상과 대화적 텍스트」(2018)로 히토쓰바시대학대학원에서 두 번째 박사학위를 받았다. 1945년 전후 한국과 동아시아의 마이너리티 코뮌의 형성·변화와 이동, 접촉의 사건을 동아시아 기록문학에 초점을 맞춰 연구하고 있다. 최근에는 〈난민×현장〉, 〈수요평화모임〉, 〈페데리치 읽기 모임〉에 참여하면서, 난민, 여성, 장애, 동물의 상황을 동아시아의 식민주의 경험과 연결시키고 있다. 저서로는 『不부/在재의 시대』(2012), 『마이너리티 코뮌』(2016), 『동아시아 속 전후일본』(일본어, 공저, 2018) 등이 있다.

심아정

독립연구활동가. 동물, 여성, 폭력을 키워드로 공부와 활동을 이어가면서 미군이 떠난 동두천과 부평을 오가며 아카이빙 작업을 하고 있다. 〈난민×현장〉, 〈수요평화모임〉, 동물권 공부 모임 〈ALiM:〉(Animal Lights Me:), 번역공동체 〈잇다〉를 통해 대학 바깥에서 새로운 앎과 삶을 시도하고, 다큐멘터리 영화 〈동아시아반일무장전선〉의 상영과 토론의 과정을 기록 중이다. 최근에 쓴 글로는 「어떤 '야생화' 돼지의 삶과 죽음 ─ 퀴어의 관점으로 침략종 레토릭을 재전유하기」(『문학3』 11호, 2020년), 「'다른' 이야기들의 가능성 ─ 가해자들의 말하기(김효순 『나는 전쟁범죄자입니다』 서평)」(『창작과 비평』 2020년 봄호), 「피해/가해의 틀을 흔들며 출몰하는 오키나와의 조선인 ─ 가해자들의 '말하기', 그 기점으로서의 오키나와」(『사이間 SAI』, 2019) 등이 있다.

이다은

한국예술종합학교 미술원 조형예술과 전문사 졸업, 시각예술가.
2010년대 이후 미디어 환경에서 등장한 서브 컬쳐 및 미시적 개인의 이야기에 관심을 가지고 작업을 이어나가고 있다. 최근에는 대중매체 및 예술작품에서의 서발턴들의 이미지 재현 방식에 대해 연구 중이며, 사진, 비디오, 설치, 퍼포 먼스, 프로젝트 등 다양한 매체를 사용하여 이를 시각화 하고 있다.

개인전: 〈2019, 환영 받지 못하는 자, Persona Non Grata, 미디어극장아이공, 서울, 한국〉, 〈2018, 이미지; 변환; 상, 갤러리175, 서울, 한국〉, 〈2018, 이미지 헌팅, 소네마리, 서울, 한국〉 등. 단체전: 〈2019 제 19회 서울국제뉴미디어페스 티벌 한국구애전X, 미디어 극장 아이 공〉, 〈2019, Anti-Freeze, 합정지구, 서울, 한국〉, 〈2018, 뉴스, 리플리에게, 서울시립 북서울미술관, 서울, 한국〉, 〈2018, 누가그녀를 모함했나?, 서교예술실험센터, 서울, 한국〉, 〈2018, Persona Non Grata, 환영받지 못하는 자, 탈영역 우정국, 서울, 한국〉 등. www.ee-da.com

이용석

평화주의자여서 병역거부를 한 것이 아니라 병역거부를 하면서 평화에 대해 생각하게 되었다. 2003년 〈전쟁없는세상〉이 만들어질 때부터 줄곧 〈전쟁없는 세상〉에서 활동해 왔고, 중간에 출판사를 다니며 노동조합 활동도 했다. 지금 은 〈전쟁없는세상〉 병역거부팀 코디네이터로 활동하고 있고 비폭력 트레이닝 트레이너로도 활동 중이다.

이지은

문학을 공부하고 있다. 특히 국가 경계에 놓인 여성의 삶에 관해 관심이 많고, 이와 관련된 글로는 「조선인 '위안부', 유동하는 표상」(2018), 「'교환'되는 여성 의 몸과 불가능한 정착기」(2017) 등이 있다. 요즘 소설 읽기를 좋아하고, 지금 여기에 적실한 비평을 쓰고자 골몰하고 있다.

전솔비

연세대학교 비교문학 협동과정에서 박사과정을 밟고 있다. 동시대 예술에서 경계와 타자의 문제를 연구하며 소수자운동과 시각문화의 접점에서 공유되 는 언어에 관심을 두고 있다. 미디어문화연구학과에서 「영국 흑인 예술에 대 한 스튜어트 홀의 비판적 개입과 그 의의: 예술과 문화연구의 관계를 중심으 로」라는 논문으로 석사학위를 받았으며 〈1인실의 세계〉, 〈Outskirts-경계의 외부자들〉 등의 전시를 기획하고 있다.

쭈야

〈전쟁없는세상〉무기감시캠페인팀 코디네이터로 활동하고 있으며, 주로 소수자와 약자의 이야기를 담는 연극 연출가로도 살아가고 있다. 한국을 비롯한 해외 무기 거래 저항행동 연대에 관심 있으며, 상담심리학 공부를 하고 있다.

추영롱

베를린 자유 대학교에서 철학 공부를 하고 있으며, 주제는 '정치적 존재론'과 '헤게모니 비판'이다. 독일어 통번역가이자 독일어권에서 유일하게 한반도 문제를 전문으로 다루는 잡지 『코리아 포룸』(*Korea Forum*)의 편집자이다. 다큐멘터리 영화 〈오드리 로드 — 베를린 시절, 1984년에서 1992년까지〉의 한국어 자막 제작과 한국 배급을 담당한다. 무엇보다 여성주의, 반인종차별, 비식민주의 저항 운동 네트워크의 활동가로서, 다양한 구조 속 하위주체의 목소리를 확장하고 공명하는 데에 주력한다.

옮긴이

심정명

일본 도시샤대학교 외국인 연구원. 도미야마 이치로의 『유착의 사상』, 기시 마사히코의 『처음 만난 오키나와』, 교고쿠 나쓰히코의 『후항설백물어』 등을 번역했고, 「재난을 이야기하는 어떤 방법: 드라마 〈그냥 사랑하는 사이〉를 중심으로」, 「오키나와, 확장되는 폭력의 기억: 메도루마 슌의 『무지개 새』와 『눈 깊숙한 곳의 숲』을 중심으로」 등의 논문을 썼다.